Verbandsklagebefugnisse im italienischen Recht

Europäische Hochschulschriften
Publications Universitaires Européennes
European University Studies

Reihe II
Rechtswissenschaft

Série II Series II
Droit
Law

Bd./Vol. 4354

PETER LANG
Frankfurt am Main · Berlin · Bern · Bruxelles · New York · Oxford · Wien

Julia M. Müller

Verbandsklagebefugnisse im italienischen Recht

PETER LANG
Europäischer Verlag der Wissenschaften

Bibliografische Information Der Deutschen Bibliothek
Die Deutsche Bibliothek verzeichnet diese Publikation in der Deutschen Nationalbibliografie; detaillierte bibliografische Daten sind im Internet über <http://dnb.ddb.de> abrufbar.

Zugl.: Konstanz, Univ., Diss., 2005

D 352
ISSN 0531-7312
ISBN 3-631-55211-4

www.peterlang.de

Meinen Eltern

mit

Filia, Mini, Maxi und Lotte

Die vorliegende Arbeit wurde im Wintersemester 2004/05 vom Fachbereich Rechtswissenschaft der Universität Konstanz als Dissertation angenommen. Literatur und Rechtsprechung wurden bis Oktober 2004 berücksichtigt.

Danken möchte ich Frau Professor Dr. Astrid Stadler für ihre Bereitschaft, ein Dissertationsthema aus dem italienischen Rechtskreis zu betreuen und die stets interessierte und freundliche Unterstützung bei der Bearbeitung sowie Herrn Professor Dr. Rainer Hausmann für die Zweitkorrektur dieser Arbeit.

Danken möchte ich weiterhin Herrn Avvocato Paolo Martinello, Präsident des Mailänder Verbraucherschutzverbandes „Altroconsumo", für seine freundliche Bereitschaft, die aktuellen Entwicklungen der italienischen Verbandsklage mit mir zu diskutieren und mir dabei viele hilfreiche Hinweise zu geben.

Danken möchte ich besonders meinen Eltern, die meine persönliche Entwicklung mit großem Interesse begleitet haben und deren Zuneigung und großzügige Unterstützung es mir ermöglicht haben, meinen beruflichen Werdegang frei zu gestalten und Chancen und Möglichkeiten, die sich mir geboten haben, unbefangen zu nutzen.

Danken möchte ich schließlich meinem Wanderfreund, der mir die lange Zeit des Promotionsverfahrens auf wunderbare Weise zu verkürzen wusste.

Radolfzell, im Dezember 2005 Julia M. Müller

Inhaltsverzeichnis

Literatur

Acciari, Matteo
Azione collettiva e art. 278'1 c. p. c.: spunti per una tutela risarcitoria in sede collettiva, Diritto & Diritti – rivista giuridica online; http://www.diritto.it/articoli/civile/acciari.html; 30.7.2003
zit.: *Acciari*, Diritto & Diritti

AGB-Gesetz,
Kommentar zum Gesetz zur Regelung des Rechts der Allgemeinen Geschäftsbedingungen, von Ulmer, Peter; Brandner, Hans Erich; Hensen, Horst-Diether; Schmidt, Harry, 9. Aufl. 2001
zit.: AGB-Gesetz/*Bearbeiter*

Aimonetto, Maria Gabriella
Enti per la protezione degli animali tra costituzione di parte civile ed intervento nel processo penale, Giurisprudenza italiana 1993, II, S. 419-422
zit.: *Aimonetto*, Giur. it. 1993, II

Aimonetto, Maria Gabriella
Le associazioni ambientalistiche parte civile nei processi per danno ambientale?, Giurisprudenza italiana 1992, II, S. 465-468
zit.: *Aimonetto*, Giur. it. 1992, II

Alpa, Guido
Finalità ed oggetto della legge, in: Alpa, Guido / Levi, Vanna (a cura di), I diritti dei consumatori e degli utenti, un commento alle leggi 30.7.1998 n. 281 e 24.11.2000 n. 340 e al decreto legislativo 23.4.2001 n. 224, Milano 2001, S. 3-20
zit.: *Alpa*, in: I diritti dei consumatori e degli utenti

Alpa, Guido
La legge sui diritti dei consumatori, Il Corriere giuridico 1998, S. 997-1000
zit.: *Alpa*, corr. giur. 1998

Alpa, Guido
The implementation of the EC directive on unfair contract terms (93/13) in Italy – a comparison with the implementation in the United Kingdom and in France, in: Krämer, Ludwig/ Reich, Norbert (eds.): Law and

diffuse Interests in the European Legal Order: liber amicorum Norbert Reich, Baden-Baden 1997, S. 555-568
zit. : *Alpa*, in: liber amicorum N. Reich

Alpa, Guido / **Dassio**, Michele
Les contrats de consommateurs et les modifications du code civil italien, Revue internationale de droit comparé 1997, S. 629-655
zit.: *Alpa/Dassio*, rev. int. dr. comp. 1997

Alpa, Guido / **Levi**, Vanna (a cura di)
I diritti dei consumatori e degli utenti, un commento alle leggi 30.7.1998 n. 281 e 24.11.2000 n. 340 e al decreto legislativo 23.4.2001 n. 224, Milano 2001
zit.: *Alpa/Levi*, I diritti dei consumatori e degli utenti

Amadei, Davide
Un'*astreinte* a tutela dei consumatori (note sul comma 5-*bis* dell art. 3 l. n. 281 del 1998), Giustizia civile 2002, II, S. 385-394
zit.: *Amadei*, Giust. civ. 2002, II

Armone, Giovanni
Art. 1469-*sexies* (Azione inibitoria), in: Barenghi, Andrea (a cura di), La nuova disciplina delle clausole vessatorie nel codice civile, Napoli 1996, S. 221-257
zit.: *Armone*, in: La nuova disciplina delle clausole vessatorie nel codice civile

Armone, Giovanni
Inibitoria collettiva e clausole vessatorie: prime disavventure applicative dell'art. 1469 sexies c. c., Il Foro italiano 1997, I, S. 290-299
zit.: *Armone*, Foro it. 1997, I

Arnim, Hans Herbert von
Gemeinwohl und Gruppeninteressen. Die Durchsetzungsschwäche allgemeiner Interessen in der pluralistischen Demokratie, Frankfurt am Main 1977
zit.: *von Arnim*

Attardi, Aldo
Legittimazione ad agire, in: Digesto delle Discipline Privatistiche, Sezione Civile, X, S. 524-532 , Quarta edizione, Torino 1993
zit.: *Attardi*

Baetge, Dietmar
Das Recht der Verbandsklage auf neuen Wegen, ZZP 112 (1999), S. 329-351
zit.: *Baetge*, ZZP 112 (1999)

Baetge, Dietmar / **Eichholtz**, Stephanie
Die Class Action in den USA, in: Basedow, Jürgen; Hopt, Klaus J.; Kötz, Hein; Baetge, Dietmar (Hrsg.): Die Bündelung gleichgerichteter Interessen im Prozess, Verbandsklage und Gruppenklage, Tübingen 1999, S. 287–361
zit.: *Baetge/Eichholtz*, in: Die Bündelung gleichgerichteter Interessen im Prozess

Bastian, Eva-Marina
Italien, in: Schricker (Hrsg.): Recht der Werbung in Europa, Baden-Baden 1997
zit.: *Bastian*, in: Recht der Werbung in Europa

Battaglini, Mario / **Petitti**, Stefano / **Novelli**, Tommaso / **Novelli**, Giovanni
Codice di Procedura Civile con il commento della giurisprudenza della Cassazione, Tredicesima edizione, Milano 2003
zit.: *Battaglini/Petitti/Novelli/Novelli*

Baumbach, Adolf / **Hefermehl**, Wolfgang
Wettbewerbsrecht, 22. Aufl., München 2001
zit.: *Baumbach/Hefermehl*

Baumbach, Adolf / **Lauterbach**, Wolfgang
Zivilprozessordnung, 62. Aufl., München 2004
zit.: Baumbach/Lauterbach/*Bearbeiter*

Baur, Fritz
Zu der Terminologie und einigen Sachproblemen der „vorbeugenden Unterlassungsklage", JZ 1966, S. 381-383
zit.: *Baur*, JZ 1966

Bellelli, Alessandra
Commentario al Capo XIV bis del codice civile: dei contratti del consumatore: Art. 1469-sexies. Azione inibitoria, I. La tutela inibitoria, Le nuove leggi civili commentate 1997, S. 1260-1277
zit.: *Bellelli*, Le nuove leggi civili commentate 1997

Benda, E. / **Weber**, A.
Der Einfluss der Verfassung im Prozessrecht; Nationalbericht für den Internationalen Kongress für Prozessrecht in Würzburg im September 1983, ZZP 96 (1983), S. 285-306
zit.: *Benda/Weber*, ZZP 96 (1983)

Berg, Hans
Die Prozessführungsbefugnis im Zivilprozess, JuS 1966, S.461-466
zit.: *Berg*, JuS 1966

Bethge, Herbert
Die verfassungsrechtliche Problematik einer Zulassungsberufung im Zivilprozess, NJW 1991, S. 2391-2399
zit.: *Bethge*, NJW 1991

Bettermann, Karl August
Zur Verbandsklage, ZZP 85 (1972), S. 133-144
zit.: *Bettermann*, ZZP 85 (1972)

Bilotta, Francesco
La „disciplina dei diritti dei consumatori e degli utenti": prime note, in: Tendenze evolutive nella tutela del consumatore, Atti del Seminario tenutosi il 2 marzo 1998 presso la facoltà di Giurisprudenza dell'Università "La Sapienza" – Roma, Napoli 1998, S. 43-74
zit.: *Bilotta*, in: Tendenze evolutive nella tutela del consumatore

Branca, Giuseppe
Commentario della Costituzione, rapporti civili, art. 24-26, Bologna, Roma 1981
zit.: Branca/*Bearbeiter*

Brönneke, Tobias
Die Neuregelung der Klagebefugnis, Die Bedeutung des Eintrags in die Liste klagebefugter Verbraucherverbände nach § 22 a AGBG, in: Brönneke, Tobias (Hrsg.), Kollektiver Rechtsschutz im Zivilprozessrecht, Gruppenklagen, Verbandsmusterklagen, Verbandsklagebefugnis und Kosten des kollektiven Rechtsschutzes, Baden-Baden 2001, S. 75-135
zit.: *Brönneke*, in: Kollektiver Rechtsschutz im Zivilprozess

Calais-Auloy, Jean
Les Actions en Cessation, in: Krämer, Ludwig/ Reich, Norbert (eds.): Law and diffuse Interests in the European Legal Order: liber amicorum Norbert Reich, Baden-Baden 1997, S. 789-806
zit. : *Calais-Auloy*, in: liber amicorum N. Reich

Cappelletti, Mauro
Appunti sulla tutela giurisdizionale di interessi collettivi o diffusi, in: Le azioni a tutela di interessi collettivi, atti del convegno di studio, Pavia 11-12 giugno 1974, Padova 1976, S. 191-221
zit.: *Cappelletti*, in: Le azioni a tutela di interessi collettivi

Cappelletti, Mauro
Formazioni sociali e interessi di gruppo davanti alla giustizia civile, Rivista di diritto processuale 1975, S. 361-402
zit.: *Cappelletti*, riv. dir. proc. 1975

Capponi, Bruno
Diritto comunitario e azioni di interesse collettivo dei consumatori, Il Foro italiano 1994, IV, S. 439-456
zit.: *Capponi*, Foro it. 1994, IV

Caravita, Beniamino
La tutela giurisprudenziale degli interessi diffusi e collettivi, Rivista critica del diritto privato 1985, S. 31-60
zit.: *Caravita*, riv. crit. dir. priv. 1985

Carpani, Guido
La tutela del consumatore: tendenze della legislazione regionale, Rivista trimestrale di diritto e procedura civile 1991, S. 511-564
zit.: *Carpani*, riv. trim. dir. proc. civ. 1991

Carpi, Federico
L'efficacia "ultra partes" della sentenza civile, Milano 1974
zit.: *Carpi*

Carpi, Federico / **Colesanti**, Vittorio / **Taruffo**, Michele
Commentario breve al codice di procedura civile, Seconda edizione, Padova 1988
zit.: *Carpi/Colesanti/Taruffo*

Cendon, Paolo (a cura di)
Codice civile annotato con la giurisprudenza, Artt. 2060-2642, Torino 1995
zit.: *Cendon*

Chinè, Giuseppe
Legittimazione ad agire, in: Alpa, Guido / Levi, Vanna (a cura di), I diritti dei consumatori e degli utenti, un commento alle leggi 30.7.1998 n. 281 e 24.11.2000 n. 340 e al decreto legislativo 23.4.2001 n. 224, Milano 2001, S. 33-58
zit.: *Chinè*, in: I diritti dei consumatori e degli utenti

Cian, Giorgio
Il nuovo capo XIV-bis (Titolo II, Libro IV) del codice civile, sulla disciplina dei contratti con i consumatori, Studium iuris 1996, S. 411-426
zit.: *Cian*, Studium iuris 1996

Colagrande, Roberto
Disciplina dei diritti dei consumatori e degli utenti, Le nuove leggi civili commentate 1998, S. 700-745
zit.: *Colagrande*, Le nuove leggi civili commentate 1998

Conso, Giovanni / **Grevi**, Vittorio
Prolegomeni a un commentario breve al Nuovo Codice di Procedura Penale, Padova 1990
zit.: *Conso/Grevi*

Consolo, Claudio / **De Cristofaro**, Marco
Clausole abusive e processo, Il corriere giuridico 1997, S. 468-483
zit.: *Consolo/De Cristofaro*, corr. giur. 1997

Conti, Roberto
Brevi riflessioni sulla disciplina in tema di clausole abusive a cinque anni dall'entrata in vigore della direttiva 93/13/CEE, De Agostini Professionale – CODICI D'ITALIA – CD-ROM, Aggiornamento alla Gazzetta Ufficiale 02/01/2001
zit.: *Conti*

Corasaniti, Aldo
La tutela degli interessi diffusi davanti al giudice ordinario, Rivista di diritto civile 1978, S. 180-204
zit.: *Corasaniti*, riv. dir. civ. 1978, I, 180 ff.

Corsini, Filippo
L'azione inibitoria cautelare a tutela dei consumatori: legittimazione ad agire e "giusti motivi di urgenza", Giustizia civile 1998, I, S. 272-280
zit.: *Corsini*, Giust. civ. 1998, I

Cosentino, Fabrizio
L'art. 2601 c. c. e la tutela dei consumatori al vaglio della Corte costituzionale, Il Foro italiano 1988, I, S. 2158-2162
zit.: *Cosentino*, Foro it. 1988, I

Costantino, Giorgio
Brevi note sulla tutela giurisdizionale degli interessi collettivi davanti al giudice civile, in: Le azioni a tutela di interessi collettivi, atti del convegno di studio, Pavia 11-12 giugno 1974, Padova 1976, S. 223-239
zit.: *Costantino*, in: Le azioni a tutela di interessi collettivi

Crisafulli, Vezio / **Paladin**, Livio
Commentario breve alla Costituzione, Padova 1990
zit.: *Crisafulli/Paladin*

D'Alessandro, Antonella
Decreto ministeriale concernente le procedure per l'iscrizione all'elenco delle associazioni dei consumatori e degli utenti a livello nazionale del 19 gennaio 1999, n. 20, in: Alpa, Guido / Levi, Vanna (a cura di), I diritti dei consumatori e degli utenti, un commento alle leggi 30.7.1998 n. 281 e 24.11.2000 n. 340 e al decreto legislativo 23.4.2001 n. 224, Milano 2001, S. 169-176
zit.: *D'Alessandro*, in: I diritti dei consumatori e degli utenti

D'Ambrosio, Loris / **Vigna**, Piero Luigi
Il nuovo codice di procedura penale illustrato, Diciannovesima edizione, Roma 1990
zit.: *D'Ambrosio/Vigna*

Danovi, Filippo
L'azione inibitoria in materia di clausole vessatorie, Rivista di diritto processuale 1996, S. 1046-1083
zit.: *Danovi*, riv. dir. proc. 1996

Dell'Acqua, Cesare
Lo stato, gli enti territoriali, e le associazioni, in: Atti del convegno di studio sul tema danno ambientale e tutela giuridica (legge 8 luglio 1986 n. 349), Napoli, 13 dicembre 1986, a cura di Ernesto Cesàro, Padova 1987, S. 15-28
zit.: *Dell'Acqua*, in: danno ambientale e tutela giuridica

Denti, Vittorio
L'avvocato e la difesa di interessi collettivi, Il Foro italiano 1978, II, S. 112-120
zit.: *Denti*, Foro it. 1978, II

De Palma, Michele
Legittimazione a ricorrere degli organismi collettivi e delle persone fisiche in materia ambientale, www.giust.it/articoli/depalma_legittimaz.htm, 31.07.2003
zit.: *De Palma*, Giust. it., 31.07.2003

Di Chiara, Giuseppe
Parte civile, in: Digesto delle Discipline Penalistiche, S. 233-250, Torino 1995
zit.: *Di Chiara*

Dickie, John
Free movement of justice within the E.C.: Commission initiatives on access to justice in environmental and consumer law, Civil Justice Quarterly 16 (1997), S. 91-94
zit.: *Dickie*, Civ. Just. Q. 16 (1997)

Dona, Massimiliano
Agevolazioni e contributi, Copertura finanziaria, Norma transitoria, in: Alpa, Guido / Levi, Vanna (a cura di), I diritti dei consumatori e degli utenti, un commento alle leggi 30.7.1998 n. 281 e 24.11.2000 n. 340 e al decreto legislativo 23.4.2001 n. 224, Milano 2001, S. 157-168
zit.: *Dona*, in: I diritti dei consumatori e degli utenti

Dopffel, Peter / **Scherpe**, Jens M.
„Grupptalan" – Die Bündelung gleichgerichteter Interessen im schwedischen Recht, in: Basedow, Jürgen; Hopt, Klaus J.; Kötz, Hein; Baetge, Dietmar (Hrsg.): Die Bündelung gleichgerichteter Interessen im Prozess, Verbandsklage und Gruppenklage, Tübingen 1999, S. 429 – 451

zit.: *Dopffel/Scherpe*, in: Die Bündelung gleichgerichteter Interessen im Prozess

Ellger, Reinhard
Die Bündelung gleichgerichteter Interessen im englischen Zivilprozess, in: Basedow, Jürgen; Hopt, Klaus J.; Kötz, Hein; Baetge, Dietmar (Hrsg.): Die Bündelung gleichgerichteter Interessen im Prozess, Verbandsklage und Gruppenklage, Tübingen 1999, S. 103 – 145
zit.: *Ellger*, in: Die Bündelung gleichgerichteter Interessen im Prozess

Embacher, Hermann
Die Verbandsklage im Verwaltungsprozess. Materiell-rechtliche und verfahrensrechtliche Fragen, Dissertation Universität des Saarlandes 1979, Saarbrücken 1979
zit.: *Embacher*

Ennecerus, Ludwig / **Nipperdey**, Hans Karl
Allgemeiner Teil des Bürgerlichen Rechts 1, Tübingen 1959
zit.: *Ennecerus/Nipperdey*

Fallon, Marc
An essay on the mutual recognition of group actions (governmental, organizational or class actions) in cross-border consumer conflicts within the European Community, in: Bourgoignie, Thierry (Hrsg.), Group actions and consumer protection, L'action collective et la défense des consommateurs, Brüssel 1992, S. 245-261
zit.: *Fallon*, in: Group actions and consumer protection

Ferri, Corrado
L'azione inibitoria prevista dall'art. 1469-sexies c. c., Rivista di diritto processuale 1996, S. 936-944
zit.: *Ferri*, riv. dir. proc. 1996

Festa, Corrado
La legittimazione ad agire per la tutela degli interessi diffusi, Rivista trimestrale di diritto e procedura civile 1984, S. 945-957
zit.: *Festa*, riv. trim. dir. proc. civ. 1984

Francario, Lucio
Danni ambientali e tutela civile, Napoli 1990
zit.: *Francario*

Franck, Jérôme / **Goyens**, Monique
L'action en cessation des organisations de consommateurs à l'épreuve du Marché Unique, Revue européenne de droit de la consommation 1995, S. 27-37
zit. : *Franck/Goyens*, rev. eur. dr. cons. 1995

Franck, Jérôme / **Goyens**, Monique
La proposition de directive relative aux actions en cessation en matière de protection des intérêts des consommateurs: quelques impressions préliminaires, Revue européenne de droit de la consommation 1996, S. 95-108
zit. : *Franck/Goyens*, rev. eur. dr. cons. 1996

Frenguelli, Matteo
Dell'azione inibitoria collettiva cautelare di cui all'art. 1469-sexies c. c., Giustizia civile 1999, I, S. 269-277
zit.: *Frenguelli*, Giust. civ. 1999, I

Frignani, Aldo
L'azione inibitoria contro le clausole vessatorie (considerazioni "fuori dal coro" di un civilista), Rivista di diritto processuale 1997, S. 999-1026
zit.: *Frignani*, riv. dir. proc. 1997

Ghidini, Gustavo
Artt. 2598-2601, Della concorrenza sleale, in: Il Codice Civile, Commentario, diretto da Piero Schlesinger, Milano 1999
zit.: *Ghidini*, in: Il Codice Civile

Gilles, Peter
Prozessrechtliche Probleme von verbraucherpolitischer Bedeutung bei den neuen Verbraucherverbandsklagen im deutschen Zivilrecht, ZZP 98 (1985), S. 1-31
zit.: *Gilles*, ZZP 98 (1985)

Giussani, Andrea
Considerazioni sull'art. 1469 sexies cod. civ., Rivista di diritto privato 1997, S. 321-351
zit.: *Giussani*, riv. dir. priv. 1997

Giussani, Andrea
I torti della Fiat verso i consumatori: la giustizia civile richiama le Dedra difettose, - Commento, Danno e responsabilità 2003, S. 81-84
zit.: *Giussani*, Danno e responsabilità 2003

Giussani, Andrea
La tutela di interessi collettivi nella nuova disciplina dei diritti dei consumatori, Danno e responsabilità 1998, S. 1061-1065
zit.: *Giussani*, Danno e responsabilità 1998

Göbel, Karl
Prozesszweck der AGB-Klage und herkömmlicher Zivilprozess, Zur Interpretation der Verweisungsnorm des § 15 Abs. 1 AGB-Gesetz, Dissertation Universität Bremen WS 1979/80, Königstein/Ts. 1980
zit.: *Göbel*

Gottwald, Peter
Class Actions auf Leistung von Schadensersatz nach amerikanischem Vorbild im deutschen Zivilprozess?, ZZP 91 (1978), S. 1-38
zit.: *Gottwald*, ZZP 91 (1978)

Grandi, Mario / **Pera**, Giuseppe
Commentario breve allo Statuto dei lavoratori, Padova 1985
zit.: *Grandi/Pera*

Granieri, Massimiliano
Contratti dei consumatori: verso una stabilizzazione degli strumenti di tutela? – Commento, Danno e responsabilità 1998, S. 917-921
zit.: *Granieri*, Danno e responsabilità 1998

Grasso, Eduardo
Gli interessi della collettività e l'azione collettiva, Rivista di diritto processuale 1983, S. 24-56
zit.: *Grasso*, riv. dir. proc. 1983

Graver, Kjersti
The Consumer Ombud Scheme, in: Bourgoignie, Thierry (Hrsg.), Group actions and consumer protection, L'action collective et la défense des consommateurs, Brüssel 1992,
S. 43-50
zit.: *Graver*, in : Group actions and consumer protection

Greger, Reinhard
Neue Regeln für die Verbandsklage im Verbraucherschutz- und Wettbewerbsrecht, NJW 2000, S. 2457-2463
zit.: *Greger*, NJW 2000

Greger, Reinhard
Verbandsklage und Prozessrechtsdogmatik – Neue Entwicklungen in einer schwierigen Beziehung, ZZP 113 (2000), S. 399-412
zit.: *Greger*, ZZP 113 (2000)

Greiner, Christoph
Die *Class Action* im amerikanischen Recht und deutscher *Ordre Public*, Dissertation München 1997, Frankfurt am Main; Berlin; Bern; New York; Paris; Wien 1998
zit.: *Greiner*

Groenendijk, Kees
Die Wahrnehmung gebündelter Interessen im Zivilprozess, Zeitschrift für Rechtssoziologie 1982, S. 240-271
zit.: *Groenendijk*, Zeitschrift für Rechtssoziologie 1982

Guercio, Vincenzo / **Mariani**, Elisabetta / **Mazzacane**, Enrica / **Virgilio**, Biagio
La giurisprudenza sugli interessi diffusi, Giustizia civile 1981, II, S. 465-490
zit.: *Guercio/Mariani/Mazzacane/Virgilio*, Giust. civ. 1981, II

Habscheid, Walther-J.
Das Prozessführungsrecht der Verbände zur Förderung gewerblicher Interessen (§ 13 UWG), GRUR 1952, S. 221-224
zit.: *Habscheid*, GRUR 1952

Habscheid, Walther-J.
Zur Problematik der Verbandsklage im deutschen Recht, in: Festschrift für Georgios Th. Rammos, herausgegeben von der rechtswissenschaftlichen Fakultät der Universität Athen, Band I, Athen 1979, S. 275-292
zit.: *Habscheid*, in: Festschrift für Rammos

Hadding, Walther
Die Klagebefugnis der Mitbewerber und der Verbände nach § 13 Abs. 1 UWG im System des Zivilprozessrechts, JZ 1970, S. 305-312
zit.: *Hadding*, JZ 1970

Halfmeier, Axel
Der Anspruch der Verbraucherverbände auf Kostenerstattung anlässlich der Durchsetzung von Unterlassungsansprüchen nach UWG und AGB-Gesetz, in: Brönneke, Tobias (Hrsg.), Kollektiver Rechtsschutz im Zivilprozessrecht, Gruppenklagen, Verbandsmusterklagen, Verbandsklagebefugnis und Kosten des kollektiven Rechtsschutzes, Baden-Baden 2001, S. 137-161
zit.: *Halfmeier*, in: Kollektiver Rechtsschutz im Zivilprozess

Henckel, Wolfram
Parteilehre und Streitgegenstand im Zivilprozess, Heidelberg 1961
zit.: *Henckel*, Parteilehre

Henckel, Wolfram
Vorbeugender Rechtsschutz im Zivilrecht, AcP 174 (1974), S. 97-144
zit.: *Henckel*, AcP 174 (1974)

Herkenrath, Klaus
Die Umsetzung der Richtlinie 91/13/EWG über missbräuchliche Klauseln in Verbraucherverträgen in Deutschland, dem Vereinigten Königreich, Frankreich und Italien, Auswirkungen nationaler Umsetzungstechniken auf den Harmonisierungserfolg, Dissertation Universität Trier 2002, Frankfurt am Main 2003
zit.: *Herkenrath*

Heß, Burkhard
Das geplante Unterlassungsklagengesetz, in: Ernst, Wolfgang / Zimmermann, Reinhard (Hrsg.): Zivilrechtswissenschaft und Schuldrechtsreform, Tübingen 2001, S. 527-548
zit.: *Heß*, in: Zivilrechtswissenschaft und Schuldrechtsreform

Homburger, Adolf / **Kötz**, Hein
Klagen Privater im öffentlichen Interesse; Länderbericht zum Recht der Vereinigten Staaten von Amerika zusammen mit einem das deutsche Recht einbeziehenden Generalreferat und einem Bericht über die Diskussion, Verhandlungen der Fachgruppe für Zivilrechtsvergleichung auf der Tagung für Rechtsvergleichung in Hamburg vom 19.-22. September 1973, Frankfurt am Main 1975
zit.: Homburger/Kötz/*Bearbeiter*

Hopt, Klaus J. / **Baetge**, Dietmar
Rechtsvergleichung und Reform des deutschen Rechts – Verbandsklage und Gruppenklage - , in: Basedow, Jürgen; Hopt, Klaus J.; Kötz, Hein; Baetge, Dietmar (Hrsg.): Die Bündelung gleichgerichteter Interessen im Prozess, Verbandsklage und Gruppenklage, Tübingen 1999, S. 11- 64
zit.: *Hopt/Baetge*, in: Die Bündelung gleichgerichteter Interessen im Prozess

Höland, Armin
Leitbilder des europäischen Verbraucherrechts, in: Krämer, Ludwig/ Reich, Norbert (eds.): Law and diffuse Interests in the European Legal Order: liber amicorum Norbert Reich, Baden-Baden 1997, S. 195-219
zit.: *Höland*, in: liber amicorum N. Reich

Isensee, Josef / **Kirchhof**, Paul (Hrsg.)
Handbuch des Staatsrechts der Bundesrepublik Deutschland, Bd. VI: Freiheitsrechte, 2. Aufl., Heidelberg 2001
zit. : Isensee/Kirchhof/*Bearbeiter*

Jacoby, Florian
Der Musterprozessvertrag, Die gewillkürte Bindung an gerichtliche Entscheidungen, Dissertation Universität Hamburg WS 1998/99, Tübingen 2000
zit.: *Jacoby*

Jauernig, Othmar
Materielles Recht und Prozessrecht, JuS 1971, S. 329-334
zit.: *Jauernig*, JuS 1971

Jauernig, Othmar
Zivilprozessrecht, 28. Aufl., München 2003
zit. : *Jauernig*, Zivilprozessrecht

Kessedjian, Catherine
L'action en justice des associations de consommateurs et d'autres organisations représentatives d'intérêts collectifs en Europe, Rivista di diritto internazionale privato e processuale 1997, S. 281-300
zit. : *Kessedjian*, riv. dir. int. priv. proc. 1997

Kieninger, Eva-Maria
Die Verbandsklage in Spanien, in: Basedow, Jürgen; Hopt, Klaus J.; Kötz, Hein; Baetge, Dietmar (Hrsg.): Die Bündelung gleichgerichteter

Interessen im Prozess, Verbandsklage und Gruppenklage, Tübingen 1999, S. 253 – 283
zit.: *Kieninger*, in: Die Bündelung gleichgerichteter Interessen im Prozess

Koch, Harald
Alternativen zum Zweiparteiensystem im Zivilprozess – Parteiübergreifende Interessen und objektive Prozessführungsrechte, KritV 1989, S. 323-340
zit.: *Koch*, KritV 1989

Koch, Harald
Cross-border consumer complaints and the public interest, the german perspective, in : Micklitz, Hans-Wolfgang / Reich, Norbert (eds.), Public Interest Litigation before European Courts, Baden-Baden 1996, S. 427-436
zit.: *Koch*, in: Public Interest litigation before European Courts

Koch, Harald
Die Verbandsklage in Europa, ZZP 113 (2000), S. 413-441
zit.: *Koch*, ZZP 113 (2000)

Koch, Harald
Kollektiver Rechtsschutz im Zivilprozess. Die class action des amerikanischen Rechts und deutsche Reformprobleme, Frankfurt am Main 1976
zit.: *Koch*, Kollektiver Rechtsschutz

Koch, Harald
Prozessführung im öffentlichen Interesse, Rechtsvergleichende Entwicklungsbedingungen und Alternativen objektiver Rechtsdurchsetzung, Frankfurt am Main 1983
zit.: *Koch*, Prozessführung im öffentlichen Interesse

Koch, Harald
Rezension von Jürgen Basedow / Klaus J. Hopt / Hein Kötz / Dietmar Baetge (Hrsg.: Max-Planck-Institut für ausländisches und internationales Privatrecht): Die Bündelung gleichgerichteter Interessen im Prozess, Tübingen 1999, ZZP 114 (2001), S. 235-240
zit.: *Koch*, ZZP 114 (2001)

Koch, Harald
Verbraucherprozessrecht: verfahrensrechtliche Gewährleistung des Verbraucherschutzes, Heidelberg 1990
zit.: *Koch*, Verbraucherprozessrecht

Köhler, Helmut / **Piper**, Henning
Gesetz gegen den unlauteren Wettbewerb, 2. Aufl., München 2001
zit.: *Köhler/Piper*

Kommentar zur Zivilprozessordnung
Reihe Alternativkommentare, Gesamtherausgeber Rudolf Wassermann, Neuwied, Darmstadt 1987
zit.: AK-ZPO/*Bearbeiter*

Larenz, Karl / **Wolf**, Manfred
Allgemeiner Teil des Bürgerlichen Rechts, 8. Aufl., München 1997
zit.: *Larenz/Wolf*

Leipold, Dieter
Die Verbandsklage zum Schutz allgemeiner und breit gestreuter Interessen in der Bundesrepublik Deutschland, in: Effektivität des Rechtsschutzes und verfassungsmäßige Ordnung. Die deutschen Landesberichte zum VII. Internationalen Kongress für Prozessrecht in Würzburg 1983. Herausgegeben von Peter Gilles; Köln, Berlin, Bonn, München 1983, S. 57-104
zit.: *Leipold*, in: Effektivität des Rechtsschutzes und verfassungsmäßige Ordnung

Lenz, Carl Otto / **Borchardt**, Klaus-Dieter (Hrsg.)
EU- und EG-Vertrag, 3. Aufl., Köln 2003
zit.: Lenz/Borchardt/*Bearbeiter*

Leone, Giovanni
Azione civile nel processo penale, in: Enciclopedia del diritto, Band IV, S. 830- 838, Varese 1959
zit.: *Leone*

Levi, Vanna
Elenco delle associazioni dei consumatori e degli utenti rappresentative a livello nazionale, in: Alpa, Guido / Levi, Vanna (a cura di), I diritti dei consumatori e degli utenti, un commento alle leggi 30.7.1998 n. 281 e

24.11.2000 n. 340 e al decreto legislativo 23.4.2001 n. 224, Milano 2001, S. 126-156
zit.: *Levi*, in: I diritti dei consumatori e degli utenti

Libertini, Mario
Artt. 2595-2601, in: Commentario al Codice Civile diretto da Paolo Cendon, Volume quinto artt. 2247-2642, Torino 1991, S. 1495-1587
zit.: *Libertini*, in: Commentario al Codice Civile

Liebman, Enrico Tullio
Manuale di diritto processuale civile, Sesta edizione 2002
zit.: *Liebman*

Lindacher, Walter F.
Zur „Sonderprozessrechtsnatur" der lauterkeitsrechtlichen Verbands- und Konkurrentenklage sowie der Verbandsklage nach dem AGB-Gesetz, ZZP 103 (1990), S. 397-412
zit.: *Lindacher*, ZZP 103 (1990)

Liuzzo, Lamberto
Prozessuale Aspekte des italienischen Werberechts, GRUR Int. 1992, S. 599-603
zit.: *Liuzzo*, GRUR Int. 1992

Luci, Federica
Azione per danno ambientale: il nuovo ruolo delle associazioni ambientaliste, in: Alpa, Guido / Levi, Vanna (a cura di), I diritti dei consumatori e degli utenti, un commento alle leggi 30.7.1998 n. 281 e 24.11.2000 n. 340 e al decreto legislativo 23.4.2001 n. 224, Milano 2001, S. 253-275
zit.: *Luci*, in: I diritti dei consumatori e degli utenti

Mandrioli, Crisanto
Diritto Processuale Civile, I, Nozioni introduttive e disposizioni generali, Quindicesima edizione, Torino 2003
zit.: *Mandrioli*, I

Mandrioli, Crisanto
Diritto Processuale Civile, IV, L'esecuzione forzata, I procedimenti speciali non cognitori, Quindicesima edizione, Torino 2003
zit.: *Mandrioli*, IV

Marinucci, Elena
Gli effetti della sentenza inibitoria prevista dall'art. 1469 *sexies* c. c., Rivista di diritto processuale 2002, S. 216-248
zit.: *Marinucci*, riv. dir. proc. 2002

Marotzke, Wolfgang
Rechtsnatur und Streitgegenstand der Unterlassungsklage aus § 13 UWG – Zur Problematik des parallelen oder zeitversetzten Vorgehens mehrerer Berechtigter gegen dieselbe Person - , ZZP 98 (1985), S. 160-199
zit.: *Marotzke*, ZZP 98 (1985)

Martinello, Paolo
Il Consiglio nazionale dei consumatori e degli utenti, in: Alpa, Guido / Levi, Vanna (a cura di), I diritti dei consumatori e degli utenti, un commento alle leggi 30.7.1998 n. 281 e 24.11.2000 n. 340 e al decreto legislativo 23.4.2001 n. 224, Milano 2001, S. 59-90
zit.: *Martinello*, in: I diritti dei consumatori e degli utenti

Maunz, Theodor / **Dürig**, Günther
Grundgesetz Kommentar, Stand: 1.2.2003
zit.: Maunz/Dürig/*Bearbeiter*

Mazzamuto, Salvatore / **Plaia,** Armando
Provvedimenti inibitori a tutela del consumatore: la legge italiana 30 luglio 1998, n. 281 e la direttiva 98/27/CE, Europa e diritto privato 1999, S. 669-685
zit.: *Mazzamuto/Plaia*, Europa e diritto privato 1999

Meyer, Wilhelm
Richtlinie über Unterlassungsklagen verabschiedet, WM 1998, S. 1507-1508
zit.: *Meyer*, WM 1998

Micklitz, Hans-Wolfgang
Die Rechtsbruchklage nach § 22 AGBG, in: Brönneke, Tobias (Hrsg.), Kollektiver Rechtsschutz im Zivilprozessrecht, Gruppenklagen, Verbandsmusterklagen, Verbandsklagebefugnis und Kosten des kollektiven Rechtsschutzes, Baden-Baden 2001, S. 87-135
zit.: *Micklitz*, in: Kollektiver Rechtsschutz im Zivilprozess

Micklitz, Hans-Wolfgang
The interest in public interest litigation, in: Micklitz, Hans-Wolfgang / Reich, Norbert (eds.),
Public Interest Litigation before European Courts, Baden-Baden 1996, S. 21-37
zit.: *Micklitz*, in : Public Interest Litigation before European Courts

Micklitz, Hans-Wolfgang / **Brunetta d'Usseaux**, Francesca
Die Umsetzung der Richtlinie 93/13 in das italienische Recht, Zeitschrift für Europäisches Privatrecht 1998, S. 104-117
zit.: *Micklitz/Brunetta d'Usseaux*, ZEuP 1998

Micklitz, Hans-Wolfgang / **Stadler**, Astrid
Unrechtsgewinnabschöpfung, Möglichkeiten und Perspektiven eines kollektiven Schadenersatzanspruches im UWG, Baden-Baden 2003
zit.: *Micklitz/Stadler*

Minervini, Enrico
I contratti dei consumatori e la legge 30 luglio 1998 n. 281, I Contratti 1999, S. 938-945
zit.: *Minervini*, I Contratti 1999

Montesano, Luigi
Tutela giurisdizionale dei diritti dei consumatori e dei concessionari di servizi di pubblica utilità nelle normative sulle clausole abusive e sulle autorità di regolazione, Rivista di diritto processuale 1997, S. 1-12
zit.: *Montesano*, riv. dir. proc. 1997

Moretti, Carola
Note in tema di efficacia soggettiva dell'azione inibitoria prevista dall'art. 1469 sexies c. c., Rivista di diritto processuale 1997, S. 883-908
zit.: *Moretti*, riv. dir. proc. 1997

Morin, Anne
L'action d'intérêt collectif exercée par les organisations de consommateurs avant et après la loi du 5 janvier 1988, in : Bourgoignie, Thierry (Hrsg.): Group actions and consumer protection, L'action collectif et la défense des consommateurs, Brüssel 1992, S. 57-85
zit. : *Morin*, in: Group actions and consumer protection

Münch, Ingo von / **Kunig**, Philip (Hrsg.)
Grundgesetz-Kommentar, Bd. 1 (Präambel bis Art. 20 GG), 5. Aufl., München 2000
zit.: von Münch/Kunig/*Bearbeiter*

Münchener Kommentar zum Bürgerlichen Gesetzbuch
Band 1, Allgemeiner Teil, herausgegeben von Kurt Rebmann, Franz Jürgen Säcker und Roland Rixecker, 4. Aufl., München 2001
zit.: MünchKomm BGB/*Bearbeiter*

Münchener Kommentar zur Zivilprozessordnung
Band 1, herausgegeben von Gerhard Lüke und Peter Wax, 2. Aufl., München 2000
zit.: MünchKomm ZPO/*Bearbeiter*

Padovini, Fabio
Konsumentenschutz und Zivilprozess in Italien nach dem Gesetz 281 vom 30. Juli 1998 (Gesetz zum Schutz der Rechte der Konsumenten); Zeitschrift für Rechtsvergleichung 1999, S. 9-13
zit.: *Padovini*, ZfRV 1999

Palandt, Otto
Bürgerliches Gesetzbuch, 63. Aufl., München 2004
zit.: Palandt/*Bearbeiter*

Palmieri, Alessandro
Anmerkungen zur Entscheidung des Consiglio di Stato, Sezione VI, 15 dicembre 1998, n. 1884, Il Foro Italiano 1999, III, S. 74-76
zit.: *Palmieri*, Foro it. 1999, III

Palmieri, Alessandro
Consumatori, clausole abusive e imperativo di razionalità della legge: il diritto privato europeo conquista la Corte costituzionale, Il Foro Italiano 2003, I, S. 337-340
zit.: *Palmieri*, Foro it. 2003, I

Palmieri, Alessandro
In fuga dal codice di rito: i contratti del consumatore conquistano il foro esclusivo (ma derogabile in assenza di squilibrio), Il Foro italiano 2003, I, S. 3301-3305
zit.: *Palmieri*, Foro it. 2003, I

Patti, Salvatore
Die Kontrolle von Verbraucherverträgen im italienischen Recht nach der Umsetzung der EG-Richtlinie, Zeitschrift für Schweizerisches Recht 1999, I. Halbband, S. 385-404
zit.: *Patti*, ZSR 1999

Pellegrino, Donatella
Anmerkungen zur Entscheidung der Corte di Cassazione Civile, I Sezione, 22 marzo 1993, n. 3361, Giurisprudenza italiana 1994, I, S. 1225-1228
zit.: *Pellegrino*, Giust. it. 1994, I

Pescatore, Gabriele / **Ruperto**, Cesare
Codice Civile, annotato con la giurisprudenza della Corte Costituzionale, della Corte di Cassazione e delle giurisdizioni amministrative superiori, Tomo II (artt. 1552 – 2969), Dodicesima edizione, Milano 2002
zit.: *Pescatore/Ruperto*

Piga, Franco
Diritti soggettivi, interessi legittimi, interessi diffusi e tutela giurisdizionale, Giustizia civile 1980, I, S. 703-709
zit.: *Piga*, Giust. civ. 1980, I

Piranio, Salvatore
L'interesse diffuso nella tematica degli interessi giuridicamente protetti, Rivista di diritto processuale 1979, S. 202-222
zit.: *Piranio*, riv. dir. proc. 1979

Proto Pisani, Andrea
Appunti preliminari per uno studio sulla tutela giurisdizionale degli interessi collettivi (o più esattamente superindividuali) innanzi al giudice civile ordinario, in: Le azioni a tutela di interessi collettivi, atti del convegno di studio, Pavia 11-12 giugno 1974, Padova 1976, S. 263-286
zit.: *Proto Pisani*, in: Le azioni a tutela di interessi collettivi

Punzi, Carmine
La tutela giudiziale degli interessi diffusi e degli interessi collettivi, Rivista di diritto processuale 2002, S. 647-675
zit.: *Punzi*, riv. dir. proc. 2002

Rapisarda, Cristina
Bilancio e prospettive della tutela degli interessi diffusi negli anni ottanta (note in margine ad un recente convegno), Il Foro italiano 1982, V, S. 85-96
zit.: *Rapisarda*, Foro it. 1982, V

Reich, Norbert
Europäisches Verbraucherschutzrecht, Binnenmarkt und Verbraucherinteresse, 2. Aufl., Baden-Baden 1993
zit.: *Reich*, Europäisches Verbraucherschutzrecht

Reinel, Peter
Die Verbandsklage nach dem AGBG, Voraussetzungen, Entscheidungswirkungen und dogmatische Einordnung, Dissertation Universität Erlangen-Nürnberg WS 1978/79, Köln, Berlin, Bonn, München 1979
zit.: *Reinel*

Romano, A.
Anmerkung zur Entscheidung Nr. 253 vom 9. März 1973 des Consiglio di Stato, Il Foro Italiano 1974, III, S. 34
zit.: *Romano*, Foro it. 1974, III,

Rosenberg, Leo / **Schwab**, Karl Heinz / **Gottwald**, Peter
Zivilprozessrecht, 16. Aufl., München 2004
zit.: *Rosenberg/Schwab/Gottwald*

Ruffolo, Ugo
Interessi collettivi o diffusi e tutela del consumatore, I, Il problema e il metodo – legittimazione, azione e ruolo degli enti associativi esponenziali, Milano 1985
zit.: *Ruffolo*

Scalisi, Vittorio
La legittimazione ad agire delle associazioni non riconosciute e dei comitati, in: casi e questioni di diritto privato, Volume I, S. 505-517; herausgegeben von Mario Bessone; settima edizione, Milano 1993
zit.: *Scalisi*

Schaltenberg, Karl-Josef
Die Bekämpfung irreführender und unlauterer Werbung in Italien: die neuere Entwicklung des Wettbewerbsrechts und der Werbeselbstkontrolle,

Dissertation Universität München 1987, Köln, Berlin, Bonn, München 1988
zit.: *Schaltenberg*

Schellhammer, Kurt
Zivilprozess, 9. Auflage, Heidelberg 2001
zit.: *Schellhammer*

Schilken, Eberhardt
Zivilprozessrecht, 4. Aufl., Köln, Berlin, Bonn, München 2002
zit.: *Schilken*

Schmidt, Eike
Die Verbandsklage nach dem AGB-Gesetz, NJW 1989, S. 1192-1197
zit.: *Schmidt*, NJW 1989

Schmidt, Eike
In diffusis submersus – oder aber: diffusitas non nocet, in: Krämer, Ludwig/ Reich, Norbert (eds.): Law and diffuse Interests in the European Legal Order: liber amicorum Norbert Reich, Baden-Baden 1997, S. 81-92
zit.: *Schmidt*, in: liber amicorum N. Reich

Scoca, Franco Gaetano
Contributo sulla figura dell'interesse legittimo, Milano 1990
zit.: *Scoca*

Sensale, Massimo
La tutela degli interessi diffusi: un problema ancora aperto, Giustizia civile 1983, II, S. 140-149
zit.: *Sensale*, Giust. civ. 1983, II

Sepe, Gianluca
Implementing European Directives on unfair terms, distance contracts, consumer credit and timesharing, II. The Directive on unfair terms in consumer contracts, in: Heusel, Wolfgang (Hrsg.), Neues europäisches Vertragsrecht und Verbraucherschutz: Regelungskonzepte der Europäischen Union und ihre Auswirkungen auf die nationalen Zivilrechtsordnungen, Köln 1999, S. 138-151
zit.: *Sepe*, in: Neues europäisches Vertragsrecht und Verbraucherschutz

Stadler, Astrid
Bündelung von Verbraucherinteressen im Zivilprozess, in : Brönneke, Tobias (Hrsg.): Kollektiver Rechtsschutz im Zivilprozessrecht; Gruppenklagen, Verbandsmusterklagen, Verbandsklagebefugnis und Kosten des kollektiven Rechtsschutzes, Baden-Baden 2001, S. 1-51
zit.: *Stadler*, in: Kollektiver Rechtsschutz im Zivilprozessrecht

Stadler, Astrid
Musterverbandsklagen nach deutschem Recht, in: Festschrift für Ekkehard Schumann zum 70. Geburtstag, herausgegeben von Peter Gottwald und Herbert Roth, Tübingen 2001, S. 465-490
zit.: *Stadler*, in: Festschrift für Schumann

Stein, Friedrich / **Jonas**, Martin
Kommentar zur Zivilprozessordnung, 21. Aufl., Tübingen 1993
zit.: Stein/Jonas/*Bearbeiter*

Taruffo, Michele
Intervento, in: Le azioni a tutela di interessi collettivi, atti del convegno di studio, Pavia 11-12 giugno 1974, Padova 1976, S. 330-336
zit.: *Taruffo*, in: Le azioni a tutela di interessi collettivi

Tarzia, Giuseppe
La tutela inibitoria contro le clausole vessatorie, Rivista di diritto processuale 1997, S. 629-646
zit.: *Tarzia*, riv. dir. proc. 1997

Tarzia, Giuseppe
Le associazioni di categoria nei processi civili con rilevanza collettiva, rivista di diritto processuale 1987, S. 774-804
zit.: *Tarzia*, riv. dir. proc. 1987

Thiere, Karl
Die Wahrung überindividueller Interessen im Zivilprozess, Dissertation (WS 1977/78 Uni Würzburg), Bielefeld 1980
zit.: *Thiere*

Thomas, Richard / **Weatherill**, Stephen
Promoting and protecting consumers' interests in cross-boarder transactions. The role of enforcement authorities, in: Bourgoignie, Thierry (Hrsg.), Group actions and consumer protection, L'action collective et la défense des consommateurs, Brüssel 1992, S. 265- 281

zit.: *Thomas/Weatherill*, in: Group actions and consumer protection

Tisci, Giuseppe
Azione di risarcimento ed intervento delle associazioni nel giudizio civile, in: Atti del convegno di studio sul tema danno ambientale e tutela giuridica (legge 8 luglio 1986 n. 349), Napoli, 13 dicembre 1986, a cura di Ernesto Cesàro, Padova 1987, S. 7-13
zit.: *Tisci*, in: danno ambientale e tutela giuridica

Tommaseo, Ferruccio
Art. 1469-sexies, in: Le clausole vessatorie nei contratti con i consumatori, Commentario agli articoli 1469-bis – 1469-sexies del Codice Civile, a cura di Guido Alpa e Salvatore Patti, Tomo I, Milano 1997, S. 755-792
zit.: *Tommaseo*, in: Le clausole vessatorie nei contratti con i consumatori

Toriello, Fabio
Decreto ministeriale concernente le procedure per l'iscrizione all'elenco delle associazioni dei consumatori e degli utenti a livello nazionale del 19 gennaio 1999, n. 20, commento, in: Alpa, Guido / Levi, Vanna (a cura di), I diritti dei consumatori e degli utenti, un commento alle leggi 30.7.1998 n. 281 e 24.11.2000 n. 340 e al decreto legislativo 23.4.2001 n. 224, Milano 2001, S. 176-180
zit.: *Toriello*, in: I diritti dei consumatori e degli utenti

Trocker, Nicolò
La tutela giurisdizionale degli interessi diffusi con particolare riguardo alla protezione dei consumatori contro atti di concorrenza sleale: analisi comparativa dell'esperienza tedesca, in: La tutela degli interessi diffusi nel diritto comparato con particolare riguardo alla protezione dell'ambiente e dei consumatori, Raccolta a cura di A. Gambero, Milano 1976, S. 447-488
zit.: *Trocker*, in: La tutela degli interessi diffusi nel diritto comparato

Urbanczyk, Reinhard
Zur Verbandsklage im Zivilprozess, Dissertation (SS 1980 Uni Erlangen-Nürnberg), Köln, Berlin, Bonn, München 1981
zit.: *Urbanczyk*

Verardi, Carlo Maria
La tutela dell'interesse collettivo dei consumatori alla lealtà e veridicità del messaggio pubblicitario davanti al giudice, alle authorities ed

all'autodisciplina pubblicitaria, in: Verardi, Carlo Maria (a cura di), La tutela collettiva dei consumatori, profili di diritto sostanziale e processuale, Napoli 1995, S. 45-84
zit.: *Verardi*, in: La tutela collettiva dei consumatori

Vigoriti, Vincenzo
Interessi collettivi e processo; la legittimazione ad agire, Milano 1979
zit.: *Vigoriti*, Interessi collettivi e processo

Vigoriti, Vincenzo
Legittimazione ad agire ed intervento nelle azioni collettive: proposte per una discussione, Giustizia civile 1982, II, S. 421-430
zit.: *Vigoriti*, Giust. civ. 1982, II

Vigoriti, Vincenzo
Metodi e prospettive di una recente giurisprudenza in tema di interessi diffusi e collettivi, Giurisprudenza italiana 1980, IV, S. 305-321
zit.: *Vigoriti*, Giur. it. 1980, IV

Wilhelmsson, Thomas
Public interest litigation on unfair terms, in: Micklitz, Hans-Wolfgang / Reich, Norbert (eds.),Public Interest Litigation before European Courts, Baden-Baden 1996, S. 385- 401
zit.: *Wilhelmsson*, in: Public Interest Litigation before European Courts

Wolf, Manfred
Die Klagebefugnis der Verbände, Ausnahme oder allgemeines Prinzip? Tübingen 1971
zit.: *Wolf*

Wolf, Manfred / **Horn**, Norbert / **Lindacher**, Walter F.
AGB-Gesetz, 4. Aufl., München 1999
zit.: *Wolf/Horn/Lindacher*

Zanuttigh, Loriana
Intervento, in: Le azioni a tutela di interessi collettivi, atti del convegno di studio, Pavia 11-12 giugno 1974, Padova 1976, S. 310-322
zit.: *Zanuttigh*, in: Le azioni a tutela di interessi collettivi

Zanuttigh, Loriana
La tutela di interessi collettivi (a proposito di un recente convegno), Il Foro italiano 1975, V, S. 71-83

zit.: *Zanuttigh*, Foro it. 1975, V, 71 ff.

Zanuttigh, Loriana
"Italia nostra" di fronte al Consiglio di Stato, Il Foro italiano 1974, III, S. 34-44
zit.: *Zanuttigh*, Foro it. 1974, III, 34 ff.

Zanuttigh, Loriana
„Italia nostra" di fronte alla Corte di cassazione, Il Foro italiano 1979, I, S. 167-180
zit.: *Zanuttigh*, Foro it. 1979, I, 167 ff.

Zanuttigh, Loriana
Profili costituzionali della legittimazione ad agire per la tutela di interessi diffusi, Giurisprudenza italiana 1980, II, S. 231-238
zit.: *Zanuttigh*, Giur. it. 1980, II, 231 ff.

Zöller, Richard
Zivilprozessordnung, 23. Aufl., Köln 2002
zit.: Zöller/*Bearbeiter*

Abkürzungsverzeichnis

I. Deutsche Sprache

Für Abkürzungen in der deutschen Sprache sei auf Hildebert Kirchner, Abkürzungsverzeichnis der Rechtssprache, 5. Auflage, Berlin 2003 verwiesen.

II. Italienische, englische und französische Sprache

Art.	Articolo; Articoli
C. c.	Codice civile
Civ. Just. Q.	Civil Justice Quarterly
Corr. giur.	Corriere giuridico
Cost.	Costituzione
C. p.	Codice penale
C. p. c.	Codice di procedura civile
C. p. p.	Codice di procedura penale
Foro it.	Il Foro italiano
Giur. it.	Giurisprudenza italiana
Giust. civ.	Giustizia civile
N.	Numero
Rev. eur. dr. cons.	Revue européenne de droit de la consommation
Rev. int. dr. comp.	Revue internationale de droit comparé
Riv. crit. dir. priv.	Rivista critica del diritto privato
Riv. dir. civ.	Rivista di diritto civile
Riv. dir. int. priv. proc.	Rivista di diritto internazionale privato e processuale
Riv. dir. priv.	Rivista di diritto privato
Riv. dir. proc.	Rivista di diritto processuale
Riv. trim. dir. proc. civ.	Rivista trimestrale di diritto e procedura civile

Kapitel 1: Einführung

Die Verbandsklage verströmt auch heute noch die Aura einer progressiven Rechtsschutzform und es gerät dabei leicht in Vergessenheit, dass sie, zumindest als Bestandteil des deutschen Rechts, bereits ihren 100. Geburtstag hinter sich gelassen hat.[1] Sie ist als Rechtsinstitut zum Schutz kollektiver Interessen ein e-ben so effektives wie ungeliebtes prozessuales Instrument zur gerichtlichen Durchsetzung von Rechtspositionen, die sich aufgrund ihrer weiten Verbreitung und überindividuellen Struktur nicht in das in Europa vorherrschende Verständnis des Zivilprozesses als der individuellen Geltendmachung persönlich zurechenbarer Rechte einfügen. Ein effektives Rechtsinstitut, da die gerichtliche Durchsetzung der kollektiven Interessen durch einen Verband der überindividuellen Struktur dieser Interessen gerecht werden und somit ein vorhandenes Rechtsschutzdefizit beheben kann; gleichzeitig ein vom europäischen Gesetzgeber – ob seiner Widerspenstigkeit im dogmatischen und prozessualen Umgang - ungeliebtes Rechtsinstitut.

Die Richtlinie 98/27/EG über Unterlassungsklagen zum Verbraucherschutz ist das jüngste Ergebnis und gleichzeitig der Höhepunkt europäischer Bemühungen um eine Verankerung kollektiver Rechtsschutzformen im nationalen Recht der Mitgliedsaaten. Sie hat der Verbandsklage als einer Form der gerichtlichen Durchsetzung kollektiver Interessen auf europäischer Ebene weite Anerkennung verschafft und die nationalen Gesetzgeber verpflichtet, sich mit diesem Rechtsinstitut grundlegend auseinander zu setzen. So verlangte die erforderliche Umsetzung der Richtlinie in nationales Recht eine Bestandsaufnahme bereits vorhandener Regelungen zur verbandlichen Prozessbeteiligung und eine Auseinandersetzung mit den normativen und von der Rechtsprechung geschaffenen Rah-

---

[1] *Greger*, ZZP 113 (2000), 399 ff. (401).

menbedingungen. Wie sich das Institut der Verbandsklage in das italienische Rechtssystem einfügt, welche Formen der verbandlichen Interessenwahrnehmung dem italienischen Recht bekannt sind und wie sich die aktuelle Situation nach Umsetzung der Richtlinie 98/27/EG darstellt, ist der Schwerpunkt der vorliegenden Arbeit.

Zu besseren Einordnung ist den Ausführungen zum italienischen Recht zunächst eine Darstellung der Richtlinie 98/27/EG, gepaart mit der Erörterung allgemeiner Begrifflichkeiten im Zusammenhang mit der gerichtlichen Durchsetzung kollektiver Interessen, vorangestellt. Es folgt eine kurz gefasste Übersicht über die normative, dogmatische und praktische Behandlung der Verbandsklage im deutschen Recht, die die kontrastierende Einordnung der anschließend ausführlich dargestellten italienischen Strukturen und Fragestellungen erleichtern soll. Zeigen werden die Ausführungen, dass die Einräumung einer Klagebefugnis an Verbände in erster Linie eine rechtspolitische, nicht zwingende, Entscheidung des Gesetzgebers ist und an zweiter Stelle ein technisches Problem.[2]

---

[2] *Vigoriti*, Interessi collettivi e processo, S. 66.

Kapitel 2: Die Richtlinie 98/27/EG

§ 1 Entstehung

A Europapolitischer Hintergrund

Seit der Annahme des Ersten Programms für eine Politik zum Schutz und der Unterrichtung der Verbraucher im Jahre 1975[3] ist das Ziel, den Unions- bzw. Gemeinschaftsbürgern insbesondere in ihrer Eigenschaft als Verbraucher wirksamen Rechtsschutz zu ermöglichen, Gegenstand der Bemühungen europäischer Institutionen[4]. Sind im Anschluss an dieses Erste Programm zahlreiche materielle Regelungen auf dem Gebiet des Verbraucherschutzes ergangen, sollte es fast zwanzig Jahre dauern, bis die Bemühungen auf prozessualer Ebene durch die Veröffentlichung des Grünbuchs der Kommission über den Zugang der Verbraucher zum Recht und die Beilegung von Rechtsstreitigkeiten der Verbraucher im Binnenmarkt Ende 1993 konkreter wurden[5]. Erst im Jahre 1996 konnten die Überlegungen in einem Aktionsplan der Kommission[6] gebündelt werden, u. a. mit einem Konzept für die außergerichtliche Beilegung von grenzüberschreitenden Streitigkeiten und einem konkreten Richtlinienentwurf[7]. Die Richtlinie selbst wurde nach Berücksichtigung von Änderungsanträgen auf dem Verbraucher-Rat am 23.4.1998 endgültig verabschiedet und am 11.6.1998 amt-

---

[3] Entschließung des Rates vom 14.4.1975, ABl. EWG Nr. C 92 vom 25.4.1975, S. 1.
[4] *Baetge*, ZZP 112 (1999), 329 ff. (331 f.).
[5] Grünbuch der Kommission über den Zugang der Verbraucher zum Recht und Beilegung von Rechtsstreitigkeiten der Verbraucher im Binnenmarkt, KOM (93), 576 endg. vom 16.11.1993; einen Überblick über die rechtliche Entwicklung des europäischen Verbraucherrechts gibt *Höland*, in: liber amicorum N. Reich, S. 207 ff.; zu weiteren Einzelheiten bezüglich der Entwicklung der Verbraucherpolitik der EG unter dem Gesichtspunkt ‚Zugang zum Recht' vgl. *Reich*, Europäisches Verbraucherschutzrecht, S. 367 ff.
[6] Aktionsplan für den Zugang der Verbraucher zum Recht und die Beilegung von Rechtsstreitigkeiten der Verbraucher im Binnenmarkt, KOM (96), 13 endg. vom 14.2.1996, insbesondere S. 13 ff.
[7] Vorschlag für eine Richtlinie des Europäischen Parlaments und des Rates betreffend Unterlassungsklagen auf dem Gebiet des Schutzes der Verbraucherinteressen vom 16.2.1996, ABl. EG Nr. C 107 vom 13.4.1996, S. 3 ff.

lich veröffentlicht[8]. Deutschland stand der Richtlinie von Anfang an ablehnend gegenüber, verweigerte ihr schließlich auch die Zustimmung, wurde aber von den anderen Mitgliedstaaten überstimmt[9]. Neben verbraucherrechtlichen Aspekten sind zur rechtspolitischen Einordnung der Richtlinie zwei weitere Gesichtspunkte wichtig, will man diese in ihrer Dimension vollständig erfassen: zum Einen die deutliche Tendenz der Gemeinschaft, die prozessrechtlichen Vorschriften der einzelnen Mitgliedstaaten einander anzugleichen;[10] zum Anderen die damit in engem Zusammenhang stehende Freizügigkeit von Unterlassungsklagen[11].

B Rechtliche Hintergründe

I. Das Grünbuch vom 16.11.1993[12]

In dem der Entwicklung der Richtlinie zugrunde liegenden Grünbuch der Kommission vom 16.11.1993 mit dem Titel „Zugang der Verbraucher zum Recht und Beilegung von Rechtsstreitigkeiten der Verbraucher im Binnenmarkt“[13] finden sich neben einer Darstellung der Problematik des Zugangs der Verbraucher zum Recht und deren Bedeutung auf Gemeinschaftsebene, eine Analyse der Lage in den Mitgliedstaaten sowie vorsichtige und kurz gefasste Überlegungen zu einer Weiterentwicklung der bestehenden Zustände. Bereits am Titel des Grün-

---

[8] Richtlinie 98/27/EG des Europäischen Parlaments und des Rates vom 19.5.1998 über Unterlassungsklagen zum Schutz der Verbraucherinteressen, ABl. EG Nr. L 166 vom 11.6.1998, S. 51 ff.; zu den verfahrensrechtlichen Abläufen vgl. *Baetge*, ZZP 112 (1999), 329 ff. (333, in Fußnote 20) und *Meyer*, WM 1998, 1507 f.

[9] *Meyer*, WM 1998, 1507 f. (1508); *Baetge*, ZZP 112 (1999), 329 ff. (333).

[10] So spricht Art. 1 Abs. 1 der Richtlinie von einer Angleichung der Rechts- und Verwaltungsvorschriften, während der Richtlinienentwurf nur eine entsprechende Koordinierung vorsah, *Heß*, in: Zivilrechtswissenschaft und Schuldrechtsreform, S. 528; *Baetge*, ZZP 112 (1999), 329 ff. (333); im Sinne einer angestrebten Harmonisierung auch *Kessedijan*, riv. dir. int. priv. proc. 1997, 281 ff. (292) zum Richtlinienvorschlag; *Dickie*, Civ. Just. Q. 16 (1997), 91 ff. (93).

[11] *Koch*, ZZP 113 (2000), 413 ff. (432); *Heß*, in: Zivilrechtswissenschaft und Schuldrechtsreform, S. 528.

[12] Zur Entstehungsgeschichte des Grünbuchs und den zahlreichen vorausgehenden Initiativen der Kommission vgl. KOM (93) 576 endg. vom 16.11.1993, S. 8 ff.

[13] KOM (93) 576 endg. vom 16.11.1993, S. 1 ff.

buchs ist auffällig, dass der „Zugang zum Recht“ nur unter dem Gesichtspunkt des Verbraucherschutzes betrachtet werden soll, andere Bereiche also von vorneherein ausgeklammert werden. Die Kommission selbst begründet dies mit zwei Argumenten: zum Einen sei der Verbraucherschutz der Bereich, der den europäischen Bürger im Alltagsleben am meisten berühre und ihm praktisch den europäischen Einigungsprozess vor Augen führe[14]. Zum Anderen sei es vordringliche Aufgabe, gerade die Rechtsstreitigkeiten beizulegen, die im Zuge der Realisierung des Binnenmarktes entstünden; dazu jedoch zählten insbesondere Rechtsstreitigkeiten aufgrund von verbraucherrechtlichen Vertragsverhältnissen.[15] Reformbedarf auf diesem Gebiet ergebe sich insbesondere deswegen, da im Zuge der vollständigen Gewährleistung der Dienstleistungsfreiheit das Prinzip der Kontrolle im Empfängerland in wichtigen Bereichen durch das Prinzip der Kontrolle im Ursprungsland ersetzt worden sei[16]. Durch die neuen Möglichkeiten des Fernabsatzes von Waren und Dienstleistungen könnten Grenzen ohne Zwischenschaltung von örtlichen Vertriebsstellen überschritten werden, was dazu führe, dass oft kein geeigneter Ansprechpartner für den Verbraucher vorhanden sei[17]. Darüber hinaus werde sich auch aufgrund der Abschaffung der Zollkontrollen und zunehmendem innergemeinschaftlichem Tourismus die Mobilität der Verbraucher noch erheblich erhöhen[18]. In allen diesen Fällen habe der Verbraucher seinen Wohnsitz in einem anderen Land als dem der Niederlassung des Gewerbetreibenden, was dazu führe, dass im Falle von Auseinandersetzungen grenzüberschreitende Rechtsstreitigkeiten vorlägen, die besondere Schwie-

---

[14] KOM (93) 576 endg. vom 16.11.1993, S. 6 f.

[15] KOM (93) 576 endg. vom 16.11.1993, S. 7.

[16] KOM (93) 576 endg. vom 16.11.1993, S. 11; zu den damit zusammenhängenden Problemen im Hinblick auf einen wirksamen Verbraucherschutz vgl. *Reich*, Europäisches Verbraucherschutzrecht, S. 42 f.

[17] KOM (93) 576 endg. vom 16.11.1993, S. 11.

[18] KOM (93) 576 endg. vom 16.11.1993, S. 11.

rigkeiten aufwiesen[19]. Diese Schwierigkeiten bedeuteten eine Behinderung der Verbraucher, den Binnenmarkt zu nutzen, weswegen Wege gefunden werden müssten, diese Schwierigkeiten abzubauen[20].

Nach einer Analyse der Lage in den Mitgliedstaaten folgert das Grünbuch, dass das reibungslose Funktionieren des Binnenmarktes es erfordere, dass sich das Prinzip des freien Verkehrs auch auf Klagen erstrecken müsse, die die Unterlassung von verbotenen (grenzüberschreitenden) Praktiken bewirken könnten[21]. Als Möglichkeiten zur Realisierung dieses Ziels beschreibt das Grünbuch unter Zugrundelegung des Subsidiaritätsprinzips (Art. 3 B zweiter Absatz EUV) und des Verhältnismäßigkeitsgrundsatzes (Art. 3 B dritter Absatz EUV) zwei Alternativen[22]:

Die erste Möglichkeit bestünde in einer „geringst möglichen Harmonisierung", die sich auf die „Voraussetzungen" der Klagebefugnis für Unterlassungsklagen beziehen würde, die in jedem Mitgliedstaat von den Stellen eingeleitet werden könnten, die das durch eine verbotene Geschäftspraxis verletzte Interesse repräsentativ vertreten. Eine solche Harmonisierung müsste von der gegenseitigen Anerkennung der den Verbänden durch die innerstaatliche Gesetzgebung verliehenen Klagebefugnis begleitet werden. Die zweite Möglichkeit bestünde in einer weiter gehenden gegenseitigen Anerkennung von Unterlassungsklagen dahingehend, dass den ausländischen Vertretern des verletzten Interesses ein unmittelbares Klagerecht zuerkannt werde, das dem der innerstaatlichen Einrichtungen gleichgestellt sei. Bei beiden Möglichkeiten sollte die Definition der Kriterien für eine „repräsentative Vertretung" den Mitgliedstaaten überlassen werden: je nach der Rechtstradition des Landes könne es sich dabei um ein Verwaltungs-

---

[19] KOM (93) 576 endg. vom 16.11.1993, S. 12; eindrücklich beschrieben werden die tatsächlichen und rechtlichen Schwierigkeiten einer grenzüberschreitenden Verbandsklage vor Erlass der Richtlinie 98/27/EG von *Franck/Goyens*, rev. eur. dr. cons. 1995, 27 ff.

[20] KOM (93) 576 endg. vom 16.11.1993, S. 13.

[21] KOM (93) 576 endg. vom 16.11.1993, S. 89.

[22] KOM (93) 576 endg. vom 16.11.1993, S. 90.

verfahren oder um die Anwendung der allgemeinen Kriterien für die Vertretungsfähigkeit durch das Gericht handeln.[23] Im Hinblick auf diese beiden Möglichkeiten empfiehlt das Grünbuch eine eingehende Prüfung.[24]

II. Der Aktionsplan vom 14.2.1996

Der dem Grünbuch zeitlich nachfolgende „Aktionsplan für den Zugang der Verbraucher zum Recht und die Beilegung von Rechtsstreitigkeiten der Verbraucher im Binnenmarkt“ vom 14.2.1996[25] beschreibt als wesentliches Ergebnis der zum Inhalt des Grünbuches durchgeführten Konsultationen einen bedeutenden Konsens im Hinblick auf die Koordinierung der nationalen Bestimmungen im Zusammenhang mit den im Grünbuch angesprochenen Unterlassungsklagen. Er verweist[26] insofern jedoch lediglich auf einen kurz zuvor von der Kommission vorgelegten Vorschlag einer Richtlinie[27] auf diesem Gebiet, ohne sich weiteren Einzelheiten zu widmen. Im Übrigen beschäftigt er sich in erster Linie mit außergerichtlichen Initiativen zur Streitbeilegung, deren Weiterentwicklung vorwiegend auf freiwilliger Basis unter einer Verbesserung der Rahmenbedingungen erfolgen solle[28]. Insoweit werden die geplanten Maßnahmen ausführlich erörtert[29].

---

[23] KOM (93) 576 endg. vom 16.11.1993, S. 91.
[24] KOM (93) 576 endg. vom 16.11.1993, S. 90; 97.
[25] KOM (96) 13 endg. vom 14.2.1996, S. 1 ff.
[26] KOM (96) 13 endg. vom 14.2.1996, S. 13.
[27] Vorschlag für eine Richtlinie des Europäischen Parlaments und des Rates betreffend Unterlassungsklagen auf dem Gebiet des Schutzes der Verbraucherinteressen, ABl. EG Nr. C 107 vom 13.4.1996, S. 3 ff.
[28] KOM (96) 13 endg. vom 14.2 1996, S. 13.
[29] KOM (96) 13 endg. vom 14.2.1996, S. 13 ff.

C Die Richtlinie 98/27/EG[30]

I. Rechtsgrundlage

Als eigene Rechtsgrundlage nennt die Richtlinie in ihrer Präambel Art. 95 (ehemals Art. 100a) EG-Vertrag, der die Verwirklichung des Binnenmarktes zum Gegenstand hat. Angesichts der expliziten Bezugnahme der Richtlinie auf den Verbraucherschutz wäre als Rechtsgrundlage auch Art. 153 (ehemals Art. 129a) EG-Vertrag in Betracht gekommen, der in seinem 1. Absatz die Kompetenz der Gemeinschaft zur Förderung der Verbraucherinteressen und des Rechts der Verbraucher auf Bildung von Vereinigungen zur Durchsetzung ihrer Interessen vorsieht. Die Wahl von Art. 95 EG-Vertrag als formale Rechtsgrundlage der Richtlinie erklärt sich in erster Linie wohl vor dem verfahrensrechtlichen Hintergrund,[31] dass in diesem Fall im Rahmen des Mitentscheidungsverfahrens nach Art. 251 EG-Vertrag zur Beschlussfassung nur eine qualifizierte Mehrheit erforderlich ist. Voraussetzung für eine Regelung durch die europäische Gemeinschaft auf der Grundlage von Art. 95 EG-Vertrag ist, dass die Rechtsangleichung im Interesse der Verbraucher erforderlich ist. Das Vorliegen dieses Erfordernisses im Regelungsbereich der Richtlinie weisen insbesondere die Begründungserwägungen 1 bis 7 der Präambel nach. Danach können die im Anhang der Richtlinie aufgeführten Vorschriften zum Schutz der Verbraucherinteressen nur dann volle praktische Wirksamkeit erlangen, wenn Schutzmechanismen geschaffen werden, die nicht an den Grenzen der einzelnen Mitgliedstaaten enden, sondern sich auf das gesamte Gemeinschaftsgebiet erstrecken und dadurch das Vertrauen der Unionsbürger in ein effektives Funktionieren des Binnenmarktes stärken[32].

---

[30] Der Wortlaut der Richtlinie ist vollständig im Anhang abgedruckt.

[31] *Koch*, ZZP 113 (2000), 413 ff. (433); weitere ausführliche Begründungen finden sich bei *Franck/Goyens*, rev. eur. dr. cons. 1996, 95 ff. (97) unter Bezugnahme auf den Richtlinienvorschlag.

[32] Vgl. die Begründungserwägungen Nr. 1 bis 7 der Richtlinie 98/27/EG.

II. Subsidiarität

Trotz der deutlichen Feststellung, dass das angestrebte Ziel nur durch ein Tätigwerden der Gemeinschaft zu erreichen ist[33], verweist die Richtlinie an mehreren Stellen ausdrücklich auf den in Art. 5 Abs. 2 und 3 (ehemals Art. 3b) EG-Vertrag verankerten Grundsatz der Subsidiarität: danach sind „die Besonderheiten der nationalen Rechtsordnungen weitest möglich zu berücksichtigen“[34]. Praktisch durchgesetzt hat sich das Subsidiaritätsprinzip an drei Stellen des Regelungswerks[35]: so werden den Mitgliedstaaten zum Einen verschiedene Alternativen einer Konzipierung kollektiver Klagebefugnisse durch öffentliche und/oder private Stellen zur Verfügung gestellt. Zum Anderen sollen die nationalen Besonderheiten dadurch gewahrt werden, dass im Inland anerkannte Einrichtungen auch im europäischen Ausland als klagebefugt zu gelten haben. Schließlich gibt die Richtlinie durch Zulassung weitergehender Regelungen durch die Mitgliedsstaaten zu verstehen, dass es sich bei den von ihr vorgesehenen Regelungen nur um Mindeststandards handelt.

§ 2 Interessenbegriffe

A Kollektivinteressen[36]

Gegenstand der Regelungen der Richtlinie ist der Schutz kollektiver Interessen. Sämtliche Formen kollektiven Rechtsschutzes rechtfertigen sich über den Gedanken der Existenz von Rechtspositionen, die sich der ausschließlichen Zuordnung an einzelne Personen als Rechtsträger entziehen[37] oder durch eine solche Zuordnung nicht in ausreichender Weise Schutz finden[38]. Diese weite Begriff-

---

[33] So die Begründungserwägung Nr. 7 der Richtlinie 98/27/EG.
[34] So wörtlich die Begründungserwägung Nr. 8 der Richtlinie 98/27/EG.
[35] *Koch*, ZZP 113 (2000), 413 ff. (434 f.).
[36] Zur Definition der kollektiven Interessen durch die italienische Rechtslehre und Rechtsprechung siehe ausführlich unten Kapitel 4 § 2 B.
[37] *Morin*, in: Group actions and consumer protection, S. 57 ff. (59).
[38] *Leipold*, in: Effektivität des Rechtsschutzes und verfassungsmäßige Ordnung, S. 57; *Larenz/Wolf*, § 2, Rn. 61.

lichkeit hat zur Folge, dass im Zusammenhang mit kollektiven Rechtsschutzformen die Kollektivinteressen als Sammelbecken für verschiedene Ausprägungen von Rechtspositionen verwendet werden, ohne dass in aller Regel eine genaue inhaltliche Festlegung vorgenommen wird. Im Einzelnen ist zwischen kollektiven Interessen, diffusen Interessen und nicht personifizierten Allgemeininteressen zu differenzieren.[39]

Ausgangspunkt einer genauen Definition der Kollektivinteressen mag das der Richtlinie 98/27/EG zugrunde liegende Grünbuch[40] sein. Dieses beschreibt kollektive Interessen als Rechtspositionen, die einerseits weiter reichen als das individuelle Interesse (das vor Gericht durch individuelle Klagen geltend gemacht werden kann), jedoch andererseits enger sind als die allen gleichermaßen zu Teil werdenden allgemeinen, öffentlichen Interessen.[41] Die Richtlinie 98/27/EG geht in der Definition[42] der von ihr geschützten Interessen allerdings noch einen Schritt weiter und verzichtet auf die im Grünbuch noch enthaltene Abgrenzung zum allgemeinen Interesse: unter Kollektivinteressen seien Interessen zu verstehen, „bei denen es sich nicht um eine Kumulierung von Interessen durch einen Verstoß geschädigter Personen handelt“[43]. Durch diese weite Formulierung finden auch allgemeine, öffentliche Interessen Zutritt in die Definition kollektiver Rechtspositionen. Der Begriff der Kollektivinteressen in diesem weiten Sinne ist zudem deckungsgleich mit dem Begriff der diffusen Interessen. Diffuse Interes-

[39] Eine andere Einteilung nimmt beispielsweise *Groenendijk*, Zeitschrift für Rechtssoziologie 1982, 240 ff. (245) vor: er unterscheidet Gruppeninteresse, kollektives Interesse und allgemeines Interesse, bemerkt jedoch gleichzeitig, dass die Unterscheidung wenig Wert habe, da die Begriffe in Rechtsprechung und Literatur nicht einheitlich verwendet würden.

[40] KOM (93) 576 endg. vom 16.11.1993, S. 72.

[41] KOM (93) 576 endg. vom 16.11.1993, S. 72; in diesem Sinne auch *Morin*, in: Group actions and consumer protection, S. 57 ff. (59 f.) im Zusammenhang mit der sog. „Loi Royer“ vom 27.12.1973, die den Verbraucherschutzverbänden in Frankreich erstmals das Recht zur Ausübung einer Klage im kollektiven Interesse der Verbraucher ermöglichte.

[42] Vgl. die Begründungserwägung Nr. 2 der Richtlinie 98/27/EG.

[43] Vgl. die Begründungserwägung Nr. 2 der Richtlinie 98/27/EG.

sen meinen „an verbesserter Lebensqualität orientierte Allgemeinbelange“[44] und können auf abstrakter Ebene als „gesellschaftliche Wert- und Ordnungsvorstellungen“[45] charakterisiert werden. Auch wenn Stimmen in der Literatur eine Einbeziehung der Allgemeininteressen in die Kollektivinteressen ablehnen und deren Geltendmachung allein dem Staatsanwalt vorbehalten wollen[46], ist eine sinnvolle Differenzierung nicht möglich und auch von der Richtlinie selbst nicht vorgesehen. Kollektivinteressen, diffuse und allgemeine Interessen beschreiben daher allesamt Rechtspositionen, die nicht oder nur begrenzt einzelnen zugeordnet werden können[47] und gleichzeitig für das allgemeine öffentliche Rechtsdurchsetzungsinteresse stehen[48].

B Kollektivierte Einzelansprüche

Nach Inhalt und prozessualer Durchsetzung von den Kollektivinteressen abzugrenzen sind die sog. kollektivierten Einzelansprüche. Hierbei handelt es sich um eine echte Kumulation von Einzelansprüchen[49], die in der Regel auf Schadensersatz für eine erlittene Rechtsbeeinträchtigung gerichtet sind. Anders als bei den kollektiven Rechtpositionen sind im Rahmen der kollektivierten Einzelansprüche die in Frage stehenden Rechtspositionen durchaus entweder individuell zurechenbar oder aber ihre Zurechnung wird durch pauschale Gruppendefini-

---

[44] *Schmidt*, in: liber amicorum N. Reich, S. 81; *Koch*, Verbraucherprozessrecht, S. 39 f.; *Reich*, Europäisches Verbraucherschutzrecht, S. 24 spricht von „Politiken, die nicht einer oder mehreren klar abgrenzbaren Gruppen von Personen zugute kommen sollen ..., sondern potentiell jedem Bürger“.

[45] *Schmidt*, in: liber amicorum N. Reich, S. 83; *Micklitz*, in: Public Interest Litigation before European Courts, S. 22: “The subject matter ... is no longer the enforcement of substantive law but the achievement of a political result” unter Bezugnahme auf öffentliche Interessen.

[46] Stein/Jonas/*Schumann*, Einleitung, Rn. 527: “Die Verbandsklage würde bei Wahrnehmung von nicht personifizierten Allgemeininteressen zu einem Fremdkörper im Rechtsschutzsystem des Zivilprozesses gemacht“; *Hopt/Baetge*, in: Die Bündelung gleichgerichteter Interessen im Prozess, S. 43 f.

[47] *Rosenberg/Schwab/Gottwald*, § 47, Rn. 1.

[48] *Koch*, ZZP 114 (2001), 235.

[49] *Koch*, Verbraucherprozessrecht, S. 46.

tionen ersetzt[50]. Mittel der Durchsetzung von kollektivierten Einzelansprüchen ist insbesondere die sog. „class action“[51].

§ 3 Kollektiver Rechtsschutz

A Einführung

Die speziellen Eigenschaften kollektiver Rechtspositionen haben zur Konsequenz, dass die vom Zivilverfahrensrecht zur Durchsetzung individueller Rechte vorgesehenen Schutzmechanismen bei der Geltendmachung überindividueller Interessen häufig versagen. So scheitert ein gerichtliches Vorgehen oft bereits daran, dass die in Frage stehenden Interessen nicht eindeutig bestimmten Individuen als Trägern zugeordnet werden können[52]. Oder aber sinnvoller Schutz individuell zurechenbarer Rechtspositionen ist nur durch ein gemeinsames Vorgehen mehrerer Interessenträger möglich.[53] Ganz unterschiedliche Formen der prozessualen Durchsetzung kollektiver Interessen im weiteren Sinne werden unter dem Begriff des kollektiven Rechtsschutzes zusammengefasst. So ist die Verbandsklage als Gegenstand dieser Arbeit nur eine Form kollektiven Rechtsschutzes. Neben ihr existieren auf internationaler Ebene zahlreiche andere Möglichkeiten der Wahrnehmung kollektiver Interessen im Prozess[54], die gleichwohl in das italienische und auch das deutsche Recht bislang kaum Einzug gehalten haben. Grundsätzlich zu unterscheiden ist das von privater Seite initiierte Vorgehen, mit dem (auch) öffentliche Interessen verfolgt werden, von Schutzmechanismen, die unmittelbar von öffentlicher Seite eingeleitet werden. Ein kurzer

---

[50] *Koch*, ZZP 114 (2001), 235 ff. (236).
[51] Vgl. dazu sogleich § 3 B.
[52] Homburger/Kötz/*Kötz*, S. 72.
[53] Darunter fallen insbesondere die Fälle, in denen die Beeinträchtigung des Einzelnen für sich gesehen zu geringfügig ist, als dass sich die Führung eines Prozesses lohnen würde, vgl. Homburger/Kötz/*Kötz*, S. 70 f.
[54] Überblick bei *Hopt/Baetge*, in: Die Bündelung gleichgerichteter Interessen im Prozess, S. 14 ff.

Überblick über die verschiedenen Möglichkeiten mag dies verdeutlichen und eine Einordnung der Verbandsklage in diesen Zusammenhang erleichtern.

B Gruppenklage (class action)[55]

Die neben der Verbandsklage wohl wichtigste und auch bekannteste Form kollektiven Rechtsschutzes ist das Rechtsinstitut der Gruppenklage (englisch: class action)[56], das im deutschen und auch im italienischen Recht[57] bislang nicht existiert[58]. Bei der Gruppenklage handelt es sich um eine Form des gerichtlichen Vorgehens, bei der aus einer Gruppe vieler gleichsam Betroffener nur ein Einzelner Klage erhebt. „Streitgegenstand dieser Klage ist ... die Rechtsbeeinträchtigung, die alle Mitglieder der durch die Normverletzung betroffenen Gruppe – unter ihnen auch der Kläger – erlitten haben, und dem entspricht es, dass das in dem Prozess ergehende Urteil Rechtskraft nicht bloß inter partes, sondern gegenüber sämtlichen Gruppenmitgliedern schafft und dass daher in dem Urteil Sanktionen mit Wirkung für alle Betroffenen verhängt, aber auch mit Wirkung gegen alle Betroffenen versagt werden können."[59] Ein wesentlicher Unterschied zur Verbandsklage besteht in der fehlenden organisatorischen Zusammenfassung der Betroffenen.[60] Die Gruppe ist durch das gleichartige Betroffensein ihrer

---

[55] Zur class action im amerikanischen Recht vgl. insbesondere *Greiner*, S. 23 ff.; *Stadler*, in: Kollektiver Rechtsschutz im Zivilprozessrecht, S. 13 ff.; *Koch*, Kollektiver Rechtsschutz, S. 9 ff. und *Koch*, Prozessführung im öffentlichen Interesse, S. 22 ff.

[56] Ein Rechtsinstitut, das bereits vor ca. 300 Jahren in England entstanden ist, *Baetge/Eichholtz*, in: Die Bündelung gleichgerichteter Interessen im Prozess, S. 291.

[57] Homburger/Kötz/*Kötz*, S. 87 lehnt eine mögliche Übernahme dieses Rechtsinstituts in das deutsche Recht aufgrund einer Unvereinbarkeit mit wesentlichen Prinzipien des deutschen Anwalts- und Kostenrechts ab; a. A. *Koch*, Kollektiver Rechtsschutz, S. 92 ff., bes. S. 99 ff., der für die Übernahme einer Gruppenklage in das deutsche Recht auf einigen Rechtsgebieten gute Möglichkeiten sieht. Die Einführung einer als class action bezeichneten gerichtlichen Vorgehensmöglichkeit wird gegenwärtig im italienischen Parlament erörtert, vgl. unten Kapitel 4 § 6.

[58] Zur Möglichkeit grenzüberschreitender „Gruppenklagen" im Verbraucherinteresse innerhalb der Europäischen Union vor Erlass der Richtlinie 98/27/EG vgl. ausführlich *Fallon*, in: Group actions and consumer protection, S. 245 ff.

[59] Homburger/Kötz/*Kötz*, S. 78.

[60] Homburger/Kötz/*Kötz*, S. 79.

Mitglieder gekennzeichnet, nicht jedoch durch eine rechtlich-organisatorische Struktur. Die Gruppe als solche existiert als Rechtspersönlichkeit nicht.

C Popularklage

Noch weniger als die Gruppenklage in Einklang mit dem traditionellen Konzept des Zivilprozesses steht das Rechtsinstitut der Popularklage[61]. Popularklagen zeichnen sich dadurch aus, dass in den vom Gesetz vorgesehenen Situationen grundsätzlich jedermann unabhängig von einer persönlichen Betroffenheit Klage erheben kann. „Kennzeichen der Popularklage ist die Betonung der Wahrung des objektiven Rechts als Aufgabe der Rechtsprechung und das Zurücktreten der Verletzung subjektiver Rechte des Klägers“[62]; die Popularklage dient also in erster Linie der Durchsetzung der objektiven Rechtsordnung und nur reflexartig der Verteidigung individueller Rechtspositionen[63].

D Weitere Formen privater Interessenbündelung

Neben Verbands-, Gruppen- und Popularklage sind als weitere Formen der Interessenbündelung durch private Kläger das in den USA und England bekannte Institut der Parteiverbindung (englisch: joinder of parties) zu nennen[64]; darüber hinaus existieren spezielle Formen der Prozessstandschaft, die im spanischen Recht anzutreffen sind, bei denen etwa Verbraucherverbände im Namen ihrer Mitglieder für diese Schadensersatz geltend machen[65]. Schließlich ist auf die in England und den USA mögliche Verfahrensverbindung (englisch: consolidati-

---

[61] Popularklagen finden sich in bestimmten Teilbereichen des deutschen Wirtschaftsrechtes; vgl. beispielsweise §§ 22, 81 PatentG und §§ 49, 55 Abs. 1, 2 Nr. 1 MarkenG.
[62] *von Arnim*, S. 307.
[63] *von Arnim*, S. 306.
[64] *Ellger*, in: Die Bündelung gleichgerichteter Interessen im Prozess, S. 105 f.
[65] *Kieninger*, in: Die Bündelung gleichgerichteter Interessen im Prozess, S. 260 f.

on) hinzuweisen[66] und auf die auch in Deutschland mögliche Führung von Musterprozessen[67].

E Öffentliche Interessenvertretung

Darüber hinaus existieren auch Formen der Interessenvertretung, die nicht auf die Initiative privater Kläger zurückzuführen sind, sondern in die Kompetenz staatlicher Stellen fallen. Zu nennen ist namentlich der insbesondere im skandinavischen Rechtskreis anzutreffende Ombudsmann[68], der etwa in Schweden die Interessen der Verbraucher repräsentiert und auch gerichtlich durchsetzt[69]. Oder der „Director General of Fair Trading", der in Großbritannien mit einer entsprechenden Aufgabe betraut ist.[70]

F Verbandsklage

Im Gefüge der dargestellten kollektiven Rechtsschutzformen nimmt die Verbandsklage eine Zwischenstellung ein. Denn die Verbände machen als private Kläger vor Gericht Interessen geltend, die, zumindest nach herrschender Meinung, sowohl privatrechtliche als auch öffentlich-rechtliche Züge in sich vereinen.[71] Zweck der Verbandsklage ist dabei der Ausgleich eines Rechtsschutzdefizits in bestimmten Regelungsbereichen. Wichtig ist die Abgrenzung der Verbandsklage von der Gruppenklage, wie sie insbesondere aus dem angloamerikanischen Rechtskreis bekannt ist: die Gruppenklage bündelt die Rechte der einzelnen Gruppenmitglieder und führt eine Entscheidung mit Rechtskraftwirkung

---

[66] *Baetge/Eichholtz*, in: Die Bündelung gleichgerichteter Interessen im Prozess, S. 295.

[67] *Jacoby*, S. 1 ff.; *Stadler*, in: Kollektiver Rechtsschutz im Zivilprozess, S. 1 ff. (7 f.).

[68] Zum Konzept des Ombudsmannes vgl. *Koch*, Prozessführung im öffentlichen Interesse, S. 80; zum Aufgabengebiet und zur Arbeitsweise des Konsumentenombudsmannes in Norwegen *Graver*, in: Group actions and consumer protection, S. 47 ff.

[69] *Dopffel/Scherpe*, in: Die Bündelung gleichgerichteter Interessen im Prozess, S. 431 f.

[70] *Ellger*, in: Die Bündelung gleichgerichteter Interessen im Prozess, S. 123 ff.; *Thomas/Weatherill*, in: Group actions and consumer protection, S. 267 ff.

[71] Zur Definition der kollektiven Interessen durch die Richtlinie 98/27/EG vgl. oben § 2 A; zur entsprechenden Problematik im italienischen Recht vgl. ausführlich unten Kapitel 4 § 2 B.

für die einzelnen Betroffenen herbei[72]. Die Verbandsklage hingegen kumuliert nicht Einzelinteressen individuell betroffener Rechtsträger, sondern lebt von einer dem Verband für einen bestimmten Bereich verliehenen speziellen Wahrnehmungszuständigkeit,[73] die über den rein individuellen Bezug hinausgeht. Diese Aussage gilt freilich nur für die Verbandsklage im engeren Sinne. Je nach Gegenstand der im Prozess wahrgenommenen Interessen lassen sich generell verschiedene Arten von Verbandsklagen unterscheiden, von denen gleichwohl nur eine ein spezifisches Instrument kollektiven Rechtsschutzes darstellt.

I. Verbandsklagen zur Wahrnehmung eigener Rechte

Wie jeder anderen natürlichen oder juristischen Person können auch Verbänden, soweit eine entsprechende rechtliche Organisationsform gegeben ist, Rechtsgüter[74] zustehen, deren Beeinträchtigung oder Verletzung der Verband gerichtlich geltend machen kann. Materiell-rechtliche oder prozessuale Besonderheiten bestehen bei solchen Verfahren nicht, weswegen diese Art der Verbandsklage im Rahmen der vorliegenden Untersuchung keine Berücksichtigung findet.

II. Mitgliederverbandsklagen

Bei Mitgliederverbandsklagen handelt es sich um Klagen, die der Verband zwar im eigenen Namen, aber im Interesse seiner Mitglieder, also einer genau abzugrenzenden Gruppe,[75] erhebt. Der Verband fungiert gleichsam als Sammelvertreter einer Vielzahl in ihren Rechten Verletzter.[76] Selbst ohne ausdrückliche gesetzliche Grundlage lässt sich eine entsprechende Klage nach deutschem Recht unter Zugrundelegung des Rechtsinstituts der gewillkürten Prozessstandschaft herleiten, also durch eine von den Mitgliedern durch Satzungsbestim-

[72] *Koch*, ZZP 113 (2000), 413 ff. (424).
[73] *Urbanczyk*, S. 101.
[74] Gedacht sei insbesondere an Eigentum oder Besitz.
[75] *Koch*, ZZP 113 (2000), 413 ff. (415).
[76] *Embacher*, S. 13.

mung oder Einzelermächtigung auf den Verband übertragene Prozessführungsbefugnis begründen. Im italienischen Recht, das die Prozessfigur der gewillkürten Prozessstandschaft nicht kennt, ist dies freilich nicht möglich. Mitgliederverbandsklagen nach deutschem Recht fügen sich aufgrund ihrer Einordnung als Fall der gewillkürten Prozessstandschaft in die Systematik des deutschen Zivilverfahrensrechts unproblematisch ein. Auch sie sind daher nicht Schwerpunkt der folgenden Überlegungen.

III. Verbandsklagen im engeren Sinne

Unter Verbandsklagen im engeren Sinne sind nur die Verfahren zu verstehen, in denen die vor Gericht auftretenden Verbände Interessen wahrnehmen, die nicht ihre originär eigenen und auch nicht ausschließlich die ihrer Mitglieder sind.[77] Gegenstand der Verbandsklage im engeren Sinne sind vielmehr kollektive Interessen, mit deren Wahrnehmung der Verband beauftragt worden ist; eine Beauftragung, die dem Verband nicht im Eigeninteresse der Korporation oder ihrer Mitglieder übertragen wird,[78] sondern auf der anerkannten besonderen Schutzwürdigkeit spezieller kollektiver Interessen beruht. Spricht man von Verbandsklagen im Zusammenhang mit Formen kollektiven Rechtsschutzes, ist damit diese Form der Verbandsklage gemeint.

§ 4 Regelungsgegenstand der Richtlinie

A Einführung

Genau die zuletzt dargestellte Form kollektiven Rechtsschutzes will auch die Richtlinie 98/27/EG verstärkt zum Schutz kollektiver Interessen zur Anwendung bringen. So verpflichtet sie die Mitgliedstaaten zur Schaffung von Rechtsbehelfen, die von Verbänden bzw. entsprechenden öffentlichen Institutionen eingereicht werden können, und skizziert damit das Konzept einer Verbandsklage

---

[77] *Embacher*, S. 14.
[78] *Koch*, ZZP 113 (2000), 413 ff. (415).

bzw. entsprechenden Klage öffentlicher Institutionen als kollektives Rechtsschutzinstrument zur effektiven Durchsetzung von Verbraucherinteressen. Die Konzipierung von Verbandsklagen als Mittel zur Interessendurchsetzung ist dabei jedoch keine Neuerfindung der Richtlinie 98/27/EG. Vielmehr sind Regelungen über Klagen, die auch von Verbänden eingereicht werden können, bereits Gegenstand von vier älteren Richtlinien.[79]

B Sachlicher Anwendungsbereich

Enthielt das Grünbuch der Kommission vom 16.11.1993[80] noch keine Beschränkung seines Regelungsbereiches auf europarechtlich normierte Sachverhalte, so konzipiert die Richtlinie Rechtsschutz nur in den Fällen, in denen es um die Verletzung von Rechten geht, die auf der Grundlage des europäischen Gemeinschaftsrechts zuerkannt werden, nicht jedoch in Fällen rein nationaler Anerkennung von Verbraucherrechten.[81] Nur die Interessen, die unter die im Anhang der Richtlinie genannten Verbraucherrichtlinien[82] fallen und die als Kollektivinteressen der Verbraucher durch den Verstoß nachweisbar beeinträchtigt werden, genießen Schutz, Art. 1 Abs. 1 und 2.[83] Gleichwohl regelt die Richtlinie nicht nur grenzüberschreitende Sachverhalte. Auch rein nationale Fälle werden erfasst, soweit sie sich auf europarechtliche Verpflichtungen zurückführen las-

---

[79] Richtlinie 84/450/EWG vom 10.9.1984 über irreführende Werbung, Richtlinie 92/28/EWG vom 31.3.1992 über Werbung für Humanarzneimittel, Richtlinie 93/13/EWG vom 5.4.1993 über missbräuchliche Klauseln in Verbraucherverträgen und Richtlinie 97/7/EG vom 20.5.1997 über den Verbraucherschutz bei Vertragsabschlüssen im Fernabsatz.

[80] KOM (93) 576 endg. vom 16.11.1993, S. 87 ff.

[81] *Kessedjian*, riv. dir. int. priv. proc. 1997, 281 ff. (285).

[82] Richtlinie 84/450/EWG über irreführende Werbung, Richtlinie 85/577/EWG über den Verbraucherschutz im Fall von außerhalb von Geschäftsräumen geschlossenen Verträgen, Richtlinie 87/102/EWG über den Verbraucherkredit, Richtlinie 89/552/EWG über die Fernsehtätigkeit, Richtlinie 90/314/EWG über Pauschalreisen, Richtlinie 92/28/EWG über die Werbung für Humanarzneimittel, Richtlinie 93/13/EWG über missbräuchliche Klauseln in Verbraucherverträgen, Richtlinie 94/47/EG über Teilnutzungsrechte an Immobilien und Richtlinie 97/7/EG über Vertragsabschlüsse im Fernabsatz.

[83] Die Aufzählung in der Anlage der Richtlinie ist nach dem Wortlaut von Art. 1 zunächst abschließend, eine spätere Erweiterung jedoch nicht ausgeschlossen, vgl. Art. 6 Abs. 2; dazu *Koch*, ZZP 113 (2000), S. 413 ff. (416).

sen.[84] Der eingeschränkte sachliche Anwendungsbereich wird in der Literatur kritisiert: die getroffene Auswahl sei „willkürlich und unvollständig“, der Anwendungsbereich eine „Minimallösung“.[85] Es fehlten wichtige Regelungsgebiete und die Beschränkung auf die Fälle, in denen eine Beeinträchtigung der Interessen der Verbraucher nachweisbar sei, sei nicht interessen- und sachgerecht.[86]

C Rechtsschutzziele

Als Mittel zum Schutz der Kollektivinteressen der Verbraucher werden von Art. 2 Abs. 1 a) der Richtlinie in erster Linie Rechtsbehelfe konzipiert, die auf eine Einstellung bzw. ein Verbot des schädigenden Verhaltens gerichtet sind. Daneben sind, optional, flankierende Rechtsbehelfe vorgesehen, wie die eventuelle Veröffentlichung der ergangenen Entscheidung oder einer Richtigstellung (Art. 2 Abs. 1 b)) und – soweit nach dem Recht des Mitgliedstaates zulässig – Vollziehungsanordnungen im Hinblick auf die ergangene Entscheidung (Art. 2 Abs. 1 c)). Entsprechend dem materiell eingeschränkten Anwendungsbereich, sind auch die von der Richtlinie verbindlich vorgegebenen Möglichkeiten der prozessualen Beteiligung nur sehr begrenzt. Als Grund für diese engen Grenzen wird zum Einen die traditionell ablehnende Haltung der Mitgliedstaaten, was die Überlagerung von Kompetenzen auf dem Gebiet des Prozessrechts anbelangt, angeführt;[87] zum Anderen erfolgt der Hinweis auf die besondere Eignung des Instruments der Unterlassungsklage zur Durchsetzung der von der Richtlinie angestrebten Ziele.[88] Insbesondere von französischen Autoren, die nach ihrem

---

[84] *Koch*, ZZP 113 (2000), 413 ff. (434) spricht in diesem Zusammenhang von einer Harmonisierung aus Gründen der Gleichbehandlung.

[85] *Baetge*, ZZP 112 (1999), S. 329 ff. (338 f.).

[86] *Calais-Auloy*, in: liber amicorum N. Reich, S. 789 ff. (804); *Franck/Goyens*, rev. eur. dr. cons. 1996, 95 ff. (98) zum Richtlinienvorschlag.

[87] *Franck/Goyens*, rev. eur. dr. cons. 1996, 95 ff. (96) zum Richtlinienvorschlag.

[88] *Koch*, ZZP 113 (2000), 413 ff. (418); in diesem Sinne auch *Franck/Goyens*, rev. eur. dr. cons. 1996, 95 ff. (96), die allerdings Kritik am alleinigen Rechtsschutzziel der Unterlassung üben (S. 99) und die Unterlassungsklage im grenzüberschreitenden Verkehr für ungenügend halten (S. 100). Die Richtlinie würde sich auf traditionelle Mittel des Verbraucherschutzes

nationalen Recht mit einer entsprechenden Form der Verbandsklage vertraut sind, wird eine Erweiterung der Rechtsschutzziele auf die Einforderung von Schadensersatz wegen der Beeinträchtigung der kollektiven Verbraucherinteressen gefordert.[89]

D Vorverfahren

In Anlehnung an das aus dem deutschen Wettbewerbsrecht bekannte Institut der Abmahnung[90] sieht die Richtlinie in Art. 5 die fakultative Einführung bzw. Beibehaltung eines Vorverfahrens als Voraussetzung einer Unterlassungsklage vor.[91] Inhalt eines solchen Vorverfahrens könnte die Verpflichtung der klagenden Partei sein, zunächst eine Einstellung des Verstoßes in Konsultationen entweder nur mit dem Klagegegner oder mit dem Klagegegner und einer, für den Verbraucherschutz zuständigen öffentlichen Stelle, soweit diese im betroffenen Mitgliedstaat existiert, zu bewirken. Ob eine Konsultierung einer entsprechenden öffentlichen Einrichtung notwendig zu erfolgen hat, steht im Ermessen der Mitgliedstaaten, Art. 5 Abs. 1 S. 2. Führt das Vorverfahren nicht zu einer Einstellung des Verstoßes, ist die Klageerhebung in jedem Fall nach Ablauf von zwei Wochen nach Eingang des Antrags auf Durchführung des Vorverfahrens ohne weiteren Aufschub zulässig, Art. 5 Abs. 1 S. 3. Sollte ein Mitgliedstaat beschließen, ein entsprechendes Vorverfahren einzuführen, so hat er die Einzelheiten dieses Verfahrens der Kommission mitzuteilen, die sie im Amtsblatt der Europäischen Gemeinschaften veröffentlicht, Art. 5 Abs. 2.

---

beschränken; für einen wirksamen grenzüberschreitenden Verbraucherschutz seien jedoch neue Rechtsschutzformen erforderlich (S. 98).

[89] *Calais-Auloy*, in: liber amicorum N. Reich, S. 789 ff. (805); *Franck/Goyens*, rev. eur. dr. cons. 1996, 95 ff. (100; 108).

[90] Der Richtlinienentwurf verwendete noch ausdrücklich den Begriff „Abmahnung", ABl. EG Nr. C 107 vom 13.4.1996, S. 5.

[91] *Baetge*, ZZP 112 (1999), 329 ff. (346).

E Verhältnis zu Verbandsklageregelungen in anderen Richtlinien

Wie bereits angesprochen sind Verbandsklageregelungen als Mittel zur Interessendurchsetzung keine Neuerfindung der Richtlinie 98/27/EG. Vielmehr enthalten bereits vier[92] der im Anhang der Richtlinie aufgezählten neun verbraucherschützenden Richtlinien Regelungen über Unterlassungsklagen, die auch von Stellen oder Organisationen betrieben werden können, die nach nationalem Recht ein berechtigtes Interesse daran haben.

Ausdrückliches, in Art. 1 Abs. 1 festgeschriebenes Ziel der Richtlinie ist die Angleichung der Rechts- und Verwaltungsvorschriften über Unterlassungsklagen zum Schutz der Verbraucherinteressen, die unter den Anhang der Richtlinie fallen. Gleichzeitig beschreibt Art. 1 Abs. 2 das die Kollektivinteressen der Verbraucher schädigende Verhalten als jeden Verstoß gegen die im Anhang aufgeführten Richtlinien in ihrer nationalen Umsetzungsform. Aus dem Ziel der Richtlinie und diesem Regelungszusammenhang folgt, dass für die angesprochenen Regelungsbereiche eine allgemeingültige Normierung des Unterlassungsrechtsschutzes geschaffen werden sollte,[93] die die bestehenden Einzelnormierungen, sofern sie von den neuen Bestimmungen abweichen, überlagert[94]. Dies führt auf europäischer Ebene zu einem einheitlichen Standard, erfordert aber gleichzeitig auf nationaler Ebene eine Harmonisierung bereits bestehender Vorschriften. In Umsetzung der im Anhang genannten Richtlinien ergangene nationale Regelungen sind aus diesem Grunde an die Neukonzeption der Richtlinie 98/27/EG anzupassen.[95]

---

[92] Richtlinie 84/450/EWG vom 10.9.1984 über irreführende Werbung, Richtlinie 92/28/EWG vom 31.3.1992 über Werbung für Humanarzneimittel, Richtlinie 93/13/EWG vom 5.4.1993 über missbräuchliche Klauseln in Verbraucherverträgen und Richtlinie 97/7/EG vom 20.5.1997 über den Verbraucherschutz bei Vertragsabschlüssen im Fernabsatz.
[93] *Koch*, ZZP 113 (2000), 413 ff. (436).
[94] *Koch*, ZZP 113 (2000), 413 ff. (436).
[95] *Koch*, ZZP 113 (2000), 413 ff. (436).

§ 5 Regelungsinhalt der Richtlinie

A Überblick

Zusammengefasst sind es im Wesentlichen drei Verpflichtungen, die die Richtlinie den Mitgliedstaaten auferlegt:[96] zum Einen werden diese verpflichtet, in der nationalen Gesetzgebung Unterlassungsklagen gegen Verstöße gegen die im Anhang genannten Richtlinien einzurichten, Art. 2 i. V. m. Art. 1. Weiterhin sind die Mitgliedstaaten angehalten, ein Verzeichnis der national klagebefugten sog. „qualifizierten Einrichtungen", die die Unterlassungsklagen erheben bzw. Verfahren einleiten können, zu erstellen und der Kommission zuzuleiten, Art. 4 Abs. 2 und 3. Schließlich erfolgt eine Verpflichtung zur gegenseitigen Anerkennung der klagebefugten qualifizierten Einrichtungen, mit der Folge, dass diese Einrichtungen Verstöße grenzüberschreitend geltend machen können, Art. 4 Abs. 1.

B Richtlinienrelevanter Verstoß

Ein im Sinne der Richtlinie 98/27/EG relevanter Verstoß ist gegeben, wenn eine Handlung vorliegt, die einer der im Anhang aufgeführten Richtlinien in der Form ihrer nationalen Umsetzung zuwiderläuft und gleichzeitig die Kollektivinteressen der Verbraucher beeinträchtigt, Art. 1 Abs. 2. Lässt sich ein Verstoß gegen die im Anhang aufgeführten Regelungen relativ problemlos feststellen, wäre eine inhaltliche Eingrenzung des Begriffs der Beeinträchtigung der Kollektivinteressen der Verbraucher wünschenswert gewesen. Zwar erläutert die Richtlinie das von ihr zugrunde gelegte Verständnis der Kollektivinteressen der Verbraucher in Erwägungsgrund 2.[97] Die dort gegebene Definition der Kollektivinteressen mag nun freilich bei der Frage helfen, ob in einem Fall richtlinienrelevante Interessen in Frage stehen. Wann eine Beeinträchtigung dieser Interessen im Sinne von Art. 1 Abs. 2 gegeben ist und welche Intensität hierfür erfor-

---

[96] *Calais-Auloy*, in: liber amicorum N. Reich , S. 789 ff. (802).

[97] Vgl. dazu oben § 2 A.

derlich ist, bleibt trotz aller Definition freilich offen und wird in der Literatur vereinzelt als eigentlicher Knackpunkt der Regelung betrachtet.[98]

C Umsetzungsalternativen

Die Mitgliedstaaten sind angehalten, Rechtsbehelfe, die auf Unterlassung und gegebenenfalls Veröffentlichung abzielen, zu schaffen und, soweit nach dem Recht des jeweiligen Mitgliedsstaates zulässig, Vollziehungsanordnungen zugunsten qualifizierter Einrichtungen vorzusehen. Im Hinblick darauf, was die Mitgliedsstaaten unter dem Begriff der qualifizierten Einrichtung verstehen wollen, besteht die Wahl zwischen zwei verschiedenen Möglichkeiten, die auch gleichzeitig zur Anwendung gebracht werden können. So können nach Art. 3 klagebefugte Einrichtungen sowohl unabhängige öffentliche Stellen oder aber auch (privatrechtliche) Organisationen sein. In beiden Fällen müssen diese Institutionen mit dem Schutz der Kollektivinteressen der Verbraucher befasst sein und ein berechtigtes Interesse an der Einhaltung der in das nationale Recht transponierten verbraucherschützenden Vorschriften haben.

Sah der Richtlinienvorschlag[99] in seinem Art. 3 Abs. 1 b) ursprünglich auch die Einbeziehung von Vertreterorganisationen von Unternehmen oder Unternehmensverbänden als qualifizierte klagebefugte Einrichtungen vor, so wurde der endgültige Anwendungsbereich der Richtlinie auf Organisationen zum Schutz von Verbraucherinteressen beschränkt, da Ziel der Richtlinie nicht der Schutz gewerblicher Interessen sei.[100] Zu erklären ist die Wahlmöglichkeit zwischen öffentlichen Stellen oder privatrechtlichen Organisationen auf dem Hintergrund

---

[98] *Franck/Goyens*, rev. eur. dr. cons. 1996, 95 ff. (98 f.) sehen in dem Erfordernis einer Beeinträchtigung der Interessen der Verbraucher gar einen Rückschritt auf Umwegen dahin, dass die qualifizierten Einrichtungen – trotz Listeneintragung und damit einhergehender Klagebefugnis – ihre Klagebefugnis im Einzelfall über das Kriterium einer Beeinträchtigung der Interessen der Verbraucher doch wieder nachweisen müssten.

[99] ABl. EG Nr. C 107 vom 13.4.1996, S. 3 ff.

[100] *Baetge*, ZZP 112 (1999), 329 ff. (335); zur entsprechenden Kritik am Richtlinienvorschlag *Franck/Goyens*, rev. eur. dr. cons. 1996, 95 ff. (103).

unterschiedlicher Rechtstraditionen innerhalb der Europäischen Union.[101] So wird durch die Nennung öffentlicher Einrichtungen den Traditionen des britischen und skandinavischen Rechtskreises Rechnung getragen,[102] die die Vertretung und Durchsetzung der Verbraucherinteressen öffentlichen Stellen anvertraut haben[103]. Zuständig ist in England der „Director General of Fair Trading", im skandinavischen Rechtskreis der sog. „Konsumentenombudsman".[104] Andere Länder, wie etwa Deutschland, Frankreich und Italien, übertragen die Vertretung kollektiver Verbraucherinteressen traditionell der Eigenverantwortung privatrechtlicher Organisationen.[105] Diesen beiden unterschiedlichen Rechtstraditionen sollte in gleichem Umfang Rechnung getragen werden, was sich an der völligen Gleichwertigkeit beider Möglichkeiten zeigt.[106] So sind die Mitgliedstaaten in ihrer Wahl, entweder die eine und/oder die andere Form einzuführen oder beizubehalten, nach der Richtlinie völlig frei.

D Registrierungsverfahren

I. Verfahrensziele

Im Hinblick auf die in Art. 4 festgeschriebene Verpflichtung der Mitgliedsstaaten auch grenzüberschreitendes, auf Unterlassung gerichtetes Vorgehen zu ermöglichen, sind diese angehalten, an der Erstellung eines auf europäischer Ebene geführten Verzeichnisses der national klagebefugten Einrichtungen mitzuwirken, Art. 4 Abs. 2. Die jeweils national klagebefugten Einrichtungen sollen bei der Europäischen Kommission zentral registriert werden, um einerseits missbräuchlichen Klagen durch unseriöse Einrichtungen vorzubeugen und ande-

---

[101] *Baetge*, ZZP 112 (1999), 329 ff. (335).
[102] *Koch*, ZZP 113 (2000), 413 ff. (427).
[103] Zu Finnland *Wilhelmsson*, in: Public Interest Litigation before European Courts, S. 385 ff. (386 f.).
[104] Grünbuch der Kommission, KOM (93) 575 endg. vom 16.11.1993, S. 72.
[105] Grünbuch der Kommission, KOM (93) 575 endg. vom 16.11.1993, S. 72.
[106] Vgl. den Wortlaut von Art. 3; *Baetge*, ZZP 112 (1999), 329 ff. (335).

rerseits die nationalen Verfahren von der Klärung der schwierigen Frage der Klagebefugnis der auftretenden Einrichtung zu entlasten.[107]

II. Antragsverfahren

Voraussetzung einer Eintragung ist nach dem Konzept der Richtlinie, dass die Einrichtung, die eine Eintragung wünscht, einen entsprechenden Antrag bei der im Mitgliedstaat dafür zuständigen Stelle stellt, Art. 4 Abs. 2. Der Mitgliedstaat entscheidet eigenverantwortlich und anhand von ihm selbst ausgewählter Kriterien darüber, ob er die Antrag stellende Einrichtung als klagebefugt einstuft, Art. 4 Abs. 2 S. 1.[108] Fällt die Entscheidung positiv aus, setzen die Mitgliedstaaten die Kommission davon in Kenntnis, dass eine bestimmte Einrichtung als klagebefugt anerkannt ist und teilen ihr darüber hinaus den Zweck der Einrichtung mit, Art. 4 Abs. 2. Die Kommission trägt die Einrichtung in ein bei ihr geführtes entsprechendes Verzeichnis ein und vermerkt außerdem deren Zweck, Art. 4 Abs. 3 S. 1. Eine Veröffentlichung des Verzeichnisses erfolgt im Amtsblatt der Europäischen Union. Um größtmögliche Aktualität zu erreichen,[109] sind Änderungen an diesem Verzeichnis unverzüglich, eine komplette aktualisierte Liste halbjährlich zu veröffentlichen, Art. 4 Abs. 3 S. 2. Durch die Aufnahme in die Liste wird eine Einrichtung zur qualifizierten Einrichtung im Sinne der Richtlinie.

III. Wirkungen der Listeneintragung

Ist die Eintragung in die Liste der Kommission erfolgt, so hat dies nach Art. 4 Abs. 1 S. 2 zur Folge, dass der qualifizierten Einrichtung von einem Gericht o-

---

[107] *Greger*, NJW 2000, 2457 ff. (2458).

[108] Dass die Mitgliedstaaten die entscheidungserheblichen Maßstäbe gänzlich alleine festlegen, wird von *Franck/Goyens*, rev. eur. dr. cons. 1996, 95 ff. (103), kritisiert, die für eine Zugrundelegung einheitlicher objektiver und transparenter Kriterien im Rahmen der Anerkennungsentscheidung plädieren.

[109] *Greger*, NJW 2000, 2457 ff. (2460).

der einer Behörde eines Mitgliedstaates im Falle eines grenzüberschreitenden Verfahrens die Klagebefugnis nicht abgesprochen werden kann. Lediglich die Frage, ob der Zweck der qualifizierten Einrichtung die Einleitung des Verfahrens rechtfertigt, darf das ersuchte Gericht oder die Behörde in eigener Kompetenz überprüfen, Art. 4 Abs. 1 S. 2. Vor diesem Hintergrund erklärt sich die Aufnahme des Zwecks der jeweiligen Einrichtung in das von der Kommission geführte Verzeichnis im Rahmen des Registrierungsverfahrens, Art. 4 Abs. 3 S. 1. Auch diese verbleibende sehr eingeschränkte Prüfungskompetenz dürfte nur in den seltensten Fällen zu einem Ausschluss vom Verfahren führen, da einer ablehnenden Entscheidung durch eine weit gefasste Beschreibung des Verbandszwecks leicht vorzubeugen ist. Nicht zu vernachlässigen ist, dass sich die Wirkungen der von der Richtlinie angeordneten Anerkennung nur auf die Klagebefugnis der vorsprechenden Einrichtung beziehen. Alle darüber hinaus gehenden verfahrensrechtlichen oder materiellrechtlichen Anforderungen müssen zusätzlich vorliegen und gegebenenfalls nachgewiesen werden.[110] Insofern besteht eine uneingeschränkte Prüfungskompetenz des ersuchten Gerichts bzw. der zuständigen Behörde.

IV. Streichung von der Liste

Je nach den Anforderungen an die klagebefugten Einrichtungen auf nationaler Ebene können die Voraussetzungen, die zu einer Bejahung der Klagebefugnis geführt haben, auch wieder entfallen. Das von der Kommission geführte Verzeichnis qualifizierter Einrichtungen gründet sich auf die Mitteilungen der Mitgliedstaaten. Gleichwohl ist eine Verpflichtung der Mitgliedstaaten zur Mitteilung des Wegfalls der Klagebefugnis einer Einrichtung nach nationalem Recht nicht ausdrücklich vorgesehen; sie ist jedoch aus dem Regelungszusammenhang

---

[110] *Greger*, NJW 2000, 2457 ff. (2461).

von Art. 4 Abs. 3 abzuleiten.[111] Wenn es darin heißt, dass Änderungen an dem von der Kommission geführten Verzeichnis unverzüglich veröffentlicht werden, so kann dies nur bedeuten, dass eine korrespondierende Verpflichtung der Mitgliedstaaten zur unverzüglichen Mitteilung entsprechender Veränderungen besteht.[112] Auf der Basis dieser Mitteilungen wird die Kommission die entsprechende Einrichtung aus dem bei ihr geführten Verzeichnis streichen.

E Grenzüberschreitende Verbandsklagen

I. Gegenseitige Anerkennung klagebefugter Einrichtungen

Wesentliches innovatives Element der Richtlinie ist das Prinzip der gegenseitigen Anerkennung klagebefugter Einrichtungen, das in Art. 4 verankert ist.[113] Dieses besagt, dass jeder Mitgliedstaat verpflichtet ist, erforderliche Maßnahmen dahin zu treffen, dass im Falle eines von seinem Hoheitsgebiet ausgehenden Verstoßes, jede qualifizierte Einrichtung eines anderen Mitgliedstaates vor den zuständigen Gerichten oder Verwaltungsbehörden dieses Staates gegen den Verstoß vorgehen kann. Die Richtlinie verhilft durch diese Regelung den entsprechend qualifizierten Einrichtungen zu einer europaweiten Klagebefugnis. Deren Feststellung wird gleichwohl nicht einem Anerkennungsverfahren auf europäischer Ebene überlassen.[114] Vielmehr vertraut die Richtlinie insoweit auf die unterschiedlichen nationalen Verfahren zur Feststellung der Klagebefugnis und beschränkt sich darauf, die „europaweite Geltung“ der national getroffenen Entscheidung anzuordnen.

Diese Regelung dürfte in der praktischen Handhabung zu einer erheblichen Erleichterung im Umgang mit grenzüberschreitenden Verbandsklagen führen. Fällt

---

[111] *Greger*, NJW 2000, 2457 ff. (2461).
[112] *Greger*, NJW 2000, 2457 ff. (2461).
[113] *Baetge*, ZZP 112 (1999), 329 ff. (343) nennt sie die „wohl interessanteste und innovativste Regelung der ganzen Richtlinie“.
[114] *Baetge*, ZZP 112 (1999), 329 ff. (344).

doch in aller Regel[115] das Erfordernis aufwendiger Feststellungen zur Klagebefugnis weg, die häufig grenzüberschreitende Sachverhaltsaufklärung voraussetzen würden. Wie weit das Prinzip der gegenseitigen Anerkennung klagebefugter Einrichtungen dabei in die nationale Souveränität eingreift, mögen die folgenden Überlegungen verdeutlichen: so zwingt die Regelung die Mitgliedstaaten, eine jenseits deren eigenen Hoheitsgebietes ausgeübte Kompetenz ausländischer öffentlicher Stellen wie etwa des skandinavischen Konsumentenombudsmannes oder des „Director General of Fair Trading“ aus Großbritannien auf ihrem eigenen Hoheitsgebiet zu tolerieren.[116] Weiterhin hat sie zur Konsequenz, dass Mitgliedstaaten, die nach den Maßstäben ihres nationalen Rechts den vor Gericht bzw. den Verwaltungsbehörden auftretenden ausländischen Institutionen keine Klagebefugnis zuerkennen würden[117], diesen dennoch die Durchführung entsprechender inländischer Verfahren gestatten und ermöglichen müssen[118].

II. Missbrauchskontrolle

Obwohl die Richtlinie auf die Einführung eines europaweiten Anerkennungsverfahrens für qualifizierte Einrichtungen verzichtet und gleichzeitig den einzelnen Mitgliedstaaten in der nationalen Bestimmung der entsprechenden Einrichtungen weite Freiräume belässt, trifft sie keine Vorkehrungen, um einem Missbrauch kollektiver Klagebefugnisse vorzubeugen und dem vom gerichtlichen bzw. behördlichen Vorgehen betroffenen Mitgliedstaat zumindest gewisse Kontrollmöglichkeiten der ausländischen klagebefugten Einrichtungen zu eröffnen.[119] Vielmehr sind die nationalen Gerichte und Behörden verpflichtet, die in einem anderen Mitgliedstaat anerkannten und auf europäischer Ebene registrier-

[115] Zu Ausnahmen vgl. unter II.
[116] *Franck/Goyens*, rev. eur. dr. cons. 1996, 95 ff. (104); *Baetge*, ZZP 112 (1999), 329 ff. (343).
[117] Beispiel dafür mag die Situation in Großbritannien sein, das bisher keine Verbandsklagebefugnis kannte, *Dickie*, Civ. Just. Q. 16 (1997), 91 ff. (92).
[118] *Franck/Goyens*, rev. eur. dr. cons. 1996, 95 ff. (104).
[119] *Baetge*, ZZP 112 (1999), 329 ff. (349).

ten klagebefugten Einrichtungen auch in ihrem Hoheitsbereich als solche zu behandeln. Eine Kompetenz, deren Klagebefugnis eigenständig zu überprüfen, steht ihnen grundsätzlich nicht zu. Nur eine einzige Möglichkeit zur Kontrolle sieht die Richtlinie vor:[120] so eröffnet Art. 4 Abs. 1 S. 2 den angerufenen Gerichten oder Verwaltungsbehörden die Möglichkeit, zu prüfen, ob der Zweck einer qualifizierten Einrichtung deren Klageerhebung im speziellen Einzelfall rechtfertigt. Nur unter der Voraussetzung, dass der Zweck der qualifizierten Einrichtung mit dem Gegenstand des eingeleiteten Verfahrens nicht in Einklang steht, kann die Klagebefugnis einer nach dem Recht eines anderen Mitgliedstaates qualifizierten Einrichtung verneint werden. Ob eine solche an weiten Begrifflichkeiten orientierte Minimalkontrolle geeignet ist, einem Missbrauch vorzubeugen, mag ernsthaft bezweifelt werden. Angesichts des von den meisten in diesem Bereich agierenden Organisationen verfolgten Zieles des Verbraucherschutzes und einer entsprechenden Formulierung der Statuten, dürfte die ganz große Mehrzahl tatsächlich durchgeführter Verfahren unter diesen weiten Verbandszweck zu subsumieren sein. Denn darüber, wie konkret der Zweck einer Einrichtung im Eintragungsverfahren anzugeben ist, enthält die Richtlinie freilich keine Angaben.

III. Kollisionsregelungen

Die Verpflichtung zur Anerkennung ausländischer klagebefugter Einrichtungen besagt nichts darüber, an welchem Ort ein entsprechendes Verfahren durchzuführen ist, welches Recht – das des Gründungsortes der Einrichtung oder das des Gerichtsortes –tatsächlich zur Anwendung kommt und wie konkurrierende Verbandsklagen verschiedener Institutionen zu behandeln sind.

---

[120] *Baetge*, ZZP 112 (1999), 329 ff. (350).

1. Gerichtsstand

Nachdem der Richtlinienvorschlag ursprünglich in Art. 2 Abs. 2 eine viel weitergehende Formulierung bezüglich des von den Gerichten im Falle einer Klage anzuwendenden Rechts enthalten hatte,[121] beschränkt sich die endgültige Regelung in Art. 2 Abs. 2 scheinbar auf die Feststellung, dass Internationales Privatrecht und Internationales Zivilprozessrecht unberührt bleiben. Daraus folgt zunächst, dass sich die internationale Verfahrenszuständigkeit nach der allgemeinen Zuständigkeitsregel des Art. 2 EuGVO richtet;[122] zuständig sind also grundsätzlich die Gerichte des Wohnsitzstaates des Beklagten. Nach Art. 5 Nr. 3 und Nr. 5 EuGVO können sich für die Verbandsklage zusätzliche Gerichtsstände in anderen Mitgliedstaaten der EuGVO eröffnen. Art. 5 Nr. 3 sieht einen Gerichtsstand am Erfolgs- bzw. Handlungsort einer unerlaubten Handlung vor; Art. 5 Nr. 5 EuGVO bestimmt für Streitigkeiten in Zusammenhang mit einer gewerblichen Niederlassung zusätzlich deren Sitz als Gerichtsstand. Die in den Artikeln 15 und 16 EuGVO enthaltenen speziellen Verbrauchergerichtsstände sind für Verbandsklagen nicht fruchtbar zu machen, da sie lediglich für Klagen individueller Verbraucher gegen ihre Vertragspartner zur Anwendung kommen.[123]

2. Anzuwendendes Recht

Betrachtet man den Regelungsgehalt der Richtlinie näher, so offenbart sich, dass die Richtlinie – entgegen dem Ausspruch in Art. 2 Abs. 2 – sich nicht gänzlich auf eine Verweisung auf das Internationale Zivil- bzw. Zivilprozessrecht be-

---

[121] Der Richtlinienentwurf hatte vorgesehen, dass ein Gericht, das einen im Ausland begangenen Rechtsverstoß zu beurteilen hat, die Rechtsfolgen nach dem Recht des Gerichtsstandes bestimmt, ABl. EG Nr. C vom 13.4.1996, S. 3 ff. Eine solche Regelung hätte freilich nicht mit den Prinzipien des Internationalen Privatrechts in Einklang gestanden, *Franck/Goyens*, rev. eur. dr. cons. 1996, 95 ff. (101).

[122] Zu den Einzelheiten *Koch*, ZZP 113 (2000), 413 ff. (436 f.); *Calais-Auloy*, in: liber amicorum N. Reich, S. 789 ff. (803) in Fn. 40 unter Bezugnahme auf den Richtlinienvorschlag.

[123] Zöller/*Geimer*, Anh I, Art. 17 EuGVVO, Rn. 7 ff.; *Heß*, in: Zivilrechtswissenschaft und Schuldrechtsreform, S. 527 ff. (533, Fn. 41); *Stadler*, in: Festschrift für Schumann, S. 465 ff. (486); MünchKomm BGB/*Micklitz*, § 14 AGBG, Rn. 8.

schränkt, sondern selbst kollisionsrechtliche Regelungen trifft. Denn indem sie in Art. 4 Abs. 1 anordnet, dass im Ausland anerkannte qualifizierte Einrichtungen auch im Gerichtsstaat als klagebefugt anerkannt werden müssen, legt sie prozessual verbindlich fest, dass über die Anerkennung als klagebefugte Einrichtung das Recht des Staates entscheidet, in dem die Einrichtung gegründet worden ist[124]. Das im Hinblick auf die Klagebefugnis maßgebende Recht ist vor diesem Hintergrund das Recht des Errichtungsortes der qualifizierten Einrichtung und nicht das Recht des Gerichtsstands. Eine damit einhergehende Einschränkung der Klagebefugnis auf Verbraucherrechtsverstöße gegen das im Errichtungsstaat der qualifizierten Einrichtung geltende Recht ist damit jedoch nicht gegeben.[125] Die Verbände können auch Verstöße gegen ausländische Verbraucherschutzvorschriften rügen, sofern ein solches Vorgehen von ihrem Verbandszweck mit umfasst wird. „Denn grenzüberschreitende Anerkennung von Verbandsklagebefugnissen setzt voraus, dass die Verbände im Ausland auch die Verletzung dortigen Rechts geltend machen können“[126] – freilich nur, soweit durch den ausländischen Rechtsverstoß auch die inländischen kollektiven Verbraucherinteressen beeinträchtigt werden, Art. 4 Abs. 1. Das im jeweiligen Verfahren anwendbare materielle Recht bestimmt sich nach dem jeweils einschlägigen nationalen internationalen Privatrecht.[127]

3. Konkurrierende Verfahren

Legt man der Verbandsklage in Anlehnung an die in Deutschland und auch in Italien ganz herrschende Meinung einen eigenen materiellrechtlichen Anspruch des Verbandes zugrunde, so greifen die beschränkenden Grundsätze der Rechtshängigkeit und Rechtskraft bei konkurrierenden Verfahren wegen fehlender Par-

---

[124] *Koch*, ZZP 113 (2000), 413 ff. (440).
[125] *Koch*, ZZP 113 (2000), 413 ff. (440).
[126] *Koch*, ZZP 113 (2000), 413 ff. (440).
[127] Vgl. zu den damit zusammenhängenden Problemen im deutschen Recht *Heß*, in: Zivilrechtswissenschaft und Schuldrechtsreform, S. 527 ff. (538 f.).

tei- und Anspruchsidentität[128] grundsätzlich nicht ein. Auf europäischer Ebene[129] könnte dieser Grundsatz allerdings in gewissen Grenzen eine Einschränkung erfahren: so erfährt der Begriff der Rechtshängigkeit durch den EuGH eine ausgesprochen weite Interpretation: Rechtshängigkeit sei selbst bei fehlender Personenidentität nicht grundsätzlich ausgeschlossen.[130] Sollte der EuGH zu der Einschätzung gelangen, dass in verschiedenen Mitgliedstaaten erhobene Verbandsklagen gegen denselben Beklagten unter die die doppelte Rechtshängigkeit regelnde Vorschrift von Art. 27 EuGVO fallen, so müsste das später angerufene Gericht das Verfahren bis zur Klärung der Zuständigkeit aussetzen und sich ggf. später für unzuständig erklären. Andernfalls wäre zumindest die Regelung von Art. 28 Abs. 1 EuGVO anwendbar. Danach kann im Falle inhaltlich in Zusammenhang stehender Klagen[131] das später angerufene Gericht das Parallelverfahren aussetzen, bis das zuerst angerufene in der Sache entschieden hat. Art. 28 Abs. 2 EuGVO sieht darüber hinaus die mögliche Verbindung in Zusammenhang stehender Klagen vor, die ursprünglich bei verschiedenen Gerichten eingereicht worden sind.[132]

F Grundsatz der Minimalharmonisierung

Die den Mitgliedstaaten auferlegten dargestellten Verpflichtungen sind in der von der Richtlinie vorgesehenen Form nicht zwingend. So verwehrt Art. 7 der Richtlinie den Mitgliedstaaten nicht, Bestimmungen zu erlassen, die über die

[128] *Heß*, in: Zivilrechtswissenschaft und Schuldrechtsreform, S. 527 ff. (534).

[129] Zugrunde liegt die Situation mehrerer in unterschiedlichen Mitgliedstaaten erhobener Verbandsklagen gleichen Inhalts.

[130] *EuGH*, Drouot Assurances SA / Consolidated Metallurgical Industries, Slg. 1998, I, 3075, Nr. 19 der Gründe.

[131] Nach Art. 28 Abs. 3 EuGVO stehen Klagen im Zusammenhang, wenn zwischen ihnen eine so enge Beziehung gegeben ist, dass eine gemeinsame Verhandlung und Entscheidung geboten erscheint, um zu vermeiden, dass in getrennten Verfahren widersprechende Entscheidungen ergehen könnten.

[132] Zu Einzelheiten vgl. *Heß*, in: Zivilrechtswissenschaft und Schuldrechtsreform, S. 527 ff. (535) mit weiteren Nachweisen.

Konzeption der Richtlinie hinausgehende Rechte zur Klageerhebung vorsehen. Er bringt damit zum Ausdruck, dass es sich bei den umzusetzenden Regelungen lediglich um einen Mindeststandard[133] handelt. Diese „Minimallösung“ beruht auf den in Art. 5 Abs. 2 und 3 EGV verankerten Prinzipien der Subsidiarität bzw. Verhältnismäßigkeit. Insbesondere das Verhältnismäßigkeitsprinzip verlangt, dass dort, wo gemeinschaftsweit Standards eingeführt werden, es sich nach Möglichkeit um Mindestvoraussetzungen handeln soll, mit der Option für die Mitgliedstaaten, strengere Regelungen vorzusehen.[134] Diesen Vorgaben wird die Richtlinie gerecht, indem sie es den Mitgliedstaaten nicht verwehrt, ein höheres Schutzniveau einzuführen oder beizubehalten.[135]

---

[133] *Koch*, ZZP 113 (2000), 413 ff. (435).
[134] Lenz/Borchardt/*Langguth*, Art. 5 EGV Rn. 37.
[135] *Franck/Goyens*, rev. eur. dr. cons. 1996, 95 ff. (106).

Kapitel 3: Verbandsklagebefugnisse in Deutschland

§ 1 Rechtliche und begriffliche Grundlagen

A Einführung

Verbandsklagebefugnisse zur gerichtlichen Durchsetzung kollektiver Interessen stellen eine besondere Form des Rechtsschutzes dar, deren Vereinbarkeit mit traditionellen Prozessstrukturen nicht auf der Hand liegt. Vor diesem Hintergrund sollen zunächst die Grundzüge des nach deutschem Recht gewährten Rechtsschutzes dargestellt werden, um eine Einordnung der Verbandsklage in diese Strukturen zu ermöglichen.

B Verfassungsrechtliche Grundlagen

I. Der Justizgewährungsanspruch

„Aus dem Rechtsstaatsprinzip des Grundgesetzes ist (...) für bürgerlich-rechtliche Streitigkeiten im materiellen Sinn die Gewährleistung eines wirkungsvollen Rechtsschutzes abzuleiten“[136]. Der in dieser Aussage verankerte sog. „Justizgewährungsanspruch“[137] ergibt sich in verfassungsrechtlicher Hinsicht für den Bereich zivilrechtlicher Auseinandersetzungen aus dem allgemeinen in Art. 20 Abs. 3 GG verankerten Rechtsstaatsprinzip[138], findet Anklang aber auch in den grundgesetzlichen Regelungen der Artikel 19 Abs. 4, 101 Abs. 1 S. 2, 103 Abs. 1, 92 und 95 GG, Art. 6 MRK[139]. Inhaltlich verbürgt dieser Anspruch, dass auf Gesuch[140] eine umfassende tatsächliche und rechtliche Prüfung des Streitgegenstandes und eine verbindliche Entscheidung durch einen Richter

---

[136] *BVerfGE* 54, 277 (291).
[137] Zöller/*Vollkommer*, Einleitung Rn. 48.
[138] *BVerfGE* 54, 277 (291).
[139] Zöller/*Vollkommer*, Einleitung Rn. 48; *Bethge*, NJW 1991, 2391 ff. (2393 f.).
[140] Zöller/*Vollkommer*, Einleitung Rn. 48.

gewährleistet ist[141]. Der Anspruch garantiert also das für einen Rechtsstaat wesentliche Element wirkungsvollen Rechtsschutzes[142].

II. Die Voraussetzungen des Justizgewährungsanspruches

Rechtsschutz wird nicht abstrakt, sondern nur unter bestimmten Voraussetzungen gewährt. Diese Voraussetzungen differieren nach der Schutzrichtung der gerichtlichen Kontrolle, die grundsätzlich in zweierlei Form stattfinden kann: sie kann als generelle „objektive Rechtskontrolle" ausgestaltet sein, in der der Schutz subjektiver Rechte als Teil der objektiven Wertordnung mit umfasst ist, oder aber in der Form des „Individualrechtsschutzes", also primär in der Verfolgung und Durchsetzung subjektiver Rechte, bestehen[143]. Obwohl für den Zivilprozess keine so eindeutige Regelung getroffen ist wie für den Bereich der Verwaltungsgerichtsbarkeit[144], folgt doch aus der Aufgabe des Zivilprozesses, die Rechte, die dem Einzelnen zustehen, festzustellen oder zu gestalten[145], dass auch der Zivilprozess unter der Maxime des Schutzes subjektiver Rechte steht[146]. Indem der Zivilprozess diese ihm primär[147] zufallende Aufgabe der Sicherung und Durchsetzung privater Rechte wahrnimmt, dient er zugleich der Bewährung der objektiven Rechtsordnung[148]. Voraussetzung und zugleich Gegenstand des Zivilprozesses ist demzufolge das subjektive Privatrecht[149].

---

[141] *BVerfGE* 54, 277 (291); *BVerfGE* 85, 337 (345); *BVerfG*, NJW 1992, 105; *BVerfG*, NJW 1993, 2165; *BVerfG*, NJW 1997, 312.

[142] *BVerfGE* 53, 115 (127); *BVerfGE* 54, 277 (291); Isensee/Kirchhof/*Papier*, § 153, Rn. 16.

[143] Vgl. für die entsprechende Diskussion im Bereich des öffentlich-rechtlichen Rechtsschutzes von Münch/Kunig/*Krebs*, Art. 19 GG, Rn. 58.

[144] Art. 19 Abs. 4 GG hat durch die Formulierung „ ...durch die öffentliche Gewalt in *seinen* Rechten verletzt..." eine eindeutige Systementscheidung für den Individualrechtsschutz getroffen; von Münch/Kunig/*Krebs*, Art. 19 GG, Rn. 58.

[145] Zöller/*Vollkommer*, Einleitung Rn. 39; *Rosenberg/Schwab/Gottwald*, §1, Rn. 5 ff.

[146] MünchKomm ZPO/*Lüke*, Einleitung Rn. 7; Stein/Jonas/*Schumann*, Einleitung Rn. 7.

[147] *Schilken*, Rn. 9 ff., *Lindacher*, ZZP 103 (1990), 397 ff. (399).

[148] In diesem Sinne: *Rosenberg/Schwab/Gottwald*, § 1, Rn. 9; weitergehend *Jauernig*, JuS 1971, 331 und *Thiere*, S. 367 ff., die von einer Doppelfunktion des Zivilprozesses sprechen:

III. Der Begriff des subjektiven Privatrechts

Von einem subjektiven Privatrecht wird dann gesprochen, wenn einer Person ein bestimmter, persönlicher Lebens- (Interessen-) bereich zu autonomer, von ihrem Willen abhängiger Gestaltung zugewiesen ist[150]. Die dieser Rechtsmacht zugrunde liegende Position muss normativ, also rechtssatzmäßig geschützt sein[151]. Das subjektive Privatrecht tritt als absolutes Recht (insbesondere als Eigentum) oder als relatives Recht (etwa in Gestalt einer schuldrechtlichen Forderung) auf[152]. In allen Erscheinungsformen ist es verfassungsrechtlich garantiert und seine Durchsetzung durch die Zivilprozessordnung verbürgt. Es ist in der Regel einzelnen Personen als Rechtsträgern zugeordnet[153], was jedoch nicht ausschließt, dass ein subjektives Recht auch mehreren Berechtigten zustehen oder von ihnen gemeinsam ausgeübt werden kann. Unstreitig ist das subjektive Recht in diesem engen Sinne Gegenstand von Ansprüchen, die in einem zivilrechtlichen Verfahren geltend gemacht werden können[154].

IV. Das rechtlich geschützte Interesse

Nicht in allen Fällen lässt sich das Objekt eines gerichtlichen oder verwaltungsrechtlichen Verfahrens mit der engen Definition des subjektiven Rechts erfassen. Anders als die italienische Verfassung, in der auch der Schutz berechtigter Interessen ausdrücklich festgeschrieben ist[155], schweigt das Grundgesetz zu dieser Frage. Obwohl vereinzelt noch bestritten[156], lässt es sich heute wohl als all-

---

neben den Verfahren zum Schutz subjektiver Rechte gäbe es zivilprozessuale Verfahren, die allein der Verwirklichung des objektiven Rechts dienten.

[149] MünchKomm ZPO/*Lüke*, Einleitung Rn. 8.

[150] *Enneccerus/Nipperdey*, § 72; *Larenz/Wolf*, § 13 Rn. 24; *Thiere*, S. 287.

[151] Von Münch/Kunig/*Krebs*, Art. 19 GG, Rn. 60.

[152] *Leipold*, in: Effektivität des Rechtsschutzes und verfassungsmäßige Ordnung, S. 57.

[153] *Leipold*, in: Effektivität des Rechtsschutzes und verfassungsmäßige Ordnung, S. 57.

[154] Vgl. dazu im Hinblick auf den hier besonders interessierenden Unterlassungsanspruch *Baur*, JZ 1966, 381.

[155] Vgl. dazu unten Kapitel 4 § 1 A I.

[156] *Hadding*, JZ 1970, 305 ff. (308).

gemeine Meinung[157] bezeichnen, dass auch ein rechtlich geschütztes Interesse als Grundlage eines Anspruches ausreicht und somit dieses Interesse selbst zum Gegenstand eines zivilrechtlichen Verfahrens gemacht werden kann[158]. „Die Definition des subjektiven Rechts unterscheidet nicht zwischen ausdrücklichen Berechtigungen und Fällen, in denen sich der Rechtssatz verschlüsselt den individualisierend-berechtigenden Ausgleich von Interessen hat angelegen sein lassen: rechtlich geschützte Individualinteressen. Beide Normierungstypen werden heute einheitlich als subjektive Rechte behandelt.“[159]

C Verfahrenscharakteristiken der Zivilprozessordnung

Eng im Zusammenhang mit der oben dargestellten Funktion des Zivilprozesses, der Feststellung und Durchsetzung subjektiver Privatrechte, stehen zwei Merkmale, die das zivilprozessuale Verfahren prägen und die im hier behandelten Zusammenhang wesentliche Bedeutung haben: zum Einen die Ausgestaltung des Zivilverfahrens als Zwei-Parteien-Prozess, zum Anderen die Verfahrensvoraussetzung der Prozessführungsbefugnis. Sowohl die Maxime des Zwei-Parteien-Prozesses als auch die Verfahrensvoraussetzung der Prozessführungsbefugnis stellen gesetzliche Anforderungen dar, die für die Durchführung eines Zivilprozesses eine zusätzliche Hürde bedeuten. Gleichwohl stehen sie mit dem grundgesetzlich verbürgten Justizgewährungsanspruch nicht in Konflikt. Denn

---

[157] *Wolf/Horn/Lindacher*, § 13 AGBG Rn. 3 unter Bezugnahme auf *Henckel*, Parteilehre, S. 84; *Baumbach/Hefermehl*, Einl UWG Rn. 50, § 13 UWG, Rn. 5; *Thiere*, S. 283.

[158] *Baur*, JZ 1966, 381 ff. (382): „ … im Bereich des Unterlassungsanspruch … hat der Gesetzgeber Recht, Rechtsgut, rechtlich geschützte Interessen gleich behandelt, und zwar … mit gutem Grund: In der gesellschaftlichen Wirklichkeit ist … der Schutz des … Rechts*guts* mindestens so bedeutsam wie der des subjektiven Rechts.“ *Henckel*, AcP 174 (1974), 97 ff. (137): „ Für die hier interessierende Frage nach dem Anspruchscharakter der materiellen Grundlage einer Unterlassungsklage besteht also zwischen den differenziert begründeten Pflichten kein relevanter Unterschied. Bezeichnet man diese Grundlage in den Fällen des subjektiven Rechts als Anspruch, so muss man es auch dann tun, wenn man die Unterlassungspflicht aus einem Schutzgesetz oder den Verbotsnormen des UWG herleitet.“ Eine eingehende Begründung dieser Schlussfolgerung findet sich auf S. 120-139.

[159] Maunz/Dürig/*Schmidt-Aßmann*, Art. 19 IV GG, Rn. 119.

der Zugang zu den Gerichten wird nur im Rahmen der jeweils geltenden Prozessordnungen gewährt[160].

I. Der Zwei-Parteien-Prozess

1. Bedeutung

Das deutsche Zivilverfahrensrecht ist grundsätzlich auf einen Zwei-Parteien-Streit zugeschnitten:[161] Kläger und Beklagter, von denen der Erste mit Hilfe der staatlichen Autorität versucht, seine subjektiven Rechte gegenüber dem Zweiten durchzusetzen. Wesentliches Element des Zwei-Parteien-Prozesses ist, dass an einem zivilrechtlichen Verfahren nur zwei Parteien beteiligt sind,[162] ein Mehrparteienverfahren ist nicht zulässig.[163]

2. Der formelle Parteibegriff

Die Bestimmung der an einem Verfahren beteiligten Parteien erfolgt heute unter Zugrundelegung des sog. formellen Parteibegriffs. Dieser ist durch eine Trennung von Prozessrechtsverhältnis und sachlichem Recht charakterisiert[164]. Die Parteieigenschaft wird allein auf die Tatsache, dass der Kläger gegen den Beklagten Rechtsschutz sucht, gegründet[165]. Klägerische Partei wird man durch die Erklärung der Klage, beklagte Partei durch die Bezeichnung in der Klageschrift und die Zustellung an die dort bezeichnete Person[166]. Die Bestimmung erfolgt allein anhand von formalen Kriterien, ein Rückgriff auf das zugrunde liegende materielle Recht findet nicht statt[167].

---

[160] *Benda/Weber*, ZZP 96 (1983), 285 ff. (294)
[161] Zöller/*Vollkommer*, Vor § 50, Rn. 1.
[162] Zu den Sonderfällen der Streitgenossenschaft bzw. Streithilfe vgl. MünchKomm ZPO/ *Lindacher,* Vor § 50, Rn. 9.
[163] Zöller/*Vollkommer*, Vor § 50, Rn. 1.
[164] *Rosenberg/Schwab/Gottwald*, § 40, Rn. 1 ff.
[165] *Henckel*, Parteilehre, S. 17.
[166] *Jauernig*, Zivilprozessrecht, § 18 II.
[167] Im Gegensatz dazu steht der ältere, heute nicht mehr vertretene sog. materielle Parteibegriff. Dieser besagt, dass Parteien diejenigen sind, die in der Klage als Subjekte des streitigen

II. Die Prozessführungsbefugnis

Der formelle Parteibegriff birgt die Gefahr, dass die am Prozess beteiligten Parteien nicht insoweit die richtigen Verfahrensbeteiligten sind, als sie keine ausreichende Beziehung zum Streitgegenstand haben, in der Sache also keine Entscheidung geboten ist.[168] Der Weg vom formellen Parteibegriff hin zur notwendigen Beziehung zwischen den Parteien und dem in der Klage geltend gemachten materiellen Recht, erfolgt über das einschränkende Kriterium der Prozessführungsbefugnis[169]. Durch diese selbständige Prozessvoraussetzung wird Klagen beliebiger Dritter, die an dem streitigen Rechtsverhältnis unbeteiligt sind, Einhalt geboten[170]. Prozessführungsbefugt ist, wer hinsichtlich des konkreten Streitgegenstandes zur Prozessführung berechtigt ist[171]. Das Prozessführungsrecht steht in der Regel den Trägern des streitigen Rechtsverhältnisses zu, also dem (angeblich) Berechtigten bzw. Verpflichteten[172]. Möglich ist aber auch eine Prozessführungsbefugnis aufgrund gesetzlicher oder auch gewillkürter Ermächtigung (die Fälle der gesetzlichen bzw. gewillkürten Prozessstandschaft)[173].

§ 2 Das Rechtsinstitut der Verbandsklage im deutschen Recht

A Notwendigkeit kollektiven Rechtsschutzes

Die dem deutschen und, wie sich zeigen wird, auch dem italienischen Zivilprozessrecht zugrunde liegende Konzeption der individuellen Durchsetzung subjektiver Rechte stößt dort an ihre Grenzen, wo eine sachgerechte und wirkungsvolle Interessenwahrnehmung durch den Einzelnen nicht mehr bewirkt werden

---

Rechtsverhältnisses bezeichnet werden; dabei entscheidet über diese Subjektstellung jedoch nicht die objektive Rechtslage, sondern allein die Behauptung des Klägers. Zu den Einzelheiten vgl. *Henckel*, Parteilehre, S. 15 ff.

168 MünchKomm ZPO/*Lindacher*, Vor § 50, Rn. 41.

169 *Jauernig*, Zivilprozessrecht, § 22 II.

170 *Henckel*, Parteilehre, S. 17.

171 MünchKomm ZPO/*Lindacher*, Vor § 50, Rn. 41.

172 *Jauernig*, Zivilprozessrecht, § 22 II.; *Rosenberg/Schwab/Gottwald*, § 46, Rn. 5; MünchKomm ZPO/*Lindacher*, Vor § 50, Rn. 42.

173 MünchKomm ZPO/*Lindacher*, Vor § 50, Rn. 42 ff.

kann.[174] Dies ist insbesondere in Fällen denkbar, in denen nur durch ein gebündeltes Vorgehen mehrerer Betroffener wirkungsvoller Schutz der individuellen Rechtspositionen gewährleistet ist[175], oder aber in Fällen, in denen die in Frage stehenden (Rechts-)Positionen nicht eindeutig bestimmten Individuen als Trägern zugeordnet werden können[176]. In Fällen also, die den rein individuellen Bezug überschreiten und kollektive Dimension erlangen. Auf der Grundlage der dargestellten Strukturen stehen für diese Konstellationen keine effektiven Rechtsschutzinstrumente zur Verfügung, zu beobachten ist vielmehr ein erhebliches Rechtsschutzdefizit. Anders als im italienischen Recht, wo insbesondere die Rechtslehre zunächst versucht hat, auch die effektive Verfolgung kollektiver Interessen auf der Grundlage traditioneller Prozessstrukturen zu ermöglichen,[177] hat die deutsche Rechtsprechung und Lehre diesen Weg nicht eingeschlagen. Vielmehr wurde hier dem Bedürfnis nach Rechtsschutz für Positionen, die individuell nicht in ausreichendem Maße geschützt werden konnten, von Anfang an durch Tätigkeit des Gesetzgebers Rechnung getragen.

B Positivgesetzliche Regelungen

I. Überblick

Ein im deutschen Recht, unabhängig von speziellen Regelungsbereichen, allgemein zur Anwendung kommendes Rechtsinstitut der Verbandsklage existiert nicht; die gesetzgeberische Tätigkeit beschränkt sich im Wesentlichen auf zwei Regelungsbereiche: zum Einen das Wettbewerbsrecht, zum Anderen den Be-

---

[174] *Larenz/Wolf*, § 2 Rn. 61; *Greger*, ZZP 113 (2000), 399.

[175] Darunter fallen insbesondere die Fälle, in denen die Beeinträchtigung des Einzelnen für sich gesehen zu geringfügig ist, als dass sich die Führung eines Prozesses lohnen würde, vgl. Homburger/Kötz/*Kötz*, S. 70 f.

[176] Homburger/Kötz/*Kötz*, S. 72.

[177] Vgl. dazu unten Kapitel 4 § 3 B I.

reich des Verbraucherschutzes.[178] Bereits das UWG von 1896 räumte das Recht, die auf Unterlassung von Wettbewerbsverstößen nach seinen §§ 1 und 3 gerichteten Ansprüche geltend zu machen, außer den Mitbewerbern auch den rechtsfähigen „Verbänden zur Förderung gewerblicher Interessen" ein; 1965 wurde das Verbandsklagerecht auf bestimmte Verbraucherverbände, 1986 auf die Industrie- und Handelskammern sowie die Handwerkskammern erstreckt; mit dem AGBG von 1976 wurde die Klagebefugnis von Verbraucher- und Wirtschaftsverbänden auf die Inhaltskontrolle allgemeiner Geschäftsbedingungen ausgedehnt.[179] In Umsetzung der Richtlinie 98/27/EG wurde eine weitere Verbandsklage bei allgemein „verbraucherschutzwidrigen Praktiken" eingeführt (§ 22 AGBG). Mit dem Erlass des Unterlassungsklagengesetzes im Jahre 2002 wurden materiellrechtliche und verfahrensrechtliche Regelungsaspekte der im AGBG bereits vorhandenen Verbandsklagen deutlicher unterschieden, teilweise aus dem AGBG ausgegliedert und in das UKlaG übernommen. Eine substantielle Änderung des Verbandsklageverfahrens ist dadurch nicht erfolgt.[180] Neben den positivgesetzlich normierten Verbandsklagen besteht nach deutschem Prozessrecht - anders als in Italien, wo es das Rechtsinstitut der gewillkürten Prozessstandschaft nicht gibt – die Möglichkeit, dass ein Verband Ansprüche seiner Mitglieder in gewillkürter Prozessstandschaft geltend macht, ohne dass dafür eine spezialgesetzliche Grundlage erforderlich wäre.[181]

---

[178] Daneben existiert auch eine Verbandsklage zur Geltendmachung von Kartellrechtsverstößen (§ 33 S. 2 GWB); sie soll bei den folgenden Überlegungen, aufgrund der gebotenen Kürze der Darstellung, außen vor bleiben.

[179] *Greger*, ZZP 2000, 399 ff. (401).

[180] *Heß*, in: Zivilrechtswissenschaft und Schuldrechtsreform, S. 528.

[181] MünchKomm BGB/*Micklitz*, § 13 AGBG Rn. 93; Zöller/*Vollkommer*, Vor § 50, Rn. 58 ff.; MünchKomm ZPO/*Lindacher*, Vor § 50, Rn. 55 ff.

II. Grundstrukturen der bestehenden Regelungen

1. Einführung

Vor Umsetzung der Richtlinie 98/27/EG in deutsches Recht waren die wettbewerbsrechtliche und die verbraucherschützenden Verbandsklagen von Unterschieden im Hinblick auf die klagebefugten Einrichtungen und die zu verfolgenden Rechtsschutzziele geprägt. Diese Unterschiede hat der deutsche Gesetzgeber im Rahmen der von der Richtlinie geforderten Harmonisierung der nationalen Vorschriften in großen Teilen beseitigt, so dass nunmehr die verschiedenen Verbandsklagen im Wesentlichen einheitlichen Voraussetzungen unterliegen. Bevor eine Darstellung der einzelnen Regelungen erfolgt, soll zunächst ein Überblick über die allen Regelungen zur Verbandsklage innewohnenden Gemeinsamkeiten gegeben werden. Abgestellt wird im Folgenden in erster Linie auf Verbraucherverbände als klagebefugte Einrichtungen.

2. Klagebefugte Einrichtungen

a) Registrierungserfordernis

Ein gerichtliches Vorgehen steht nach deutschem Recht nur solchen Verbänden offen, die entweder in eine beim Bundesverwaltungsamt geführte Liste national qualifizierter Einrichtungen eingetragen sind, oder auf europäischer Ebene in das gemäß Art. 4 der Richtlinie 98/27/EG bei der Europäischen Kommission geführte Verzeichnis aufgenommen sind (§ 3 Abs. 1 Nr. 1 i. V. m. § 2 UKlaG, § 3 Abs. 1 Nr. 1 i. V. m. § 1 UKlaG, § 13 Abs. 2 Nr. 3 UWG). Der deutsche Gesetzgeber hat das von der Richtlinie für grenzüberschreitende Verbandsklagen vorgegebene Registrierungssystem auch für innerstaatliche Verbandsklagen eingeführt: nur solche innerstaatlichen Verbände sollen gerichtlich vorgehen können, die zentral als klagebefugt anerkannt und registriert sind.[182]

---

[182] *Greger*, ZZP 2000, 399 ff. (406).

b) Registrierungsverfahren

In § 4 Abs. 1 UKlaG ist vorgesehen, dass das Verzeichnis national klagebefugter Einrichtungen beim Bundesverwaltungsamt in Köln geführt wird. Nach § 4 Abs. 2 UKlaG haben rechtsfähige Verbände einen Anspruch auf Eintragung, soweit sie die gesetzlich vorgesehenen Eintragungsvoraussetzungen erfüllen.[183]

aa) Voraussetzungen[184]

Die Eintragung erfolgt gemäß Art. 4 Abs. 2 UKlaG nur auf Antrag; als Regelanforderungen einer Eintragung sieht die Norm zunächst vor, dass der die Eintragung begehrende Verband rechtsfähig ist und dass es zu seinen satzungsmäßigen Aufgaben gehört, die Interessen der Verbraucher durch Aufklärung und Beratung nicht gewerbsmäßig und nicht nur vorübergehend wahrzunehmen. Rechtsfähigkeit setzt, bei privatrechtlicher Organisationsform als Verein die Eintragung im Vereinsregister, bzw. eine andere, die Rechtsfähigkeit beinhaltende Organisationsform voraus.[185] Im Hinblick auf die satzungsmäßigen Aufgaben des Verbandes, die Verbraucher (allgemein) aufzuklären und (individuell) zu beraten,[186] ist festzustellen, dass diese Anforderung vom Gesetzgeber unverändert aus den Vorläuferregelungen übernommen worden ist, so dass sich die in diesem Zusammenhang ergangene Rechtsprechung auch weiterhin als Interpretationshilfe verwenden lässt.[187] Wesentliches Merkmal dieser Rechtsprechung ist, dass der Verband die vom Satzungszweck geschützten Interessen auch tatsächlich und nicht nur rein satzungsmäßig wahrzunehmen hat,[188] wobei unschädlich ist, dass der Verband über die Wahrung der Verbraucherinteressen hinausgehende weitere satzungsmäßige Aufgaben hat bzw. nur in bestimmten Bereichen des

---

[183] *Greger*, NJW 2000, 2457 ff. (2459).
[184] Ausführlich zu den Eintragungsvoraussetzungen MünchKomm BGB/*Micklitz*, § 22 a AGBG, Rn. 15 ff.
[185] *Brönneke*, in: Kollektiver Rechtsschutz im Zivilprozess, S. 75 ff. (76).
[186] *Brönneke*, in: Kollektiver Rechtsschutz im Zivilprozess, S. 75 ff. (76).
[187] *Brönneke*, in: Kollektiver Rechtsschutz im Zivilprozess, S. 75 ff. (76).
[188] MünchKomm BGB/*Micklitz*, § 22 a AGBG, Rn. 22; *Köhler/Piper*, § 13 UWG, Rn. 29.

Verbraucherschutzes tätig ist, solange dies nicht dazu führt, dass der Verbraucherschutz zu einem völlig untergeordneten Verbandszweck wird.[189] Nicht gewerbsmäßige Interessenwahrnehmung bedeutet, dass die aufklärende und beratende Tätigkeit des Verbandes nicht auf Erzielung dauernder Einnahmen gerichtet sein darf, sondern der Verband sich grundsätzlich über eigene Mittel zu finanzieren hat.[190] Abschließende Eintragungsvoraussetzungen sind, dass der Verband über eine Mindestmitgliedszahl von 75 natürlichen Personen verfügt, oder dass es sich um einen Dachverband handelt, dem zumindest zwei Verbände angehören, die ihrerseits im Aufgabengebiet der Verbraucheraufklärung und Beratung tätig sind,[191] und dass er seit mindestens einem Jahr besteht.

Im Hinblick auf die Eintragungsvoraussetzungen privilegiert behandelt werden gemäß § 4 Abs. 2 S. 2 UKlaG Verbraucherzentralen und andere Verbraucherverbände, die mit öffentlichen Mitteln gefördert werden: bei diesen wird unwiderleglich vermutet, dass sie die genannten Eintragungsvoraussetzungen erfüllen.[192]

bb) Charakter der Eintragungsentscheidung

Bei der Entscheidung über die Eintragung in das beim Bundesverwaltungsamt geführte Verzeichnis handelt es sich um einen begünstigenden Verwaltungsakt, der dem Antragsteller gemäß § 4 Abs. 3 UKlaG zuzustellen ist. Auf Antrag wird dem Verband gemäß § 4 Abs. 3 S. 2 UKlaG eine Bescheinigung über die Eintragung erteilt. Erfüllt ein Verband die in § 4 Abs. 2 UKlaG genannten Voraussetzungen, so hat er einen Anspruch auf Eintragung im Sinne von § 42 Abs. 2 VwGO, ein Ermessensspielraum ist im Rahmen der Entscheidung nicht gege-

---

[189] Palandt/*Bassenge*, § 4 UKlaG, Rn. 6; AGB-Gesetz/*Hensen*, § 22a, Rn. 4 f.
[190] Palandt/*Bassenge*, § 4 UKlaG, Rn. 6.
[191] Zu Einzelheiten vgl. *Brönneke*, in: Kollektiver Rechtsschutz im Zivilprozess, S. 75 ff. (77).
[192] Zu Einzelheiten vgl. MünchKomm BGB/*Micklitz*, § 22 a AGBG, Rn. 25 ff.

ben.[193] Demzufolge ist gegen eine ablehnende Entscheidung des Bundesverwaltungsamtes nach den Grundsätzen des allgemeinen Verwaltungsverfahrensrechts Widerspruch und, soweit nicht Abhilfe geschaffen wird, Verpflichtungsklage möglich.

c) Wirkungen der Listeneintragung

Die Eintragung in das beim Bundesverwaltungsamt geführte Verzeichnis ist unter zwei Gesichtspunkten konstitutiv: zunächst bewirkt die Eintragung, dass der Verband vor deutschen Gerichten klagebefugt ist, ohne dass das im Einzelfall zuständige Prozessgericht zu überprüfen hätte, ob die Voraussetzungen der Eintragung erfüllt sind,[194] bzw. in eigener Kompetenz über die Frage der Klagebefugnis entscheiden dürfte: für die Zivilgerichte ist die Eintragung in der Liste vielmehr bindend.[195] Zweifel über die Klagebefugnis eines Verbandes können nicht im Wege eigenkompetenter Prüfung beseitigt werden, sondern müssen auf vom Gesetz vorgeschriebenen Wegen behoben werden: so können die Gerichte bei Zweifeln an einer tatsächlich erfolgten Eintragung die Vorlage der den Verbänden gemäß § 4 Abs. 3 S. 2 UKlaG erteilten Eintragungsbescheinigung verlangen. Ergeben sich hingegen bei einer tatsächlich eingetragenen Einrichtung begründete gerichtliche Zweifel daran, dass die Voraussetzungen der Eintragung im konkreten Einzelfall nicht gegeben sind, so kann das Gericht gemäß § 4 Abs. 4 UKlaG das Bundesverwaltungsgericht zur Überprüfung der Eintragung auffordern und die Verhandlung bis zu dessen Entscheidung aussetzen. Im Rahmen der Entscheidung, ob ein entsprechender Antrag an das Bundesverwaltungsamt zu richten ist, hat das Gericht intern eine Vorprüfung dahingehend vorzunehmen, ob nach seiner Auffassung Gründe vorliegen, die eine Streichung von der Liste rechtfertigen würden; ausgeschlossen ist eine entsprechende Vorprüfung

---

[193] *Brönneke*, in: Kollektiver Rechtsschutz im Zivilprozess, S. 75 ff. (80).
[194] Palandt/*Bassenge*, § 4 UKlaG, Rn. 3.
[195] *Brönneke*, in: Kollektiver Rechtsschutz im Zivilprozess, S. 75 ff. (81).

und Anfrage an das Bundesverwaltungsamt in den Fällen, in denen die klagende Institution mit öffentlichen Mitteln finanziert wird, da hier gemäß § 4 Abs. 2 S. 2 UKlaG das Vorliegen der Eintragungsvoraussetzungen unwiderleglich vermutet wird.[196]

Der zweite konstituierende Aspekt der Eintragung in die beim Bundesverwaltungsamt geführte Liste besteht darin, dass der entsprechende Verband nunmehr auch auf europäischer Ebene klagebefugt ist: das beim Bundesverwaltungsamt geführte Verzeichnis wird gemäß § 4 Abs. 1 UKlaG der Europäischen Kommission unter Hinweis auf Art. 4 Abs. 2 der Richtlinie 98/27/EG zugeleitet und ist somit Anknüpfungspunkt einer Legitimation auch auf europäischer Ebene.

d) Streichung

Eine Streichung aus der beim Bundesverwaltungsamt geführten Liste erfolgt, wenn der Verband dies beantragt, oder wenn die Voraussetzungen für seine Eintragung von Anfang an nicht vorlagen oder nachträglich entfallen sind (§ 4 Abs. 2 S. 4 UKlaG). Im letzten Fall erfolgt die Streichung von Amts wegen.[197] Die Streichung aus der Liste hat in jedem Fall nur Wirkung für die Zukunft, § 4 Abs. 2 S. 4 UKlaG. Diese ausschließlich in die Zukunft gerichtete Wirkung besteht selbst dann, wenn die Eintragung gar nicht hätte vorgenommen werden dürfen; selbst abgeschlossene Verfahren bleiben also von der Streichung unberührt.[198]

e) Ausländische klagebefugte Einrichtungen

In Umsetzung der von der Richtlinie 98/27/EG vorgesehenen Verpflichtung zur gegenseitigen Anerkennung klagebefugter Einrichtungen wurden die Regelungen von § 3 Abs. 1 Nr. 1 UKlaG bzw. § 13 Abs. 2 Nr. 3 UWG inhaltlich so aus-

[196] *Brönneke*, in: Kollektiver Rechtsschutz im Zivilprozess, S. 75 ff. (82) mit weiteren Ausführungen zum Verfahrensablauf.

[197] *Brönneke*, in: Kollektiver Rechtsschutz im Zivilprozess, S. 75 ff. (80); MünchKomm BGB/*Micklitz*, § 22 a AGBG, Rn. 30.

[198] AGB-Gesetz/*Hensen*, § 22a, Rn. 7.

gestaltet, dass nunmehr auch die in der bei der Europäischen Kommission geführten Liste eingetragenen Einrichtungen in Deutschland klagebefugt sind. Der deutsche Gesetzgeber hat bei Umsetzung der Richtlinie von der dort vorgesehenen Möglichkeit, den Gerichten eine Überprüfung der Vereinbarkeit von eingereichter Klage und Zweck der gerichtlich vorgehenden Institution zu gestatten,[199] keinen Gebrauch gemacht. Den deutschen Gerichten stehen im Hinblick auf die Überprüfung der Klagebefugnis ausländischer Einrichtungen somit keinerlei Kompetenzen zu.

3. Regelungsbereiche

a) § 1 UKlaG

Die insbesondere im europäischen Umfeld wohl bekannteste Regelung einer Verbandsklage im deutschen Recht findet sich in §§ 1, 3 UKlaG. Es handelt sich dabei um die ehemals in § 13 Abs. 1, 2 AGBG enthaltene Verbandsklage auf Unterlassung zum Schutz gegen die (fortdauernde) Verwendung missbräuchlicher allgemeiner Geschäftsbedingungen.[200] Diese Regelung war Vorbild der von der Richtlinie 98/27/EG konzipierten Unterlassungsklage zum Verbraucherschutz.[201]

aa) Voraussetzungen

Gegenstand einer Verbandsunterlassungsklage nach §§ 1, 3 UKlaG sind Bestimmungen in allgemeinen Geschäftsbedingungen, die verwendet oder für den rechtsgeschäftlichen Verkehr empfohlen werden und nach den §§ 307 - 309 BGB unwirksam sind. Welche allgemeinen Geschäftsbedingungen im Einzelnen zum Gegenstand eines Klageverfahrens gemacht werden können und unter wel-

---

[199] Vgl. dazu die Regelung von Art. 4 Abs. 1 S. 2 der Richtlinie 98/27/EG.

[200] Die Regelungen stimmen inhaltlich weitgehend überein, so dass die zum AGBG ergangene Rechtsprechung und Kommentierung im Wesentlichen Gültigkeit behalten. Das UKlaG ist in Auszügen im Anhang abgedruckt.

[201] AGB-Gesetz/*Hensen*, § 13, Rn. 1.

chen Voraussetzungen diese unwirksam sind, ergibt sich allein aus den materiellrechtlichen Regelungen der §§ 307 – 309 BGB.[202] Ungeschriebene materielle Voraussetzung des Unterlassungsanspruches ist darüber hinaus Wiederholungsgefahr bzw. eine ernsthaft drohende erstmalige Verwendung;[203] der Widerrufsanspruch verlangt einen fortdauernden Störungszustand.[204] Das deutsche Recht hat das von der Richtlinie 98/27/EG vorgesehene mögliche Konsultationsverfahren nicht übernommen. Einem gerichtlichen Verfahren sollte dennoch zumindest eine Abmahnung vorausgehen,[205] da andernfalls der Beklagte im Prozess die Kostenlast gemäß § 93 ZPO durch sofortiges Anerkenntnis auf den Kläger abwenden kann.

bb) Klagebefugte Einrichtungen

Klagebefugt sind nach der Regelung in § 3 Abs. 1 UKlaG die national bzw. auf europäischer Ebene in die entsprechenden Listen aufgenommenen qualifizierten Einrichtungen,[206] also in der Regel Verbraucherverbände. Die Befugnis zur Klage von Verbraucherverbänden ist gemäß § 3 Abs. 2 UKlaG ausgeschlossen, wenn nicht Verbraucher sondern Unternehmer von den missbräuchlichen AGB betroffen sind. Darüber hinaus sind unter bestimmten Anforderungen rechtsfä-

---

[202] Palandt/*Bassenge*, § 1 UKlaG, Rn. 1; zu den Maßstäben, die einer Überprüfung im Verbandsklageverfahren zugrunde gelegt werden, vgl. MünchKomm BGB/*Micklitz*, § 13 AGBG, Rn. 19 ff.

[203] AGB-Gesetz/*Hensen*, § 13, Rn. 13; MünchKomm BGB/*Micklitz*, § 13 AGBG, Rn. 69.

[204] Palandt/*Bassenge*, § 1 UKlaG, Rn. 6 ff.; der Störungszustand kann durch eine unbedingte, ohne sachliche oder zeitliche Einschränkungen versehene (strafbewehrte) Unterlassungsverpflichtung beseitigt werden, MünchKomm BGB/*Micklitz*, § 13 AGBG, Rn. 69 ff.

[205] Vgl. zu den inhaltlichen Anforderungen einer entsprechenden Abmahnung Palandt/ *Bassenge*, § 5 UKlaG, Rn. 2 ff., und ausführlich AGB-Gesetz/*Hensen*, § 13, Rn. 49 ff.

[206] Nach MünchKomm BGB/*Micklitz*, § 13 AGBG, Rn. 101 ist bei innerdeutschen Verbandsklageverfahren eine Deckungsgleichheit von Klagebefugnis und Rechtsschutzbedürfnis gegeben, die allein aus der Registrierung des Verbandes folgt, während bei grenzüberschreitenden Verbandsklagen gesondert zu ermitteln sei, ob der Verband trotz Eintragung zusätzlich über das notwendige Rechtsschutzinteresse verfüge.

hige Verbände zur Förderung gewerblicher Interessen[207] sowie die Industrie- und Handelskammern und die Handwerkskammern klagebefugt.

cc) Rechtsschutzziele

Das gerichtliche Vorgehen zielt im Falle der Verwendung unwirksamer AGB auf Unterlassung und im Falle der Empfehlung zusätzlich auf Widerruf. Unterlassung kann dabei auch aktives Handeln im Hinblick auf die Beseitigung gefährlicher Umstände, also insbesondere die Herausgabe oder Vernichtung von Formularmaterial, bedeuten.[208] Gerichtet ist der Anspruch gegen den Verwender bzw. Empfehler[209] unwirksamer allgemeiner Geschäftsbedingungen. Dank des in § 5 UKlaG enthaltenen Verweises auf die Verfahrensvorschriften der ZPO können die Ansprüche auf Unterlassung der Verwendung und Empfehlung unwirksamer AGB sowie der Widerrufsanspruch im Hauptsacheverfahren und auch im Wege eines Eilverfahrens (einstweilige Verfügung nach § 940 ZPO) geltend gemacht werden.[210] § 5 UKlaG erklärt in diesem Zusammenhang zudem 25 UWG für anwendbar. Dieser besagt, dass die Dringlichkeit, die Voraussetzung einer einstweiligen Verfügung ist, zugunsten des Antragstellers widerleglich vermutet wird. Beantragt der Kläger dies, kann ihm gemäß § 7 UKlaG zudem gestattet werden, die Urteilsformel auf Kosten des Beklagten im Bundesanzeiger, oder auf eigene Kosten anderweitig zu veröffentlichen.

---

[207] Es handelt sich dabei um die sog. Wettbewerbsvereine, die auch nach dem UWG klagebefugt sind, AGB-Gesetz/*Hensen*, § 13, Rn. 41; zu den Anforderungen an die Klagebefugnis von Wettbewerbsverbänden vgl. ausführlich MünchKomm BGB/*Micklitz*, § 13 AGBG, Rn. 108 ff.

[208] MünchKomm BGB/*Micklitz*, § 13 AGBG Rn. 74.

[209] Vgl. zum Begriff des Empfehlers ausführlich MünchKomm BGB/*Micklitz*, § 13 AGBG, Rn. 76 ff.

[210] AGB-Gesetz/*Hensen*, § 13, Rn. 49.

b) § 2 UKlaG

Neben der verbraucherschützenden Klage gegen missbräuchliche allgemeine Geschäftsbedingungen sieht § 2 UKlaG ein verbandliches Vorgehen in den Fällen allgemein verbraucherschutzwidriger Praktiken vor.

aa) Voraussetzungen

Gegenstand einer Verbandsklage nach § 2 UKlaG sind Zuwiderhandlungen gegen Vorschriften, die dem Schutz der Verbraucher dienen. Anders als die Richtlinie 98/27/EG, deren Umsetzung Grundlage von § 2 UKlaG ist, enthält die deutsche, wie auch die italienische, Regelung keine enumerative Aufzählung der durch die Klage zu sichernden Verbraucherschutzvorschriften, sondern verweist auf einen Regelfallbeispielkatalog, der als solcher nicht abschließend ist.[211] In richtlinienkonformer Auslegung ist unter einem Verstoß jede Handlung zu verstehen, die die Kollektivinteressen der Verbraucher beeinträchtigt,[212] ohne dass ein subjektives Moment erforderlich wäre.[213] Eine Vorschrift dient dem Verbraucherschutz, wenn sie zumindest auch auf Verbraucherschutz gerichtet ist, auch wenn ihr eigentlicher Schwerpunkt an anderer Stelle liegt.[214] Eine Beeinträchtigung der Kollektivinteressen ist gegeben, wenn der Verstoß in seiner Bedeutung über den Einzelfall hinaus reicht, also von einem gewissen Gewicht und Bedeutung ist.[215] Ungeschriebenes Tatbestandsmerkmal des Unterlassungsanspruches ist auch hier Wiederholungsgefahr bzw. eine ernsthaft drohende erstmalige Verwendung.[216] Für Klagen nach § 2 UKlaG gilt gemäß § 12 UKlaG

---

[211] AGB-Gesetz/*Hensen*, § 22, Rn. 11; zu den vom Anwendungsbereich des Gesetzes umfassten, jedoch nicht wörtlich genannten Vorschriften vgl. *Micklitz*, in: Kollektiver Rechtsschutz im Zivilprozess, S. 87 ff. (119 ff.).

[212] MünchKomm BGB/*Micklitz*, § 22 AGBG, Rn. 4.

[213] *Micklitz*, in: Kollektiver Rechtsschutz im Zivilprozess, S. 87 ff. (103 f.)

[214] MünchKomm BGB/*Micklitz*, § 22 AGBG, Rn. 25 ff. mit zahlreichen Hinweisen auf in Betracht kommende Normen; a. A. AGB-Gesetz/*Hensen*, § 22, Rn. 8, der verlangt, dass der Verbraucherschutz der eigentliche Zweck der Vorschrift sein müsse.

[215] *Greger*, NJW 2000, 2457 ff. (2460).

[216] Palandt/*Bassenge*, § 2 UKlaG, Rn. 7.

§ 27 a UWG entsprechend, was bedeutet, dass einer Klage ein Verfahren vor einer Einigungsstelle vorausgehen kann.[217] Auch hier sollte einem gerichtlichen Verfahren in aller Regel zumindest eine Abmahnung vorausgehen,[218] da andernfalls der Beklagte im Prozess die Kostenlast gemäß § 93 ZPO durch sofortiges Anerkenntnis auf den Kläger abwenden kann.

bb) Klagebefugte Einrichtungen

Auch im Hinblick auf die in § 2 UKlaG verankerten Tatbestände sind die in § 3 Abs. 1 UKlaG genannten Einrichtungen klagebefugt. Insoweit kann auf die obigen Ausführungen verwiesen werden.[219]

cc) Rechtsschutzziele

Gerichtet ist das verbandliche Vorgehen nach § 2 UKlaG auf die Verfügung der Unterlassung verbraucherschutzgesetzwidriger Praktiken. Flankierende Maßnahmen sind vom Gesetz nicht vorgesehen, insbesondere die Anordnung einer möglichen Veröffentlichung ist nicht gegeben.[220] Die Regelung benennt den Anspruchsadressaten nicht direkt, was zur Folge hat, dass jeder von einer Unterlassungsverfügung betroffen werden kann, der verbraucherschützenden Vorschriften zuwider handelt,[221] bzw. sich die Zuwiderhandlung als Betriebsinhaber gemäß § 2 Abs. 1 S. 2 UKlaG zurechnen lassen muss. Dank des in § 5 UKlaG enthaltenen Verweises auf die Verfahrensvorschriften der ZPO kann der Unterlassungsanspruch im Hauptsacheverfahren und auch im Wege eines Eilverfahrens

---

[217] *Greger*, NJW 2000, 2457 ff. (2458); AGB-Gesetz/*Hensen*, § 22, Rn. 16, mit dem Hinweis, dass die entsprechenden Einigungsstellen bislang keine praktische Bedeutung erlangt hätten; zu Einzelheiten vgl. *Baumbach/Hefermehl*, § 27 a UWG Rn. 1 ff.

[218] AGB-Gesetz/*Hensen*, § 22, Rn. 10; vgl. zu den inhaltlichen Anforderungen einer entsprechenden Abmahnung Palandt/*Bassenge*, § 5 UKlaG, Rn. 2 ff.

[219] B II. 2.; B II. 3. a) bb).

[220] Palandt/*Bassenge*, § 7 UKlaG, Rn. 1.

[221] MünchKomm BGB/*Micklitz*, § 22 AGBG, Rn. 40.

(einstweilige Verfügung nach § 940 ZPO) geltend gemacht werden.[222] Auch hier ist gemäß § 5 UKlaG § 25 UWG anwendbar, so dass die Dringlichkeit, die Voraussetzung einer einstweiligen Verfügung ist, zugunsten des Antragstellers widerleglich vermutet wird.

dd) Missbrauchskontrolle

Der Anspruch auf Unterlassung kann nicht geltend gemacht werden, wenn die Geltendmachung missbräuchlich ist, § 2 Abs. 3 UKlaG. Die Norm stimmt wörtlich mit § 13 Abs. 5 UWG überein.[223] Missbräuchlichkeit in diesem Sinne dürfte nur in krassen Ausnahmefällen gegeben sein; regelmäßig werden die von § 3 UKlaG aufgestellten hohen Anforderungen an die klagebefugten Einrichtungen eine missbräuchliche Rechtsausübung zu verhindern wissen.[224] Das Gesetz nennt als Beispiel missbräuchlicher Rechtsausübung den Fall, dass die gerichtliche Geltendmachung des Anspruchs vorwiegend dazu dient, gegen den Zuwiderhandelnden einen Anspruch auf Ersatz von Aufwendungen oder Kosten der Rechtsverfolgung entstehen zu lassen. Für alle Klagebefugten spricht die tatsächliche Vermutung, dass die Geltendmachung des Anspruchs nicht missbräuchlich ist, so dass die Beweislast für die tatsächlichen Voraussetzungen des Missbrauchs beim Beklagten liegt.[225]

c) § 13 UWG

Die älteste gesetzliche Regelung einer Verbandsklage im deutschen Recht findet sich in § 13 UWG und dient dem Schutz der Allgemeinheit vor unlauterem Verhalten im Wettbewerb.[226]

---

[222] AGB-Gesetz/*Hensen*, § 13, Rn. 49.
[223] Vgl. dazu sogleich c) ee).
[224] Palandt/*Bassenge*, § 2 UKlaG, Rn. 18; MünchKomm BGB/*Micklitz*, § 22 AGBG, Rn. 43 f., beide mit Hinweisen auf mögliche Fälle missbräuchlicher Rechtsausübung.
[225] Palandt/*Bassenge*, § 2 UKlaG, Rn. 18.
[226] *Baumbach/Hefermehl*, § 13 UWG, Rn. 1.

aa) Voraussetzungen

Mit dem gerichtlichen Vorgehen geahndet werden können in der Regelung im Einzelnen aufgelistete Verstöße gegen das UWG, wobei vor allem durch den Verweis auf die wettbewerbsrechtliche Generalklausel in § 1 UWG ein sehr weiter Anwendungsbereich eröffnet wird.[227]

bb) Klagebefugte Einrichtungen

Befugt, gegen Wettbewerbsverstöße gerichtlich vorzugehen, sind rechtsfähige Verbände zur Förderung gewerblicher Interessen, Verbraucherverbände und die Industrie- und Handelskammern bzw. Handwerkskammern. Verbraucherverbände sind klagebefugt, soweit sie in der vom Bundesverwaltungsamt bzw. der Kommission auf europäischer Ebene geführten Liste aufgenommen sind.[228] Beabsichtigen sie, sich gegen Verstöße gegen die in § 1 UWG enthaltene wettbewerbsrechtliche Generalklausel zur Wehr zu setzen, so ist gemäß § 13 Abs. 2 Nr. 3 S. 2 UWG zusätzlich erforderlich, dass durch die missbräuchliche Wettbewerbshandlung wesentliche Belange der Verbraucher berührt werden. Dies ist der Fall, wenn die Belange einer größeren Zahl von Verbrauchern, einer mehr oder weniger großen Verbrauchergruppe, berührt werden und der Verstoß ein gewisses Gewicht hat,[229] die Verbraucherbelange also nicht nur am Rande berührt werden.[230] Verbände zur Förderung gewerblicher Interessen sind klagebefugt, soweit zahlreiche vom Gesetz im Einzelnen benannte Voraussetzungen erfüllt sind.[231]

---

[227] Zur von § 1 UWG umfassten Kasuistik vgl. *Micklitz*, in: Kollektiver Rechtsschutz im Zivilprozess, S. 87 ff. (89 ff.), der zugleich eine Abgrenzung zu den von § 2 UKlaG erfassten Fällen vorzunehmen versucht.

[228] Vgl. zu den Einzelheiten oben B II. 2.; zu den Eintragungsvoraussetzungen speziell unter wettbewerbsrechtlichen Gesichtspunkten vgl. *Baumbach/Hefermehl*, § 13 UWG, Rn. 35 ff.

[229] *Baumbach/Hefermehl*, § 13 UWG, Rn. 43.

[230] *Piper/Köhler*, § 13 UWG, Rn. 35.

[231] Vgl. zu den Voraussetzungen einer Klagebefugnis im Einzelnen *Köhler/Piper*, § 13 UWG, Rn. 17 ff. und *Baumbach/Hefermehl*, § 13 UWG, Rn. 20 ff.

cc) Rechtsschutzziele

§ 13 Abs. 2 UWG erwähnt namentlich nur einen Anspruch auf Unterlassung des unlauteren Wettbewerbsverhaltens; in entsprechender Anwendung der Norm kann jedoch auch ein Beseitigungsanspruch gegeben sein, wenn dafür ein schutzwürdiges Interesse besteht.[232] Neben der Geltendmachung im Hauptsacheverfahren kommt auch eine Anspruchsdurchsetzung im Wege der einstweiligen Verfügung gemäß §§ 25 UWG, 935, 940 ZPO in Betracht.[233]

dd) Unrechtsgewinnabschöpfung

In seiner noch gültigen Fassung sieht das UWG Schadensersatzansprüche für Verbraucherverbände in den Fällen unlauteren Wettbewerbsverhaltens nicht vor. Im Rahmen einer vom deutschen Bundestag am 01.04.2004 beschlossenen umfassenden Neufassung des UWG soll in § 10 des Gesetzes ein neu geschaffener Gewinnabschöpfungsanspruch eingeführt werden.[234] Danach könnten rechtsfähige Verbände zur Förderung gewerblicher Interessen, listengeführte Verbraucherverbände und die Industrie- und Handelskammern bzw. Handwerkskammern gerichtlich vorgehen und einen aus unlauterem Wettbewerbsverhalten resultierenden Gewinn zugunsten des Staates abschöpfen. Im Einzelnen ist vorgesehen, dass derjenige, der vorsätzlich gegen die wettbewerbsrechtliche Generalklausel verstößt und hierdurch auf Kosten einer Vielzahl von Abnehmern einen Gewinn erzielt, von den genannten klagebefugten Einrichtungen auf Herausgabe dieses Gewinns in Anspruch genommen werden kann. Die klagebefugten Einrichtungen haben die eingeklagten Beträge abzüglich der zur Geltendmachung erforderlichen Aufwendungen an den Bundeshaushalt herauszugeben und zu diesem Zwecke auch Rechnung zu legen. Ob die Regelung so Gesetz wird, ist

---

[232] *Baumbach/Hefermehl*, § 13 UWG, Rn. 4.
[233] *Baumbach/Hefermehl*, § 13 UWG, Rn. 5.
[234] Vgl. zu dem Gesetzentwurf und seiner Begründung BT-Drucks. 14/1487, S. 5 ff., zur Problematik einer Gewinnabschöpfung in den Fällen unlauteren Wettbewerbshandelns und zu den Vorarbeiten des Gesetzentwurfes ausführlich *Micklitz/Stadler*, S. 10 ff.

fraglich, da der Bundesrat das zustimmungsbedürftige[235] Gesetz in der Sitzung vom 14.05.2004 an den Vermittlungsausschuss verwiesen hat.[236] Inhaltlich wird bemängelt, dass der klagenden Institution nach dem vom Gesetzentwurf in der Begründung vorgegebenen Maßstäben eine substantiierte Schadensberechung im Einzelfall nicht möglich sein dürfte, was dazu führe, dass in aller Regel zunächst eine Auskunftsklage zu erheben sei, auf deren Ergebnis eine Schadensberechnung durchgeführt werden müsste.[237] Zudem wird bemängelt, dass die geplante Regelung aufgrund der vorgesehenen Verrechnung der eingeklagten Beträge mit den Verfahrensaufwendungen nicht praktikabel sei.[238] Insgesamt werde die Ermittlung der im Einzelnen zu erstattenden Schadensbeträge die Gerichte über Gebühr belasten und die Pflicht zur Abführung erstrittener Beträge an den Staat mache das gesamte Institut wirkungslos: welcher Verband sei bereit, das volle Kostenrisiko eines Prozesses zu tragen, wenn er im Falle eines Obsiegens den gesamten erstrittenen Betrag abführen müsse?[239] Das Ergebnis der Verhandlungen im Vermittlungsausschuss bleibt vor diesem Hintergrund abzuwarten.

ee) Missbrauchskontrolle

Nach der ausdrücklichen Anordnung von § 13 Abs. 5 UWG kann der Unterlassungsanspruch nicht geltend gemacht werden, wenn die Geltendmachung unter Berücksichtigung der gesamten Umstände missbräuchlich ist. Beschreibt die Vorschrift selbst ihr wichtigstes Anwendungsgebiet mit der Rechtsverfolgung aus reinen Kosteninteressen, so liegt missbräuchliche Rechtsverfolgung allge-

---

[235] Vgl. dazu die Stellungnahme des Bundesrates zum Gesetzentwurf, BT-Drucks. 14/1487, Anlage 2, S. 29

[236] Vgl. den Beschluss des Bundesrates vom 14.05.2004, BR-Drucks. 288/04.

[237] Vgl. dazu die Stellungnahme des Bundesrates zum Gesetzentwurf, BT-Drucks. 14/1487, Anlage 2, S. 29 ff. (34).

[238] Vgl. dazu die Stellungnahme des Bundesrates zum Gesetzentwurf, BT-Drucks. 14/1487, Anlage 2, S. 29 ff. (34).

[239] Vgl. dazu die Stellungnahme des Bundesrates zum Gesetzentwurf, BT-Drucks. 14/1487, Anlage 2, S. 29 ff. (34 f.).

mein vor, wenn sachfremde Ziele der beherrschende Grund der Verfahrenseinleitung sind.[240] Ob missbräuchliche Rechtsausübung vorliegt, ist als Prozessvoraussetzung von Amts wegen zu prüfen und die Klage gegebenenfalls als unzulässig abzuweisen.[241]

d) Konkurrenzverhältnis

Das Verhältnis der im deutschen Recht vorhandenen Regelungen der Verbandsklage ist nicht unproblematisch. Lediglich für die Klagebefugnis nach § 1 UKlaG ist der Anwendungsbereich insoweit eindeutig, als hier die Untersagung missbräuchlicher AGB im Vordergrund steht, was dazu führt, dass die Regelung bei einem Vorgehen gegen AGB gegenüber anderen anwendbaren Tatbeständen als lex specialis vorgeht (§ 2 Abs. 1 S. 1, 1. HS UKlaG)[242]. Insbesondere die Abgrenzung der Anwendungsbereiche von § 2 UKlaG und § 13 UWG bereitet jedoch Schwierigkeiten.[243] § 2 UKlaG ist dem Wortlaut des § 13 Abs. 2 UWG nachgebildet, lediglich der Wettbewerbsverstoß wird durch einen Verstoß gegen Verbrauchergesetze ersetzt.[244] Dies hat zur Folge, dass sich die Anwendungsbereiche beider Normen immer dann überschneiden, wenn ein Verstoß gegen eine verbraucherschützende Norm vorliegt, der sich gleichzeitig als sittenwidriger Rechtsbruch im Sinne des UWG darstellt. Da die Regelungen selbst keine Auskunft über die Grenzen ihrer Anwendungsbereiche geben, geht die wohl herrschende Meinung davon aus, dass beide Verbandsklagen als grundsätzlich konkurrierend und somit gleichrangig zu betrachten sind.[245] Je nach

---

[240] *Baumbach/Hefermehl*, § 13 UWG, Rn. 46 mit Hinweisen auf den zugrunde zu legenden Prüfungsmaßstab, die Beweislastverteilung und zahlreiche Beispielsfälle aus der Rechtsprechung.

[241] *Baumbach/Hefermehl*, § 13 UWG, Rn. 46.

[242] *Micklitz*, in: Kollektiver Rechtsschutz im Zivilprozess, S. 87 ff. (126 f.).

[243] Vgl. ausführlich zur Abgrenzung der verschiedenen Regelungsbereiche *Micklitz*, in: Kollektiver Rechtsschutz im Zivilprozess, S. 87 ff.

[244] *Heß*, in: Zivilrechtswissenschaft und Schuldrechtsreform, S. 527 ff. (531).

[245] Palandt/*Bassenge*, § 2 UKlaG, Rn. 2; *Micklitz*, in: Kollektiver Rechtsschutz im Zivilprozess, S. 87 ff. (128 ff.) mit ausführlichen Hinweisen auf die prozessualen Unterschiede beim

Schwerpunkt des beanstandeten Verhaltens kann somit die eine oder andere Regelung zur Anwendung gebracht werden.[246]

e) Musterverbandsklagen

Abschließend ist auf die Möglichkeit der Durchführung von Musterverbandsklagen zum Verbraucherschutz hinzuweisen. Nach einer entsprechenden Änderung des Rechtsberatungsgesetzes in Art. 1 § 3 Nr. 8 ist die Abtretung individueller Forderungen zur gerichtlichen Einziehung an den Verband bzw. die gerichtliche Geltendmachung fremder Forderungen in Prozessstandschaft möglich, so dass entsprechende gerichtliche Musterverfahren geführt werden können.[247] Zur Führung von entsprechenden Verfahren befugt sind nach dem Rechtsberatungsgesetz jedoch nur die Verbraucherzentralen bzw. andere, mit öffentlichen Mitteln geförderte Verbraucherverbände. Andere, auch anerkannte und listengeführte, Verbraucherverbände können von dieser Möglichkeit keinen Gebrauch machen.

C Die dogmatische Einordnung der Verbandsklage

I. Einführung

Die dem Zivilprozessrecht traditionell zugrunde liegende Konzeption der persönlichen Durchsetzung individuell zurechenbarer Rechtspositionen ist mit der prozessualen Geltendmachung überindividueller Rechtspositionen durch einen Verband als Kläger augenscheinlich nicht ohne Weiteres zu vereinbaren. Wird dem Verband auch durch ausdrückliche spezialgesetzliche Disposition das gerichtliche Auftreten ermöglicht, so herrscht dennoch über die Frage der Zure-

---

Vorgehen nach der einen oder anderen Regelung; in diesem Sinne auch *Heß*, in: Zivilrechtswissenschaft und Schuldrechtsreform, S. 527 ff. (531), der daraus freilich die Konsequenz zieht, dass die Klagebefugnis der Verbraucherverbände nach dem UWG überflüssig sei und vor diesem Hintergrund eine Streichung befürwortet.

[246] AGB-Gesetz/*Hensen*, § 22, Rn. 5.

[247] Vgl. ausführlich zu dem der Gesetzesänderung vorausgehenden Gesetzentwurf *Stadler*, in: Festschrift für Schumann, S. 465 ff. (474).

chenbarkeit der vom Verband geltend gemachten Rechtspositionen und die dogmatische Einordnung der Verbandsklage als Prozessvoraussetzung oder Problem der Aktivlegitimation erhebliche Uneinigkeit. Hat der Gesetzgeber anlässlich der von der Richtlinie 98/27/EG initiierten Neuregelung der AGB-Verbandsklage durch eine entsprechende Formulierung des Gesetzestextes die Verbandsklage als Fall der Aktivlegitimation[248] und nicht als Prozessvoraussetzung eingeordnet und den Verbänden eigene prozessual geltend zu machende Ansprüche zuerkannt,[249] so ist eine entsprechende Anpassung des Gesetzestextes in § 13 UWG nicht erfolgt,[250] so dass zumindest für diesen Regelungszusammenhang die dogmatische Auseinandersetzung weiter geführt wird. Vor diesem Hintergrund ist ein Überblick über die unterschiedlichen Standpunkte geboten.

II. Meinungsstand

1. Doppelnatur

Die bislang herrschende Meinung in Rechtsprechung und Literatur fand ihren Ausgangspunkt in der Annahme, dass den Verbänden durch die gesetzlichen Vorschriften eigene materiell-rechtliche Ansprüche eingeräumt würden[251]. Zwar würde die Befugnis zur Klage den Verbänden auch im öffentlichen Interesse zugebilligt[252], dies bedeute jedoch nicht, dass der Verband durch seine Klagetätigkeit nicht auch eigene Verbandsinteressen schütze. Vor diesem Hintergrund

---

[248] Der insoweit relevante Wortlaut von § 3 UKlaG (ehemals § 13 AGBG) besagt: „Die … bezeichneten Ansprüche auf Unterlassung und Widerruf stehen zu: …“.

[249] *Micklitz/Stadler*, S.102; *Greger*, NJW 2000, 2457 ff. (2459); MünchKomm BGB/*Micklitz*, § 13 AGBG, Rn. 84 mit Hinweis auf den ausdrücklichen Willen des Gesetzgebers.

[250] § 13 Abs. 2 UWG lautet unverändert: „In den Fällen … kann der Anspruch auf Unterlassung geltend gemacht werden …“.

[251] *BGH*, NJW 1995, 1488; *BGH*, NJW-RR 1990, 886; *BGH*, NJW 1970, 243 ff. (244); *BGHZ* 41, 314 ff. (318); *BGH*, NJW 1956, 911 ff. (912); *RGZ* 120, 47 ff. (49 f.); aus der Literatur beispielhaft *Henckel*, Parteilehre, S. 84; *Baumbach/Hefermehl*, § 13 UWG, Rn. 5; *Rosenberg/Schwab/Gottwald*, § 47, Rn. 10 ff.

[252] So schon *RGZ* 120, 47 ff. (49); *BGH*, NJW 1956, 911 f.

bewirke die positivgesetzliche Zurverfügungstellung von Klagemöglichkeiten, dass auch das verbandseigene Interesse normativ anerkannt werde, wodurch es zu einem rechtlich geschützten Interessen werde, das einen eigenen materiellrechtlichen Anspruch begründe[253]. Offenbar um dem verstärkten Auftreten unseriöser Verbandskläger im Bereich des Wettbewerbsrechts Einhalt zu gebieten[254], erweiterte der BGH seine Einschätzung später um einen prozessualen Blickwinkel. So wurden die Vorgaben, von denen die Verbandsklagebefugnisse nach den gesetzlichen Regelungen abhängig waren, der Zulässigkeit der Klage zugeordnet, so etwa unter dem Blickwinkel der Prozessführungsbefugnis[255] oder auch der Klagebefugnis[256]. In späteren Entscheidungen[257] hat der BGH die beiden theoretischen Ansatzpunkte zusammengeführt und von einer „Doppelnatur der Klagebefugnis eines Verbandes als Prozessführungsrecht und als materielle Anspruchsberechtigung“[258] gesprochen. Dementsprechend hat eine gerichtliche Überprüfung der Voraussetzungen der Verbandsklage an zwei Stellen stattzufinden: Die Klagebefugnis des Verbandes ist sowohl Voraussetzung der Gewährung sachlichen Rechtsschutzes und damit Zulässigkeitsvoraussetzung als auch Voraussetzung des Bestehens eines materiellen Anspruchs und somit Begründetheitsvoraussetzung[259].

2. Wahrnehmung eines Gruppeninteresses

Dem ursprünglichen Ausgangspunkt der herrschenden Meinung – Verbandsklagebefugnisse als eigene materiellrechtliche Ansprüche der Verbände – sehr nahe

[253] *Urbanczyk*, S. 127 f.
[254] *Greger*, NJW 2000, 2457 ff. (2462).
[255] *BGH*, GRUR 1971, 516.
[256] *BGH*, GRUR 1973, 78 ff. (79): „Bei der Klagebefugnis der Verbände nach § 13 Abs. 1a UWG handelt es sich um eine von Amts wegen zu prüfende unverzichtbare Prozessvoraussetzung“.
[257] *BGH*, GRUR 1996, 804; NJW 1997, 1706.
[258] *BGH*, NJW 1998, 1227; *BGH*, GRUR 1996, 804 ff. (805); *BGH*, NJW 1996, 3276 ff. (3277); *BGHZ* 133, 316 ff. (319); zustimmend *Urbanczyk*, S. 147.
[259] *Urbanczyk*, S. 147.

steht eine Auffassung, die in der Verbandsklage die Wahrnehmung eines Gruppeninteresses sieht.[260] Die Klagebefugnis werde den Verbänden nicht im öffentlichen Interesse verliehen, sondern unter Zugrundelegung einer sozialrechtlichen Betrachtungsweise[261] sei vielmehr davon auszugehen, dass die Verbände originäre Träger eines Gruppeninteresses seien, dessen Schutz ihnen im Wege der Klage selbstverständlich offen stünde. Aufgabe der Verbände sei nicht, der Wahrung des Allgemeininteresses zu dienen, sondern die gemeinschaftlichen Interessen ihrer Mitglieder durchzusetzen, die mit dem Allgemeininteresse nicht identisch seien[262]. Die Gesamtheit der von einem Verband repräsentierten Mitglieder bezeichnet diese Auffassung als Gruppe[263]. Die Verbände, die sich zur Verfolgung bestimmter Interessen formiert hätten, seien Träger des gesetzlich geschützten Gruppeninteresses[264]; soweit sich der Verband die Wahrnehmung dieses Interesses zur Aufgabe gemacht habe, sei er befugt, das rechtlich geschützte Gruppeninteresse als eigene subjektive Rechtsposition gerichtlich geltend zu machen.[265] Nach dieser Auffassung ist demzufolge die Frage der Verbandsklagebefugnis ausschließlich ein Problem der Begründetheit der Klage.

3. Prozessstandschaft

Neben den bisher erläuterten Ansichten sind im Folgenden Auffassungen darzustellen, die den Sondercharakter der Verbandsklage stärker betonen. Die Einstu-

---

[260] *Wolf*, S. 13 ff.
[261] *Wolf*, S. 13.
[262] *Wolf*, S. 13.
[263] *Wolf*, S. 17.
[264] *Wolf*, S. 19; heftige Kritik an dieser Auffassung übt *Bettermann*, ZZP 85 (1972), 133 ff. (137 f.; 144): das Gruppeninteresse würde nach der Auffassung Wolfs bereits dann als eigenes Verbandsinteresse betrachtet, wenn der Verband sich die Wahrnehmung des Interesses zur Aufgabe gemacht habe und auch nur ein Mitglied der betroffenen Gruppe zugleich Verbandsmitglied sei; Voraussetzung einer Legitimation des Verbandes zur gerichtlichen Geltendmachung des Gruppeninteresses müsse jedoch dessen ausreichende Repräsentation durch den Verband sein, die nur bei einer hinreichenden Zahl von Gruppenangehörigen als Verbandsmitgliedern gegeben sei; zustimmend *Habscheid,* in: Festschrift für Rammos, S. 275 ff. (286).
[265] *Wolf*, S. 20.

fung der Verbandsklage als Fall der Prozessstandschaft stellt dabei einen Lösungsversuch dar, der die Problematik auf eine rein prozessuale Ebene verlagert[266]. Das Rechtsinstitut der Prozessstandschaft meint die Befugnis, im eigenen Namen ein fremdes Recht geltend zu machen[267]. Ob eine zulässige Prozessstandschaft gegeben ist, ist im Rahmen der Zulässigkeit der Klage zu untersuchen.

a) Gesetzliche Prozessstandschaft

Eine Auffassung betrachtet die Verbandsklage als einen Fall der gesetzlichen Prozessstandschaft[268]. Die Verbände könnten vor Gericht nicht aus eigenem Recht vorgehen, da sie nicht Anspruchsinhaber seien. Inhaber des materiellen Anspruches seien nur diejenigen, in deren Individualsphäre das unerlaubte Verhalten unmittelbar hineinwirke[269]. Als nicht unmittelbar Betroffenen stünde den Verbänden kein eigener materieller Anspruch zu; aufgrund der gesetzlichen Regelung verfügten sie jedoch über Prozessführungsbefugnis. Diese Struktur entspräche einer gesetzlichen Prozessstandschaft.[270]

b) Prozessstandschaft zugunsten des Staates

Auch eine weitere Auffassung[271] unterstützt die These, dass die Verbände im Rahmen der Verbandsklage fremde Rechte wahrnähmen, kommt im Hinblick auf die materielle Anspruchsberechtigung jedoch zu der Feststellung, dass Anspruchsinhaber nicht einzelne Individuen, sondern der Staat als Repräsentant der

---

266 *Greger*, NJW 2000, 2457 ff. (2462).
267 *Schellhammer*, Rn. 1202.
268 *Schellhammer*, Rn 1227; *Berg*, JuS 1966, 462 ff. (463); *Habscheid*, GRUR 1952, 221, der diese Meinung in Festschrift für Rammos, S. 275 ff. (284) jedoch aufgegeben hat und jetzt der oben unter 2. dargestellten Auffassung folgt.
269 *Habscheid*, GRUR 1952, 221 ff. (222).
270 *Habscheid*, GRUR 1952, 221 ff. (222).
271 *Marotzke*, ZZP 98 (1985), 160 ff. (188).

Allgemeinheit sei.[272] Der Staat als Anspruchsinhaber verleihe den Interessenverbänden das Klagerecht, um sich bei der ihm selbst obliegenden Aufgabe des Schutzes seiner Rechtsordnung die Eigeninitiative Privater zunutze zu machen[273]. Da sich die Aufgabenverlagerung vom Staat auf den Privaten in diesem Bereich jedoch nicht uneingeschränkt vollzieht – eine uneingeschränkte Verlagerung würde als Konsequenz eine Popularklage nach sich ziehen - , sondern nur in beschränktem Maße auf die in den gesetzlichen Regelungen aufgeführten Verbände, bewertet diese Auffassung die Verbandsklage als „eine der Popularklage nahe stehende Spielart gesetzlicher Prozessstandschaft"[274].

c) Prozessführung über Kollektivrecht

Ebenso wie die unter a) und b) beschriebenen Ansichten geht auch eine weitere Auffassung davon aus, dass die Verbände nicht materiell anspruchsberechtigt sind.[275] Ausgangspunkt der Überlegungen ist hier, dass die gesetzlichen Regelungen zwar materiellrechtliche Ansprüche normierten, es jedoch offen ließen, ob es sich bei diesen Ansprüchen um Individualrechte oder um Kollektivrechte handele und wem diese zustünden[276]. Den gesetzlichen Vorgaben würde eine dogmatische Einordnung am besten gerecht, die auf materiellrechtlicher Ebene von einem Kollektivrecht ausginge; nicht von einem Kollektivrecht der Allgemeinheit, sondern von einem Kollektivrecht der begrenzten Gruppe der Verbraucher, die durch die unlauteren Werbemaßnahmen oder die Verwendung und Empfehlung rechtsunwirksamer Geschäftsbedingungen tatsächlich in ihren Rechtsgütern unmittelbar beeinträchtigt seien[277]. Auf prozessualer Ebene werde dieses materiellrechtliche Kollektivrecht von dem Verband als fremdes Recht in

[272] *Marotzke*, ZZP 98 (1985), 160 ff. (188).
[273] *Marotzke*, ZZP 98 (1985), 160 ff. (188).
[274] *Marotzke*, ZZP 98 (1985), 160 ff. (188).
[275] *Gilles*, ZZP 98 (1985), 1 ff. (7 ff.) zu den Verbraucherverbandsklagen.
[276] *Gilles*, ZZP 98 (1985), 1 ff. (7).
[277] *Gilles*, ZZP 98 (1985), 1 ff. (9).

eigenem Namen geltend gemacht[278]. Der Verband mache vor Gericht „fremdes Recht in eigenem Namen" geltend, sei zu dieser Geltendmachung jedoch nicht durch die beeinträchtigten Rechtsinhaber ermächtigt; seine Legitimation beruhe vielmehr ausschließlich auf der staatlichen Anerkennung der objektiven satzungsmäßigen Aufgabenstellung des betroffenen Verbandes, für typische Verbraucherbelange einzutreten[279]. Das habe zur Folge, dass der Verband vor Gericht lediglich als „Interessenwahrer" oder „Repräsentant" der Inhaber eines Kollektivrechts auftrete[280], er fungiere gleichsam als „Partei kraft Amtes" für die betroffene Verbrauchergruppe[281].

4. „Entsubjektivierte"[282] Kontrollkompetenz

Eine letzte Ansicht löst die Klagebefugnis der Verbände gänzlich von einem zugrunde liegenden – eigenen oder fremden – materiell-rechtlichen Anspruch ab. Die den Verbänden im Rahmen des UWG und des AGBG eingeräumte Klagemöglichkeit diene nicht dem Schutz subjektiver Rechte, sondern verfolge objektive Sachinteressen[283]. Die Verbände seien naturgemäß nicht Träger der durch die Regelungen geschützten Interessen der Allgemeinheit[284] und ihnen

---

[278] *Gilles*, ZZP 98 (1985), 1 ff. (9).
[279] *Gilles*, ZZP 98 (1985), S. 1 (9); *Gottwald*, ZZP 91 (1978), 1 ff. (14).
[280] *Gilles*, ZZP 98 (1985), S. 1 (9).
[281] *Gilles*, ZZP 98 (1985), S. 1 (9).
[282] Begriff nach *Koch*, KritV 1989, 323 ff. (330).
[283] *Hadding*, JZ 1970, 305 ff. (310) spricht im Hinblick auf § 13 UWG von der Aufgabe, unlautere Wettbewerbshandlungen zu verhüten und zu verfolgen; *Koch*, KritV 1989, 323 ff. (330 ff.) nennt als Schutzzweck den „Institutionenschutzgedanken"; noch weitergehend *Thiere*, S. 288 „Das Klagerecht schützt folglich seinem Zweck nach ... nur die objektive Ordnung".
[284] *Thiere*, S. 283 f. zu § 13 UWG, S. 312 zu § 13 AGBG: das vom Verband im Klagewege geltend gemachte Interesse sei nur das rein faktische Interesse der Allgemeinheit. Dadurch, dass der Gesetzgeber faktische, per se nicht schutzwürdige Interessen mit einer Klagebefugnis ausgestattet habe, sorge er für die Durchsetzung überindividueller Interessen im Wege der bewussten Herbeiführung einer Reflexwirkung, S. 268; zustimmend *Wolf/Horn/Lindacher*, Vor § 13 AGBG, Rn. 8; *Koch* hingegen argumentiert, dass die individuellen und öffentlichen Interessen oft konform liefen und den Verbänden deswegen unabhängig davon, wer Träger des zu schützenden Interesses sei, eine selbständige Prozessführungsbefugnis zuerkannt wür-

würden im Rahmen der gesetzlichen Regelungen auch keine entsprechenden subjektiven Rechte zuerkannt[285]. Die Verbände würden mit ihrer gerichtlichen Tätigkeit vielmehr zu einer objektiven Wertedurchsetzung beitragen. Vor diesem Hintergrund verstehen die Anhänger dieser Auffassung die Verbandsklagebefugnis als selbständige Prozessführungsbefugnis ohne zugrunde liegenden materiellrechtlichen Anspruch[286], als im öffentlichen Interesse verliehene Aufgreifzuständigkeit[287], als abstraktes Kontrollverfahren[288], als personell eingeschränkte Popularklage[289] oder aber als privatrechtliche Kontrollkompetenz[290].

III. Aktuelle Dogmatik

Im Zuge der Neufassung der im AGBG geregelten Verbandsklagen (jetzt §§ 1-3 UKlaG) hat der Gesetzgeber durch die insoweit maßgebliche Formulierung „Die ... bezeichneten Ansprüche ... stehen zu" klar gestellt, dass durch die Norm die materielle Anspruchsberechtigung, also die Aktivlegitimation der Verbände geregelt wird.[291] Eine entsprechende Anpassung des Wortlauts in § 13 UWG ist

---

de, *Koch*, Prozessführung im öffentlichen Interesse, S. 10, 129; *Koch*, in: Public Interest litigation before European Courts, S. 427 ff. (435): „...it is a policy function of the association to protect consumer rights, including in court and independent of substantive law."

285 *Hadding*, JZ 1970, 305 ff. (308).

286 *Thiere*, S. 289 zu § 13 UWG, S. 311 f. zu § 13 AGBG; AK-ZPO/*Koch*, vor § 50 Rn. 12; *Koch*, Prozessführung im öffentlichen Interesse, S. 129; *Hadding*, JZ 1970, 305 ff. (310) stellt zu § 13 UWG fest, dass allein Pflichten festgelegt würden, ohne dass ein entsprechender materiell-rechtlicher Anspruch in der Person eines Rechtsinhabers damit verknüpft würde, um die Erfüllung der Pflicht sicherzustellen.

287 MünchKomm ZPO/*Lindacher*, Vor § 50 Rn. 72; *Wolf/Horn/Lindacher*, Vor § 13 AGBG, Rn. 7; *Lindacher*, ZZP 103 (1990), 397 ff. (403 f., 411), wobei jedoch offen gelassen wird, ob man diese Rechtsfigur unter den althergebrachten Anspruchsbegriff subsumieren sollte, und gleichzeitig für eine doppelfunktionale Betrachtungsweise –ähnlich wie die herrschende Meinung- als amtswegig zu prüfende Prozessvoraussetzung und Teil eines materiellen Anspruchs plädiert wird.

288 *Schmidt*, NJW 1989, 1192 ff. (1194) in Bezug auf § 13 AGBG.

289 *Thiere*, S. 290.

290 *Reinel*, S. 127; zustimmend *Göbel*, S. 128 und *Leipold*, in: Effektivität des Rechtsschutzes und verfassungsmäßige Ordnung, S. 57 ff. (66).

291 Statt aller MünchKomm BGB/*Micklitz*, § 13 AGBG, Rn. 84 und *Greger*, NJW 2000, 2457 ff. (2462) unter Hinweis auf die in der amtlichen Begründung enthaltene ausdrückliche Absicht des Gesetzgebers, die Streitfrage zu entscheiden.

nicht erfolgt; die Parallelnorm ist jedoch trotz abweichenden Wortlauts im selben Sinne zu verstehen.[292] Legt man den in dieser Formulierung zum Ausdruck kommenden Willen des Gesetzgebers der dogmatischen Einordnung und dem praktischen Umgang mit der Verbandsklage konsequent zugrunde, hat dies zur Folge, dass künftig der dogmatischen Einordnung eine Doppelnatur der Verbandsklage nicht mehr zugrunde gelegt werden kann und auch die bisherige Praxis der Prüfung der Voraussetzungen bereits auf Zulässigkeitsebene nicht aufrechtzuerhalten ist.[293] Vielmehr ist die Frage, ob der klagende Verband zur Geltendmachung des Anspruchs berechtigt ist, ausschließlich ein Problem der Begründetheit der Klage. Für die Zulässigkeit eines gerichtlichen Vorgehens spielen § 3 UKlaG und § 13 UWG keine Rolle.[294]

D Prozessuale Fragen

Die Gründung der Klagebefugnis der Verbände auf einen eigenen materiellrechtlichen Anspruch hat auf prozessualer Ebene weit reichende Konsequenzen. Gleichwohl gibt es für die verschiedenen Möglichkeiten einer Verbandsklage nach deutschem, ebenso wenig wie nach italienischem, Recht bislang kein einheitliches, auf dieser materiellrechtlichen Position aufbauendes Verfahren. Durch einige verfahrensrechtliche Querverweise[295] ist zwar eine weitgehende Angleichung der Verfahren nach dem UKlaG und dem UWG erfolgt.[296] Zahlreiche speziell prozessuale Probleme der Verbandsklage sind jedoch nach wie vor nicht geklärt oder gestalten sich, je nach Anwendungsbereich des UKlaG respektive des UWG, unterschiedlich.

---

[292] *Greger*, NJW 2000, 2457 ff. (2462).
[293] *Greger*, NJW 2000, 2457 ff. (2462).
[294] *Greger*, ZZP 113 (2000), 399 ff. (405).
[295] Für die Verbandsklage nach §§ 1 und 2 UKlaG erklärt § 5 UKlaG die Verfahrensvorschriften der ZPO und die §§ 23 a, 23 b UWG (Festsetzung des Streitwertes nach billigem Ermessen) und § 25 UWG (widerlegliche Vermutung der Dringlichkeit einer einstweiligen Verfügung) für anwendbar. Für Klagen nach § 2 UKlaG gilt gemäß § 12 UKlaG auch § 27 a UWG (Verfahren vor der Einigungsstelle) entsprechend.
[296] *Micklitz*, in: Kollektiver Rechtsschutz im Zivilprozess, S. 87 ff. (129).

I. Gerichtsstand

Für Verbandsunterlassungsklagen im Anwendungsbereich des UWG sind nach § 24 Abs. 1 UWG die Gerichtsstände der gewerblichen Niederlassung des Beklagten oder in Ermangelung einer solchen des Wohnsitzes bzw. des inländischen Aufenthaltsorts sowie des Begehungsorts gegeben. Dieser letzte nach § 24 Abs. 2 S. 2 UWG aber nur dann, wenn der Beklagte im Inland keinen Wohnsitz und keine gewerbliche Niederlassung hat.[297] Die funktionelle Zuständigkeit richtet sich in erster Instanz nach der Höhe des Streitwertes.[298]

Für die Verbandsklage nach §§ 1 und 2 UKlaG enthält § 6 Abs. 1 S. 1 UKlaG in Anlehnung an § 24 UWG einen ausschließlichen örtlichen Gerichtsstand im Bezirk der gewerblichen Niederlassung oder in Ermangelung einer solchen am Wohnsitz des Beklagten.[299] Funktionell zuständig ist gemäß § 6 Abs. 1 S. 1 UKlaG unabhängig vom Streitwert ausschließlich das Landgericht.[300] Nach § 6 Abs. 2 UKlaG sind die Länder ermächtigt, die Zuständigkeit für Klagen nach den §§ 1, 2 UKlaG bei einem Landgericht für den Bezirk mehrerer Landgerichte zu konzentrieren; davon haben bislang lediglich fünf Länder Gebrauch gemacht.[301] Von der korrespondierenden Ermächtigung in § 27 Abs. 2 UWG wurde bislang kein Gebrauch gemacht. Insgesamt lässt sich feststellen, dass ein ausschließlicher, den Verband in seiner Klägerrolle unterstützender Gerichtsstand in keinem der nach deutschem Recht geregelten Fälle existiert.

---

[297] *Baumbach/Hefermehl*, § 13 UWG, Rn. 21 a.

[298] Ist funktionell das Landgericht zuständig, gehört das Verfahren vor die Kammer für Handelssachen, §§ 95 Abs. 2 Nr. 5 GVG, 27 Abs. 1 UWG.

[299] *Micklitz*, in: Kollektiver Rechtsschutz im Zivilprozess, S. 87 ff. (130); *Heß*, in: Zivilrechtswissenschaft und Schuldrechtsreform, S. 527 ff. (533).

[300] Zuständig ist nicht die Kammer für Handelssachen sondern eine allgemeine Zivilkammer, da die Zuweisungstatbestände des § 95 GVG nicht erfüllt sind, *Micklitz*, in: Kollektiver Rechtsschutz im Zivilprozess, S. 87 ff. (130).

[301] Palandt/*Bassenge*, § 6 UKlaG, Rn. 8: die Länder Bayern, Hessen, Mecklenburg-Vorpommern, Nordrhein-Westfalen und Sachsen.

II. Rechtshängigkeit und Rechtskraft

1. Konkurrierende Verbandsklagen

Die Möglichkeit des gerichtlichen Vorgehens steht einer unbestimmten Vielzahl von Verbänden offen, von denen unter Zugrundelegung der herrschenden Meinung ein jeder über eine eigene materielle Wahrnehmungszuständigkeit verfügt. Konkurrierend angestrengte Verbandsklagen haben demzufolge nach deutschem Streitgegenstandsbegriff unterschiedliche Streitgegenstände. Aus dieser Tatsache folgt unter Zugrundelegung allgemeiner Prozessgrundsätze, dass bei konkurrierenden Verbandsklagen die Einwände der Rechtshängigkeit oder der entgegenstehenden Rechtskraft gegenstandslos sind.[302] Ein ergangenes Urteil ist in seinen Wirkungen gemäß § 325 Abs. 1 ZPO auf die am Verfahren beteiligten Parteien begrenzt.[303]

Auch die auf europäischer Ebene mögliche Aussetzung paralleler Verfahren ist nach deutschem Recht nicht möglich. Die ZPO erlaubt in diesem Zusammenhang nach § 148 die Aussetzung eines Verfahrens im Hinblick auf einen Parallelprozess nur, wenn in diesem über für das ausgesetzte Verfahren präjudizielle Rechtsfragen entschieden wird. Präjudizialität in diesem Sinne liegt bei konkurrierenden Verbandsklagen in aller Regel jedoch gerade nicht vor: die in den verschiedenen Verfahren zu beantwortenden Rechtsfragen stehen nicht in einem Abhängigkeitsverhältnis, sondern die zu klärenden Rechtsfragen sind inhaltlich ähnlich, wenn nicht sogar identisch.[304]

Rein faktisch kann der Anspruch konkurrierend klagebefugter nationaler Stellen seine inhaltliche Bedeutung verlieren, wenn ein vollstreckbarer Titel in der

---

[302] MünchKomm BGB/*Micklitz*, § 13 AGBG Rn. 95; *Baumbach/Hefermehl*, § 13 UWG Rn. 7, jeweils mit weiteren Nachweisen auch aus der Rechtsprechung; *Greger*, ZZP 113 (2000), 399 ff. (408); *Heß*, in: Zivilrechtswissenschaft und Schuldrechtsreform, S. 527 ff. (534). Eine Bündelung mehrerer Klagen kommt nach § 147 ZPO nur in Betracht, wenn die Verfahren bei demselben Gericht in der gleichen Instanz anhängig sind, Baumbach/Lauterbach/*Hartmann*, § 147, Rn. 7 ff.

[303] Baumbach/Lauterbach/*Hartmann*, § 325, Rn. 4.

[304] Vgl. dazu auch *Stadler*, in: Kollektiver Rechtsschutz im Zivilprozess, S. 1 ff. (6).

Hand auch nur eines Gläubigers bzw. die Befolgung der Urteilsanordnungen durch den Verurteilten den formal bestehenden Anspruch gegenstandslos[305] werden lässt.[306] Voraussetzung ist insoweit, dass durch das ergangene Urteil auch die Interessen der anderen Klageberechtigten in vollem Umfang geschützt werden.[307] Ist dies der Fall, so besteht für eine weitere inhaltsgleiche Klage kein allgemeines Rechtsschutzbedürfnis mehr, mit der Folge, dass die erneute Klage als unzulässig abzuweisen ist.[308]

2. Konkurrierende Individualklagen

a) Klagen nach § 1 UKlaG

Das gerade beschriebene Konkurrenzverhältnis kann zwischen Individual- und Verbandsklage im Anwendungsbereich des UKlaG nicht entstehen: nur die in § 4 UKlaG genannten qualifizierten Einrichtungen sind zur Geltendmachung der Ansprüche auf Unterlassung und Widerruf befugt. Der einzelne Verbraucher kann mit einem Individualverfahren nur die Feststellung der Unwirksamkeit einzelner allgemeiner Geschäftsbedingungen erreichen. Will er sich im Klagewege gegen allgemeine Geschäftsbedingungen wehren, so muss er deren Unwirksamkeit grundsätzlich erneut vollständig klären lassen, selbst wenn sie bereits Gegenstand eines entsprechenden Verbandsklageverfahrens gewesen sind. Die grundsätzliche Beschränkung der Rechtskraftwirkungen eines Urteils auf die unmittelbar am Prozess Beteiligten ist unter dem Gesichtspunkt effektiven Rechtsschutzes wenig sinnvoll. Dies hat den deutschen Gesetzgeber veranlasst, zumindest für die Klage nach § 1 UKlaG eine gewisse Breitenwirkung einzufüh-

---

[305] *Greger*, ZZP 113 (2000), 399 ff. (408).

[306] MünchKomm BGB/*Micklitz*, § 13 AGBG, Rn. 96 spricht von „materiellen Gesamtwirkungen der Erfüllung“.

[307] *Baumbach/Hefermehl*, § 13 UWG, Rn. 8 a.

[308] *Baumbach/Hefermehl*, § 13 UWG, Rn. 8 a; *Heß*, in: Zivilrechtswissenschaft und Schuldrechtsreform, S. 527 ff. (535) geht davon aus, dass die erste Titulierung eines Unterlassungsanspruches die Wiederholungsgefahr als materiell-rechtliche Voraussetzung eines zweiten negatorischen Anspruches entfallen lasse, was die Klagabweisung als unbegründet zur Folge habe.

ren. So sieht § 11 UKlaG für stattgebende Urteile nach § 1 UKlaG eine fakultative positive Rechtskrafterstreckung des im Kollektivverfahren ergangenen Urteils auf die Individualklage vor: dem einzelnen Verbraucher, der nicht Partei des vom Verband betriebenen Klageverfahrens gewesen ist, wird die Möglichkeit gegeben, sich auf das im Verbandsverfahren ergangene, stattgebende Urteil zu berufen.[309] Diese fakultative Rechtskrafterstreckung ist jedoch ausschließlich positiv, so dass ein vom Verband kassiertes klageabweisendes Urteil auf den Individualprozess keine Auswirkungen hat. Der Gesetzgeber hat sich regelungstechnisch für die sog. Einredelösung entschieden. Voraussetzung ist zunächst, dass ein rechtskräftiges Unterlassungsurteil im Sinne von § 1 UKlaG vorliegt.[310] Zudem muss der Verwender dem Unterlassungsgebot zuwider gehandelt haben.[311] Sind diese Voraussetzungen erfüllt und beruft sich der Verbraucher im Verfahren auf die in dem vorangegangenen Prozess rechtskräftig getroffene Feststellung der Unwirksamkeit[312], so ist das Gericht inhaltlich an die im kollektiven Unterlassungsurteil festgestellte Unwirksamkeit der betreffenden Bestimmung gebunden.[313]

Sollte die Regelung nach dem Willen des Gesetzgebers die Effektivität des Verbraucherschutzes erhöhen, so ist sie doch praktisch ohne Bedeutung geblie-

---

309 Eine Berufung auf das ergangene Urteil ist freilich nicht möglich, wenn der verurteilte Verwender eine Klage nach § 10 UKlaG erheben könnte. Eine solche Klage hat den Einwand zum Gegenstand, dass nachträglich eine Entscheidung des BGH oder des Gemeinsamen Senats der Obersten Gerichtshöfe des Bundes ergangen ist, welche die Verwendung der entsprechenden Klausel nicht untersagt, und dass die Zwangsvollstreckung aus dem Urteil den Geschäftsbetrieb des Verwenders in unzumutbarer Weise beeinträchtigen würde. Einzelheiten bei MünchKomm BGB/*Micklitz*, § 10 AGBG, Rn. 1 ff.

310 Palandt/*Bassenge*, § 11 UKlaG, Rn. 4 f.

311 Eine Zuwiderhandlung umfasst die Verwendung der beanstandeten oder inhaltsgleichen Klauseln als Teil eines geschlossenen Vertrages, MünchKomm BGB/*Micklitz*, § 21 AGBG, Rn. 8 ff. mit weiteren Einzelheiten.

312 MünchKomm BGB/*Micklitz*, § 21 AGBG, Rn. 5 mit dem Hinweis darauf, dass die Feststellung der Rechtswidrigkeit im Rahmen des Unterlassungsurteils nicht in Rechtskraft erwachse und vor diesem Hintergrund streng genommen nicht von Rechtskrafterstreckung gesprochen werden dürfte.

313 MünchKomm BGB/*Micklitz*, § 21 AGBG, Rn. 6.

ben: soweit ersichtlich liegt kein Fall vor, in dem sie zur Anwendung gelangt wäre.[314]

b) Übrige Klagen

Auf andere Verbandsklagen nach dem UKlaG bzw. dem UWG findet die Regelung nach ihrem Wortlaut keine Anwendung. Hier bleibt es mangels spezialgesetzlicher Regelung bei der auf die am Verfahren Beteiligten beschränkten Rechtskraft.

E Die Finanzierung der Verbandsklage

Verbraucherschutz ist nach wie vor in erster Linie eine öffentliche, dem Staat zufallende, Aufgabe. Anders als in Italien, wo sich die Verbände zum allergrößten Teil selbst zu finanzieren haben, wird in Deutschland aus dieser Aufgabenzuteilung auch die Konsequenz gezogen, dass den Verbänden in ausreichendem Maße öffentliche Mittel zur Verfügung gestellt werden.[315] Eine hinreichende finanzielle Ausstattung aus Steuermitteln ist also wesentliches Kennzeichen der (Klage)Tätigkeit deutscher Verbände. Auch eine Eigenfinanzierung der verbandlichen Klagetätigkeit kommt daneben in Betracht: so wurden den Verbänden Ansprüche auf Ersatz vorprozessualer Abmahnkosten auf der Grundlage einer berechtigten Geschäftsführung ohne Auftrag gemäß §§ 683 S. 1, 677, 670 BGB zugesprochen.[316] Bei erfolgreicher Durchführung eines Rechtsstreites ergibt sich der Erstattungsanspruch des Verbandes für Kosten, „soweit sie zur zweckentsprechenden Rechtsverfolgung notwendig waren", aus § 91 Abs. 1 ZPO.

---

[314] MünchKomm BGB/*Micklitz*, § 21 AGBG, Rn. 3.

[315] *Halfmeier*, in: Kollektiver Rechtsschutz im Zivilprozess, S. 137.

[316] *Koch*, ZZP 113 (2000), 413 ff. (431); ausführlich *Halfmeier*, in: Kollektiver Rechtsschutz im Zivilprozess, S. 140 ff., der zugleich einen Anspruch auf Schadenersatz nach § 280 S. 1 BGB für gegeben erachtet.

F Zusammenfassung und Bewertung

Das deutsche Recht verfügt über kein allgemein zur Anwendung kommendes Rechtsinstitut der Verbandsklage. Nach Umsetzung der Richtlinie 98/27/EG steht in Deutschland die Verbandsklage in erster Linie in weiten Bereichen des Verbraucherrechts und daneben, untergeordnet, im Bereich des Wettbewerbsrechts zur Verfügung. Auf dem Gebiet des Verbraucherschutzes ist der deutsche Gesetzgeber bei Umsetzung der Richtlinie insofern über die Anforderungen der Richtlinie hinausgegangen, als er den Anwendungsbereich der verbraucherschützenden Verbandsklage über den von der Richtlinie aufgestellten Katalog hinaus auf sämtliche Verstöße gegen Verbraucherschutzgesetze erstreckt hat. Zur Bestimmung der klagebefugten Institutionen greift das deutsche Recht auch auf nationaler Ebene auf ein, auf konkreten Kriterien basierendes Anerkennungsverfahren zurück. Als Rechtsschutzziele des verbandlichen Vorgehens sieht das deutsche Recht in erster Linie die Unterlassung des beanstandeten Verhaltens vor. Die Unterlassung kann im Hauptsacheverfahren oder im Wege eines Eilverfahrens erreicht werden und ein entsprechender Titel mit den allgemein zur Verfügung stehenden Mitteln der Zwangsvollstreckung auch wirksam durchgesetzt werden.

Nach dem Willen des Gesetzgebers ist die Frage der Klagebefugnis eines Verbandes ein Problem der Aktivlegitimation und somit im Rahmen der Begründetheit der Klage zu prüfen. Achillesferse der deutschen Regelungen zur Verbandsklage ist die mangelnde Abstimmung des Rechtsinstituts mit den Basisstrukturen des Prozessrechts. Hier ist dem Gesetzgeber Nachlässigkeit vorzuwerfen.

Die vom deutschen Recht konzipierte Verbandsklage ist, trotz der dargestellten Schwächen, in ihrer aktuellen Form ein wirkungsvolles und auch tatsächlich zur Anwendung kommendes Rechtsinstitut. Dies sicher nicht zuletzt vor dem Hintergrund, dass die deutschen Verbraucherschutzverbände – anders als die italienischen Parallelinstitutionen – aufgrund umfangreicher staatlicher Finanzierung über ausreichende Mittel zu einer auch praktischen Klagetätigkeit verfügen.

Kapitel 4: Verbandsklagebefugnisse in Italien

§ 1 Rechtliche Grundlagen

A Verfassungsrechtliche Vorgaben

I. Artikel 24 Abs. 1 Verfassung

1. Grundlagen

Auch die italienische Verfassung (Costituzione, im Folgenden: Cost.) birgt eine der deutschen Regelung ähnliche Rechtsschutzgarantie; diese ist in Art. 24 Abs. 1 der Verfassung verankert. Hier wird ein Anspruch auf gerichtlichen Rechtsschutz gewährleistet im Hinblick auf jede Auseinandersetzung, die „subjektive Rechte“ oder „berechtigte Interessen“ betrifft.[317] Ebenso wie der deutsche ist auch der italienische Gesetzgeber in der inhaltlichen Ausgestaltung und der Anpassung des effektiven Rechtsschutzes an die Struktur und die Ansprüche der verschiedenen Verfahrensformen weitgehend frei;[318] die Garantie effektiven Rechtsschutzes ist nach italienischem Verständnis so lange gewährleistet, als den Betroffenen zu jeder Zeit und in jeder Phase des Verfahrens die effektive und konkrete Möglichkeit gegeben ist, Zugang zur staatlichen Justiz zu erhalten, ohne dass aufgrund bestimmter Verfahrensmodalitäten die Rechtsausübung unmöglich oder übertrieben erschwert wird[319]. Rechtsschutz soll nach den Vorgaben der italienischen Verfassung immer dann gewährleistet sein, wenn die Beeinträchtigung von (ausschließlich)[320] subjektiven Rechten oder berechtigten Interessen in Frage steht. Die italienische Verfassungsrechtslehre hat diese bei-

---

[317] Art. 24 Abs. 1 Cost. lautet: „Tutti possono agire in giudizio per la tutela dei propri diritti e interessi legittimi" – jedermann kann zum Schutz von eigenen Rechten und berechtigten Interessen ein gerichtliches Verfahren anstrengen.

[318] *Vigoriti*, Interessi collettivi e processo, S. 151.

[319] *Vigoriti*, Interessi collettivi e processo, S. 151; Branca/*Comoglio*, Art. 24 Cost., S. 5.

[320] *Mandrioli*, I, S. 53 ff.

den Begriffe unter dem Ausdruck der „situazioni soggettive di vantaggio" (= Situationen subjektiver Bevorteilung) zusammengefasst.[321]

2. Der Begriff des „interesse legittimo"

Anders als im deutschen Recht sind in Italien also auch ausdrücklich berechtigte Interessen von der verfassungsrechtlichen Rechtsschutzgarantie mit umfasst. Der Begriff des „interesse legittimo" entstammt ursprünglich dem Rechtsgebiet des öffentlichen Rechts und beschreibt dort den – grundsätzlich allen Bürgern gleichermaßen zuteil werdenden - Anspruch auf Rechtmäßigkeit des Verwaltungshandelns gepaart mit einem besonderen Interesse des Einzelnen[322] an der gerichtlichen Geltendmachung, das aus einer konkreten Beeinträchtigung durch ein unrechtmäßiges Verwaltungshandeln resultiert.[323] Im Verhältnis zu der Rechtsfigur des „subjektiven Rechts" beansprucht auch das „interesse legittimo" eine individuelle und differenzierte zugrunde liegende Rechtsposition, im Gegensatz zum „diritto soggettivo" ist hierfür jedoch kein expliziter normativer Schutz erforderlich; ausreichend ist vielmehr ein „indirekter" oder „gelegentlich" eines anderen Hauptzieles erfolgender gesetzlicher Schutz.[324]

Übertragen auf das hier im Vordergrund stehende Gebiet des Privatrechts ergibt sich aus diesen Vorgaben, dass unter einem ‚privatrechtlichen' „interesse legittimo"[325] eine Situation zu verstehen ist, die durch eine subjektive, indirekt oder gelegentlich eines anderen Primärzieles gesetzlich geschützte, Rechtsposition gekennzeichnet ist; zusätzlich zu dieser Rechtsposition ist ein besonderes Interesse an der gerichtlichen Geltendmachung erforderlich, wobei dieses aus einer

---

[321] *Crisafulli/Paladin*, Art. 24 I., Rn 2.
[322] *Guercio, Mariani, Mazzacane, Virgilio*, Giust. civ. 1981, II, 465 ff. (474).
[323] *Piranio*, riv. dir. proc. 1979, 202 ff. (210 f.).
[324] Branca/*Comoglio*, Art. 24 Cost., S. 19.
[325] Zur Rechtsfigur des „interesse legittimo" auf dem Gebiet des Privatrechts vgl. *Carpi*, S. 52 ff.

konkreten Beeinträchtigung des Einzelnen durch die Verletzung der Rechtsposition folgt.[326]

II. Art. 113 Abs. 1 Verfassung

Ergänzt, jedoch nicht inhaltlich modifiziert, wird die Rechtsschutzgarantie durch Art. 113 Abs. 1 der italienischen Verfassung. Dieser konkretisiert die generellen Vorgaben von Art. 24 Abs. 1 der Verfassung für den Bereich der Verwaltungsgerichtsbarkeit inhaltlich, indem er bestimmt, dass „gegen die Handlungen der öffentlichen Verwaltung stets gerichtlicher Schutz von Rechten und berechtigten Interessen vor den Organen der ordentlichen oder der Verwaltungsgerichtsbarkeit zugelassen (ist)".[327] Auch hier bezieht sich die verfassungsrechtliche Garantie also ausdrücklich sowohl auf subjektive Rechte als auch auf berechtigte Interessen.

B Zivilprozessuale Vorgaben

Die Anbindung von substantieller Rechtsinhaberschaft und prozessualer Geltendmachung der geschützten Rechtsposition ist in Italien enger als im deutschen Recht. Deutlich wird dies insbesondere an der Regelung von Art. 81 der italienischen Zivilprozessordnung (codice di procedura civile, c. p. c.), der besagt, dass jenseits der durch Gesetz ausdrücklich bestimmten Fälle, niemand prozessual ein fremdes Recht in eigenem Namen geltend machen kann[328]. Diese

---

[326] *Caravita*, riv. crit. dir. priv. 1985, 31 ff. (37) beschreibt als wesentliche Kriterien, die den gerichtlichen Schutz eines Interesses ermöglichen, dessen gesetzliche Qualifizierung (qualificazione normativa), seine Differenzierung vom sog. generellen Interesse (differenziazione dall'interesse pubblico e / o generale), seine Unterscheidbarkeit vom Interesse der anderen (distinzione dall'interesse degli altri), seine Aktualität (attualità) und Personalität (personalità).

[327] Art. 113 Abs. 1 Cost. lautet: "Contro gli atti della pubblica amministrazione è sempre ammessa la tutela giurisdizionale dei diritti e degli interessi legittimi dinanzi agli organi di giurisdizione ordinaria o amministrativa".

[328] Art. 81 c. p. c. besagt: „Fuori dei casi espressamente previsti dalla legge, nessuno può far valere nel processo in nome proprio un diritto altrui."

Bestimmung wird als Spiegelbild der verfassungsrechtlichen Gewährleistung in Art. 24 Abs. 1 verstanden und setzt als solche in den Fällen der ordentlichen Klagebefugnis (legittimazione ad agire ordinaria) ein Zusammentreffen von materieller Berechtigung und prozessualer Geltendmachung voraus[329].
Eine Klagebefugnis, die nicht aus der materiellen Rechtsinhaberschaft folgt, existiert im italienischen Recht nur in den von Art. 81 c. p. c. angesprochenen Fällen der außerordentlichen Klagebefugnis (legittimazione ad agire straordinaria).[330] Darunter sind einzelne ausdrücklich gesetzlich geregelte Tatbestände zu verstehen, die eine von der materiellen Rechtsinhaberschaft unabhängige Klagebefugnis verleihen; diese Fälle sind selten und in ihrer Zahl abschließend[331]. Aufgrund dieser strengen Vorgaben existiert in Italien, anders als im deutschen Zivilprozessrecht, das Rechtsinstitut der gewillkürten Prozessstandschaft daher konsequenterweise nicht[332].

C Definition der Klagebefugnis

Aus den dargestellten verfassungsrechtlichen und einfachgesetzlichen Vorgaben leitet sich folgende Definition der Klagebefugnis ab, die dem deutschen Verständnis entspricht: unter Klagebefugnis ist die glaubhaft behauptete Rechtsinhaberschaft des Klägers über die streitgegenständliche Rechtsposition gegenüber dem Beklagten als dem glaubhaft behaupteten Schädiger dieser Rechtsposition zu verstehen.[333] Klagebefugnis setzt also, ebenso wie im deutschen Recht, die Behauptung einer Rechtsinhaberschaft voraus. Im Hinblick auf die im Rahmen der Verbandsklage geltend gemachten Rechtspositionen ist deren inhaltliche Qualifizierung und Zuweisung an einen Rechtsträger nach italienischem Ver-

---

[329] *Mandrioli*, I, S. 54.
[330] *Vigoriti*, Interessi collettivi e processo, S. 96.
[331] *Vigoriti*, Interessi collettivi e processo, S. 96.
[332] *Vigoriti*, Interessi collettivi e processo, S. 96; *Carpi/Colesanti/Taruffo*, Art. 81 c. p. c., Rn. 5; *Cappelletti*, riv. dir. proc. 1975, 361 (391 f.).
[333] *Vigoriti*, interessi collettivi e processo, S. 83 f., mit zahlreichen Nachweisen aus Literatur und Rechtsprechung; *Attardi*, S. 524 ff. (532).

ständnis ebenso unklar wie nach deutschem. So herrscht über die Frage, welche Rechtspositionen im Rahmen einer Verbandsklage geltend gemacht werden und wer Träger dieser Rechtspositionen ist, Uneinigkeit. Anders als nach deutschem Recht, ist diese Frage in Italien von entscheidender praktischer Bedeutung; so könnte sich hier, je nach Auffassung, das Rechtsinstitut der Verbandsklage unmittelbar aus der Verfassung ableiten lassen.

§ 2 Verfassungsunmittelbare Verbandsklagebefugnis

A Einführung

Aufgrund der nach italienischem Recht sehr strikten Anbindung von substantieller Rechtsinhaberschaft und prozessualer Geltendmachung der verfassungsrechtlich geschützten Rechtspositionen („diritti soggettivi" und „interessi legittimi"), könnte sich aus dem Zusammenspiel von verfassungsrechtlich geschützter Rechtsposition, Rechtsinhaberschaft und gleichzeitig gewährleisteter Rechtsschutzgarantie unmittelbar aus der Verfassung eine Verpflichtung der italienischen Gesetzgebung und Rechtsprechung ergeben, eine Klagebefugnis für Verbände zur Wahrnehmung der geschützten Rechtpositionen anzuerkennen. Voraussetzung dafür wäre, dass sich die von den Verbänden im Rahmen ihrer Klagen geltend gemachten Kollektivinteressen unter die verfassungsrechtlich geschützte Rechtsposition der „interessi legittimi" subsumieren ließen und die Verbände zugleich Rechtsinhaber wären. Dann wäre die Befugnis zur gerichtlichen Geltendmachung dieser Rechtspositionen unter die Kriterien einer ordentlichen Klagebefugnis einzuordnen und folgte sachlich unmittelbar aus der Verfassung[334]. Der Gesetzgeber wäre vor der verfassungsrechtlichen Verpflichtung effektiven Rechtsschutzes gehalten, entsprechende weit reichende Möglichkeiten für Verbandsklagen vorzusehen. Die Beantwortung der aufgezeigten Fragen setzt zunächst eine genaue Definition dessen, was nach italienischem Verständ-

[334] In diesem Sinne *Pretura Napoli*, ordinanza 11 gennaio 1979, Giurisprudenza italiana 1980, II, 232 ff. (238 ff.).

nis unter Kollektivinteressen zu verstehen ist, voraus, um in einem zweiten Schritt prüfen zu können, ob die Kollektivinteressen unter die verfassungsrechtlich geschützten Rechtspositionen einzuordnen sind.

B Das Kollektivinteresse

Ebenso wie im deutschen Recht ist auch im italienischen Recht ausgesprochen umstritten, wie die im Rahmen der Verbandsklage geltend gemachten Rechtspositionen inhaltlich zu qualifizieren sind. Die von der italienischen Rechtslehre und Rechtsprechung entwickelten Definitionen sind dabei ähnlich zahlreich wie in Deutschland.[335] Zunächst soll aus diesem Grund ein Überblick über die vertretenen Positionen gegeben werden. Anders als in der Vergangenheit im deutschen Recht besteht in Italien, soweit ersichtlich, zumindest formal darüber Einigkeit, dass die Verbände im Rahmen ihrer Klagen kollektive Interessen geltend machen. So wird insbesondere die in der Vergangenheit noch von einigen Autoren befürwortete Unterscheidung der diffusen von den kollektiven Interessen[336] nicht mehr vorgenommen[337]; diffuse und kollektive Interessen beschrieben dasselbe Phänomen.[338] Die Geister scheiden sich allerdings, sobald der formal einheitliche Begriff der kollektiven Interessen mit konkretem Inhalt gefüllt werden soll.

---

335 Eine Zusammenstellung der verschiedenen Ansichten findet sich bei *Scoca*, S. 39 ff.

336 Dazu im einzelnen *Vigoriti*, Interessi collettivi e processo, S. 36 ff. mit zahlreichen weiteren Literaturnachweisen, wonach sich die diffusen und die kollektiven Interessen nach dem Grade ihrer Organisation unterscheiden: während diffuse Interessen zwar weit verbreitet sein können, weisen die kollektiven Interessen über die weite Verbreitung hinaus zusätzlich gewisse Organisationsstrukturen auf. Kollektive Interessen verfügen danach über zwei Eigenschaften: zum einen über Plurisubjektivität, zum anderen über eine gewisse Organisation; ähnlich auch *Festa*, riv. trim. dir. proc. civ. 1984, 945 ff. (945 f.) und *Caravita*, riv. crit. dir. priv. 1985, 31 ff. (34).

337 *Sensale*, Giust. civ. 1983, II, 140; *Vigoriti*, Interessi collettivi e processo, S. 25 in Fn. 10; *Guercio/Mariani/ Mazzacane/Virgilio*, Giust. civ. 1981, II, 465.

338 *Sensale*, Giust. civ. 1983, II, 140, stellt darauf ab, dass sich die beiden Interessengruppen ontologisch nicht unterscheiden, sondern nur unter dem Aspekt der Eingrenzbarkeit der Gruppe bzw. Gemeinschaft, der sie zugeordnet werden können.

I. Gemeinsamer Ausgangspunkt

Trotz der im Folgenden darzustellenden unterschiedlichen Ansichten lässt sich doch zumindest für einige von ihnen im Grundsatz ein gemeinsamer Ausgangspunkt aufzeigen. Danach sind Kollektivinteressen Interessen, die gleichzeitig mehreren Individuen zueigen sind[339], in dem Sinne, dass jedes dieser Individuen über ein im Hinblick auf die anderen qualitativ einheitliches und somit nicht differenziertes Interesse verfügt[340]. In anderer Formulierung beschreibt der Begriff der Kollektivinteressen die Verknüpfung von Interessen mit gleichem Inhalt, die unterschiedlichen Subjekten zugehörig sind.[341]

II. Kollektivinteressen als Interessen der Kollektivität

Die eingangs beschriebene inhaltliche Identität der zahlreichen individuellen Interessen gebietet nach einer Ansicht in der Literatur, die Gesamtheit der Interessen (auch) als zu der Kollektivität, im Sinne einer unabhängigen Einheit, gehörig[342] zu verstehen und nicht mehr nur als Summe der einzelnen individuellen Interessen[343]. Denn wesentliches Kennzeichen der Kollektivinteressen ist nach dieser Auffassung eine eigene materielle Anordnungsebene;[344] diese zusätzliche Dimension erfordere, dem Kollektivinteresse eine von den zugrunde liegenden Individualinteressen unabhängige Bedeutung zuzumessen,[345] ohne dass dabei jedoch die Zurechenbarkeit des Interesses an die einzelnen Mitglieder der Kollektivität aufgegeben werde.[346] Auf diesen Gedanken gründet sich zugleich die

---

[339] *Sensale*, Giust. civ. 1983, II, 140.
[340] *Grasso*, riv. dir. proc. 1983, 24 ff. (25).
[341] *Vigoriti*, Interessi collettivi e processo, S. 19.
[342] *Denti*, Foro it. 1978, II, 112 ff. (113); *Piranio*, riv. dir. proc. 1979, 202 ff. (206; 217).
[343] *Grasso*, riv. dir. proc. 1983, 24 ff. (25) mit zahlreichen Literaturnachweisen.
[344] *Guercio/Mariani/Mazzacane/Virgilio*, Giust. civ. 1981, II, 465.
[345] *Guercio/Mariani/Mazzacane/Virgilio*, Giust. civ. 1981, II, 465 f., die das kollektive Interesse als eine spezielle Ausformung des diffusen Interesses verstehen, aber im Übrigen, ebenso wie *Sensale* oben in Fn. 338, nicht von einer ontologischen Unterscheidung ausgehen.
[346] *Corasaniti*, riv. dir. civ. 1978, I, 180 ff. (186).

vielfach verwendete Bezeichnung der Kollektivinteressen als „überindividuelle“, im Sinne von die einzelne Subjektbezogenheit überschreitende Interessen[347].

III. Kollektivinteressen als Individualinteressen

Nicht so weit wie die gerade beschriebene Ansicht wollen einige Autoren gehen, die die Kollektivinteressen lediglich als eine spezielle Ausprägung der Individualinteressen auf prozessualer Ebene verstehen und ihnen somit die soeben dargestellte materielle Anordnung auf zwei Ebenen versagen. Das Konzept des Kollektivinteresses beinhaltet nach dieser Auffassung eine Summe inhaltsgleicher individueller Interessen, die auf prozessualer Ebene zum kollektiven Interesse gebündelt werden, mit der Folge, dass sich das kollektive Interesse vom individuellen Interesse nicht inhaltlich unterscheidet, sondern nur eine bestimmte Qualität, eine bestimmte Ausprägung auf prozessualer Ebene darstellt[348]. Das kollektive Interesse stelle sich als eine Bündelung individueller Interessen dar[349], die in der prozessualen Situation nicht mehr als einzelne sondern in Form einer neuen Ausprägung juristische Relevanz erlangten.[350] Im Rahmen dieser Ansicht erfolgt keine Zuordnung des Interesses über das Individuum hinaus an die Kollektivität als solche, sondern es wird lediglich der Versuch unternommen, das kollektive Interesse auf prozessualer Ebene als eigenständige Form zu erfassen.

IV. Kollektivinteressen als einheitliche Interessen

Wieder andere Autoren ordnen das Kollektivinteresse als eigenständige Situation subjektiver Bevorteilung[351] ein, die zwar inhaltlich einer Mehrzahl von Subjekten zuzuordnen ist, die jedoch zuvörderst dadurch geprägt ist, dass die übergeordnete Rechtsposition geeignet ist, gleichzeitig alle Rechtsinhaber zu befrie-

---

347 *Grasso*, riv. dir. proc. 1983, 24 ff. (26).
348 *Vigoriti*, Interessi collettivi e processo, S. 23 ff., S. 28 Fn. 10.
349 *Carpani*, riv. trim. dir. proc. civ. 1991, 511 ff. (519 f.).
350 *Vigoriti*, Interessi collettivi e processo, S. 28 Fn. 10.
351 “Situazione di vantaggio unica”.

digen[352]. Das kollektive Interesse sei nur noch marginal durch die Mehrzahl der Interessenträger geprägt. Es verfüge vielmehr über eine eigene materielle Bedeutung und finde unabhängig von den individuellen Rechtsinhabern Erfüllung. Diese Auffassung legt das Verständnis des Kollektivinteresses als eine spezielle Form der Gesamtschuld nahe. Dementsprechend versuchen die Anhänger dieser Auffassung, den prozessualen Problematiken im Zusammenhang mit den Kollektivinteressen durch Anwendung der zivilrechtlichen Normen über die Gesamtschuld Herr zu werden[353].

V. Kollektivinteressen als ausschließliche Interessen der Kollektivität

Nicht mehr mit dem unter I. dargestellten gemeinsamen Ausgangspunkt in Einklang stehen die beiden folgenden Ansichten: so wird die Auffassung vertreten, dass eine Verknüpfung der Kollektivinteressen mit einzelnen Individuen nicht möglich sei und als Rechtsinhaber für die Kollektivinteressen somit ausschließlich die Kollektivität als solche in Betracht komme.[354] Die Substanz von Individual- und Kollektivinteressen sei zu unterschiedlich, als dass sie eine Verknüpfung der beiden Interessenformen erlaube: sei Kennzeichen individueller Rechtspositionen immer deren Subjektivität, so seien die Kollektivinteressen durch Objektivität geprägt, da sie einer unbeschränkten Vielzahl von Rechtsträgern zu eigen seien und deswegen die Ebene der individuellen Zurechenbarkeit verließen.[355] Kollektive Interessen seien vor diesem Hintergrund ausschließlich Interessen der Kollektivität.

---

[352] *Proto Pisani*, in: Le azioni a tutela di interessi collettivi, S. 263 ff. (264); *Costantino*, in: Le azioni a tutela di interessi collettivi, S. 223 ff. (225 in Fn. 2).
[353] *Proto Pisani*, in: Le azioni a tutela di interessi collettivi, S. 263 ff. (278 f.); *Costantino*, in: Le azioni a tutela di interessi collettivi, S. 223 ff. (234 ff.).
[354] *Grasso*, riv. dir. proc. 1983, 24 ff. (44).
[355] *Grasso*, riv. dir. proc. 1983, 24 ff. (43).

VI. Kollektivinteressen als subjektlose Interessen

Noch weiter geht eine letzte Auffassung, die eine Zurechenbarkeit der kollektiven Interessen an einen Rechtsträger gänzlich in Abrede stellt. Im Hinblick auf die Struktur der Kollektivinteressen sei festzustellen, dass hier „keiner Rechtsinhaber ist, so wie zur gleichen Zeit alle, oder alle Mitglieder einer gegebenen Gruppe, Klasse oder Kategorie Rechtsinhaber sind“[356]. Eine eindeutige Zuordnung an ein bestimmtes Subjekt sei aufgrund der unbegrenzten Verbreitung nicht möglich[357], so dass die Kollektivinteressen auch als subjektlose Interessen bezeichnet werden könnten. Auf prozessualer Ebene führt diese Auffassung zu der Konsequenz, dass die Befugnis, kollektive Interessen vor Gericht geltend zu machen, lediglich als rein prozessuale Einräumung einer Klagemöglichkeit zu verstehen ist, die von einer materiellen Rechtsträgerschaft völlig unabhängig ist.[358]

VII. Kollektivinteressen nach der Definition der Rechtsprechung

Das inhaltliche Verständnis der Kollektivinteressen der Rechtsprechung deckt sich im Wesentlichen mit der unter II. dargestellten Auffassung, die die Kollektivinteressen (auch) als Interessen der Kollektivität versteht und ihnen eine zusätzliche materielle Dimension eröffnet. So definieren die Vereinigten Zivilsenate des Kassationsgerichtshofs diese Interessen als jene, „die, wegen der Ungeeignetheit des Objektes – aufgrund seiner Natur und des Charakters der Rechtsvorschriften –, soweit es den ausschließlich individuellen Bereich betrifft, nicht einem Subjekt als Individuum, sondern als Mitglied einer mehr oder weniger großen Kollektivität, die im Grenzfall auch mit der Gesamtheit der Bürger zusammenfallen könne, zuzuschreiben sind, womit sie einer Mehrzahl analoger

[356] *Cappelletti*, riv. dir. proc. 1975, 361 ff. (365; 367; 372).
[357] *Caravita*, riv. crit. dir. priv. 1985, 31 ff. (36).
[358] *Cappelletti*, in: Le azioni a tutela di interessi collettivi, S. 191 ff. (200) verwendet in diesem Zusammenhang den Begriff der "parte ideologica" bzw. des "ideological plaintiff".

juristischer Situationen Raum einräumen würden“[359]. Nach Auffassung der Rechtsprechung ist Kennzeichen kollektiver Interessen somit eine Vielzahl gleich gelagerter individueller Interessen, die aufgrund ihrer inhaltlichen Ausrichtung den individuellen Bezug überschreiten.

VIII. Verhältnis der Definitionen zur Richtlinie

Die Richtlinie 98/27/EG vom 19.05.1998 enthält, wie bereits in Kapitel 2 § 2 A erläutert, eine eigene Definition der von ihr geschützten Kollektivinteressen. Kollektivinteressen sind danach Interessen, bei denen es sich nicht um die Kumulierung von Interessen durch einen Verstoß geschädigter Personen handelt, sondern – so ist zu ergänzen – um weit verbreitete Allgemeininteressen, die Einzelnen nur begrenzt zugeordnet werden können. Die Richtlinie legt somit ein weites, auch allgemeine Interessen mit umfassendes Verständnis der Kollektivinteressen zugrunde. Vergleicht man diese Definition mit der von der obersten italienischen Rechtsprechung gegebenen, so fällt deren weitgehende inhaltliche Übereinstimmung ohne Weiteres ins Auge.

IX. Stellungnahme

Lässt man die heute nach weit verbreiteter Meinung nicht mehr vorgenommene Unterscheidung der kollektiven Interessen von den diffusen Interessen außen vor, so ist eine inhaltliche Übereinstimmung der herrschenden Ansicht in der Literatur, der Rechtsprechung und auch der aktuellen, in der Richtlinie enthaltenen Definition festzustellen. Alle Ansichten gehen davon aus, dass die Zuordnung von Kollektivinteressen an einzelne Individuen als Rechtsträger diesen inhaltlich nicht gerecht wird, da es sich um Interessen handelt, die in ihrer Reichweite den (ausschließlich) individuellen Bezug überschreiten und aus diesem Grunde auf kollektiver Ebene eine neue zusätzliche Dimension erlangen, die

---

[359] *Corte di Cassazione*, Sezioni Unite civili, sentenza 8 maggio 1978, n. 2207, Il Foro italiano 1978, I, 1090 ff. (1092).

insbesondere auf prozessualer Ebene von großer Bedeutung ist. Dies führt gleichwohl nicht dazu, dass die auch den Kollektivinteressen zugrunde liegenden einzelnen individuellen Rechtspositionen ihre Existenz verlieren. Beide Ebenen bestehen vielmehr in unmittelbarer Verknüpfung nebeneinander und sind gerade elementares Kennzeichen kollektiver Interessen.

Anhand der gefundenen Definition soll im Folgenden die Frage erörtert werden, ob Kollektivinteressen als von der italienischen Verfassung unmittelbar geschützte Rechtspositionen einzustufen sind. Wäre dies der Fall, dann wären Mechanismen zum Schutz dieser Interessen verfassungsrechtlich im Rahmen der allgemeinen Rechtsschutzgarantie gewährleistet. Die Einordnung der Kollektivinteressen unter die verfassungsrechtlich geschützten Rechtspositionen ist äußerst umstritten.

C Kollektivinteressen als „interessi legittimi"

Einige gewichtige Stimmen in der italienischen Rechtslehre sind der Überzeugung, dass auch die Kollektivinteressen unter den Begriff der „interessi legittimi" im Sinne von Art. 24 Abs. 1 Cost. zu subsumieren sind[360] und damit nach herkömmlichen Kriterien zu beurteilen und zu schützen[361] sind. Nach Auffassung dieser Autoren umfasst die verfassungsrechtliche Garantie auch Situationen, die sich nicht unmittelbar auf das herkömmliche Verständnis der beiden ausdrücklich genannten Kategorien der subjektiven Rechte („diritti soggettivi") und berechtigten Interessen („interessi legittimi") zurückführen lassen.[362] Ausgangspunkt dieser Auffassung ist vielmehr die Annahme, dass es nicht Sinn der

---

[360] *Cappelletti*, riv. dir. proc. 1975, 361 ff.; Branca/*Comoglio*, Art. 24 Cost., S. 22 ff.; *Vigoriti*, Giur. it. 1980, IV, 305 ff. (309); *Costantino*, in: Le azioni a tutela di interessi collettivi, S. 227.

[361] *Proto Pisani*, in: Le azioni a tutela di interessi collettivi, S. 269.

[362] *Caravita*, riv. crit. dir. priv. 1985, 31 ff. (36) spricht von einer Verlagerung des durch Art. 24 Cost. gewährleisteten Schutzes weg von einer Orientierung an den typischerweise zu schützenden Objekten (d. h. diritti soggettivi und interessi legittimi) hin zu einem Rechtsschutz, der seinen Ausgangspunkt am einzelnen, möglicherweise auch untypischen, Schutz suchenden Subjekt nimmt.

verfassungsrechtlichen Gewährleistung in Art. 24 Abs. 1 Cost. sei, in überkommener Tradition eine Differenzierung der verschiedenen schützenswerten Rechtspositionen vorzunehmen, sondern wirksamen Schutz für jede Form einer irgendwie berechtigenden Position zu gewährleisten.[363] Diese weite Interpretation der verfassungsrechtlich geschützten Position des „interesse legittimo" führe dazu, dass grundsätzlich keine Form des Interesses von der klageweisen Durchsetzung ausgeschlossen werden dürfe,[364] soweit die dem Interesse zugrunde liegende Position zu ihrem wirksamen Schutz gerichtlicher Durchsetzung bedürfe. Der Begriff des „interesse legittimo" sei aus diesen Gründen vielmehr im Sinne eines einheitlichen[365] „juristisch geschützten Interesses" zu verstehen[366] und umfasse vor diesem Hintergrund ohne Weiteres auch kollektive oder diffuse Interessen[367].

Andere Autoren sehen sich zwar nicht in der Lage, die Kollektivinteressen unter den Begriff der „interessi legittimi" im Sinne von Art. 24 Cost. zu subsumieren; sie sind vielmehr der Auffassung, dass diese Interessen mit den herkömmlichen Kriterien nicht fassbar seien[368] und sprechen im Rahmen ihrer Klassifizierung daher von einem „tertium genus"[369]. Gleichwohl sollen dieser Auffassung nach zum Zwecke eines effektiven Schutzes der Kollektivinteressen diese unter die

---

[363] Branca/*Comoglio*, Art. 24 Cost., S. 20; *Caravita*, riv. crit. dir. priv. 1985, 31 ff. (36); *Vigoriti*, Interessi collettivi e processo, S. 24 Fn. 8.
[364] Branca/*Comoglio*, Art. 24 Cost., S. 20 f.; *Ruffolo*, S. 149; *Piranio*, riv. dir. proc. 1979, 202 ff. (215).
[365] *Piranio*, riv. dir. proc. 1979, 202 ff. (218).
[366] Branca/*Comoglio*, Art. 24 Cost., S. 21, der diese Argumentation ausführlich mit den zahlreichen, insb. in Fn. 21-23 aufgeführten Gesetzesmaterialien der verfassungsgebenden Versammlung unterstreicht; *Ruffolo*, S. 177 spricht sich für eine Interpretation von Art. 24 Cost. aus, die das Adjektiv „legittimo" nicht ausschließlich auf die „interessi" sondern auch auf die „diritti" bezieht und will damit zum Ausdruck bringen, dass sämtliche Rechtspositionen, die im rechtlichen Sinne als legitimierend einzustufen sind, und nicht nur das „interesse legittimo" in seinem herkömmlichen Verständnis, unter den Schutz von Art. 24 Cost. fallen.
[367] Branca/*Comoglio*, Art. 24 Cost.
[368] *Zanuttigh*, Giur. it. 1980, II, 231 ff. (236).
[369] In diesem Sinne *Zanuttigh*, in: Le azioni a tutela di interessi collettivi, S. 311; ausdrückliche Ablehnung der Kategorie des "tertium genus" durch *Guercio/Mariani/ Mazzacane /Virgilio*, Giust. civ. 1981, II, S. 465 ff.; *Vigoriti*, Interessi collettivi e processo, S. 25.

traditionellen Begriffe der Verfassung subsumiert werden, da andernfalls kein wirkungsvoller gerichtlicher Schutz gewährleistet sei.[370] Eine Einordnung der (schützenswerten) Kollektivinteressen unter die „interessi legittimi" und die Bestimmung der zu ihrer Geltendmachung Befugten erfolge dabei am besten im Wege einer richterlichen Ermessensentscheidung[371].

Beide Ansichten haben zur Konsequenz, dass der Gesetzgeber unmittelbar aus den in der Verfassung verankerten Prinzipien verpflichtet ist, adäquate Schutzmöglichkeiten für diese Interessen zu schaffen und somit deren Verwirklichung durch spezifische Schutzinstrumente zu gewährleisten[372].

D Kollektivinteressen nicht als „interessi legittimi"

Weder die herrschende Meinung in der Literatur noch die Rechtsprechung folgen dieser extensiven Begriffsauslegung. So wird die Subsumierbarkeit der kollektiven Interessen unter die traditionellen Begrifflichkeiten der diritti soggettivi bzw. interessi legittimi mit verschiedenen Argumenten gänzlich in Abrede gestellt.

Die Rechtsprechung versteht den Begriff des „interesse legittimo" traditionell als Situation individueller[373] und differenzierter Bevorteilung im Hinblick auf andere Rechtssubjekte, der Art, dass seine Rechtsaussage „... in vergleichendem Sinne Bedeutung erlangt und aus diesem Grunde die Möglichkeit der juristischen Kontrolle ... rechtfertigt"[374]. Die Rechtspositionen, für die von der Verfassung in Art. 24 eine Rechtsschutzgarantie vorgesehen sei, hätten vor allem zwei wesentliche Eigenschaften: zum Einen trügen sie individualistischen Cha-

---

[370] *Zanuttigh*, in: Le azioni a tutela di interessi collettivi, S. 321.
[371] *Zanuttigh*, Foro it. 1975, V, 71 ff. (82 ff.).
[372] Branca/*Comoglio*, Art. 24 Cost., S. 24.
[373] *Grasso*, riv. dir. proc. 1983, 24 ff. (43, Fn. 59) spricht von einer notwendigen Individualisierung und Subjektivierung der von Art. 24 geschützten Rechtsposition.
[374] *Corte di Cassazione*, Sezioni unite civili, sentenza 8 maggio 1978, n. 2207, Il Foro italiano 1978, I, 1090 ff. (1093).

rakter, zum Anderen seien sie von einer persönlichen Ausrichtung geprägt.[375] Kollektivinteressen überschritten nach der von der Rechtsprechung vertretenen Definition[376] jedoch den rein individuellen Bezug;[377] so resultierten sie aus einer Vielzahl gleich gelagerter Situationen und entzögen sich der Zuordnung an den Einzelnen als Individuum.[378] Im Hinblick auf das einzelne Individuum als Mitglied der Kollektivität charakterisiere sie zudem ein undifferenzierter Status. Mit einem individualisierenden, persönlichen und differenzierten Verständnis des „interesse legittimo" ließe sich ein solcher Begriff der Kollektivinteressen freilich nicht vereinbaren.[379] Aus diesem Grunde bestünde für die Anwendung der verfassungsrechtlichen, auf den rein individuellen Schutz zugeschnittenen Rechtsschutzgarantie im Zusammenhang mit der Kategorie der „interessi legittimi" kein Raum.[380] Diese Garantie schütze das „interesse legittimo" lediglich in einer individuellen Ausprägung[381] und nicht als Kollektivinteresse. Als weitere Stütze der Argumentation, dass das bestehende Rechtssystem einen Schutz kollektiver Interessen generell nicht vorsehe, führt der Kassationsgerichtshof an, dass in allen Fällen, in denen kollektiven Interessen eine Schutzmöglichkeit eingeräumt worden sei, ein spezielles Einschreiten des Gesetzgebers vonnöten gewesen sei.[382]

In der Literatur findet sich auch in diesem Zusammenhang die Auffassung, die die Kollektivinteressen als „tertium genus" einstuft. Anders als die oben darge-

---

[375] *Corte di Cassazione*, Sezioni unite civili, sentenza 8 maggio 1978, n. 2207, Il Foro italiano 1978, I, 1090 ff. (1093).

[376] Vgl. dazu oben unter § 2 B VII.

[377] *Guercio/Mariani/Mazzacane/Virgilio*, Giust. civ. 1981, II, 465 ff. (474 f.).

[378] *Tommaseo*, in: Le clausole vessatorie nei contratti con i consumatori, S. 764.

[379] *Corte di Cassazione*, Sezioni unite civili, sentenza 8 maggio 1978, n. 2207, Il Foro italiano 1978, I, 1090 ff. (1093).

[380] *Tommaseo*, in: Le clausole vessatorie nei contratti con i consumatori, S. 764.

[381] *Corte di Cassazione*, Sezioni unite civili, sentenza 8 maggio 1978, n. 2207, Il Foro italiano 1978, I, 1090 ff. (1094).

[382] *Corte di Cassazione*, Sezioni unite civili, sentenza 8 maggio 1978, n. 2207, Il Foro italiano 1978, I, 1090 ff. (1096) mit vereinzelten Beispielen für ein solches Tätigwerden des Gesetzgebers.

stellten Anhänger dieser Meinung, ziehen andere Vertreter daraus jedoch die Konsequenz, dass die Kollektivinteressen aufgrund ihrer unterschiedlichen Struktur nicht unter die herkömmlichen verfassungsrechtlich geschützten Rechtspositionen einzuordnen seien und somit auch keinen verfassungsunmittelbaren Schutz genießen würden.[383]

E Stellungnahme

Die in der italienischen Verfassung zitierten Begriffe der „diritti soggettivi" und „interessi legittimi", an die die Rechtsschutzgarantie anknüpft, sind als Rechtsbegriffe sowohl der einen wie auch der anderen der dargestellten Interpretationsmöglichkeiten zugänglich. Gleichwohl haben beide Formulierungen seit Inkrafttreten der italienischen Verfassung am 1. Januar 1948 in langjähriger gleich bleibender Tradition eine bestimmte Prägung durch die italienischen Obergerichte und den Verfassungsgerichtshof erfahren und haben erst auf diese Weise genaue inhaltliche Bestimmung erlangt. Kennzeichen dieser inhaltlichen Bestimmung ist – auch geprägt durch eine lange entsprechende europäische Rechtstradition und ein daran angelehntes Verfassungsverständnis – die Konzentration des rechtlichen Schutzes auf den Einzelnen in seinen genau bestimmten und bestimmbaren individuellen Rechtspositionen. Die rechtlichen Positionen, die unter die verfassungsrechtliche Gewährleistung fallen, sind anhand der durch die Rechtsprechung herausgearbeiteten Kriterien der individuellen und differenzierten Betroffenheit bestimmbar; Positionen, die nicht unter diese Kriterien fallen, verfügen auf der Grundlage des entstandenen Verfassungsverständnisses nicht über einen Anspruch auf verfassungsrechtlich gewährleisteten gerichtlichen Schutz. Kollektivinteressen sind inhaltlich durch so erhebliche qualitative Unterschiede im Vergleich zu den „interessi legittimi" nach traditio-

---

[383] *Rapisarda*, Foro it. 1982, V, 85 ff. (86).

nellem Verständnis gekennzeichnet, dass sie eine Gleichstellung mit den letzteren nicht erlauben.

Zuzugeben ist, dass der durch langjährige Rechtsprechung festgelegte Inhalt der verfassungsrechtlichen Begrifflichkeiten aus den Formulierungen von Art. 24 Cost. keine inhaltliche Notwendigkeit beanspruchen kann. Dennoch lässt sich das gewachsene Verständnis einer Verfassung nicht ohne weiteres mit veränderten Bedürfnissen untergraben. Ein solches Vorgehen kann allenfalls dann gerechtfertigt sein, wenn keine andere Möglichkeit besteht, schützenswerten Rechtspositionen zu einer wirksamen Durchsetzung zu verhelfen. Der Schutz kollektiver Interessen jedoch kann auch auf einfachgesetzlicher Ebene wirksam gewährleistet werden. Für einen Eingriff in das interpretativ geschaffene Verfassungsgefüge besteht keine Notwendigkeit. Mit der Rechtsprechung und der herrschenden Meinung in der italienischen Literatur ist aus diesen Gründen davon auszugehen, dass kollektive Interessen keinen verfassungsunmittelbaren Schutz genießen und eine korrespondierende direkte Verpflichtung des Gesetzgebers zur Schaffung von Verbandsklagemöglichkeiten - ebenso wenig wie im deutschen Recht - nicht besteht.

§ 3 Verbandsklagebefugnisse aus einfachgesetzlichen Normen

A Einführung

Folgt die Verpflichtung zum Schutz kollektiver Interessen nicht unmittelbar aus der Verfassung, so stellt sich mit Blick auf den wirksamen Schutz kollektiver Rechtspositionen auf einfachgesetzlicher Ebene die Frage,[384] ob bereits bestehende, vor allem zivilprozessuale gesetzliche Regelungen so ausgelegt und angewendet werden können, dass auch eine Klagebefugnis von Verbänden unter sie subsumiert, bzw. aus ihnen abgeleitet werden kann.[385] Dieser Frage hat sich die italienische Rechtslehre in den 70er Jahren, insbesondere auf zwei Konven-

---

[384] Vgl. dazu *Crisafulli/ Paladin*, Art. 24 Cost., Rn. 3.

[385] *Ruffolo*, S. 58.

ten in Pavia und Salerno[386], gewidmet;[387] sie ist dabei größtenteils, ebenso wie wenig später auch die Rechtsprechung des Verfassungsgerichtshofes, zu dem Ergebnis gekommen, dass die bestehenden gesetzlichen Normen keine ausreichende Basis für das Rechtsinstitut der Verbandsklage bieten und deswegen entsprechende normative Grundlagen neu geschaffen werden müssen. Allerdings ist die Rechtsprechung in dieser Frage keinesfalls stringent, und auch nicht alle Rechtsgelehrten haben sich dieser Auffassung angeschlossen.[388]

B Rechtslehre

I. Bestehende gesetzliche Regelungen als normative Grundlage

1. Regelungen über die unteilbaren Verbindlichkeiten

Vereinzelte Stimmen in der italienischen Rechtslehre sind zu der Auffassung gelangt, dass auf lange Sicht eine Neuregelung des Instituts der Verbandsklage wünschenswert ist, gleichwohl jedoch auch bestehende gesetzliche Regelungen eine ausreichende normative Grundlage für dieses Rechtsinstitut zur Verfügung stellten[389]. So wird von mehreren Autoren vorgeschlagen zur Bestimmung der Klagebefugten im Rahmen der Geltendmachung von Kollektivinteressen auf das allgemeine Schuldrecht Rückgriff zu nehmen und die Regelungen über die unteilbaren Verbindlichkeiten (Artikel 1316 ff. codice civile (Zivilgesetzbuch), im

[386] Konvent von Pavia, 11. – 12. Juni 1974 zum Thema „Klagen zum Schutz von Kollektivinteressen (Le azioni a tutela di interessi collettivi)"; Konvent von Salerno, 22. – 25. Mai 1975 zum Thema „Der Schutz diffuser Interessen im Rechtsvergleich (La tutela degli interessi diffusi nel diritto comparato)".

[387] Die Problematik ist jedoch nach wie vor aktuell: *Capponi*, Foro it. 1994, IV, 439 ff. (447 f.) bezeichnet die Frage, „ob es der Gesetzgeber sein solle, der einzelne Tatbestände (oder sogar einen generellen Tatbestand) einer Klage im Interesse organisierter Gruppen … festlege; oder ob es der … Richter sein solle …, der Fall für Fall anhand von Anhaltspunkten im ‚bestehenden Recht' … über das Vorliegen der Klagebefugnis … entscheide", als „Grundsatzfrage" der Verbandsklage.

[388] Ein Überblick über den Meinungsstand findet sich bei *Cappelletti*, in: Le azioni a tutela di interessi collettivi, S. 208 ff.

[389] *Costantino*, in: Le azioni a tutela di interessi collettivi, S. 239; *Proto Pisani*, in: Le azioni a tutela di interessi collettivi, S. 270.

Folgenden c. c.)[390] anzuwenden.[391] Auf dieses Rechtsinstitut finden nach italienischem Recht im Wesentlichen die Regelungen über die Gesamtschuld Anwendung, Art. 1317 c. c. Nach Ansicht dieser Autoren handelt es sich bei der Durchsetzung kollektiver Interessen um Fälle, die dadurch charakterisiert seien, dass mehrere gleichartige Interessen auf dasselbe Objekt gerichtet seien und auch durch dieselbe Handlung im weiteren Sinne befriedigt würden[392]. Daher würde sich die Anwendung der Regelungen über die unteilbaren Verbindlichkeiten, die gerade solche Fälle regelten, anbieten. In prozessualer Hinsicht sei insoweit insbesondere Art. 1319 c. c. hilfreich, der vorsehe[393], dass jeder einzelne Gesamtgläubiger seinerseits Erbringung der gesamten geschuldeten Leistung verlangen könne. Aus dieser Vorschrift folge, dass jeder einzelne Gläubiger unabhängig von den anderen auch zur prozessualen Geltendmachung des Anspruches befugt sei.[394]

Die Verankerung der Verbandsklage im italienischen Recht im Wege dieser Argumentation ist freilich unmöglich; denn die dargestellte Auffassung kann die Klagebefugnis des Verbandes als solchem auf der Grundlage der angeführten Normen nicht begründen. Eine Klagebefugnis ergibt sich nach der dargestellten Auffassung nur für die einzelnen individuellen Rechtsträger, nicht jedoch für den Verband. Der Schutz der Kollektivinteressen wird nicht auf der Basis einer originären Klagebefugnis des Verbandes konzipiert, sondern es findet ein Rückgriff auf zugrunde liegende subjektive Rechtspositionen der individuell Betroffenen statt.[395] Woraus sich im Rückgriff auf individuelle Rechtspositionen letzt-

---

[390] Ein Rechtsinstitut, das mit dem deutschen Rechtsinstitut der Gesamtgläubigerschaft gemäß § 428 BGB vergleichbar ist.

[391] *Costantino*, in: Le azioni a tutela di interessi collettivi, S. 234.

[392] *Proto Pisani*, in: Le azioni a tutela di interessi collettivi, S. 278.

[393] Art. 1319 c. c. bestimmt: "Jeder Gläubiger kann Erbringung der gesamten unteilbaren Leistung verlangen (Ciascuno dei creditori può esigere l'esecuzione dell'intera prestazione indivisibile.)".

[394] *Costantino*, in: Le azioni a tutela di interessi collettivi, S. 234 f.

[395] *Francario*, S. 238, der in diesem Zusammenhang zudem darauf hinweist, dass die Anwendung von Art. 1319 c. c. nicht über die Problematik hinweg helfen könne, dass der von den

lich die Befugnis des Verbandes zum gerichtlichen Vorgehen ergibt, bleibt unklar. Die Anhänger dieser Auffassung gestehen selbst zu, dass die Anwendung der Regelungen über die unteilbaren Verbindlichkeiten nicht alle Probleme[396] im Zusammenhang mit der prozessualen Geltendmachung kollektiver Interessen lösen könne, und vertrauen deshalb in weiten Bereichen auf die interpretativen Fähigkeiten der beauftragten Gerichte, bestehende Normen an die spezielle prozessuale Situation anzupassen.[397]

2. Rechtsschutzinteresse

Anderer Meinung nach bietet es sich an, zur Bestimmung der Klagebefugten im Zusammenhang mit der Geltendmachung von Kollektivinteressen auf das in Art. 100 c. p. c. geregelte Rechtsinstitut des Rechtsschutzinteresses (interesse ad agire) Rückgriff zu nehmen.[398]

Diese Auffassung geht von der Prämisse aus, dass eine Klagebefugnis generell nur auf der Grundlage eines in besonderer Weise qualifizierten Interesses[399] bestehen könne.[400] Ein in diesem Sinne qualifiziertes Interesse liege dann vor, wenn der Gang vor Gericht zum Schutz einer rechtlich geschützten Position unerlässlich sei,[401] die geltend gemachte Position also nicht auf andere Weise durchgesetzt werden könne.[402] Vor diesem Hintergrund sei das Rechtsschutzinteresse als ein Interesse, das seinen Schwerpunkt auf prozessualer Ebene habe,

---

individuell Betroffenen inne gehaltenen Rechtsposition nicht immer zwingend ein subjektives, und somit auch individuell klagbares, Recht zugrunde liege.

[396] Eine ausführliche Darstellung weiterer Problemfelder, die sich in diesem Zusammenhang ergeben, findet sich bei *Proto Pisani*, in: Le azioni a tutela di interessi collettivi, S. 279 ff.

[397] *Proto Pisani*, in: Le azioni a tutela di interessi collettivi, S. 279 ff.

[398] *Ruffolo*, S. 171 f.

[399] Interesse particolarmente qualificato.

[400] *Ruffolo*, S. 169; Art. 100 c. p. c., der das Vorliegen des Rechtsschutzinteresses als prozessuale Zulässigkeitsvoraussetzung einer Klage verlangt, bestimmt insoweit: „Um eine gerichtliche Klage zu erheben oder sich gegen sie zu verteidigen, ist ein entsprechendes Interesse notwendig (Per proporre una domanda o per contraddire alla stessa è necessario avervi interesse)“.

[401] *Carpi/Colesanti/Taruffo*, Art. 100 c. p. c. I, Rn. 2.

[402] *Carpi/Colesanti/Taruffo*, Art. 100 c. p. c. I, Rn. 3.

einzuordnen[403]. Ein in diesem Sinne besonders qualifiziertes Interesse könne sich zum Einen aus einer speziellen substantiellen gesetzlichen Regelung ergeben, zum Anderen könne es sich ganz allgemein in einem besonderen Interesse, die gerichtliche Kontrolle eines bestimmten Verhaltens zu erlangen, äußern.[404] Ein besonders qualifiziertes Interesse der Verbände am gerichtlichen Vorgehen gründe im Rahmen der Verbandsklage auf der eigenwilligen Struktur kollektiver Interessen. Aufgrund der fehlenden Zurechenbarkeit kollektiver Interessen an individuelle Rechtsträger, verlagere sich das Anknüpfungskriterium für die Klagebefugnis weg von einem zugrunde liegenden materiellen hin zu einem in erster Linie prozessualen Interesse.[405]
Das die Klagebefugnis im Rahmen der Verbandsklage begründende Element und das in der Zivilprozessordnung geregelte Rechtsschutzinteresse hätten vor diesem Hintergrund so ähnliche Strukturen, dass es zwischen beiden bedeutende Parallelen gebe;[406] Parallelen in dem Sinne, dass die Rechtsfigur des Rechtsschutzinteresses im Wege einer systematischen Interpretation dazu verwendet werden könne, den Kreis der Kollektivinteressen und der zu ihrer Geltendmachung Klagebefugten auf dem Gebiet des Privatrechts festzulegen.[407] Die Klagebefugnis einer Vereinigung sei vor diesem Hintergrund dann zu bejahen, wenn ein besonderes prozessuales Interesse an der gerichtlichen Geltendmachung von kollektiven Interessen festgestellt werden könnte.[408]
Wie genau und unter Anwendung welcher im Zusammenhang mit Art. 100 c. p. c. benutzter Kriterien eine Klagebefugnis in bestimmten Fällen schlüssig begründet werden kann, beantwortet die dargestellte Auffassung freilich nicht. Ebenso wie im deutschen Recht ist auch nach italienischem Verständnis der Beg-

---

403 *Carpi/Colesanti/Taruffo*, Art. 100 c. p. c. I, Rn. 4.
404 *Ruffolo*, S. 169.
405 *Ruffolo*, S. 171.
406 *Ruffolo*, S. 171.
407 *Ruffolo*, S. 171 f.
408 *Ruffolo*, S. 173 ff.

riff des Rechtsschutzbedürfnisses ein „negatives Auffangkriterium“. So wird das Interesse an gerichtlichem Rechtsschutz in aller Regel implizit angenommen und nur sehr selten ausdrücklich thematisiert; es kommt im Prozessrecht vielmehr nur dann zur Sprache, wenn ausnahmsweise Anhaltspunkte dafür bestehen, dass einmal offensichtlich kein Bedürfnis für gerichtlichen Rechtsschutz besteht. Vor diesem Hintergrund bestehen kaum Positivkriterien, anhand derer das Vorliegen eines entsprechenden Interesses festgestellt werden könnte.[409] Der Vorschlag, diese unscharfen Maßstäbe zur Festlegung einer Verbandsklagebefugnis zu verwenden, sieht sich unabdingbar einem Willkürvorwurf ausgesetzt. Entscheidend gegen diese Auffassung spricht zudem, dass es auch ihr nicht gelingt, eine Klagebefugnis gerade des Verbandes schlüssig zu begründen. Warum etwa sollte anhand des Kriterium des Rechtsschutzinteresses eine effektive Wahrnehmung kollektiver Interessen gerade durch Verbände gegeben sein? Auch individuelle Rechtsträger können in bestimmten Fällen über ein besonders qualifiziertes Interesse an der Wahrnehmung kollektiver Rechtspositionen verfügen. Eine schlüssige Begründung verbandlicher Klagebefugnisse anhand des Rechtsinstituts des Rechtsschutzinteresses ist somit ebenfalls nicht möglich.

II. Neue gesetzliche Grundlagen

Wie sich auf den oben erwähnten Kongressen in Pavia und Salerno mit Deutlichkeit gezeigt hat, ist die italienische Rechtslehre ganz überwiegend der Auffassung, dass ein wirksamer Schutz und eine effektive Durchsetzung kollektiver Interessen nur durch ein Tätigwerden des Gesetzgebers und die Schaffung geeigneter normativer Grundlagen bewerkstelligt werden kann. Welche Schwerpunkte und welchen Inhalt entsprechende gesetzgeberische Maßnahmen haben sollten, wird unterschiedlich beurteilt. So reichen die unterbreiteten Vorschläge von einem beharrlichen Festhalten an traditionellen Strukturen und lediglich

[409] Vgl. die Kommentierung von Art. 100 c. p. c. bei *Carpi/Colesanti/Taruffo*.

kleinen Änderungen in Detailfragen bis hin zu einer völligen Öffnung und Umstrukturierung fast des gesamten Prozessrechts.[410]

1. Schaffung normativer Grundlagen im materiellen Recht

So gibt es Stimmen in der italienischen Rechtslehre, die sich einer gesetzlichen Regelung von Verbandsklagebefugnissen gegenüber offen zeigen, diese jedoch in erster Linie befürworten, soweit sie sich auf einzelne Ausschnitte des materiellen Rechts beschränkt und nur in bestimmten eingrenzbaren Fällen Verbandsklagebefugnisse zur Geltendmachung kollektiver Interessen zulässt.[411] So sollte im Rahmen einzelner materiellrechtlicher Regelungsbereiche eine Klagebefugnis für Verbände und andere gruppenartige Zusammenschlüsse eingeführt werden, das zivilprozessuale Verfahren im Übrigen jedoch unangetastet bleiben. Eine entsprechende, am Einzelfall orientierte Schaffung von Verbandsklagebefugnissen sei in diesem Zusammenhang insbesondere durch flexible, aus der jeweiligen Situation geborene „ad hoc“ – Regelungen vorstellbar.[412]

2. Kombination von Rechtskrafterstreckung und adäquater Repräsentanz der vertretenen Interessen

a) Rechtskrafterstreckung

Mit einer Kombination aus einer entsprechenden Anwendung bereits bestehender Strukturen und dem zusätzlichen Kriterium der Repräsentativität versucht eine weitere Ansicht Grundlagen von Klagebefugnissen zur Durchsetzung von

---

[410] Eine Übersicht und Kommentierung einiger der vorgeschlagenen Möglichkeiten findet sich bei *Caravita*, riv. crit. dir. priv. 1985, 31 ff. (53 ff.).

[411] *Capponi*, Foro it. 1994, IV, 439 ff. (448); *Caravita*, riv. crit. dir. priv. 1985, 31 ff. (53 ff.), der diese Möglichkeit theoretisch in Erwägung zieht, sich im Ergebnis jedoch für eine komplette Umstrukturierung des Prozessrechts entscheidet.

[412] *Caravita*, riv. crit. dir. priv. 1985, 31 ff. (54 f.).

Kollektivinteressen zu skizzieren.[413] Ihren Ausgangspunkt findet diese Auffassung in der Feststellung, dass bei der prozessualen Geltendmachung von Kollektivinteressen die sonst aus dem Prozessrecht bekannte strenge Verknüpfung von substantieller Rechtsinhaberschaft und prozessualer Geltendmachung aus logischen und praktischen Erwägungen einen anderen Inhalt haben müsse, als herkömmlicher Weise vertreten.[414] Ein Festhalten an überkommenen Strukturen sei hier kontraproduktiv; sehr viel wichtiger sei, dass die Wahrnehmung kollektiver Interessen vor Gericht in effektiver Weise erfolge.[415] Effektivität könne durch eine Rechtskrafterstreckung der Urteilswirkungen erreicht werden.[416] Nach der die Rechtskraft eines Urteils regelnden Norm von Art. 2909 c. c. sind von den Wirkungen eines Urteils grundsätzlich nur die unmittelbar am Prozess Beteiligten betroffen.[417] Diese Regelung müsse bei der prozessualen Geltendmachung von Kollektivinteressen modifiziert werden: eine interessengerechte Lösung könne über eine Anwendung des Rechtsgedankens von Art. 1059 Abs. 2 c. c. erreicht werden.[418] Diese Norm[419] entstammt ursprünglich dem Regelungsbereich der freiwillig bestellten Dienstbarkeiten (servitù volontarie) und beschreibt

---

[413] *Taruffo*, in: Le azioni a tutela di interessi collettivi, S. 330 ff. (insbes. S. 333 f.) spricht sich für eine Rechtskrafterstreckung unter zahlreichen, den nicht am Verfahren beteiligten Dritten schützenden, Bedingungen aus, die er im Einzelnen darstellt.

[414] *Vigoriti*, Interessi collettivi e processo, S. 101 f.

[415] *Vigoriti*, Interessi collettivi e processo, S. 101 f.

[416] *Carpi*, S. 80.

[417] Art. 2909 c.c. besagt: „Der im Urteil enthaltene und in Rechtskraft erwachsene Ausspruch hat Wirkung zwischen den Parteien, ihren Erben oder Rechtsnachfolgern (L'accertamento contenuto nella sentenza passata in giudicato fa stato a ogni effetto tra le parti, i loro eredi o aventi causa)".

[418] *Vigoriti*, Interessi collettivi e processo, S. 102.

[419] Art. 1059 c. c. besagt: 1. Die von einem der Miteigentümer eines ungeteilten Grundstücks gewährte Dienstbarkeit ist nicht (wirksam) bestellt, solange nicht auch die anderen sie gemeinsam oder unabhängig voneinander gewährt haben (La servitù concessa da uno dei comproprietari di un fondo indiviso non è costituita se non quando gli altri l'hanno anch'essi concessa unitamente o separatamente.).
2. Die Gewährung jedoch, die von einem der Miteigentümer, unabhängig von den anderen, abgegeben wurde, verpflichtet den Gewährer und seine Erben oder Rechtsnachfolger der Ausübung des gewährten Rechts keine Hindernisse zu bereiten (La concessione, però, fatta da uno dei comproprietari, indipendentemente dagli altri, obbliga il concedente e i suoi eredi o aventi causa a non porre impedimenti all'esercizio del diritto concesso.).

den Fall, dass nur einer der Miteigentümer eines Grundstücks eine Grunddienstbarkeit bestellt hat und diese Grunddienstbarkeit in Anspruch genommen wird. Auf prozessualer Ebene wird dieser Regelung der Inhalt beigemessen, dass das Urteil in einem Verfahren, an dem nicht alle am zugrunde liegenden Rechtsverhältnis Beteiligten teilgenommen haben, in seinen Wirkungen nicht auf die anwesenden Parteien begrenzt ist, sondern auch die anderen am zugrunde liegenden Rechtsverhältnis Beteiligten erfasst, soweit diese zustimmen oder zumindest nicht widersprechen.[420] Dieses Vorgehen ist insofern ungewöhnlich, als hier eine Form einer abgemilderten Rechtskrafterstreckung auf Fälle vertreten wird, in denen, prozessual gesehen notwendige Streitgenossenschaft vorliegt[421]. Dieses Vorgehen rechtfertige sich dadurch, dass auf diesem Wege effektive Interessendurchsetzung zu erreichen sei. Übertragen auf den Bereich der Wahrnehmung kollektiver Interessen hätte dies zur Konsequenz, dass durch eine Anwendung des – Rechtsgedankens des – Art. 1059 Abs. 2 c. c. die einzelnen Träger der kollektiven Interessen durch ausdrückliche oder konkludente Erklärung von den Rechtswirkungen des Urteils erfasst werden könnten. Gegen die Kritik, dass durch eine Erstreckung der Urteilswirkungen auf nicht am Verfahren beteiligte Dritte deren verfassungsrechtlich garantierte Rechte auf rechtliches Gehör und die Möglichkeit zur Verteidigung vor Gericht beschnitten werden,[422] wehren sich die Vertreter dieser Auffassung mit zwei Argumenten: zum Einen reichten die verfassungsrechtlichen Garantien immer nur soweit, als sie mit anderen schützenswerten Rechtspositionen zu vereinbaren seien, als also ein angemessener Ausgleich zwischen den verschiedenen Positionen gefunden werden müsse.[423] Zum Anderen stehe einer Verletzung verfassungsrechtlich gewährleisteter Rechtspositionen die Tatsache entgegen, dass die Möglichkeit zur Verteidigung

---

[420] *Vigoriti*, Interessi collettivi e processo, S. 102.
[421] *Vigoriti*, Interessi collettivi e processo, S. 102 f.
[422] Statt vieler: *Guercio/Mariani/Mazzacane/Virgilio*, Giust. civ. 1981, II, 465 ff. (470).
[423] In diesem Sinne auch *Carpi*, S. 312 ff.

und das rechtliche Gehör zwar nicht auf herkömmlichem – individuellen – Wege zur Verfügung gestellt würden; dass sie jedoch durch das Kriterium der adäquaten Repräsentanz in neuer Form zur Geltung gelangten.[424] Wesentlicher Vorteil dieser Schutzkonzeption kollektiver Interessen sei, dass sie sich zumindest in groben Zügen in das überkommene italienische Zivilverfahrensrecht einfüge und somit eine prozessuale Wahrnehmung kollektiver Interessen ohne eine aufwendige und langwierige Umgestaltung des gesamten Zivilverfahrens ermögliche.[425]

b) Adäquate Repräsentanz

Gerechtfertigt kann eine solche Erstreckung der Urteilswirkungen im Fortgang der dargestellten Argumentation aber nur dann sein, wenn sie der Prämisse unterliegt, dass eine Wahrnehmung der kollektiven Interessen im Prozess auch tatsächlich effektiv stattgefunden hat.

Deswegen plädiert die dargestellte Auffassung dafür, eine Erstreckung der Urteilswirkungen mit dem Kriterium der adäquaten prozessualen Repräsentanz der kollektiven Interessen[426] abzusichern. Denn es komme in Verfahren zur Wahrnehmung von kollektiven Interessen weniger darauf an, dass alle Rechtsinhaber vor Gericht auftreten könnten, als vielmehr darauf, dass eine effektive Interessenwahrnehmung garantiert sei.[427] Durch die Verbindung von Effektivität und Repräsentativität in der dargestellten Weise sei – den speziellen Umständen an-

---

[424] *Vigoriti*, Interessi collettivi e processo, S. 156 führt dazu aus, dass die in Art. 24 Abs. 1 Cost. verfassungsrechtlich verbürgte Rechtsschutzgarantie im Zusammenhang mit kollektiven Interessen eine andere Ausrichtung erfahren müsse; hier sei anders als bei der Einforderung individueller Interessen nicht die gleiche Schutzintensität erforderlich.

[425] Vgl. dazu auch *Zanuttigh*, Giur. it. 1980, II, 231 ff. (232); dies genau ist auch ein Argument dafür, dass das Prinzip der Repräsentativität der klagenden Einrichtung vom Gesetzgeber in späteren Regelungen der Verbandsklage tatsächlich zur Anwendung gebracht worden ist, vgl. unten § 4.

[426] *Vigoriti*, Interessi collettivi e processo, S. 103; vgl. auch *Sensale*, Giust. civ. 1983, 140 ff. (145) und *Caravita*, riv. crit. dir. priv. 1985, 31 ff. (40).

[427] *Vigoriti*, Interessi collettivi e processo, S. 101 f.

gemessener – wirksamer Rechtsschutz gewährleistet.[428] Denn Repräsentativität der klagenden Institution sei der Garant für eine effektive Interessenwahrnehmung im Prozess. Als Indizien für die Repräsentativität könnten insbesondere folgende Faktoren berücksichtigt werden:[429] die zahlenmäßige Größe der Vereinigung und die Eigenschaften der Mitglieder; weiterhin Alter und Erfahrung des Verbandes; schließlich die sozialen Ziele und die bisherigen Erfolge im Schutz der in Frage stehenden Interessen. Die Festlegung der Kriterien der adäquaten Repräsentanz im Einzelnen sollte dabei durch den Gesetzgeber erfolgen, da eine von gesetzlichen Grundlagen unabhängige Ermessensentscheidung durch den Richter im Einzelfall zu einer Inversion der Rollen von Legislative und Judikative führen würde.[430]

3. Schaffung normativer Grundlagen im Prozessrecht

Radikaler und sehr viel weit reichender im Vergleich zur gerade dargestellten Meinung mag die Auffassung erscheinen, nach der eine effektive auch prozessuale Durchsetzung kollektiver Interessen nur auf einer expliziten normativen Grundlage im Prozessrecht, die den notwendigen prozessualen Besonderheiten im Zusammenhang mit Kollektivinteressen Rechnung trage, gelingen könne.[431] Eine entsprechende Regelung müsste Aussagen über die Klagebefugnis, über die in Frage kommenden geltend zu machenden Interessen und über prozessuale Modalitäten und Besonderheiten, die der kollektiven Tragweite des Verfahrens

---

428 *Vigoriti*, Interessi collettivi e processo, S. 218.
429 *Vigoriti*, Interessi collettivi e processo, S. 170.
430 *Vigoriti*, Interessi collettivi e processo, S. 229 f.; als entscheidendes Kriterium bei der Geltendmachung von Kollektivinteressen betrachtet auch *Cappelletti*, riv. dir. proc. 1975, 361 ff. (399 ff.) und in: Le azioni a tutela di interessi collettivi, S. 199 ff., die Repräsentativität des Klägers. Er spricht sich jedoch dafür aus, dem im Einzelfall ersuchten Richter einen weiten Ermessensspielraum bei der Beurteilung des Vorliegens dieser Voraussetzung zu gewähren (S. 201 f.). Denn nur so seien sachgerechte Entscheidungen im Einzelfall möglich.
431 *Caravita*, riv. crit. dir. priv. 1985, 31 ff. (53 ff.); in diesem Sinne wohl auch *Guercio/Mariani/Mazzacane/Virgilio*, Giust. civ. 1981, II, 465 ff. (470).

gerecht würden, treffen.[432] Am besten sollten gleichzeitig alle betroffenen Verfahrensordnungen, also das Zivil-, Straf- und verwaltungsrechtliche Verfahren, angepasst und vereinheitlicht werden,[433] da nur so wirklich umfassender Schutz gewährleistet sei. Trotz dieser angestrebten umfassenden Regelungsinhalte sei im Zuge dieser Umgestaltungen richterliche Rechtsfortbildung und richterlich ausgeübtes Ermessen unverzichtbar, da eine gesetzliche Regelung jedes Einzelfalles im prozessrechtlichen Bereich un-möglich sei.[434]

4. Eigene Verfahrensordnung

Noch weiter geht eine letzte Ansicht, die eine prozessrechtliche Grundlage für die Wahrnehmung von Kollektivinteressen für unabdingbar hält, sich gleichzeitig jedoch gegen eine Verankerung dieser neuen Normen unter den allgemeinen zivilprozessualen Grundlagen ausspricht. So ist nach dieser Auffassung der beste Weg, kollektiven Interessen auf prozessualer Ebene zu begegnen, diese unter eine eigene Verfahrensordnung zu unterstellen;[435] also eine spezielle Verfahrensordnung für Verfahren zur Wahrnehmung kollektiver Rechtspositionen zu schaffen.[436] Diese spezielle Verfahrensordnung müsste die prozessrechtlichen Strukturen entsprechend den Anforderungen kollektiver Verfahren modifizieren, um eine effiziente Behandlung kollektiver Interessen auf prozessualer Ebene zu ermöglichen, die im Rahmen des geltenden Prozessrechts nicht gewährleistet sei.[437]

---

[432] *Caravita*, riv. crit. dir. priv. 1985, 31 ff. (54).
[433] *Caravita*, riv. crit. dir. priv. 1985, 31 ff. (54).
[434] *Caravita*, riv. crit. dir. priv. 1985, 31 ff. (54).
[435] *Vigoriti*, Giust. civ. 1982, II, 421 ff. (422).
[436] *Vigoriti*, Giust. civ. 1982, II, 421 ff. (422 ff.) mit konkreten Formulierungsvorschlägen für die neue Verfahrensordnung.
[437] *Vigoriti*, Giust. civ. 1982, II, 421 ff. (422).

5. Stellungnahme

Die Frage, wie normative Grundlagen beschaffen sein müssen, um eine effektive Wahrnehmung kollektiver Interessen zu ermöglichen, kann nicht rein theoretisch beantwortet werden; sie ist in erster Linie auch eine Frage der praktischen Umsetzung eines Schutzkonzepts. Ist der Entwurf einer eigenen Verfahrensordnung für Klagen zum Schutz kollektiver Interessen auf lange Sicht wünschenswert, ist er gleichwohl aktuell nicht geeignet, die Klagen von Verbänden zum Schutz kollektiver Interessen im bestehenden Prozessgefüge zu ermöglichen. Realistischer ist, den Schutz kollektiver Interessen durch den Entwurf einer Verbandsklage auf der Grundlage materiellrechtlicher und prozessrechtlicher Regelungen in Teilbereichen voranzutreiben, um die praktischen Erfahrungen später gesetzlich zu vereinheitlichen. Dementsprechend sind Rechtsprechung und Gesetzgebung verfahren.

C Rechtsprechung

I. Traditionelle Rechtsprechung

Wie bereits dargestellt worden ist[438], ist das italienische Verfahrensrecht von einer sehr strengen Anbindung von substantieller Rechtsinhaberschaft und daraus folgender Ermächtigung zur prozessualen Geltendmachung der Rechtsposition geprägt. Die Anforderungen an das Vorliegen einer schützenswerten substantiellen Rechtsposition ihrerseits sind darauf ausgerichtet, eine personalisierte und differenzierte Stellung des Klägers vorzufinden, die gerade ihn zur Klage berechtigt. Auf der Grundlage dieser dargestellten gewachsenen Grundsätze mag es nicht verwundern, dass die Rechtsprechung der italienischen (Ober)Gerichte den Klagen von Verbänden zum Schutz von Kollektivinteressen zunächst lange ablehnend gegenüber gestanden hat und sie mangels einer zugrunde liegenden differenzierenden und somit berechtigenden Rechtsposition

---

[438] vgl. oben § 1 B.

als innerhalb der bestehenden Prozesssituation unzulässig abgewiesen hat.[439] Die Verteidigung kollektiver Interessen durch einen Verband füge sich in die bestehenden prozessualen Strukturen nicht ein und sei aus diesem Grunde nicht möglich.

II. Entscheidung Nr. 253 vom 9. März 1973[440] des Staatsrates

Vor diesem Hintergrund kommt der Entscheidung des Consiglio di Stato (Staatsrat)[441] vom 9. März 1973 die Bedeutung eines ersten bedeutenden Meilensteins in der Entwicklung von Klagebefugnissen zu Wahrnehmung kollektiver Interessen durch die Rechtsprechung zu.[442] So ist hier zum ersten Mal von einem obersten italienischen Gericht einem Verband Klagebefugnis zur Wahrnehmung eines öffentlichen, weit verbreiteten Interesses (interesse pubblico diffuso)[443] zuerkannt worden. Ist diese Entscheidung auch auf dem Gebiet des Verwaltungsrechts ergangen, so hat sie dennoch allgemeine Bedeutung und bietet zahlreiche wichtige Anhaltspunkte auch im Hinblick auf eine zivilrechtliche Beurteilung ähnlich gelagerter Fälle. Die Entscheidung hat die Entwicklung von Verbandsklagebefugnissen im italienischen Recht maßgebend beeinflusst und die Diskussion über Klagebefugnisse zum Schutz von Kollektivinteressen in allen Bereichen des Prozessrechtes neu entfacht.[444]

---

[439] *Romano*, Foro it. 1974, III, 34; *Zanuttigh*, Foro it. 1974, III, 34 f. mit zahlreichen Beispielen aus der Rechtsprechung; *Vigoriti*, Giur. it. 1980, IV, 305.

[440] *Consiglio di Stato*, Sezione V, decisione 9 marzo 1973, n. 253, Il Foro italiano 1974, III, 33 ff.

[441] Der Consiglio di Stato stellt das oberste italienische Gericht auf dem Bereich des Verwaltungsrechtes dar (il supremo giudice amministrativo); in Deutschland entspricht diesem Gericht das Bundesverwaltungsgericht.

[442] *Zanuttigh*, Foro it. 1974, III, 34.

[443] *Consiglio di Stato*, Sezione V, decisione 9 marzo 1973, n. 253, Il Foro italiano 1974, III, 33 f. (34): Leitsatz der Entscheidung.

[444] Vgl. nur den Konvent von Pavia, 11. – 12. Juni 1974 zum Thema „Klagen zum Schutz von Kollektivinteressen (Le azioni a tutela di interessi collettivi)“ und den Konvent von Salerno, 22. – 25. Mai 1975 zum Thema „Der Schutz diffuser Interessen im Rechtsvergleich (La tutela degli interessi diffusi nel diritto comparato)“, die beide im Zuge der Diskussion über die hier

1. Zugrunde liegender Sachverhalt

Der Staatsrat hatte in dieser Entscheidung über eine von „Italia nostra“ erhobene Klage zu befinden, mit der diese Organisation gegen einen Beschluss des Verwaltungsausschusses der Provinz Trento vorgehen wollte, der Bauarbeiten zur Verlegung einer Strasse in einem öffentlichen Naherholungsgebiet genehmigt hatte. Bei „Italia nostra“ handelt es sich um einen rechtsfähigen Verein, der sich in seinen Statuten den Schutz des kulturellen, historischen und natürlichen Erbes Italiens zur Aufgabe gemacht hat.[445]

2. Entscheidungsgründe

Der Staatsrat kommt in seiner Entscheidung zu dem Ergebnis, dass die von „Italia nostra“ erhobene Klage zulässig ist. Ausgehend von seiner traditionellen Rechtsprechung verlangt er eine der Klage zugrunde liegende Beeinträchtigung einer besonderen subjektiven Rechtsposition, die die Befugnis zur gerichtlichen Geltendmachung durch den Verein rechtfertigen könnte.[446] Eine solche differenzierende Rechtsposition glaubt das Gericht in der Kombination aus den Vereinsstatuten – die ausdrücklich auch den juristischen Schutz des kulturellen und natürlichen Erbes des Landes Italien im Wege des Einsatzes für die Einhaltung der bestehenden gesetzlichen Vorschriften erwähnen - und dem tatsächlich erfolgten engagierten Eintreten des Vereins für diese Ziele zu erkennen.[447] Das Gericht misst dabei der Tatsache, dass es sich bei „Italia nostra“ um einen rechtsfähigen Verein handelt, besondere Bedeutung bei, da sich daraus ergeben würde,

---

dargestellte Entscheidung zustande gekommen sind und von denen der erste sogar in Zusammenarbeit mit „Italia nostra“ initiiert wurde.

[445] *Consiglio di Stato*, Sezione V, decisione 9 marzo 1973, n. 253, Il Foro italiano 1974, III, 33 ff. (44).

[446] *Consiglio di Stato*, Sezione V, decisione 9 marzo 1973, n. 253, Il Foro italiano 1974, III, 33 ff. (44).

[447] *Consiglio di Stato*, Sezione V, decisione 9 marzo 1973, n. 253, Il Foro italiano 1974, III, 33 ff. (44 f.).

dass die Vereinsstatuten staatlich gebilligt worden seien[448], die Konstituierung und der Einsatz des Vereines für die in den Statuten umschriebenen Ziele also öffentlich anerkannt worden seien. Das Auftreten vor Gericht zum Schutze der in den Statuten festgelegten Ziele sei aus diesem Grunde ein adäquates und legitimes Mittel zur Durchsetzung dieser Vorgaben.[449] Diese Umstände würden „Italia nostra“ in eine gegenüber den anderen Bürgern differenzierte Rechtsposition versetzen, da jene außer der allgemeinen Zugehörigkeit zu der Gesamtheit aller Bürger keine entsprechende Stellung für sich in Anspruch nehmen könnten.[450] Aus dem Zusammenspiel aller dieser Faktoren ergebe sich in diesem Fall die Befugnis zur Klage von „Italia nostra“.[451]

3. Beurteilung

Die Entscheidung des Staatsrates ist in der italienischen Rechtslehre aufgrund ihres Ergebnisses sehr begrüßt, aufgrund der zugrunde liegenden Überlegungen und Entscheidungsgründe jedoch auch heftig kritisiert worden. So wurde fast einhellig mit Genugtuung zur Kenntnis genommen,[452] dass der Staatsrat mit dieser Entscheidung endlich den sich verändernden Realitäten Rechnung getragen habe und auch die Möglichkeit des gerichtlichen Schutzes der Natur der geltend gemachten Interessen angepasst habe.[453] So bringe der Staatsrat in dieser Entscheidung zum Ausdruck, dass er von der bisherigen strengen Verknüpfung von der Inhaberschaft einer individuellen und differenzierenden Rechtsposition und deren prozessualer Geltendmachung allein durch den Inhaber zumindest inso-

---

[448] *Consiglio di Stato*, Sezione V, decisione 9 marzo 1973, n. 253, Il Foro italiano 1974, III, 33 ff. (44).
[449] *Consiglio di Stato*, Sezione V, decisione 9 marzo 1973, n. 253, Il Foro italiano 1974, III, 33 ff. (44 f.).
[450] *Consiglio di Stato*, Sezione V, decisione 9 marzo 1973, n. 253, Il Foro italiano 1974, III, 33 ff. (45).
[451] *Consiglio di Stato*, Sezione V, decisione 9 marzo 1973, n. 253, Il Foro italiano 1974, III, 33 ff. (45).
[452] *Romano*, Foro it. 1974, III, 33; *Zanuttigh*, Foro it. 1974, III, 33 ff. (37).
[453] *Zanuttigh*, Foro it. 1974, III, 33 ff. (37).

weit abgerückt sei, als er zum Prozess auch Rechtspositionen, die nicht ausschließlich individuell zurechenbar seien, sondern vielmehr an ein allgemeines öffentliches Interesse heranreichten, zuließe.[454] Es werde zum ersten Mal deutlich, dass auch ein überindividuelles Interesse Gegenstand eines Verfahrens sein könne; dies allerdings nur, soweit sich ein im Hinblick auf dieses Interesse besonders qualifizierter Träger finde.[455]

Genau an diesem Punkt knüpft die Kritik der italienischen Rechtslehre an. Diese erblickt in der Zulassung eines überindividuellen Interesses zum Prozessgegenstand und dem gleichzeitigen Versuch, dieses überindividuelle Interesse an ein besonders qualifiziertes Individuum als rechtmäßigen Kläger zuzuordnen, einen logischen Widerspruch.[456]

Denn, wenn es sich bei dem geltend gemachten Interesse tatsächlich um ein Interesse handele, das öffentlich im Sinne von die Mehrheit der Bürger betreffend und damit nicht mehr rein individuell zurechenbar sei, dann könne dieses auch nicht unter Zugrundelegung von bestimmten Vereinsstatuten zum individuellen Interesse werden; möglich sei allenfalls, dass sich aufgrund der Vereinsstatuten eine besondere Ernsthaftigkeit und Aufmerksamkeit des Vereines im Hinblick auf die Durchsetzung der in Frage stehenden Interessen ergebe; eine Individualisierung des Interesses selbst sei jedoch auf diese Weise nicht möglich.[457]

Die Kritik der italienischen Rechtslehre bündelt in der Aussage, dass der Staatsrat, um an den überkommenen Kriterien zur Bestimmung der Klagebefugten festhalten zu können, mit Vehemenz ein personalisiertes und differenziertes Interesse in der Person des Klägers auszumachen versuche, obwohl eindeutig sei, dass es letztlich nicht darum gehe, dass „Italia nostra“ Inhaber, sondern vielmehr

---

[454] *Zanuttigh*, Foro it. 1974, III, 33 ff. (38).
[455] *Zanuttigh*, Foro it. 1974, III, 33 ff. (38).
[456] *Zanuttigh*, Foro it. 1974, III, 33 ff. (38 f.).
[457] *Zanuttigh*, Foro it. 1974, III, 33 ff. (39).

angemessener Repräsentant der geltend gemachten Interessen sei.[458] Ein zweiter Punkt, der an der ergangenen Entscheidung heftig bemängelt worden ist, ist die große Bedeutung, die der Staatsrat dem Umstand beimisst, dass es sich bei der klagenden Organisation um einen rechtsfähigen Verein handelt, dessen Statuten im Hinblick auf eine Zuerkennung der Klagebefugnis große Wichtigkeit erlangen.[459] Denn, so wird vorgetragen, es könne im Hinblick auf die Schutzwürdigkeit und Schutzbedürftigkeit der prozessual eingeforderten Interessen keinen Unterschied machen, ob sich die Befugnis des Klägers zu ihrer Geltendmachung aus einem öffentlich gebilligten Statut oder allein aus den tatsächlichen Gegebenheiten ergebe.[460] Ob eine öffentliche Billigung stattgefunden habe, sei zu sehr von Zufällen abhängig, als dass diesem Umstand entscheidende Bedeutung zukommen könne.

III. Aufhebung des Urteils durch den Kassationsgerichtshof

Die auf die Entscheidung des Staatrates gegründete Hoffnung der italienischen Rechtslehre, dass endlich auch in der prozessualen Realität den sich auf gesellschaftlicher Ebene ergebenden Veränderungen Rechnung getragen würde, sollte schon bald herb enttäuscht werden.

1. Entscheidungstenor

„Die Klage des Vereines „Italia nostra“ vor dem Staatsrat ist wegen völligen Fehlens der Gerichtsbarkeit unzulässig...“[461] , so lautet das vernichtende Urteil

---

[458] *Zanuttigh*, Foro it. 1974, III, 33 ff. (38 ff.); *Vigoriti*, Giur. it. 1980, IV, 305; *Vigoriti*, Interessi collettivi e processo, S. 214 f.

[459] *Vigoriti*, Giur. it. 1980, IV, 305.

[460] *Vigoriti*, Interessi collettivi e processo, S. 212 ff.

[461] „È improponibile, per difetto assoluto di giurisdizione, il ricorso al Consiglio di Stato dell'associazione „Italia Nostra...“. So der Leitsatz der Entscheidung Nr. 2207 vom 8. Mai 1978 der Vereinigten Zivilsenate des Kassationsgerichtshofes, *Corte di Cassazione*, Sezioni unite civili, sentenza 8 maggio 1978, n. 2207, Il Foro Italiano 1978, I, 1090 ff.

des in nächster Instanz berufenen Kassationsgerichtshofes[462]. Mit anderen Worten: das Gericht kommt zu dem Ergebnis, dass in dem von „Italia nostra" angestrengten Verfahren von keinem italienischen Gericht in der Sache eine Entscheidung getroffen werden dürfe, da für die eingebrachte Klage ein Rechtsweg zu den Gerichten nicht eröffnet sei.

2. Entscheidungsgründe

Der Weg, auf dem der Kassationsgerichtshof zu diesem Ergebnis gelangt, zeichnet sich in groben Linien folgendermaßen: ausgehend von der Feststellung, dass es sich bei den vor Gericht geltend gemachten Interessen um diffuse und somit allen Bürgern gleichermaßen zu Teil werdende Interessen handele,[463] sieht der Kassationsgerichtshof theoretisch zwei Möglichkeiten,[464] diesen Interessen zu gerichtlichem Schutz zu verhelfen: die drastischere der beiden Möglichkeiten bestünde darin, den Begriff des verfassungsrechtlich geschützten – aber vom Gesetz nicht genauer definierten - „interesse legittimo" so großzügig zu interpretieren, dass unter ihn auch diffuse Interessen zu fassen seien; zum anderen bestünde die – moderatere - Möglichkeit, in jedem konkreten Einzelfall zu untersuchen, ob Anhaltspunkte dafür bestünden, dass Gesichtspunkte vorhanden sind, die in diesem speziellen Fall eine Rückführung des diffusen Interesses auf die traditionelle Rechtsfigur des „interesse legittimo" erlaubten, mit der Folge, dass gerichtlicher Schutz möglich sei. Ein Vorgehen im Sinne der ersten der beschriebenen Möglichkeiten schließt der Kassationsgerichtshof praktisch jedoch von vorneherein aus[465]: Kennzeichen des „interesse legittimo" sei die besondere, personalisierte und differenzierte Position des Trägers, die ihn im Verhältnis zu

---

[462] Dem italienischen Kassationsgerichtshof entspricht in Deutschland der Bundesgerichtshof.
[463] *Corte di Cassazione*, Sezioni unite civili, sentenza 8 maggio 1978, n. 2207, Il Foro italiano 1978, I, 1090 ff. (1092).
[464] *Corte di Cassazione*, Sezioni unite civili, sentenza 8 maggio 1978, n. 2207, Il Foro italiano 1978, I, 1090 ff. (1093).
[465] *Corte di Cassazione*, Sezioni unite civili, sentenza 8 maggio 1978, n. 2207, Il Foro italiano 1978, I, 1090 ff. (1093).

den anderen Bürgern auszeichnen und zur Klage berechtigen würde.[466] Mit einem solchen Verständnis des „interesse legittimo" stünden Interessen, die gerade nicht personalisiert und differenziert seien, offensichtlich in Konflikt[467]; die inhaltliche Erweiterung des Begriffs der kollektiven Interessen sei zudem auch mit der aus dem traditionellen Verständnis resultierenden Konzeption des Prozesses als Wahrnehmung und Durchsetzung individueller Rechte nicht zu vereinbaren.[468] Als weiteres Argument führt der Kassationsgerichtshof an, dass sich aus dem Wortlaut der Regelung des Art. 26 der Verfahrensordnung des Staatsrates[469] ergeben würde, dass dem „interesse legittimo" nur in seiner individuellen, nicht aber in einer kollektiven Ausprägung gerichtlicher Schutz zu Teil werden würde.[470] Dies werde auch daran deutlich, dass immer dann, wenn der Schutz von Kollektivinteressen bezweckt worden sei, ein explizites Einschreiten des Gesetzgebers vonnöten gewesen sei.[471] Nur durch ein solches ausdrückliches Tätigwerden sei letztlich auch zu vermeiden, dass die Judikative durch eigenständige - zu weite – Interpretationen gesetzlicher Vorgaben Aufgabenbereiche der Legislative übernähme.[472] Zudem würde ein Ausdehnung des Begriffes des „interesse legittimo" im dargestellten Sinne in letzter Konsequenz bedeuten,

---

[466] *Corte di Cassazione*, Sezioni unite civili, sentenza 8 maggio 1978, n. 2207, Il Foro italiano 1978, I, 1090 ff. (1093).
[467] *Corte di Cassazione*, Sezioni unite civili, sentenza 8 maggio 1978, n. 2207, Il Foro italiano 1978, I, 1090 ff. (1093).
[468] *Corte di Cassazione*, Sezioni unite civili, sentenza 8 maggio 1978, n. 2207, Il Foro italiano 1978, I, 1090 ff. (1094).
[469] Art. 26 Regio decreto 26 giugno 1924, n. 1054. Dabei handelt es sich um die Vorschriften, die das Verfahren vor dem Staatsrat regeln. Art. 26 sieht insoweit vor, dass der Staatsrat für die Rechtsprechung über Verwaltungshandeln, das „ein Interesse von Individuen oder rechtsfähigen Idealvereinigungen (un interesse di individui o di enti morali giuridici)" zum Gegenstand hat, zuständig ist.
[470] *Corte di Cassazione*, Sezioni unite civili, sentenza 8 maggio 1978, n. 2207, Il Foro italiano 1978, I, 1090 ff. (1094).
[471] *Corte di Cassazione*, Sezioni unite civili, sentenza 8 maggio 1978, n. 2207, Il Foro italiano 1978, I, 1090 ff. (1095) mit einigen Beispielen aus der Gesetzgebung.
[472] *Corte di Cassazione*, Sezioni unite civili, sentenza 8 maggio 1978, n. 2207, Il Foro italiano 1978, I, 1090 ff. (1095).

dass der Popularklage Tür und Tor geöffnet würden, da letztlich jeder Bürger Träger des „legitimierenden" diffusen Interesses sei.[473]
Im Ergebnis lehnt der Kassationsgerichtshof eine Ausweitung des Begriffes des „interesse legittimo" aus den dargestellten Gründen somit ab. Er versucht vielmehr, auf dem zweiten der oben angesprochenen Wege zum Ziel zu kommen. Ausgehend von dem Begriff des „interesse legittimo" in seinem herkömmlichen Verständnis, besteht für die Geltendmachung von Kollektivinteressen im Prozess nach Auffassung des Kassationsgerichtshofes dann Raum, wenn in dem Träger eines diffusen Interesses ein differenzierendes Kriterium ausgemacht werden könne, das das diffuse zum berechtigenden Interesse (interesse legittimo) erhebt.[474] Kriterien, die das diffuse zu einem berechtigenden Interesse verdichten können, könnten sich dabei aus den den schützenswerten Interessen zugrunde liegenden Normen oder Regelungszusammenhängen ergeben; sie könnten etwa in einem speziellen Status, einer bestimmten Eigenschaft oder Situation des Interessenträgers bestehen.[475] Bei der Feststellung, ob eine Verdichtung des diffusen zum berechtigenden Interesse in diesem Sinne vorliegt, sei strikt auf die Person des einzelnen Interessenträgers und nicht auf die differenzierende Situation als solche abzustellen;[476] denn ein Abstellen auf die Situation als solche hätte zur Folge, dass sich die „Differenzierung" auf alle Interessenträger erstrecken würde und somit gerade keine individualisierende und differenzierende, zur Klage berechtigende Rechtsstellung bewirkt werde.[477] Der Kassationsgerichtshof führt seine Argumentation mit einer kurzen Darstellung einer

---

[473] *Corte di Cassazione*, Sezioni unite civili, sentenza 8 maggio 1978, n. 2207, Il Foro italiano 1978, I, 1090 ff. (1094).
[474] *Corte di Cassazione*, Sezioni unite civili, sentenza 8 maggio 1978, n. 2207, Il Foro italiano 1978, I, 1090 ff. (1095 f.); dazu auch *Piga*, Giust. civ. 1980, I, 703 ff. (706 f.).
[475] *Corte di Cassazione*, Sezioni unite civili, sentenza 8 maggio 1978, n. 2207, Il Foro italiano 1978, I, 1090 ff. (1096).
[476] *Corte di Cassazione*, Sezioni unite civili, sentenza 8 maggio 1978, n. 2207, Il Foro italiano 1978, I, 1090 ff. (1096).
[477] *Corte di Cassazione*, Sezioni unite civili, sentenza 8 maggio 1978, n. 2207, Il Foro italiano 1978, I, 1090 ff. (1096).

eigenen Entscheidung fort, in der einer Gruppierung ein „interesse legittimo" zuerkannt worden sei: Kennzeichen dieser Entscheidung sei gewesen, dass es sich um eine Situationen gehandelt habe, in der es um Interessen einer Gruppe gegangen sei, die gut einzugrenzen und von der Gesamtheit der Bürger abzugrenzen gewesen seien.[478] Dieser Sachverhalt sei mit dem vorliegenden nicht zu vergleichen, da hier die Interessenträger mit der Gesamtheit der Bürger zusammenfielen und sich von dieser nicht unterscheiden ließen.[479] Aus diesen Gründen kommt der Kassationsgerichtshof zu dem Ergebnis, dass „Italia nostra" im Hinblick auf das in ihren Statuten umschriebene und von ihr verfolgte Ziel des Bemühens um die Anwendung der bestehenden Gesetze, lediglich über eine rein ideologische Verbindung mit dem entsprechenden allgemeinen öffentlichen Interesse verfüge; nicht aber über eine auf juristischer Ebene relevante Position, die das geltend gemachte Interesse zum „interesse legittimo" erheben und die Organisation zur Klage befugen könnte.[480]

Auch aus dem vom Staatsrat so betonten Gesichtspunkt der erfolgten staatlichen Anerkennung des privatrechtlichen Vereines könne sich nichts anderes ergeben. Denn allein durch die staatliche Anerkennung entstünde bei dem betroffenen Rechtsträger keine für die Bejahung eines „interesse legittimo" ausreichende differenzierende Rechtsposition.[481] Die staatliche Anerkennung der Vereinsstatuten habe in erster Linie die Rechtsfähigkeit der privatrechtlichen Vereinigung

[478] *Corte di Cassazione*, Sezioni unite civili, sentenza 8 maggio 1978, n. 2207, Il Foro italiano 1978, I, 1090 ff. (1097); die angesprochene Entscheidung betraf die Klage von Hafennutzern gegen ministeriell angeordnete Gebührenerhöhungen, wobei die Kläger an den Verhandlungen zur Gebührenfestsetzung beteiligt und darüber hinaus mit der Anstellung von Personal zu den ausgehandelten Bedingungen beauftragt waren.

[479] *Corte di Cassazione*, Sezioni unite civili, sentenza 8 maggio 1978, n. 2207, Il Foro italiano 1978, I, 1090 ff. (1097).

[480] *Corte di Cassazione*, Sezioni unite civili, sentenza 8 maggio 1978, n. 2207, Il Foro italiano 1978, I, 1090 ff. (1097); zustimmend im Hinblick auf die Anwendung bestimmter Klagekriterien, das Ergebnis der Entscheidung jedoch ablehnend *Zanuttigh*, Foro it. 1979, I, 167 ff. (174 ff.).

[481] *Corte di Cassazione*, Sezioni unite civili, sentenza 8 maggio 1978, n. 2207, Il Foro italiano 1978, I, 1090 ff. (1097).

zur Folge; das in den Statuten niedergelegte und umschriebene Ziel der Vereinigung würde durch den formalen Akt der staatlichen Anerkennung darüber hinaus nicht der juristischen Person im Sinne einer ausschließlichen Rechtsträgerschaft zugeschrieben; es fände vielmehr lediglich eine generelle Billigung der Vereinsstatuten ohne, über die Verleihung der Rechtsfähigkeit hinausgehende, weitere juristische Konsequenzen statt; eine Zuerkennung einer besonderen Wahrnehmungsbefugnis im Hinblick auf die in Frage stehenden Interessen sei nicht gegeben.[482] Als abschließendes Argument führt der Kassationsgerichtshof aus, dass die Zuerkennung der Klagebefugnis an eine Vereinigung wie „Italia nostra“ die nicht zu tolerierende Konsequenz haben könnte, dass verschiedene Vereine mit möglicherweise widerstreitenden Interessen sich auf gerichtlicher Ebene gegenseitig lähmten und behindern würden, was angesichts fehlender entsprechender gesetzlicher Regelungen nicht zu verhindern wäre.[483]

3. Beurteilung durch die Rechtswissenschaft

Den in der italienischen Rechtswissenschaft angesichts der Entscheidung des Staatrates zunächst laut gewordenen hoffnungsfrohen Stimmen wurde durch diese Entscheidung ein erheblicher Dämpfer aufgesetzt. Abgesehen von der von sehr konservativen Zügen geprägten Argumentation[484], wurde die Entscheidung in der Sache als wenig tiefgehend und an vielen Stellen zu oberflächlich kritisiert.[485] Insbesondere im Hinblick darauf, dass sich der Kassationsgerichtshof weigere, auch die diffusen Interessen unter den Begriff des „interesse legittimo“ zu subsumieren, handele es sich um eine politische, von überkommenen Befürchtungen der Gewaltenvermischung geprägte, denn um eine logisch gebotene

---

[482] *Corte di Cassazione*, Sezioni unite civili; sentenza 8 maggio 1978, n. 2207, Il Foro italiano 1978, I, 1090 ff. (1097).
[483] *Corte di Cassazione*, Sezioni unite civili, sentenza 8 maggio 1978, n. 2207, Il Foro italiano 1978, I, 1090 ff. (1098).
[484] *Zanuttigh*, Foro it. 1979, I, 167 ff. (171).
[485] *Zanuttigh*, Foro it. 1979, I, 167 ff. (171 f.).

Entscheidung.[486] Angesichts der Tatsache, dass keine speziellen Regelungen zur Durchsetzung kollektiver Interessen zur Verfügung stünden und ein Tätigwerden des Gesetzgebers nicht zu erwarten sei, stelle sich deren Wahrnehmung und Durchsetzung im Prozess als einzig mögliches Schutzmittel dar.[487] Grundvoraussetzung dafür sei aber eine Überwindung des traditionellen Verständnisses des Begriffs des „interesse legittimo"; von untergerichtlicher Rechtsprechung und Lehre seien zahlreiche Möglichkeiten zum Umgang mit dem Phänomen der diffusen Interessen auf prozessualer Ebene gemacht worden,[488] allein der Kassationsgerichtshof sei nicht willens, sich mit diesen Möglichkeiten ernsthaft auseinanderzusetzen. Ausgehend von und verharrend an dem traditionellen Verständnis des „interesse legittimo" als individuelle, ausschließliche und von anderen Rechtsträgern abgrenzbare Rechtsposition und gleichzeitig das diffuse Interesse als einer zahlenmäßig nicht eingrenzbaren Personenmehrheit zurechenbar definierend, müsse der Kassationsgerichtshof ohne Weiteres zu einer Unvereinbarkeit der beiden Institute nach bestehendem Recht kommen und auf ein notwendiges Einschreiten des Gesetzgebers verweisen.[489] Eine entsprechende Interpretation sei aber – entgegen der Auffassung des Kassationsgerichtshofes – auch nicht unter Hinweis auf Art. 26 der Verfahrensordnung des Staatsrates zu rechtfertigen. Denn diese Regelung schließe aufgrund ihres Wortlauts soziale Zusammenschlüsse, und damit eine überindividuelle Dimension gerade ein.[490]

Zusammenfassend lässt sich feststellen, dass die Kritik der italienischen Rechtslehre sich in erster Linie darauf richtet, dass die gesamte Argumentation des

---

[486] *Zanuttigh*, Foro it. 1979, I, 167 ff. (172; 174).

[487] *Zanuttigh*, Foro it. 1979, I, 167 ff. (173).

[488] *Zanuttigh*, Foro it. 1979, I, 167 ff. (174 f.), wo sie einige dieser Möglichkeiten auf dem Gebiet des Verwaltungsrechtes kurz anspricht; a. A. *Vigoriti*, Giur. it. 1980, IV, 305 ff. (307), der die Auffassung vertritt, dass sich der Kassationsgerichtshof lediglich die in der Rechtslehre vorherrschende Auffassung zueigen gemacht habe und die geäußerte Kritik aus diesem Grunde für nicht gerechtfertigt hält.

[489] *Zanuttigh*, Foro it. 1979, I, 167 ff. (176 f.); *Vigoriti*, Giur. it. 1980, IV, 305 ff. (307).

[490] *Zanuttigh*, Foro it. 1979, I, 167 ff. (178 f.).

Verfassungsgerichtshofes von vornherein darauf ausgerichtet sei, die Bedeutung der Tätigkeit von sozialen Zusammenschlüssen und Gruppen für die Durchsetzung von diffusen Interessen im Hinblick auf eine generelle Verstärkung des effektiven Schutzes dieser Interessen herunterzuspielen und zu verschleiern.[491] Das in der Entscheidung gezeichnete Bild der in der Gesellschaft vorhandenen Interessenkonflikte und die damit in Zusammenhang stehende Rolle und Aufgabe der Richter entspräche nicht mehr den sozialen Realitäten; die Interessenkonflikte würden sich konstant verlagern und dem folgend würden sich auch die Anforderungen an die Berufsgruppe der Richter verändern: die Rolle des Garanten subjektiver Rechte trete in den Hintergrund, die des Mediators zwischen verschiedenen Interessengruppen gewinne an Bedeutung.[492] Diesen gesellschaftlichen Realitäten sich zu stellen, habe der Kassationsgerichthof mit dieser Entscheidung versäumt.[493]

IV. Weitere Stellungnahmen der Rechtsprechung[494]

1. Entscheidungen des Kassationsgerichtshofes vom 9. März und 6. Oktober 1979[495]

Selbst das oberste Italienische Zivilgericht sah sich zu einem einheitlichen Umgang mit der Problematik der gerichtlichen Geltendmachung von kollektiven Interessen durch Verbände nicht im Stande. Dies wird an zwei weiteren Entscheidungen der Vereinigten Senate des Kassationsgerichtshofes aus dem Jahre 1979 deutlich. Darin kommt das Gericht nur ein Jahr nach seinem vernichtenden

---

491 *Zanuttigh*, Foro it. 1979, I, 167 ff. (177 f.).
492 *Zanuttigh*, Foro it. 1979, I, 167 ff. (180).
493 *Zanuttigh*, Foro it. 1979, I, 167 ff. (180).
494 Im Folgenden kann nur eine kleine Auswahl aus den zahlreichen Beiträgen der Rechtsprechung dargestellt werden. Zur ausführlicheren Erörterung sei auf *Vigoriti*, Giur. it. 1980, IV, 305 ff.; *Rapisarda*, Foro it. 1982, V, 85 ff. und *Tarzia*, riv. dir. proc. 1987, 774 ff. verwiesen.
495 *Corte di Cassazione*, Sezioni unite civili, 9 marzo 1979, n. 1463, Il Foro italiano 1979, I, 939 ff.; *Corte di Cassazione*, Sezioni unite civili, 6 ottobre 1979, n. 5172, Il Foro italiano 1979, I, 2302 ff.

Urteil im „Italia-nostra-Fall“ zu einer in wichtigen Bereichen anderen Beurteilung ähnlich gelagerter Sachverhalte[496].

So mag insbesondere überraschen, dass der Kassationsgerichtshof der seiner Urteilsfindung zugrunde liegenden Definition der diffusen bzw. kollektiven Interessen ein im Vergleich zur Entscheidung des Vorjahres wesentlich anderes Gepräge gibt. So ging das Gericht in der Entscheidung vom 8. Mai 1978 noch davon aus, dass diffuse Interessen aufgrund fehlender Individualisierbarkeit und Personalität in keinem Fall per se ein „interesse legittimo“ darstellen könnten und nur durch Ausmachung zusätzlicher Kriterien traditioneller Art eine den einzelnen Interessenträger zur Klage berechtigende Position festgestellt werden könnte. Die Entscheidung vom 9. März 1979 hingegen überrascht mit der Feststellung, dass die Interessen, die Gegenstand des Verfahrens sind, zwar grundsätzlich den allgemeinen, von der öffentlichen Verwaltung wahrzunehmenden Interessen zuzuordnen seien; es sei jedoch geboten, im Hinblick auf den tatsächlichen Anknüpfungspunkt der kollektiven Interessen zwischen Rechtsgütern zu unterscheiden, die das Kassationsgericht als „unteilbar“ bezeichnet[497], für die keine differenzierte Interessenposition des Einzelnen denkbar sei, und Bereichen, die „teilbar“ seien und somit auch eine personalisierte Beziehung ermöglichten.[498]

---

[496] Der Entscheidung vom 9. März 1979 lag ein Beweissicherungsantragsverfahren einer Gruppe von Eigentümern und Nießbrauchern von Grundstücken in einer Gegend zugrunde, die von der öffentlichen Verwaltung für die Errichtung eines Atomkraftwerkes vorgesehen war; der Antrag hatte die Aufzeichnung der klimatischen und vegetativen Bedingungen in dem betroffenen Gebiet zum Gegenstand.
Dem am 6. Oktober 1979 entschiedenen Verfahren lag die Beschwerde von Eigentümern und Besitzern von Immobilien zugrunde, die sich gegen Maßnahmen der öffentlichen Verwaltung wendeten, die ihrer Auffassung nach Umweltverschmutzung und Gesundheitsschäden in der Umgebung der Immobilien mit sich brachten.

[497] “Beni che sono indivisibili”.

[498] “Beni divisibili”, *Corte di Cassazione*, Sezioni unite civili, 9 marzo 1979, n. 1463, Il Foro italiano 1979, I, 939 ff. (942 f.).

Während die Ersten mit der Gestaltung und Beibehaltung des gesellschaftlichen Miteinander an sich verknüpft seien,[499] so dass das Interesse des Einzelnen an der Beibehaltung und Durchsetzung dieser Güter und Werte nur ein Abglanz des allgemeinen öffentlichen Interesses sei,[500] seien die Letzteren einzelnen Individuen auch völlig unabhängig vom Bestehen eines gesellschaftlichen Miteinanders zuzuordnen und gingen diesem gewissermaßen logisch voraus.[501] Der Begriff der diffusen Interessen im engen Sinne sei im Rahmen dieser Unterscheidung lediglich auf die zuerst genannten Interessengruppen zu beziehen, während – und dies ist die wesentliche innovative Aussage dieser Entscheidung[502] – im Hinblick auf die zweite Interessengruppe der Schwerpunkt der Einschätzung nicht auf die Generalität der Interessen abstellen dürfe.[503] Es müsse vielmehr klargestellt werden, dass es sich in erster Linie um eine Vielzahl individueller Interessen gleichen Inhalts handele;[504] unter dieser Prämisse stünde die Struktur des Interesses nicht grundsätzlich der Annahme eines „interesse legittimo" entgegen, mit der Folge, dass gerichtlicher Schutz für dieses Interesses zu gewähren sei.[505] Wehrt sich der Kassationsgerichtshof auch in diesen beiden Entscheidungen weiterhin gegen die Aufnahme rein tatsächlicher unteilbarer Interessenpositionen in den Schutzbereich der „interessi legittimi", so ist doch eine eindeu-

---

499 *Corte di Cassazione*, Sezioni unite civili, 9 marzo 1979, n. 1463, Il Foro italiano 1979, I, 939 ff. (942 f.), nennt als Beispiele die nationale Sicherheit und die öffentliche Ordnung.

500 *Corte di Cassazione*, Sezioni unite civili, 9 marzo 1979, n. 1463, Il Foro italiano 1979, I, 939 ff. (943).

501 Das Gericht nennt als Beispiele das Interesse an Gesundheit und sauberer Umwelt, die beide direkt das Leben und Überleben der Individuen als solcher beträfen, *Corte di Cassazione*, Sezioni unite civili, 9 marzo 1979, n. 1463, Il Foro italiano 1979, I, 939 ff. (943).

502 *Vigoriti*, Giur. it. 1980, IV, 305 ff. (312).

503 *Corte di Cassazione*, Sezioni unite civili, 9 marzo 1979, n. 1463, Il Foro italiano 1979, I, 939 ff. (943).

504 *Corte di Cassazione*, Sezioni unite civili, 9 marzo 1979, n. 1463, Il Foro italiano 1979, I, 939 ff. (943); *Corte di Cassazione*, Sezioni unite civili, 6 ottobre 1979, n. 5172, Il Foro italiano 1979, I, 2302 ff. (2305).

505 *Corte di Cassazione*, Sezioni unite civili, 9 marzo 1979, n. 1463, Il Foro italiano 1979, I, 939 ff. (943); *Corte di Cassazione*, Sezioni unite civili, 6 ottobre 1979, n. 5172, Il Foro italiano 1979, I, 2303 ff. (2305 f.).

tige Öffnung und Erweiterung des Einzugsbereiches der legitimierenden Interessenpositionen nicht zu verkennen.[506]

2. Urteil der Vollversammlung des Staatsrates vom 19. Oktober 1979[507]

Und diese Öffnung sollte auch die Rechtsprechung anderer Gerichte unmittelbar beeinflussen. In einem Fall mit ähnlich gelagerter Problematik[508] entschied sich der Sechste Senat des Staatsrates, die Frage der Klagebefugnis von „Italia nostra" der Vollversammlung zur Entscheidung vorzulegen[509]. Diese nutzte die ihr damit eröffnete Möglichkeit nur wenige Tage nach der zweiten der oben zitierten Entscheidungen des Kassationsgerichtshofes zur Stellungnahme zu einigen grundlegenden Fragen im Zusammenhang mit der gerichtlichen Geltendmachung von Kollektivinteressen.

Die Argumentation der Vollversammlung des Staatsrates nimmt ihren Ausgangspunkt bei der – wohl bekannten - Feststellung, dass es in der italienischen Rechtsordnung keinen Schutz für individuelle Interessen, die inhaltlich mit weit verbreiteten öffentlichen Interessen übereinstimmten, gebe.[510] Auf das immer wieder angeführte Argument, dass die für ein „interesse legittimo" zwingend erforderliche Personalität des in Frage stehenden Interesses mit dem Inhalt der diffusen und kollektiven Interessen nicht zu vereinbaren sei, entgegnet der Staatsrat nun jedoch mit einer – offensichtlich durch die Entscheidungen des Kassationsgerichtshofes beeinflussten – inhaltlich abgewandelten Einordnung

---

[506] *Vigoriti*, Giur. it. 1980, IV, 305 ff. (312); zu dieser Feststellung gelangen auch *Guercio/Mariani/Mazzacane/Virgilio*, Giust. civ. 1981, II, 465 ff. (476), unter Bezugnahme auf die zum gleichen Zeitpunkt ergangene Entscheidung Nr. 3819 vom 5. Juli 1979 des Kassationsgerichtshofes.

[507] *Consiglio di Stato*, Adunanza plenaria, 19 ottobre 1979, n. 24, Il Foro italiano 1980, III, 1 ff.

[508] Zu entscheiden war über die Frage, ob „Italia nostra" im Hinblick auf die Anfechtung der Baugenehmigung für eine Seilbahnstation in einem Nationalpark klagebefugt war.

[509] *Consiglio di Stato*, Sezione VI, ordinanza 21 gennaio 1977, n. 37, Il Foro italiano 1977, III, 65 ff.

[510] *Consiglio di Stato*, Adunanza plenaria, 19 ottobre 1979, n. 24, Il Foro italiano 1980, III, 1 ff. (3).

der diffusen Interessen: „Diffuse Interessen sind hingegen, oder sind zumindest auch, die Interessen, die von der Gleichgerichtetheit ihres subjektiven Bezugspunktes auf alle oder einen Teil der Mitglieder einer gegebenen Kollektivität (…) im Hinblick auf das selbe Rechtsgut gekennzeichnet sind.“[511]

Der Schwerpunkt der Definition verlagert sich somit weg von einer fehlenden Personalisierbarkeit hin zu einer Häufung zahlreicher gleichgerichteter Interessen. Dass diese Interessen, um den Status von „interessi legittimi“ erlangen zu können, nicht mehr zwingend personalisiert aber dennoch in irgendeiner Weise differenziert bzw. qualifiziert sein müssen, wird an der weiteren Argumentation des Staatsrates deutlich. So begibt sich der Staatsrat auf die Suche nach Indikatoren, bei deren Vorliegen man davon ausgehen könne, dass der an sich allen gleichsam zustehende Zugriff auf öffentliche Güter, wie etwa Landschaft und Natur, sich in bestimmten Rechtsträgern zu einem „interesse legittimo“ verdichte.[512] Auch wenn er der Auffassung ist, dass letztlich in jedem Einzelfall festgestellt werden müsse, ob eine solche spezielle Beziehung des individuellen zum generellen Interesse vorliege, versucht der Staatsrat dennoch, Beispiele für entsprechende Fälle anzuführen: so identifiziert er als legitimierend etwa das Interesse an der Erhaltung einer bestimmten natürlichen Umgebung desjenigen, der über eine nicht nur gelegentliche und zufällige Aussicht über diese Umgebung verfüge, ohne dass er Eigentümer des betroffenen Grundstücks sein müsse.[513] Gleiches gelte für die Bewohner eines bestimmten natürlichen Umfeldes, die an der Erhaltung des ökologischen Gleichgewichtes dieser natürlichen Umgebung

---

[511] *Consiglio di Stato*, Adunanza plenaria, 19 ottobre 1979, n. 24, Il Foro italiano 1980, III, 1 ff. (4): "interessi diffusi sono invece, o quanto meno sono anche, gli interessi caratterizzati dalla simultaneità del loro riferimento soggettivo a tutti o parte dei componenti di una data collettività … riguardo al medesimo bene."

[512] *Consiglio di Stato*, Adunanza plenaria, 19 ottobre 1979, n. 24, Il Foro italiano 1980, III, 1 ff. (3 f.).

[513] *Consiglio di Stato*, Adunanza plenaria, 19 ottobre 1979, n. 24, Il Foro italiano,1980, III, 1 ff. (4).

ein besonderes Interesse hätten.[514] Veranlasst durch den der Entscheidung zugrunde liegenden Sachverhalt, kommt der Staatsrat zu dem Ergebnis, dass eine legitimierende Verknüpfung von generellem und individuellem Interesse in den Fällen gegeben sein könnte, in denen eine tatsächliche und dauerhafte, wohl vorzugsweise örtliche Verwurzelung[515] – in Abgrenzung zu einer vorwiegend theoretisch-organisatorischen in den Statuten[516] – mit den in Frage stehenden Interessen vorliege.

3. Oberster Italienischer Strafgerichtshof 1989

Die von Kassationsgerichtshof und Staatsrat zur Anwendung gebrachten und weiter entwickelten Kriterien wurden in den folgenden Jahren – angesichts eines der Bedeutung der Problematik zunächst völlig unangemessenen Tätigwerdens des Gesetzgebers[517] - auch von anderen Gerichten herangezogen und weiter fortgebildet. Als bedeutende Schritte im Rahmen dieser Entwicklung sollen zwei Entscheidungen[518] des Obersten Italienischen Strafgerichtshofes[519] Erwähnung finden.

a) Hintergrund

Dass sich ein Gericht, das zu einer Entscheidung in Strafsachen berufen ist, zur Frage der Klagebefugnis eines Verbandes äußert, bedarf der Erläuterung. Ähn-

---

[514] *Consiglio di Stato*, Adunanza plenaria, 19 ottobre 1979, n. 24, Il Foro italiano,1980, III, 1 ff. (4).

[515] Zum Kriterium der örtlichen Verwurzelung vgl. auch *Caravita*, riv. crit. dir. priv. 1985, 31 ff. (46), der die örtliche Verwurzelung zu Recht lediglich als ein mögliches Mittel zur Feststellung der Repräsentativität des Klägers versteht.

[516] Dies war das vom Staatsrat in seiner Entscheidung Nr. 253 vom 9. März 1973, Il Foro italiano 1974, III, 33 ff. verwendete Kriterium, vgl. oben II.

[517] Die Darstellung der einzelnen gesetzlichen Regelungen erfolgt im Folgenden unter § 4.

[518] *Corte di Cassazione penale*, Sezione VI, n. 3, 1 giugno 1989, Cassazione penale 1990, II, 1546 ff.; *Corte di Cassazione penale*, Sezione III, sentenza 23 ottobre 1989, zitiert bei *Scalisi* S. 505 ff. (508 ff.).

[519] Corte di Cassazione penale; diesem Gericht entspricht in Deutschland der Bundesgerichtshof in Strafsachen.

lich wie im deutschen Recht[520] besteht auch im italienischen Strafprozess die Möglichkeit, in einem Strafverfahren zivilrechtliche Ansprüche geltend zu machen. Die italienische Strafprozessordnung sieht dazu das in den Artikeln 74 ff. codice di procedura penale (c. p. p.) geregelte Institut der zivilrechtlichen Nebenklage im Strafprozess vor.[521] Der durch die Straftat Geschädigte kann dem Strafprozess als Nebenkläger beitreten, um auf diese Weise Wiederherstellung bzw. Schadensersatz zu erlangen.[522] Zur Nebenklage zugelassen ist derjenige, dem die strafbare Handlung Schaden verursacht hat (soggetto al quale il reato ha recato danno) oder dessen Gesamtrechtsnachfolger (successori universali), Art. 74 Abs. 1 c. p. p.[523] Als in diesem Sinne Geschädigte kommen nach allgemeinen Grundsätzen auch Verbände in Betracht, die durch die strafrechtlich verfolgte Handlung beeinträchtigt worden sind.

Gerichtet ist die zivilrechtliche Nebenklage im Strafprozess auf Wiederherstellung (restituzione) oder Schadensersatz (risarcimento del danno), Art. 74 c. p. p. i. V. m. Art. 185 des Strafgesetzbuches, codice penale, c. p. Bereitet die Feststellung eines materiellen Verbandsschadens anhand allgemeiner Grundsätze wenig Schwierigkeiten, so stellt sich bei der Geltendmachung eines immateriellen (Verbands)Schadens das Problem, dass auch dieser nur dann einklagbar ist,

---

[520] Das zur Geltendmachung von durch die Straftat entstandenen vermögensrechtlichen Ansprüchen im deutschen Recht existierende Adhäsionsverfahren ist in den §§ 403 ff. StPO geregelt, kommt freilich in der Praxis – anders als das italienische Pendant - jedoch kaum zur Anwendung.

[521] Azione civile nel processo penale: Art. 74 Abs. 1 der italienischen Strafprozessordnung ordnet an: „Die zivilrechtliche Klage auf Wiederherstellung und Schadenersatz ... kann im Strafverfahren von demjenigen, dem die Straftat Schaden verursacht hat oder von seinen Gesamtrechtsnachfolgern gegen den Angeklagten und den zivilrechtlich Verantwortlichen erhoben werden."

[522] Zum Verfahren der zivilrechtlichen Nebenklage im Strafprozess vgl. im Einzelnen *Di Chiara*, S. 233 ff., *Leone*, S. 830 ff.

[523] Die Formulierungen der Strafprozessordnung von 1978 „Person, der die strafbare Handlung Schaden verursacht hat (persona alla quale il reato ha recato danno)" sowie „Erben (eredi)" sind im Zuge der Neufassung der Strafprozessordnung von 1988 geändert worden, mit der Absicht, klarzustellen, dass zur Ausübung der Nebenklage im Strafprozess nicht nur natürliche Personen, sondern auch juristische Personen und Kollektivsubjekte ohne Rechtspersönlichkeit grundsätzlich berechtigt sein sollten, *Di Chiara*, S. 233 ff. (238).

wenn der Kläger geltend machen kann, dass der Schaden aus einer Beeinträchtigung einer subjektiven Rechtposition resultiert.[524] Der Kläger muss als durch die Straftat Geschädigter eindeutig zu identifizieren sein.

b) Kriterien zur Feststellung von spezifischen Verbandsinteressen

Voraussetzung der Ersatzfähigkeit eines immateriellen Schadens ist die Beeinträchtigung eines Rechtes bzw. Interesses des Verbandes. Zur Auseinandersetzung mit der Frage, ob eine Beeinträchtigung spezifischer Verbandsinteressen in diesem Sinne vorliege, sah sich der italienische Strafgerichtshof veranlasst, als eine örtliche Zahntechnikervereinigung den ihr durch die missbräuchliche Berufsausübung einiger Zahntechniker entstandenen Schaden einklagte (Entscheidung vom 1. Juni 1989), bzw. als einige lokale Umweltschutzorganisationen Umweltschäden in einem Strafverfahren liquidieren wollten (Entscheidung vom 23. Oktober 1989). Der Strafgerichtshof hat zur Beantwortung dieser Frage zum Einen schon bekannte Kriterien zur Anwendung gebracht und gleichzeitig neue Gesichtspunkte entwickelt, unter denen ein spezifisches – vom allgemeinen Interesse abgrenzbares - Verbandsinteresse und darauf basierend ein zu ersetzender Schaden zu bejahen sind. Nach dieser Rechtsprechung ist folgendermaßen zu differenzieren:

aa) Räumlich eingrenzbares Interesse

Habe das durch den Verband verfolgte Kollektivinteresse, dessen Verletzung in Frage stehe, als räumlichen Bezugspunkt einen engen und gut eingrenzbaren Bereich, so sei die Verletzung einer subjektiven Rechtsposition des Verbandes nach der Rechtsprechung zu bejahen.[525] Bei der Feststellung eines solchen engen Zusammenhanges müssten Verknüpfungspunkte ausgemacht werden, die es ges-

---

[524] *Corte di Cassazione penale*, Sezione VI, n. 3, 1 giugno 1989, Cassazione penale 1990, II, 1546 ff. (1549).

[525] *Scalisi*, S. 505 ff. (507).

tatten, dem Verband in Bezug auf den Streitgegenstand ein gegenüber der Allgemeinheit privilegiertes Verhältnis zuzuerkennen.[526] Ein solcher Bezugspunkt könne beispielsweise die örtliche Verwurzelung eines Naturschutzverbandes sein, wenn es um Umweltschäden vor Ort gehe.[527] Eine solche Verbundenheit eröffne in Bezug auf denselben Streitgegenstand einem vor Ort tätigen Verband die Möglichkeit zur Klage, während ein allgemein tätiger, nicht vor Ort vertretener Verband keine ihn von der Allgemeinheit unterscheidende Rechts- oder Interessenbeeinträchtigung geltend machen könne, die ihn zur Klage berechtigen würde.[528]

bb) Personell eingrenzbares Interesse

Darüber hinaus bejaht die Rechtsprechung das Vorliegen einer subjektiven Interessenverletzung des Verbandes, wenn von dem schädigenden Ereignis eine Personengesamtheit betroffen sei, die gut eingrenzbar und von der Allgemeinheit abgrenzbar sei und die der Verband vertrete.[529] Diese Personengesamtheit müsse sich anhand von bestimmten Faktoren von der Allgemeinheit unterscheiden lassen, so dass das subjektive Zentrum der Interessenverletzung eine genau umschriebene und gut abgrenzbare Gemeinschaft von Personen umfasse.[530] Bejaht wurde eine solche Abgrenzbarkeit von der Rechtsprechung im oben geschilderten Fall für den Ortsverband eines Zahntechnikerbundes im Hinblick auf den Vorwurf missbräuchlicher Berufsausübung ohne behördliche Zulassung durch Nichtmitglieder.[531]

---

[526] *Corte di Cassazione penale*, Sezione VI, n. 3, 1 giugno 1989, Cassazione penale 1990, II, 1546 ff. (1549 ff.).
[527] *Corte di Cassazione penale*, sentenza 23 ottobre 1989, zitiert bei Scalisi, S. 505 ff. (508).
[528] *Corte di Cassazione penale*, Sezione VI, n. 3, 1 giugno 1989, Cassazione penale 1990, II, 1546 ff. (1550).
[529] *Scalisi*, S. 505 ff. (507).
[530] *Scalisi*, S. 505 ff. (507).
[531] *Corte di Cassazione penale*, Sezione VI, n. 3, 1 giugno 1989, Cassazione penale 1990, II, 1546 ff. (1549).

cc) Historisch eingrenzbares Interesse

Eng im Zusammenhang mit den beiden vorgenannten steht ein weiteres von der Rechtsprechung zur Anwendung gebrachtes Abgrenzungskriterium. So sei ein subjektives, von den Interessen der Allgemeinheit abgrenzbares Verbandsinteresse auch in den Fällen zu bejahen, in denen sich aufgrund eines einmaligen historischen Ereignisses der Verband gerade gebildet habe, um im Rahmen dieses historischen Vorfalls seine Interessen wahrzunehmen.[532] Denn dann habe der Verband das historische Ereignis zu seiner eigenen Daseinsberechtigung erhoben und es dabei soweit inkorporiert, dass es einem subjektiven Interesse gleichstehe.[533] Beispielhaft ist aus der Rechtsprechung der Fall zu benennen, als sich in einem Dorf eine Bürgerinitiative zum Schutze der Dorfkirche vor schädigenden Immissionen gebildet hatte.[534]

c) Zu ersetzender Schaden

Sind die Voraussetzungen eines Anspruches auf Eratz eines immateriellen Verbandsschadens nach Auffassung der Rechtsprechung gegeben, so werden durchaus nicht lediglich symbolische Beträge ausgeurteilt: im dargestellten Fall der missbräuchlichen Berufsausübung durch nicht zugelassene Zahntechniker wurden die Angeklagten zum Schadensersatz in Höhe von umgerechnet ca. 2500 Euro zugunsten der örtlichen Zahntechnikervereinigung verurteilt.[535] Das erstinstanzliche Gericht hatte ursprünglich einen noch höheren Betrag festgesetzt.

---

[532] *Corte di Cassazione penale*, Sezione VI, n. 3, 1 giugno 1989, Cassazione penale 1990, II, 1546 ff. (1550).

[533] *Corte di Cassazione penale*, Sezione VI, n. 3, 1 giugno 1989, Cassazione penale 1990, II, 1546 ff. (1550).

[534] *Corte di Cassazione penale*, Sezione VI, n. 3, 1 giugno 1989, Cassazione penale 1990, II, 1546 ff. (1550).

[535] *Corte di Cassazione penale*, Sezione VI, n. 3, 1 giugno 1989, Cassazione penale 1990, II, 1546 ff. (1550).

4. Abschließende Zusammenfassung und Bewertung

Wie sich an diesem Überblick über die Entwicklung der Rechtsprechung der italienischen Obergerichte zur Frage der Klagebefugnis von Verbänden zeigt, hat sich die italienische Judikative der Zulassung von Verbandsklagen gegenüber zumindest in Einzelfällen aufgeschlossen gezeigt. Durch die Herausarbeitung verschiedener Kriterien, die eine Einfügung der Verbandsklage in das traditionelle Prozessgefüge ermöglichen sollten, sollte eine gerichtliche Wahrnehmung und Durchsetzung auch kollektiver Interessen ermöglicht werden.

Anzuerkennen ist dabei, dass die Rechtsprechung den Versuch unternommen hat, auf der Grundlage der herkömmlichen prozessualen Strukturen durch die Herausarbeitung legitimierender Kriterien eine Vereinbarkeit kollektiver Interessen mit dem traditionellen Begriff des „interesse legittimo" zu erreichen und somit einen Schutz dieser Interessen innerhalb des bestehenden Systems zu ermöglichen.[536] Dogmatisch sei angemerkt, dass es sich bei den von der Rechtsprechung erarbeiteten Kriterien sämtlich um Faktoren handelt, die eine adäquate Repräsentanz und somit einen effektiven Schutz der in der konkreten Situation in Frage stehenden Interessen garantieren sollten. Alle Kriterien dienen, je nach unterschiedlicher Blickweise und Zielrichtung der geltend gemachten Interessen, diesem Zweck und wurden vom Gesetzgeber bei der positivrechtlichen Festschreibung von Verbandsklagebefugnissen zum Schutz kollektiver Interessen später teilweise ebenfalls zur Anwendung gebracht.

V. Tendenz der aktuellen Rechtsprechung

Angesichts der im Wesentlichen in den 80er Jahren ihren Ausgangspunkt nehmenden Bestrebung des italienischen Gesetzgebers, Verbandsklagebefugnisse in einzelnen Spezialgebieten vorzusehen und in ihrem Umfang und ihren Voraus-

---

[536] *Vigoriti*, Giur. it. 1980, IV, 305 ff. (309).

setzungen konkret gesetzlich zu regeln,[537] hat sich für die obergerichtliche Rechtsprechung in der jüngeren Vergangenheit wenig Gelegenheit geboten, sich mit einer nicht spezialgesetzlich geregelten Verbandsklagebefugnis zu beschäftigen. Hervorzuheben ist dennoch eine wichtige Tendenz in der Entwicklung der jüngeren Rechtsprechung, die an einer Entscheidung des Kassationsgerichtshofes aus dem Jahre 1993[538] besonders deutlich wird. So kommt der Kassationsgerichtshof in dieser Entscheidung[539] zu der Feststellung, dass einem Verband, dem gesetzlich die Wahrnehmung von Aufgaben auch im allgemeinen Interesse übertragen worden sei[540], unmittelbar im Zusammenhang mit der Übertragung dieser Aufgaben auch die Befugnis der gerichtlichen Geltendmachung der von ihm vertretenen Interessen zustehen müsse.[541] Der Kassationsgerichtshof stellt in diesem Zusammenhang explizit fest, dass eine ausdrückliche gesetzliche Festsetzung einer entsprechenden Klagebefugnis nicht erforderlich sei.[542] Die Befugnis zur Klage ergebe sich vielmehr gewissermaßen als Annex zur Übertragung der - auch – im Allgemeininteresse wahrgenommenen Aufgaben auf den Verband.[543] Nur durch die gleichzeitige Möglichkeit der gerichtlichen Geltendmachung der in Frage stehenden Interessen sei die wirksame Funktion und damit die Existenz der betroffenen Interessenvertretung selbst gerechtfertigt.[544]

---

[537] Vgl. zu den einzelnen ergangenen Regelungen den folgenden § 4.

[538] *Corte di Cassazione civile*, I Sezione, sentenza 22 marzo 1993, n. 3361, Giurisprudenza italiana 1994, I, 1226 ff.

[539] Der Entscheidung lag die Frage zugrunde, ob ein öffentlich rechtlich organisierter Berufsverband gegen die *unrechtmäßige* Errichtung eines Konkurrenzverbandes gerichtlich vorgehen könne.

[540] Im konkreten Fall handelte es sich dabei um die Führung der Liste der zur Berufsausübung zugelassenen Diplomkaufleute und um deren Überwachung.

[541] *Corte di Cassazione civile*, I Sezione, sentenza 22 marzo 1993, n. 3361, Giurisprudenza italiana 1994, I, 1226 ff. (1229 f.).

[542] *Corte di Cassazione civile*, I Sezione, sentenza 22 marzo 1993, n. 3361, Giurisprudenza italiana 1994, I, 1226 ff. (1230).

[543] *Corte di Cassazione civile*, I Sezione, sentenza 22 marzo 1993, n. 3361, Giurisprudenza italiana 1994, I, 1226 ff. (1230).

[544] *Corte di Cassazione civile*, I Sezione, sentenza 22 marzo 1993, n. 3361, Giurisprudenza italiana 1994, I, 1226 ff. (1230), wo sich der erkennende Senat ausdrücklich gegen eine im Jahre 1966 ergangene Entscheidung der Corte di Cassazione mit gegenteiligem Inhalt wendet.

Der Verband mache vor Gericht eine eigene, aus der gesetzlichen Übertragung der Interessenwahrnehmung folgende subjektive Rechtsposition geltend.[545] Unter Zugrundelegung der Terminologie der oben dargestellten Rechtsprechung bedeutet dies, dass als weiteres Kriterium für die Feststellung, ob ein kollektives Interesse sich zu einem gesetzlich einklagbaren „interesse legittimo" verdichtet hat[546], auch dessen gesetzliche Anerkennung und Zuweisung an einen Interessenträger herangezogen werden kann.[547] Diese Entscheidung ist unter Berücksichtigung der Tatsache, dass es sich um einen öffentlich rechtlich organisierten Verband, dem die Wahrnehmung seiner Aufgaben gesetzlich übertragen worden ist, nicht ohne weiteres auf die der Verbandsklage im Regelfall zugrunde liegende Situation der (spontanen) Interessenwahrnehmung durch organisatorisch oft wenig strukturierte Zusammenschlüsse übertragbar. Deutlich wird an der Argumentationsweise des Kassationsgerichtshofes jedoch eine weit reichende Tendenz: wo bestimmten Interessengruppen die Wahrnehmung verbreiteter, kollektiver Interessen anvertraut oder zumindest gestattet wird, muss elementarer Bestandteil einer effektiven Wahrnehmung dieser Interessen auch die Möglichkeit sein, diese Interessen im Notfall vor Gericht wahrzunehmen und durchzusetzen, ihnen also zu unmittelbarem Schutz zu verhelfen. Wie der Kassationsgerichtshof in diesem Zusammenhang selbst feststellt, handelt es sich dabei um eine Tendenz, die auch an jüngeren gesetzlichen Regelungen sichtbar wird, in denen bestimmten Gruppen die Wahrnehmung von kollektiven Interessen in einzelnen Bereichen ermöglicht wird und diese Möglichkeit auch durch die Befugnis zur Klage abgesichert wird.[548]

---

[545] *Corte di Cassazione civile*, I Sezione, sentenza 22 marzo 1993, n. 3361, Giurisprudenza italiana 1994, I, 1226 ff. (1231).

[546] *Pellegrino*, Giur. it. 1994, I, 1225 ff. (1227).

[547] *Pellegrino*, Giur. it. 1994, I, 1225 ff. (1228).

[548] *Corte di Cassazione civile*, I Sezione, sentenza 22 marzo 1993, n. 3361, Giurisprudenza italiana 1994, I, 1226 ff. (1231).

VI. Zusammenfassung und Bewertung

Eine abschließende Beurteilung des Umgangs der Rechtsprechung mit dem Institut der Verbandsklage fällt nicht leicht; so ist zum Einen, insbesondere auch in einem kontrastierenden Vergleich zur Situation in Deutschland, anzuerkennen, dass sich Teile der Rechtsprechung bemühen, der Verbandsklage einen Zugang in die bestehenden prozessualen Strukturen zu eröffnen. Andererseits ist festzustellen, dass sich die Rechtsprechung im Umgang mit dem Institut der Verbandsklage keinesfalls einig ist und untergerichtliche Bemühungen, der Verbandsklage prozessualen Boden zu bereiten, von den Obergerichten wieder vereitelt werden.

Sofern entsprechende Initiativen der Rechtsprechung vorhanden sind, sind diese in erster Linie von zwei Problemkreisen geprägt: zum Einen sind die Entscheidungen der Rechtsprechung ausgesprochen stark am Einzelfall orientiert und lassen vor diesem Hintergrund keine einheitliche Linie der Zulassung kollektiver Interessen zum Prozess erkennen. Darüber hinaus differieren selbst einzelne obergerichtliche Stellungnahmen erheblich. Zum Anderen ist festzustellen, dass versucht wird, neuen Strukturen mit alten Mitteln beizukommen. So wird die prozessuale Durchsetzung kollektiver Interessen dadurch bewerkstelligt, dass die kollektiven Interessen inhaltlich auf individuelle Interessen reduziert werden und sich somit in die herkömmlichen prozessualen Schemata einordnen lassen. Führt dies freilich zu der Konsequenz, dass Rechtsschutz innerhalb der bestehenden Strukturen geleistet werden kann, und mag man auch zugestehen, dass die Möglichkeiten richterlicher Interpretation und Rechtsfortbildung begrenzt sind, so ist auf lange Sicht auf dem von der Rechtsprechung beschrittenen Wege dem Phänomen der kollektiven Interessen nicht gebührend Rechnung zu tragen. Kollektive Interessen sind dadurch gekennzeichnet, dass sie – materiell wie prozessual - unabhängig von einer spezifischen Personifizierung bestehen. Das nicht anzuerkennen und den Gesetzgeber unmissverständlich zum Handeln zu verpflichten, ist das eigentlich vorwerfbare Versäumnis der italienischen Rechtsprechung. Ein gesetzgeberisches Echo auf die angestoßenen Entwicklungen ist jedoch trotz allem nicht ausgeblieben.

§ 4 Verbandsklagebefugnisse auf der Grundlage positivgesetzlicher Regelungen

A Überblick

Neben der Eröffnung von Verbandsklagebefugnissen im Wege richterlicher Interpretation, hat – angestoßen durch die parallele Aktivität der Judikative – auch das Tätigwerden des Gesetzgebers seinen Anfang genommen. Das Bemühen um die normative Verankerung von Verbandsklagebefugnissen dauert bis zum heutigen Tage an und ist in der Anfangszeit auf die Beharrlichkeit von Umweltschutz- und Verbraucherverbänden, später auch auf Verpflichtungen auf europäischer Ebene zurückzuführen.

Anhand der Darstellung der wichtigsten Regelungen, die auf dem Gebiet der normativen Einführung von Verbandsklagebefugnissen ergangen sind, sollen im Folgenden der Gang der Entwicklung, die betroffenen Rechtsgebiete und die gesetzgeberische Technik der Regelungen dargestellt und erläutert werden. Dabei wird sich zeigen, dass es Regelungen von Verbandsklagebefugnissen in Teilbereichen des italienischen Rechts gegeben hat[549], schon lange bevor sich die italienische Jurisprudenz in den 70er Jahren damit beschäftigt hat. Anschließend werden die neuesten gesetzlichen Regelungen dargestellt und damit zusammenhängend eine Antwort auf die Frage gesucht, ob sich der italienische Gesetzgeber weg von zahlreichen Einzelregelungen hin zu einer generellen Rahmenregelung der Verbandsklage bewegt hat.

---

[549] Namentlich, ebenso wie in Deutschland, im Wettbewerbsrecht, vgl. im Folgenden B I. und darüber hinaus auch im Arbeitsrecht, vgl. im Folgenden B II.

B Einzelregelungen

Im Folgenden werden beispielhaft einige wichtige im Zuge des gesetzgeberischen Tätigwerdens ergangene Regelungen von Verbandsklagebefugnissen dargestellt und erläutert[550], die in Teilen durch später vorgenommene Novellierungen modifiziert wurden, jedoch allesamt nach wie vor in Kraft sind. Die Auswahl der einzelnen Regelungen orientiert sich dabei an dem Anspruch, in ihrer Gesamtheit einen Überblick über die vom Gesetzgeber in Angriff genommenen Normierungsbereiche und die im Einzelnen verwendeten Regelungstechniken zu ermöglichen und gleichzeitig die Entwicklung des Instituts der Verbandsklage im italienischen Recht nachzuzeichnen.

I. Art. 2601 Zivilgesetzbuch (Wettbewerbsrecht)

1. Einführung

Die erste und älteste Regelung einer Verbandsklage findet sich im italienischen, ebenso wie im deutschen Recht, auf dem Gebiet des Wettbewerbsrechts[551]. Legen die Art. 2595 ff. c. c. die Voraussetzungen und Rechtsfolgen von unlauterem Wettbewerbsverhalten fest, so sieht Art. 2601 c. c. die Möglichkeit eines verbandlichen Einschreitens vor: „Wenn die Handlungen des unlauteren Wettbewerbs die Interessen einer Berufsgruppe beeinträchtigen, kann die Klage auf Unterbindung des unlauteren Wettbewerbs auch durch die Berufsvereinigungen und durch die Körperschaften, die die Berufsgruppe vertreten, erhoben werden“[552].

---

[550] Eine vollständige Darstellung aller Regelungen zu Verbandsklagebefugnissen würde – angesichts der großen Zahl spezialgesetzlicher Einzelregelungen - den Rahmen dieser Arbeit sprengen. Zu weiterführenden Hinweisen vgl. *Capponi*, Foro it. 1994, IV, 439 ff. (448 ff.); *Colagrande*, Le nuove leggi civili commentate 1998, 700 ff. (729); *Cappelletti*, riv. dir. proc. 1975, 361 ff. (369).

[551] Das Wettbewerbsrecht ist in Italien Teil der allgemeinen zivilrechtlichen Regelungen; es findet sich in den Art. 2595 ff. c. c.

[552] Quando gli atti di concorrenza sleale pregiudicano gli interessi di una categoria professionale, l’azione per la repressione della concorrenza sleale può essere promossa anche dalle associazioni professionali e dagli enti che rappresentano la categoria.

2. Klagebefugte Einrichtungen

Wie der nach wie vor unverändert gebliebene Wortlaut von Art. 2601 c. c. bezeugt, waren ursprünglich lediglich Verbände der Berufsgruppen, also der Mitbewerber, zur aktiven Teilnahme am Prozessgeschehen und zur Wahrnehmung der berufsständischen Interessen zugelassen. Mit zunehmendem Interesse der Verbraucher am Markt- und Wettbewerbsgeschehen stellte sich die Frage, wie auch Verbraucherinteressen wirksam vor wettbewerbswidrigem Unternehmerverhalten geschützt werden könnten. Die italienische Rechtslehre hat in diesem Zusammenhang zunächst den Versuch unternommen, eine Klagebefugnis für Verbraucherverbände jenseits der positivgesetzlichen Regelung dogmatisch herzuleiten und zu begründen.[553] Die dogmatische Diskussion förderte dabei alsbald die Frage zutage, ob die in Art. 2601 c. c. vorgesehene Beschränkung der Klagebefugnis auf Berufsverbände unter verfassungsrechtlichen Gesichtspunkten zulässig sein könnte, oder ob der in Art. 3 der italienischen Verfassung verankerte Gleichheitsgrundsatz vielmehr erfordere,[554] dass, im Falle der Verletzung von Verbraucherinteressen durch wettbewerbswidriges Verhalten, auch Verbraucherverbände über die Möglichkeit eines gerichtlichen Vorgehens verfügen müssten und die Regelung in Art. 2601 c. c. entsprechend zu ergänzen sei.[555] Mit Beschluss vom 21. Januar 1988 hat der Italienische Verfassungsgerichtshof die Annahme des Antrags über die Entscheidung über die Verfassungsgemäßheit der Regelung mit der lapidaren Begründung abgelehnt, es sei Aufgabe des Gesetzgebers und nicht der Gerichte, Wege und Mittel effektiven

[553] *Punzi*, riv. dir. proc. 2002, 647 ff. (660) mit Nachweisen aus der Literatur; *Verardi*, in: La tutela collettiva dei consumatori, S. 45 ff. (51 ff.).

[554] Vgl. zu dieser Auffassung *Ghidini*, in: Il Codice Civile, S. 465 ff.; *Schaltenberg*, S. 38 f. mit weiteren Nachweisen.

[555] Das *Tribunale di Milano*, ordinanza 7 febbraio 1980, deutsche Übersetzung in GRUR Int. 1980, 679 ff. (Entscheidung mit anderem Datum angegeben), hat die Frage der Verfassungsgemäßheit der Norm aus diesem Grunde dem Verfassungsgerichtshof zur Entscheidung vorgelegt.

Verbraucherschutzes zur Verfügung zu stellen; Art. 2601 c. c. sei unter verfassungsrechtlichen Gesichtspunkten nicht zu beanstanden.[556]
Vor diesem Hintergrund sah sich der italienische Gesetzgeber gleichwohl zum Einschreiten veranlasst: zwar wurde die Möglichkeit eines gerichtlichen Vorgehens nach Art. 2601 c. c. in der Folge lediglich den Handelskammern eröffnet[557]. Zumindest vor einer Verwaltungsbehörde konnten ab dem Jahre 1992 jedoch auch die Verbraucherverbände bestimmte Formen wettbewerbswidrigen Verhaltens beanstanden.[558] Das Vorgehen vor den ordentlichen Gerichten gemäß Art. 2601 c. c. blieb anderen als den Berufsverbänden und Handelskammern jedoch weiterhin verwehrt. Ausländische Berufsverbände sind, soweit sie aus verbandsangehörigen Staaten stammen, vor italienischen Gerichten nach Artikel 10-ter der Pariser Verbandsübereinkunft zum Schutz des gewerblichen Eigentums vom 20. März 1883, letztmalig revidiert am 14.07.1967 in Stockholm und mit Gesetz Nr. 1322 vom 15.12.1954 in Italien für anwendbar erklärt, klagebe-

---

[556] *Corte Costituzionale*, ordinanza 21 gennaio 1988, Il Foro italiano 1988, I, 2158 ff. spricht von "offenkundiger Unzulässigkeit" des Antrags; so auch *Pescatore/Ruperto*, Art. 2601 c. c., 1.; den oberflächlichen und nicht sachgerechten Umgang des Gerichts mit der Vorlagefrage kritisiert *Cosentino*, Foro it. 1988, I, 2158 ff.

[557] So sah das Gesetz Nr. 580 vom 29. Dezember 1993 zur Reform der Regelung der Handelskammern (legge 29 dicembre 1993, n. 580 di riforma dell'ordinamento delle Camere di commercio, industria, artigianato e agricoltura) in Art. 2 Abs. 5 eine entsprechende Befugnis zur Klage im Sinne von Art. 2601 c. c. gegen wettbewerbswidriges Verhalten, das Kollektivinteressen beeinträchtigt, vor.

[558] Mit Rechtsverordnung Nr. 74 vom 25. Januar 1992 (decreto legislativo 25 gennaio 1992, n. 74, mit der die Richtlinie 84/450/EWG über irreführende Werbung in italienisches Recht umgesetzt wurde), wurde den Verbraucherschutzverbänden in Art. 7 Abs. 2 die Möglichkeit eingeräumt, wettbewerbswidriges Verhalten vor der Wettbewerbs- und Marktüberwachungsbehörde zu rügen und dessen Einstellung zu verfolgen, *Padovini*, ZfRV 1999, 9 ff. (12). Es handelt sich dabei jedoch nicht um eine spezielle Möglichkeit der verbandlichen Interessenwahrnehmung; vielmehr steht das Vorgehen vor der Überwachungsbehörde vielen verschiedenen Institutionen, auch auf Betreiben der Öffentlichkeit, offen, *Punzi*, riv. dir. proc. 2002, 647 ff. (661); zu dem Verfahren vor der Wettbewerbs- und Marktüberwachungsbehörde vgl. unten 5.

fugt.[559] Die Klagebefugnis wird inhaltlich durch das nationale Recht ausgestaltet und orientiert sich somit an den Regelungen von Art. 2601 c. c.[560]

3. Voraussetzungen der Verbandsklage

Als Voraussetzung eines verbandlichen Einschreitens gemäß Art. 2601 c. c. verlangt die Rechtsprechung in inhaltlicher Konkretisierung der von der Norm aufgestellten Voraussetzungen, dass die prozessgegenständliche Verletzungshandlung die Interessen des Verbandes in qualifizierter Weise berührt. Dies bedeutet, dass das vom Verband gerichtlich angegriffene Verhalten plurioffensiv in dem Sinne sein muss, dass davon nicht nur ein einzelner Unternehmer betroffen ist, sondern die Verletzungshandlung die Branche als solche betrifft.[561]

4. Rechtsschutzziele

Art. 2599 c. c. sieht als Vorgehensmöglichkeiten gegen wettbewerbswidriges Verhalten eine Klage auf Unterlassung und Folgenbeseitigung vor; daneben besteht die Möglichkeit einer einfachen Feststellungsklage nach allgemeinem italienischem Prozessrecht. Schließlich stellt Art. 2600 c. c. darüber hinaus zusätzliche Voraussetzungen auf, unter denen auch die Einforderung von Schadensersatz zum Gegenstand des gerichtlichen Vorgehens gemacht werden kann. Aus der Formulierung von Art. 2601 c. c. „kann die Klage auf Unterbindung des unlauteren Wettbewerbs auch durch die Berufsvereinigungen … erhoben werden" folgt, dass die im Wege der Verbandsklage einzufordernden Rechtsschutzziele sich nicht von denen unterscheiden, die allgemein Gegenstand des Vorgehens gegen unlauteren Wettbewerb sind.

---

[559] *Corte di Cassazione Civile*, Sezione I, sentenza 15 novembre 1984, n. 5772, De Agostini Professionale – CODICI D'ITALIA – CD-ROM, Aggiornamento alla Gazzetta Ufficiale 02/01/2001.

[560] *Ghidini*, in: Il Codice Civile, S. 456.

[561] *Corte di Cassazione Civile*, Sezione I, sentenza 20 dicembre 1996, n.11404, De Agostini Professionale – CODICI D'ITALIA – CD-ROM, Aggiornamento alla Gazzetta Ufficiale 02/01/2001.

a) Wettbewerbswidriges Verhalten

Voraussetzung eines gerichtlichen Vorgehens ist in jedem Fall die Beanstandung eines Verhaltens als wettbewerbswidrig. Die Beurteilung orientiert sich an den in Art. 2598 c. c. aufgestellten Kriterien und unterliegt der Sachkunde des Gerichts. Ist für die Klassifizierung eines Verhaltens als wettbewerbswidrig gemäß Art. 2598 c. c. Voraussetzung, dass dieses Verhalten geeignet ist, einem fremden Betrieb Schaden zuzufügen, so wird die Definition des wettbewerbswidrigen Verhalten für den Bereich der Verbandsklage weiter gefasst: ausreichend ist nach dem Wortlaut von Art. 2601 c. c., dass das Verhalten des Beklagten geeignet ist, die Interessen der gesamten Berufsgruppe zu beeinträchtigen.[562]

b) Feststellung

Nicht in Art. 2599 c. c. erwähnt, jedoch nach allgemeinen zivilprozessrechtlichen Grundsätzen möglich, ist die Klage auf Feststellung der Wettbewerbswidrigkeit des beanstandeten Verhaltens.[563] Ist die isolierte Klage auf Feststellung auch möglich, so wird sie in der Praxis in aller Regel mit Unterlassungs- oder Schadenersatzbegehren verbunden sein.[564]

c) Unterlassung und Folgenbeseitigung

Ausdrücklich vorgesehen ist in Art. 2599 c. c. eine Unterlassungsverfügung, mit der vom Gericht nach der gesetzlichen Regelung zugleich die Anordnung von geeigneten Maßnahmen zur Folgenbeseitigung zu verbinden ist.[565] Voraussetzung einer Unterlassungsverfügung[566] ist nach allgemeinen Grundsätzen eine

---

[562] *Tribunale di Milano*, 15 gennaio 1970, Repertorio generale del Foro Italiano 1970, 502 f. (Ziff. 69).

[563] *Libertini*, in: Commentario al Codice civile, Art. 2599, S. 1573; str., vgl. *Bastian*, in: Recht der Werbung in Europa, Rn. 267.

[564] *Libertini*, in: Commentario al Codice civile, Art. 2599, S. 1573.

[565] *Libertini*, in: Commentario al Codice civile, Art. 2599, S. 1575.

[566] Das eine Unterlassungsverfügung enthaltende gerichtliche Urteil ist nach allgemeinem italienischem Zivilprozessrecht nicht vollstreckbar bzw. zwangsweise durchsetzbar, *Libertini*,

konkrete Fortsetzungs- oder Wiederholungsgefahr.[567] Im Hinblick auf die Folgenbeseitigungsmaßnahmen bestehen inhaltlich keine einschränkenden gesetzlichen Vorgaben; der Kläger hat jedoch den Inhalt der von ihm angestrebten Maßnahmen in seinem Antrag genau zu präzisieren und kann es nicht dem Gericht überlassen, die geeigneten Mittel zu bestimmen.[568] In Betracht kommen insoweit alle Maßnahmen, die die Schäden bzw. Schadenspotentiale, die durch die wettbewerbswidrige Handlung provoziert worden sind, beseitigen. Traditionell ist darunter die Beseitigung oder Zerstörung von Gegenständen wie etwa unlauterem Werbematerial oder Produktimitaten zu verstehen;[569] es können jedoch auch ausgleichende Maßnahmen wie die Veröffentlichung einer Richtigstellung im Fall unwahrer Werbung angeordnet werden.[570]

d) Schadensersatz

„Wer Handlungen unlauteren Wettbewerbs vorsätzlich oder fahrlässig vornimmt, ist zum Schadensersatz verpflichtet“, so die in Art. 2600 Abs. 1 c. c. enthaltene Anordnung. „In diesem Fall kann die Veröffentlichung des Urteils angeordnet werden“, so Art. 2600 Abs. 2 c. c. Ergänzt werden beide Normen durch eine in Art. 2600 Abs. 3 enthaltene Beweislastumkehr: „Stehen Wettbewerbs-

---

in: Commentario al Codice civile, Art. 2599, S. 1573. Da im Rahmen eines Vorgehens nach Art. 2601 c. c. weitere mögliche Klageziele, insbesondere das Schadensersatzbegehren, zur Verfügung stehen, kann diese Problematik in vielen Fällen durch eine entsprechende Formulierung des Klageantrags umgangen werden. Das Problem der fehlenden Vollstreckbarkeit von Unterlassungstiteln soll daher ausführlich im Zusammenhang mit Regelungen erörtert werden, die im Rahmen der Sanktionsmöglichkeiten keine wirklichen Alternativen vorsehen, vgl. unten V. – Art. 1469-sexies c. c.

[567] *Libertini*, in: Commentario al Codice civile, Art. 2599, S. 1573: ob die Voraussetzungen einer Unterlassungsverfügung gegeben sind, wird allein anhand von objektiven Maßstäben beurteilt; die Frage eines Verschuldens spielt anders als bei der Gewährung von Schadenersatz (vgl. dazu zugleich d) keine Rolle.

[568] *Bastian*, in: Recht der Werbung in Europa, Rn. 269.

[569] *Bastian*, in: Recht der Werbung in Europa, Rn. 269.

[570] *Liuzzo*, GRUR Int. 1992, 599 ff. (602); *Libertini*, in: Commentario al Codice civile, Art. 2599, S. 1575: nach herrschender Auffassung tragen alle diese Maßnahmen reinen wiederherstellenden Charakter und sind daher inhaltlich von der Verurteilung zum Schadensersatz gemäß Art. 2600 c. c. zu trennen.

verstöße fest, so wird Fahrlässigkeit vermutet". Die Norm orientiert sich inhaltlich an den allgemeinen zivilrechtlichen Regelungen zum Schadensersatz, mit der Ausnahme, dass sie im Hinblick auf die Verschuldensvermutung[571] spezielle Anordnungen trifft.[572] Im Umgang mit der Regelung stellt sich im Rahmen eines verbandlichen Vorgehens insbesondere die schwierige Frage der Feststellung und Berechnung eines zu ersetzenden Schadens.

aa) Zu ersetzender Schaden

Lehnt sich die Norm in Voraussetzungen und Rechtsfolgen an die grundsätzlichen zivilrechtlichen Schadensersatzprinzipien an,[573] so umfasst entsprechend der allgemeinen in Art. 2056 c. c. enthaltenen Regelung der zu ersetzende Schaden auch die entstandenen Rechtsverfolgungskosten und den entgangenen Gewinn.[574] Es besteht im Weiteren Einigkeit darüber, dass der Ersatz von immateriellen Schäden mangels fehlender ausdrücklicher Anordnung nicht unter die auszusprechenden Rechtsfolgen fällt.[575] Kann der Umfang des zu ersetzenden Schadens nur mit Schwierigkeit nachgewiesen werden, so wird er gemäß Art. 2056, 1226 c. c. vom Gericht nach Billigkeit festgesetzt.[576]

bb) Grundurteil über die Verpflichtung zum Schadensersatz

Gerne Gebrauch macht die italienische Rechtsprechung im Zusammenhang mit wettbewerbsrechtlichen Ansprüchen auf Schadensersatz von der nach Art. 278 Abs. 1 c. p. c. bestehenden Möglichkeit, den Beklagten dem Grunde nach zum

---

[571] Ausführlich zu den Voraussetzungen und zur Feststellung des Verschuldens bzw. den Verteidigungsmöglichkeiten des Angegriffenen *Libertini*, in: Commentario al Codice civile, Art. 2599, S. 1578 ff.

[572] *Libertini*, in: Commentario al Codice civile, Art. 2599, S. 1578.

[573] *Bastian*, in: Recht der Werbung in Europa, Rn. 270.

[574] *Libertini*, in: Commentario al Codice civile, Art. 2599, S. 1578 f., mit Nachweisen aus der Rechtsprechung.

[575] *Libertini*, in: Commentario al Codice civile, Art. 2599, S. 1578: der Ersatz immaterieller Schäden bedarf gemäß Art. 2059 c. c. ausdrücklicher gesetzlicher Anordnung.

[576] *Bastian*, in: Recht der Werbung in Europa, Rn. 270.

Schadensersatz zu verurteilen, ohne jedoch einen konkret zu ersetzenden Schadensbetrag im Urteil auszuweisen.[577] Für den Kläger hat dies freilich den Nachteil, dass in einem weiteren sog. Liquidationsverfahren (sede di liquidazione) über die schwierige Frage der Höhe des konkret zu ersetzenden Schadens zu entscheiden ist.[578]

cc) Veröffentlichung des Urteils

Hat der Beklagte Wettbewerbsverstöße vorsätzlich oder fahrlässig begangen, so kann gemäß Art. 2600 Abs. 3 c. c. die Veröffentlichung des Urteils angeordnet werden.[579] Die Entscheidung, ob die Veröffentlichung angeordnet wird, und die Art der Veröffentlichung stehen im Ermessen des entscheidenden Gerichts.[580] Die Anordnung der Veröffentlichung des Urteils ist vom Vorliegen eines Schadens unabhängige, eigenständige Rechtsfolge,[581] was bedeutet, dass die Veröffentlichung selbst dann angeordnet werden kann, wenn das Gericht zu dem Ergebnis kommt, dass trotz der Bejahung wettbewerbswidrigen Verhaltens ein zu ersetzender Schaden nicht entstanden ist.

---

577 Ein konkreter Schadensnachweis ist dafür nicht erforderlich, vielmehr genügt die bloße Möglichkeit, dass es zu einem Schaden gekommen ist, *Schaltenberg*, S. 36; *Cendon*, Art, 2600 c. c., 3.

578 In vielen Fällen bietet eine Verurteilung zum Schadensersatz dem Grunde nach den Ausgangspunkt für eine außergerichtliche Einigung der Parteien über die Höhe des konkret zu leistenden Schadensersatzbetrages, *Bastian*, in: Recht der Werbung in Europa, Rn. 270; das zweistufige Konzept eines Grundurteils verbunden mit einem weiteren Verfahren zur Festsetzung des im Einzelfall zu ersetzenden Schadensbetrages ist auch Gegenstand eines jüngsten Gesetzentwurfes einer Verbandsklage auf Schadensersatz, vgl. dazu unten § 6.

579 Die in Art. 2600 Abs. 3 c. c. enthaltene Regelung wird als lex specialis zu Art. 120 c. p. c. verstanden, der allgemein die Möglichkeit der Anordnung der Veröffentlichung einer gerichtlichen Entscheidung vorsieht, soweit diese zur Wiedergutmachung eines provozierten Schadens beitragen kann. Art. 2600 Abs. 3 c. c. enthält gegenüber der allgemeinen Regelung die Einschränkung, dass eine Veröffentlichung nur im Falle einer schuldhaften Wettbewerbsverletzung vorgesehen ist.

580 *Libertini*, in: Commentario al Codice civile, Art. 2599, S. 1583 mit weiteren Einzelheiten und Nachweisen aus der Literatur; *Bastian*, in: Recht der Werbung in Europa, Rn. 271.

581 *Corte di Cassazione*, sentenza 7 maggio 1983, n. 1309, Il Foro italiano 1983, I, 2809 ff. (2814 ff.); *Cendon*, Art. 2600 c. c., 5., mit weiteren Nachweisen aus der Rechtsprechung.

dd) Verbandsschaden

Geht ein Verband gerichtlich mit dem Ziel des Schadensersatzes vor, stellt sich die Frage, welcher Schaden zum Gegenstand des Verfahrens zu machen ist. Nach allgemeinen Grundsätzen ist Voraussetzung der Geltendmachung eines Schadens die Beeinträchtigung in einer eigenen Rechtsposition. Vor diesem Hintergrund stellt sich die Frage, ob die Verbände im Rahmen einer Klage nach Art. 2601 c. c. aus eigenem Recht vorgehen und einen dem Verband als solchem entstandenen Schaden ersetzt verlangen können. Der Kassationsgerichtshof vertritt im Hinblick auf das gerichtliche Vorgehen von Verbänden nach Art. 2601 c. c. die Auffassung, das die Verbände hier aus eigenem Recht klagen.[582] Demzufolge geht bezüglich auf den von einem Verband geltend zu machenden Schaden die Rechtsprechung davon aus, dass der Verband einen Schaden im eigenen Namen ersetzt verlangen könne.[583] Bezüglich der Zurechenbarkeit des Schadens verlangt die obergerichtliche Rechtsprechung, dass sich ein ersetzbarer Schaden in der Verletzung spezieller eigener Verbandsinteressen manifestieren müsse.[584] Es müsse ein unteilbarer Schaden vorliegen, der durch geeignete Maßnahmen (z. B. korrigierende Werbung) behoben werden könne.[585] Diese Auffassung steht mit den prozessualen und Strukturen und dem herkömmlichen Verständnis

[582] *Corte di Cassazione Civile*, Sezione I, sentenza 15 novembre 1984, n. 5772, De Agostini Professionale – CODICI D'ITALIA – CD-ROM, Aggiornamento alla Gazzetta Ufficiale 02/01/2001; *Corte di Cassazione Civile*, sentenza 28 marzo 1960, n. 671, Giurisprudenza italiana 1960, I, 1259 f.; angesichts der insoweit eindeutigen höchstrichterlichen Rechtsprechung, ist eine Auseinandersetzung um die dogmatische Einordnung der Verbandsklage an dieser Stelle nicht geboten. Vgl. zur dogmatischen Auseinandersetzung um die Verbandsklage vielmehr ausführlich unten C.

[583] Zu den dazu in der Literatur vertretenen Auffassungen vgl. *Ghidini*, in: Il Codice Civile, S. 459 ff.

[584] *Corte di Cassazione Civile*, sentenza 28 marzo 1960, n. 671, Giurisprudenza italiana 1960, I, 1259 f.: die wettbewerbswidrige Handlung muss den Verband als solchen treffen, ein den einzelnen Verbandsmitgliedern zurechenbarer Schaden reicht nicht aus.

[585] *Libertini*, in: Commentario al Codice civile, Art. 2599, S. 1586.

von Schadensersatz in Einklang. Ein Schaden ist als Verbandsschaden nur dann ersetzbar, wenn er dem Verband als solchem zurechenbar ist.[586]

e) Einstweiliger Rechtsschutz

Die Regelungen in den Art. 2595 ff. c. c. äußern sich nicht in spezieller Weise zu den Möglichkeiten einstweiligen Rechtsschutzes. Es kommen daher die allgemeinen zivilprozessualen Vorschriften zur Anwendung,[587] insbes. Art. 700 c. p. c.[588] Danach können einstweilige Maßnahmen erlassen werden, die auf eine Durchsetzung der nach den Artikeln 2598 ff. c. c. bestehenden Ansprüche gerichtet sind. Der Antragsteller einer einstweiligen Verfügung muss nach allgemeinen Grundsätzen das Bestehen eines Verfügungsanspruchs (fumus boni iuris) und der Gefahr im Verzug (periculum in mora) glaubhaft machen.[589]

---

[586] Vereinzelt wurde untergerichtlich die Auffassung vertreten, dass dem Verband der Schaden zu ersetzen sei, der der Gesamtheit der Verbandsmitglieder entstanden sei, *Tribunale di Milano*, 24.9.1979, zitiert bei *Cendon*, Art. 2601 c. c., 4.; *Corte d'appello di Milano*, 15.5.1981, zititert bei *Schaltenberg*, S. 38. Diese vereinzelt gebliebene Auffassung ist mit der Feststellung, dass der Verband im Rahmen seiner Klage nach Art. 2601 c. c. ein eigenes Recht geltend macht, nicht zu vereinbaren. Ist Gegenstand des Verfahrens ein eigenes verbandliches Recht, kann nur die Beeinträchtigung gerade in diesem Recht zu einem dem Verband ersetzbaren Schaden führen. Die untergerichtliche Auffassung verleitet zu der Annahme, dass hier im Einzelfall Schadensersatz gewährt werden sollte, ohne dass man sich mit der Funktion des Schadensersatzes näher auseinandersetzen wollte, *Libertini*, in: Commentario al Codice civile, Art. 2599, S. 1586.

[587] *Bastian*, in: Recht der Werbung in Europa, Rn. 283.

[588] Art. 700 c. p. c. sieht vor: "...wer mit gutem Grund zu befürchten hat, dass während der zur Geltendmachung seines Rechts im ordentlichen Verfahren notwendigen Zeit, dieses Recht der Gefahr einer unmittelbaren und nicht wieder gut zu machenden Beeinträchtigung ausgesetzt sein würde, kann beim Gericht den Erlass einer einstweiligen Verfügung beantragen, die je nach den Umständen am Geeignetsten erscheint, die Wirkungen einer Entscheidung in der Hauptsache vorläufig sicherzustellen".

[589] *Liuzzo*, GRUR Int. 1992, 599 ff. (600) mit weiteren Ausführungen speziell zum Wettbewerbsrecht; *Bastian*, in: Recht der Werbung in Europa, Rn. 284.

5. Exkurs: Das Verfahren vor der Behörde für die Kontrolle des Wettbewerbs und des Marktes

Steht anderen als den Berufsverbänden und Handelskammern ein gerichtliches Vorgehen nach Art. 2601 c. c. nicht offen, so können sie sich jedoch in Spezialfällen unlauteren Wettbewerbs, in Fällen irreführender Werbung, an die Behörde für die Kontrolle des Wettbewerbs und des Marktes[590] mit Sitz in Rom wenden. Dieser Behörde hat Italien, in Umsetzung der Richtlinie 84/450/EWG über irreführende Werbung durch die Rechtsverordnung Nr. 74 vom 25.01.1992[591] die Verfolgung irreführender Werbung übertragen. Die Zuständigkeit des ordentlichen Richters für Handlungen unlauteren Wettbewerbs im Sinne von Art. 2598 ff. c. c. bleibt daneben bestehen, Art. 7 Abs. 13 der Verordnung 74/1992.[592]

Befugt, das Verfahren vor der Kontrollbehörde[593] einzuleiten, ist aufgrund der weiten Formulierung in Art. 7 Abs. 2 der Verordnung 74/1992 im Grunde genommen jedermann. Ausdrücklich genannt werden die Wettbewerber, die Verbraucher, ihre Verbände und Organisationen, der Minister für Industrie, Handel und Handwerk[594] sowie jede andere öffentliche Verwaltung, soweit sie aufgrund der ihr übertragenen Aufgaben ein Interesse an der Entscheidung hat. Verwaltungsbehörden können das Verfahren vor der Behörde auch aufgrund einer Anzeige aus der Öffentlichkeit einleiten.

Gerichtet ist das Verfahren vor der Behörde auf die Kontrolle der beanstandeten Werbung unter dem Gesichtspunkt der Irreführung. Kommt die Behörde zu dem

---

590 Autorità Garante della Concorrenza e del Mercato; im allgemeinen Sprachgebrauch auch kurz als „Autorità Antitrust" bezeichnet.

591 Decreto legislativo 25 gennaio 1992 n. 74.

592 Ein paralleles Vorgehen vor der Kontrollbehörde und den ordentlichen Gerichten kommt nur für die im Sinne von Art. 2601 c. c. klagebefugten Berufsverbände und Handelskammern in Betracht, *Bastian*, in: Recht der Werbung in Europa, Rn. 291.

593 Das Verfahren vor der Kontrollbehörde ist teilweise in der Verordnung 74/1992 selbst, teilweise in der Verordnung Nr. 627 vom 10.10.1996 zur Regelung des Untersuchungsverfahrens vor der Kontrollbehörde geregelt.

594 Zwischenzeitlich umbenannt in „Minister für das produzierende Gewerbe (Ministro delle attività produttive)".

Ergebnis, dass irreführende Werbung vorliegt, so wird deren erstmaliges Erscheinen oder die Fortsetzung der Werbekampagne verboten, Art. 7 Abs. 6 Satz 2. Darüber hinaus kann die Veröffentlichung der Entscheidung sowie einer berichtigenden Erklärung angeordnet werden, Art. 7 Abs. 6 Satz 3. Bei besonderer Eilbedürftigkeit kann zudem die vorläufige Einstellung der beanstandeten Werbung verfügt werden, Art. 7 Abs. 3 Satz 1. Die Entscheidung der Kontrollbehörde hat abschließenden Charakter; sie ist zu begründen, Art. 7 Abs. 6 Satz 1. Gegen die Entscheidung können Rechtsmittel bei den Verwaltungsgerichten eingelegt werden, Art. 7 Abs. 11. Kommt der Werbende den Anordnungen der Kontrollbehörde nicht nach, so wird er mit Haft bis zu drei Monaten und mit einer Geldbuße bis zu fünf Millionen Lire (ca. 2500 Euro) belegt, Art. 7 Abs. 9.[595]

6. Bewertung

Die Möglichkeiten des verbandlichen Vorgehens auf dem Gebiet des Wettbewerbsrechts bestehen auf zwei Ebenen: für Berufsverbände und Handelskammern ist der Weg der gerichtlichen Klage gemäß Art. 2601 c. c. eröffnet; ein Weg, der die aktive Durchsetzung der Interessen der Mitbewerber in weiten Bereichen gewährleistet. Daneben können Verbände aller Art, also insbesondere auch Verbraucherverbände, auf behördlichem Wege einschreiten, sofern sie sich gegen irreführende Werbung wenden. Die Zweigleisigkeit dieser Schutzmechanismen spiegelt die Überzeugung des italienischen Gesetzgebers wider, wonach eine Kontrolle des Wettbewerbs in erster Linie zum Schutz der Konkurrenten und nur in zweiter Linie auch zum Schutz der übrigen vom Wettbewerbsverhalten betroffenen Marktteilnehmer stattzufinden hat.[596] Diese Grundüberzeugung wird in den vom Gesetzgeber zur Anwendung gebrachten Regelungsinstrumenten besonders deutlich: so bringt der Erlass der Verordnung 74/1992 zweierlei

---

[595] *Verardi*, in: La tutela collettiva dei consumatori, S. 45 ff. (72).
[596] *Verardi*, in: La tutela collettiva dei consumatori, S. 45 ff. (77).

zum Ausdruck:[597] zum Einen, dass er die Regelung in Art. 2601 c. c. in jedem Fall unverändert aufrecht erhalten wollte; zum Anderen, dass er sich dem gesellschaftlichen und rechtswissenschaftlichen Druck gegenüber nicht gänzlich unnachgiebig erweisen wollte und aus diesem Grunde eine halbherzige Regelung zugunsten der Verbände geschaffen hat. Hätte es aus rechtssystematischen Gründen nahe gelegen, den Anwendungsbereich des Art. 2601 c. c. zu erweitern, finden sich die Verbraucherverbände mit der Möglichkeit eines Vorgehens vor einer Verwaltungsbehörde abgespeist, die zudem nicht jedes wettbewerbswidrige Verhalten erfasst, sondern lediglich die Spezialfälle irreführender Werbung. Die Einleitung des verwaltungsgerichtlichen Kontrollverfahrens durch die Verbände wird aus rein praktischen Gründen zudem noch dadurch erschwert, dass lediglich ein in der Hauptstadt ansässiges Zentralorgan für alle Verfahren zuständig ist, auch wenn nur lokal verbreitete Werbekampagnen kontrolliert werden sollen. Von einer Ausgeglichenheit im Sinne einer Gleichwertigkeit der den verschiedenen Interessengruppen zur Verfügung gestellten Schutzmechanismen kann vor diesem Hintergrund keine Rede sein. Bereits das erste Beispiel einer Regelung zur Verbandsklage macht eine Tendenz des italienischen Gesetzgebers deutlich, die den Umgang mit der Verbandsklage lange prägen wird: die oberflächliche Bereitschaft, diesem Institut Raum durch spezialgesetzliche Normierung zu schaffen und der gleichzeitige Versuch, die grundlegenden prozessualen Strukturen unverändert zu lassen.

II. Art. 28 Arbeiterstatut (Arbeitsrecht)

1. Einführung

Eine weitere gesetzliche Verankerung einer Verbandsklage hat auf dem traditionell von Interessenverbänden schon immer stark beeinflussten Rechtsgebiet des Arbeitsrechts stattgefunden. Mit Erlass des Gesetzes Nr. 300 vom 20.5.1970 –

---

[597] *Verardi*, in: La tutela collettiva dei consumatori, S. 45 ff. (59).

Regelungen zum Schutz der Freiheit und Würde der Arbeiter, der gewerkschaftlichen Freiheit und der gewerkschaftlichen Aktivitäten an den Arbeitsstätten und Regelungen zur Besetzung[598] ist ein ganzer Katalog von materiellrechtlichen Regelungen Gesetz geworden, der im Wesentlichen zwei Regelungsbereiche umfasst: Zum Einen wird die persönliche Sphäre des einzelnen Arbeitnehmers unter Schutz gestellt, zum Anderen soll die gewerkschaftliche Arbeit auch an den Arbeitsstätten vor Repressalien des Arbeitgebers bewahrt werden.[599] Diesem ausführlichen Katalog substantieller Rechtspositionen, deren gerichtliche Verfolgbarkeit sich für den einzelnen Arbeitnehmer aus allgemeinen Grundsätzen ergibt,[600] ist für den kollektiven Bereich eine einzelne Norm mit prozessrechtlichem Inhalt beigefügt. So sieht Art. 28 Abs. 1 des Arbeiterstatuts vor: "Soweit der Arbeitgeber Maßnahmen unternimmt, die darauf gerichtet sind, die Ausübung der gewerkschaftlichen Freiheit und Tätigkeit sowie des Streikrechts zu unterbinden oder einzuschränken, ordnet das Amtsgericht des Ortes, an dem das angezeigte Verhalten stattgefunden hat, auf Antrag der Ortsverbände der nationalen Gewerkschaften, die daran Interesse haben, nachdem die Parteien vorgeladen worden sind und summarische Informationen eingeholt worden sind, dem Arbeitgeber gegenüber innerhalb von zwei Tagen mit begründetem und sofort vollstreckbarem Beschluss die Unterlassung des gesetzwidrigen Verhaltens und die Beseitigung von dessen Auswirkungen an, soweit es eine Verletzung im Sinne der vorliegenden Norm für gegeben erachtet"[601].

---

[598] Legge 20 maggio 1970, n. 300 (Statuto dei lavoratori) Norme sulla tutela della libertà e dignità dei lavoratori, della libertà sindacale e dell'attività sindacale nei luoghi di lavoro e norme sul collocamento.

[599] Dazu *Carpi*, S. 161 f.

[600] Dazu im Einzelnen und mit weiteren Nachweisen *Punzi*, riv. dir. proc. 2002, 647 ff. (654).

[601] Qualora il datore di lavoro ponga in essere comportamenti diretti ad impedire o limitare l'esercizio della libertà e della attività sindacale nonché del diritto di sciopero, su ricorso degli organismi locali delle associazioni sindacali nazionali che vi abbiano interesse, il pretore del luogo ove è posto in essere il comportamento denunziato, nei due giorni successivi, convocate le parti ed assunte sommarie informazioni, qualora ritenga sussistente la violazione di cui al

2. Klageziele

a) Formelle Ziele

Das Vorgehen der Verbände ist inhaltlich zum Einen auf eine Einstellung des beanstandeten Verhaltens des Arbeitgebers, zum Anderen auf eine Beseitigung der durch dieses Verhalten provozierten Auswirkungen gerichtet. Unter dem zweiten Klageziel ist dabei die Wiederherstellung eines gestörten Gleichgewichts im Wege der Rückgängigmachung von Maßnahmen, die auf das beanstandete Verhalten gründen, zu verstehen.[602] Das zur Verfolgung dieser Ziele vorgesehene Verfahren ist in zwei Phasen aufgeteilt: zunächst entscheidet das angerufene Amtsgericht nach Anhörung der Parteien innerhalb von zwei Tagen nach summarischer Prüfung des Sachverhaltes mit sofort vollstreckbarer Entscheidung, Art. 28 Abs. 1. Sollten die Parteien die getroffene Entscheidung nicht akzeptieren, haben sie innerhalb von 15 Tagen die Möglichkeit, vor dem Landgericht Rechtsmittel einzulegen, das darüber seinerseits mit sofort vollstreckbarem Urteil entscheidet, Art. 28 Abs. 3. Hält sich ein verurteilter Arbeitgeber nicht an die Verfügung des Gerichts, macht er sich nach Art. 650 c. p.[603] strafbar, Art. 28 Abs. 4. Eine entsprechende strafrechtliche Verurteilung ist zu veröffentlichen, Art. 28 Abs. 5. Das gewerkschaftsfeindliche Verhalten des Arbeitgebers, das einer Verurteilung im Sinne von Art. 28 Abs. 1 voraus zu gehen hat, ist aufgrund seiner mannigfachen Gestalt[604] vom Gesetzgeber nicht näher spezifiziert und seine Beurteilung aus diesem Grunde in das Ermessen des Gerichts gestellt.[605]

---

presente comma, ordina al datore di lavoro, con decreto motivato ed immediatamente esecutivo, la cessazione del comportamento illegittimo e la rimozione degli effetti.

[602] Als Beispiel mag der Fall der Rücknahme einer wegen gewerkschaftlicher Betätigung ausgesprochenen Kündigung dienen. Nachweise aus der Rechtsprechung und weiterführende Angaben finden sich bei *Vigoriti*, Interessi collettivi e processo, S. 164 f.

[603] Art. 650 c. p. sieht eine Strafbarkeit für den Fall der Nichtbeachtung öffentlicher Anordnungen vor (Inosservanza di provvedimenti dell'Autorità), die von einer Geldstrafe bis zu EUR 206,00 bis zu Freiheitsstrafe bis zu drei Monaten reicht.

[604] *Vigoriti*, Interessi collettivi e processo, S. 164.

[605] Umfangreiche Kasuistik findet sich bei *Grandi/Pera*, Art. 28 VIII. ff.

b) Inhaltlicher Interessenschutz

Inhaltlich bereitet die Norm insofern Schwierigkeiten, als sie dem Schutz kollektiver Interessen nur eine äußerst begrenzte Reichweite eröffnet, was sich allerdings nicht unmittelbar erschließt. So gewährt die gesetzliche Regelung den einzelnen Arbeitern Schutz im Hinblick auf Rechte, die in den Begriffen der gewerkschaftlichen Freiheit und Aktivität sowie des Streikrechts zusammengefasst sind. Darüber hinaus erweitert die Norm einem ersten Anschein nach durch die Möglichkeit einer Verbandsklage den Schutz vor Repressalien gegen gewerkschaftliche Tätigkeit um die Dimension der Beeinträchtigung kollektiver Interessen. Die Formulierung des Gesetzes nimmt in der Eröffnung der kollektiven Schutzdimension jedoch eindeutig Bezug auf den individuellen Schutzbereich, indem sie die kollektive Schutzdimension inhaltlich an die individuelle anschließt:[606] denn ein Vorgehen der Gewerkschaften ist nicht generell bei Beeinträchtigung kollektiver Interessen möglich, sondern nur soweit, als die Ausübung der gewerkschaftlichen Freiheit und Aktivität bzw. des Streikrechts gefährdet sind. Den Begriffen der gewerkschaftlichen Freiheit und Aktivität sowie des Streikrechts wohnt grundsätzlich auch eine kollektive Dimension inne; diese Begriffe werden vom Arbeiterstatut in den Artikeln 14 ff. jedoch ausgehend vom individuellen Blickwinkel, also in ihrer Bedeutung und Tragweite für den einzelnen Arbeitnehmer in seinem Arbeitsverhältnis, zum Schutzgegenstand der Vorschrift gemacht. Dadurch, dass die kollektive Schutzdimension inhaltlichen Bezug auf die vom Gesetz in diesem individuellen Sinne verstandenen Begriffe nimmt, wird die Reichweite des kollektiven Schutzes inhaltlich durch die Hintertür auf die Wahrnehmung individueller Interessen begrenzt. Der kollektiven Schutzdimension wird auf diese Weise nur mehr mittelbar Rechnung getragen. Konkret bedeutet dies, dass sowohl auf individueller als auch auf kollektiver Ebene Rechtspositionen zur Interessenwahrnehmung eröffnet sind, dass sich

---

[606] *Punzi*, riv. dir. proc. 2002, 647 ff. (654).

diese jedoch inhaltlich weitestgehend entsprechen[607] und den individuellen Rahmen auch auf kollektiver Ebene nicht verlassen.[608]

3. Klagebefugte Einrichtungen

Als Inhaber der Klagebefugnis nach Art. 28 Abs. 1 werden die Ortsverbände der nationalen Gewerkschaften bestimmt. Die Bezugnahme auf die landesweite Verbreitung der Tätigkeit[609] der Gewerkschaft dient dabei als Kriterium der Absicherung der Repräsentativität der gerichtlich vorgehenden Gewerkschaft[610]; Repräsentativität des klagebefugten Verbandes, von der sich der Gesetzgeber einen angemessenen und qualifizierten Umgang mit dem zur Verfügung gestellten Mittel der Verbandsklage verspricht.[611] Daneben muss der klagende Verband nach dem Wortlaut der Regelung über Interesse am gerichtlichen Vorgehen verfügen. Die Rechtsprechung bezieht den Begriff des Interesses auf den klagenden Ortsverband und nicht auf die nationale Mutterorganisation,[612] was als einschränkendes Kriterium zur Folge hat, dass der gerichtlich vorgehende Verband einen konkreten Bezug zu dem beanstandeten Verhalten nachzuweisen hat, an den allerdings keine überhöhten Anforderungen gestellt werden.[613]

---

607 *Punzi*, riv. dir. proc. 2002, 647 ff. (654); *Corsini*, Giust. civ. 1998, I, 272 ff. (274 Fn. 7); *Vigoriti*, Interessi collettivi e processo, S. 158.

608 Anderer Ansicht ist *Carpi*, S. 162 f., der in der Regelung die Anerkennung eines eigenständigen gewerkschaftlichen Kollektivinteresses erkennt, dieses jedoch inhaltlich nicht näher beschreibt und gleichzeitig zugesteht, dass das beanstandete Verhalten auch seiner Auffassung nach in der Regel individuellen Bezug hat. In ähnlicher Weise äußert sich *Denti*, Foro it. 1978, II, 112 ff. (118), der die Fälle, in denen das Vorgehen der Gewerkschaft rein kollektiven Bezug ausweist, als Ausnahmefälle bezeichnet.

609 Ein Kriterium, das sowohl von der Rechtsprechung zur Anwendung gebracht worden ist als auch vom Gesetzgeber in späteren Normierungen zur Bestimmung der klagebefugten Verbände wiederholt herangezogen wird.

610 *Vigoriti*, Interessi collettivi e processo, S. 169.

611 *Vigoriti*, Interessi collettivi e processo, S. 169.

612 *Grandi/Pera*, Art. 28, XXVIII. Rn. 1.

613 *Grandi/Pera*, Art. 28, XXVIII. Rn. 1 ff. mit zahlreichen Beispielen aus Rechtsprechung und Literatur.

4. Bewertung

An den Regelungen des Arbeiterstatuts werden die Gespaltenheit und die Schwierigkeiten des italienischen Gesetzgebers im Umgang mit kollektiven Interessen besonders deutlich. Auch wenn die kollektiven Interessen per definitionem die individuelle Sphäre überschreiten,[614] so wird im Rahmen der vorliegenden Regelung die überindividuelle Ebene durch eine „raffinierte" Regelungstechnik inhaltlich der individuellen Dimension angeglichen, indem ihr nämlich keine weitergehenden Rechte, als der Einzelne nicht ohnehin schon für sich in Anspruch nehmen kann, zugesprochen werden. Die Möglichkeit des gerichtlichen Vorgehens der Interessenverbände stellt sich aus diesem Grunde als ein Abbild der Möglichkeiten des Einzelnen dar; der Verband kann mit seiner Klage nicht mehr erreichen, als der Einzelne,[615] er kann durch seine Tätigkeit zur Durchsetzung und zum Schutz speziell kollektiver Interessen nichts beitragen. Denn das Vorgehen der Verbände ist zwar formal auf die Wahrnehmung kollektiver Rechtspositionen gerichtet; aufgrund der Besonderheiten in der gesetzlichen Regelungstechnik erschöpft sich die kollektive Interessenwahrnehmung faktisch jedoch in der unterstützenden Einforderung individueller Rechtspositionen.

Im Hinblick auf diese ungewöhnliche Struktur und Funktion der Verbandsklage sind zwei unterschiedliche Schlussfolgerungen möglich:[616] zum Einen kann der Schwerpunkt der Betrachtungen auf die Tatsache fokussiert werden, dass den Verbänden durch Art. 28 des Arbeiterstatuts formell die Möglichkeit zur gerichtlichen Wahrnehmung kollektiver Interessen eingeräumt wird und somit eine

---

[614] Vgl. dazu oben § 2 B. IX.

[615] *Punzi*, riv. dir. proc. 2002, 647 ff. (654).

[616] *Vigoriti*, Interessi collettivi e processo, S. 217 umschreibt die Problematik im Hinblick auf die dogmatische Einordnung mit der Formulierung, es handele sich um eine ordentliche Klagebefugnis sui generis, die Spuren einer außerordentlichen Klagebefugnis trage.

echte Form kollektiven Rechtsschutzes vorliegt.[617] Andererseits[618] mag man die eigentliche Funktion der Verbandsklage in der unterstützenden und ergänzenden Wahrnehmung fremder individueller Interessen erblicken und ihr aus diesem Grunde im Hinblick auf die Fortentwicklung des Instituts der Verbandsklage nur geringe Bedeutung einräumen.

Entscheidend bei der Beurteilung muss die Effektivität der Gewährleistung des Schutzes kollektiver Interessen sein, die die Norm bieten kann; dadurch, dass diese den Inhalt der kollektiven Interessen ausgesprochen restriktiv bestimmt und den Interessenschutz auf diese Weise nur mittelbar, nämlich im Wege der unterstützenden Verfolgung individueller Interessen ermöglicht, wird ein unmittelbares und effektives gerichtliches Auftreten zum Schutz kollektiver Interessen von der Regelung nicht ermöglicht. Daran vermag auch die Tatsache, dass der Verband vor Gericht formal für eine eigene Rechtsposition eintritt, nichts zu ändern. Der Verbandsklage kommt aus diesem Grunde im Hinblick auf die Rechtspositionen des Einzelnen unterstützende Funktion zu,[619] sie stellt sich jedoch nicht als eine unabhängige prozessuale Durchsetzung kollektiver Interessen dar.[620]

Zudem ist die vom Gesetzgeber angewendete Verknüpfung der Befugnis zur Klage eines Ortsverbandes mit der erforderlichen nationalen Verbreitung der Mutterorganisation dieses Ortsverbandes unglücklich. Zwar ist nachvollziehbares Auswahlkriterium des Gesetzgebers die Repräsentativität der klagenden Einrichtung. Repräsentativität ist jedoch nicht abstrakt zu bestimmen, sondern im-

---

[617] *Vigoriti*, Interessi collettivi e processo, S. 166; *Cappelletti*, riv. dir. proc. 1975, 361 ff. (392 f.), der die Klagemöglichkeit nach Art. 28 Arbeiterstatut als bedeutenden Entwicklungsschritt bewertet und ihr die Rolle einer Vorbotin radikaler Veränderungen nicht verwehren will.

[618] *Punzi*, riv. dir. proc. 2002, 647 ff. (655).

[619] *Punzi*, riv. dir. proc. 2002, 647 ff. (654 f.).

[620] Die primäre Ausrichtung des gesamten Arbeiterstatuts auf den Individualschutz der Arbeitnehmer und die Vernachlässigung kollektiver Interessen wird besonders an der in Art. 18 Abs. 7 enthaltenen Regelung deutlich, wonach ein zu Unrecht entlassener Arbeitnehmer gemeinsam mit der Gewerkschaft gerichtlich auf Wiedereinstellung klagen kann. Eine Klage, die ausschließlich den Schutz einer individuellen Rechtsposition zum Gegenstand hat.

mer konkret am zugrunde liegenden Sachverhalt zu orientieren. Ziel des Arbeiterstatuts ist der Schutz vor bestimmten – individuellen und kollektiven - Verhaltensweisen des Arbeitgebers, die in konkreten Einzelfällen in bestimmten Betrieben vorfallen. Die Anknüpfung der Repräsentativität an vor Ort tätige Verbände und deren Interesse an der Klage erweist sich aus diesem Grunde als sachgerecht, da diese Verbände mit den örtlichen Gegebenheiten vertraut sind und die örtlichen Verhältnisse auch in ihrer Zusammensetzung widerspiegeln dürften. Im Gegensatz dazu kann die darüber hinaus aufgestellte Anforderung der nationalen Verbreitung der Mutterorganisation keinen Anhaltspunkt für die Repräsentativität des vor Ort tätigen Verbandes treffen.[621] Denn Repräsentativität auf nationaler und lokaler Ebene sind voneinander strikt zu trennende Tatbestände und haben untereinander keinerlei Indizwirkung. Dem Gesetzgeber ist somit im Hinblick auf die Anwendung des Kriteriums der Repräsentativität zuzustimmen, ihm ist jedoch vorzuwerfen, dass er dieses Kriterium unter Zugrundelegung zumindest zweifelhafter Maßstäbe mit Inhalt zu füllen versucht.

Als Ergebnis ist festzuhalten, dass der Norm inhaltlich im Hinblick auf einen unabhängigen und effektiven Schutz kollektiver Interessen eine wirkliche Bedeutung nicht zuzusprechen ist; es sollte gleichwohl nicht verkannt werden, dass sie zumindest formal ein eigenständiges Recht zur Wahrnehmung kollektiver Interessen für einen Verband anerkennt, das unabhängig von einer zugrunde liegenden Verbindung zu den einzelnen von dem Verhalten des Arbeitgebers konkret Betroffenen konzipiert ist.[622]

5. Parallelität der kollektiven und individuellen Klage

Wird gleichzeitig Verbänden und individuell Betroffenen die Möglichkeit eines gerichtlichen Vorgehens eingeräumt, stellt sich im Weiteren die Frage, in welchem Verhältnis Verfahren gleichen Inhalts, seien es wiederholte Klagen von

---

[621] *Vigoriti*, Interessi collettivi e processo, S. 170 f.

[622] *Punzi*, riv. dir. proc. 2002, 647 ff. (655).

Verbänden, seien es zur Verbandsklage konkurrierende Verfahren einzelner Betroffener, zu einander stehen und wie die Betroffenen an diesen Verfahren zu beteiligen sind. Soll diese Frage grundlegend nach Darstellung der einzelnen zur Verbandsklage ergangenen Regelungen erörtert werden,[623] führt im vorliegenden Fall die inhaltliche Identität von kollektiven und individuellen Interessen zu einer speziellen Problematik im Hinblick auf das prozessuale Nebeneinander von kollektiver und individueller Klage. Das angesprochene Problem stellt sich insbesondere, wenn der einzelne von dem beanstandeten Verhalten Betroffene auf ein gerichtliches Vorgehen verzichtet, während hingegen der Verband sich zur Einleitung eines Verfahrens entschließt. Die Beantwortung dieser Problematik hängt eng mit der schon dargestellten Frage der inhaltlichen Beurteilung und Funktion der in Art. 28 Arbeiterstatut vorgesehenen Kollektivklage zusammen.

a) Verfahren mit unterschiedlichem Streitgegenstand

Der Kassationsgerichtshof hat in diesem Zusammenhang wiederholt die Auffassung vertreten, dass die nach Art. 28 Arbeiterstatut mögliche kollektive Klage im Hinblick auf die beeinträchtigten Interessen nicht mit der individuellen Klage gleichzusetzen sei.[624] Beide Klagen seien zwar auf dasselbe „petitum“ gerichtet, hätten jedoch eine unterschiedliche „causa petendi“.[625] Diese Feststellung führt im Ergebnis zu einer unabhängigen Parallelität der beiden Verfahrensebenen, mit der Folge, dass der individuell Betroffene an einem Verfahren des Verbandes nicht zu beteiligen ist[626], und ein vom Verband geführtes Verfahren ein späteres Vorgehen des einzelnen Betroffenen nicht ausschließt.[627]

---

[623] Vgl. dazu unten § 7 B.

[624] *Corte di Cassazione*, sentenza n. 1380, 6 maggio 1972, Il Foro italiano 1972, I, 1201 ff. (1204 f.); *Corte di Cassazione*, sentenza n. 1366, Il Foro italiano 1976, I, 1132 ff. (1134 f.).

[625] Formulierungen von *Vigoriti*, Interessi collettivi e processo, S. 165, mit weiteren zustimmenden Nachweisen aus der Literatur.

[626] Selbstverständlich jedoch beteiligt werden kann, *Corte di Cassazione*, sentenza n. 1380, 6 maggio 1972, Il Foro italiano 1972, I, 1201 ff. (1204).

[627] *Vigoriti*, Interessi collettivi e processo, S. 165 f., Fn. 26; S. 181 f.

b) Notwendige Beiladung des Betroffenen

Anderer Auffassung nach steht dem Verband nach Art. 28 Arbeiterstatut zwar die Möglichkeit eines eigenen gerichtlichen Vorgehens offen, es dürfe im Rahmen der prozessualen Abwicklung jedoch nicht außer Acht bleiben, dass Gegenstand des vom Verband geführten Verfahrens in aller Regel die Rechtsposition des Einzelnen sei, was dazu führe, dass auch der einzelne Betroffene an einem entsprechenden Verfahren beteiligt werden müsse.[628] Dies jedoch bedeutet im Ergebnis, dass der betroffene Arbeitnehmer an einem vom Verband eingeleiteten Verfahren – nach dieser Auffassung als notwendiger Streitgenosse – Anteil haben muss,[629] da er von einem Urteil in dem vom Verband initiierten Verfahren in seiner Rechtsposition betroffen wird.

c) Stellungnahme

Wie oben unter 4. herausgearbeitet worden ist, erschöpft sich der wesentliche Gehalt der Regelung in Art. 28 des Arbeiterstatuts in einer förmlichen Anerkennung einer eigenen Rechtsposition der Verbände, die inhaltlich nicht über eine entsprechend weit reichende Tragweite verfügt. Auch im Rahmen der Kollektivklage geht es demzufolge in erster Linie um den Schutz vor der Beeinträchtigung individueller Rechtspositionen. Dem Betroffenen in einem Verfahren, in dem es inhaltlich um seine persönliche Beeinträchtigung geht, eine obligatorische Beteiligungsmöglichkeit abzusprechen, scheint im Hinblick auf das wichtigste Ziel des Arbeiterstatuts, nämlich den Schutz des einzelnen Arbeitnehmers, nicht gerechtfertigt. So werden in einem vom Verband angestrengten Verfahren in erster Linie Individualrechtspositionen verhandelt und aus diesem Grunde ist dem Betroffenen obligatorisch die Möglichkeit zur Teilnahme zu eröffnen, wobei ihm selbst die Entscheidung anheim gestellt ist, diese Möglichkeit wahrzu-

---

[628] *Punzi*, riv. dir. proc. 2002, 647 ff. (656).

[629] *Punzi*, riv. dir. proc. 2002, 647 ff. (656), der diese Forderung freilich auf das im wirklichen Streitverfahren ergangene Urteil beschränkt.

nehmen oder auf eine Verfahrensbeteiligung zu verzichten. Für den Fall einer Verfahrensteilnahme ergibt sich eine Erstreckung der Urteilswirkungen aus allgemeinen Grundsätzen. Für den Fall der bewusst abgelehnten Möglichkeit zur Teilnahme ist eine – faktisch ohnehin auch gegebene – rechtliche Erstreckung dadurch geboten und auch gerechtfertigt, dass andernfalls, angesichts der Besonderheiten im vorliegenden Fall, die den Verbänden eingeräumte Klagemöglichkeit nicht nur vollkommen überflüssig wäre, sondern auch inhaltlich jeder Bedeutung beraubt wäre; denn es würde ein Verfahren geführt werden, dessen Ergebnis ohne Bedeutung wäre, da der Rechtsinhaber der betroffenen Rechtsposition von den Wirkungen des Urteils nicht erfasst würde. Eine solche Auslegung der Norm steht mit der formalen Anerkennung eines eigenen Verbandsrechtes zur Klage in offensichtlichem Widerspruch.

III. Art. 18 des Gesetzes Nr. 349/1986 (Umweltrecht)

1. Einführung

Das Gesetz Nr. 349 vom 8.7.1986 über die Errichtung des Umweltministeriums und über Regelungen auf dem Gebiet von Umweltschäden[630] stellt insbesondere unter regelungstechnischen Gesichtspunkten einen weiteren wichtigen Schritt auf dem Weg der Entwicklung von Verbandsklagebefugnissen dar. Der italienische Gesetzgeber hat hier zum ersten Mal ein außergerichtliches, verwaltungsrechtliches Verfahren zur Verifizierung von Kriterien, die für die Verfahrensbeteiligung der Verbände Voraussetzung sind, vorgesehen. Er hat damit in ungewöhnlicher Weise Regelungen zur prozessualen Beteiligung eng mit verwaltungsrechtlichen Organisationsnormen verknüpft.[631] Dieses Vorgehen findet sich

---

[630] Legge 8 luglio 1986, n. 349 Istituzione del ministero dell'ambiente e norme in materia di danno ambientale.
[631] *Dell'Acqua*, in: danno ambientale e tutela giuridica, S. 15.

– in leicht abgeänderter Weise - in zeitlich späteren Regelungen wieder[632] und ist auch bei Umsetzung der Richtlinie 98/27/EG zur Anwendung gekommen. Der Norm kommt über ihren eigentlichen Regelungsbereich hinaus praktische Bedeutung zu, da die in ihr verankerten Kriterien zur Bestimmung klagebefugter Einrichtungen auch in anderen Regelungszusammenhängen herangezogen werden.

2. Inhalt der Regelung

Gegenstand des Gesetzes ist neben der Errichtung des Umweltministeriums die Regelung des Ersatzes von Umweltschäden. So ist in Art. 18 Abs. 1 des Gesetzes bestimmt, dass „jede vorsätzliche oder fahrlässige Handlung, die gegen das Gesetz oder gegen die auf Grundlage eines Gesetzes erlassene Anordnung verstößt und die Umwelt gefährdet, dieser einen Schaden zufügt, sie verändert, verschlechtert oder sie ganz oder teilweise zerstört, (...) den Verursacher der Handlung zum Schadenersatz gegenüber dem Staat“ verpflichtet. Nach Art. 18 Abs. 4 können „die Verbände im Sinne von vorstehend Art. 13 und Bürger (...) die umweltverletzende Handlung, von der sie Kenntnis erlangt haben, anzeigen, um die Ausübung der Klagebefugnis von Seiten der Berechtigten anzuregen“[633]. Waren die Möglichkeiten des verbandlichen Vorgehens im Zusammenhang mit Umweltschäden ursprünglich gemäß Art. 18 Abs. 5 des Gesetzes darauf beschränkt, dass „die auf der Grundlage von Art. 13 dieses Gesetzes bestimmten Verbände (...) den Rechtsstreiten wegen Umweltschäden beitreten und auf dem Verwaltungsrechtsweg auf Aufhebung unrechtmäßiger Maßnahmen klagen“

[632] Vgl. unten D I., Gesetz Nr. 281 vom 30.7.1998 zur Regelung der Rechte der Verbraucher und Benutzer, das auch zur Umsetzung der Richtlinie 98/27/EG herangezogen worden ist.

[633] Le associazioni di cui al precedente art. 13 e i cittadini, al fine di sollecitare l'esercizio dell'azione da parte dei soggetti legittimati, possono denunciare i fatti lesivi di beni ambientali dei quali siano a conoscenza.

können,[634] wurde im Jahre 1999 durch eine Gesetzesnovelle den Verbänden auch eine eigene Befugnis zur Klage auf Schadensersatz verliehen[635].

3. Klagebefugte Einrichtungen

Zur Bestimmung der klagebefugten Einrichtungen ordnet Art. 13 Abs. 1[636] des Gesetzes an: „Die Umweltschutzverbände mit nationalem Charakter und diejenigen, die in wenigstens fünf Regionen vorhanden sind, werden durch Rechtsverordnung des Umweltministers auf der Basis ihrer programmatischen Zielsetzungen und ihrer demokratischen Binnenstruktur, wie von den Statuten vorgesehen, sowie auf der Basis der Kontinuität ihrer Tätigkeit und ihrer äußeren Bedeutung, nach vorhergehender Stellungnahme des nationalen Umweltrates, die innerhalb von 90 Tagen nach der Anfrage zu erfolgen hat, bestimmt."[637] Wie bereits angedeutet, handelt es sich bei dieser Regelung um die erste ihrer Art im italienischen Recht. Ziel der Regelung ist, die Entscheidung über die Beteiligungsbefugnis von Verbänden unabhängig von einem konkreten Prozessgesche-

---

634 Le associazioni individuate in base all'art. 13 della presente legge possono intervenire nei giudizi per danno ambientale e ricorrere in sede di giurisdizione amministrativa per l'annullamento di atti illegittimi.

635 Durch Art. 4 Abs. 3 des Gesetzes Nr. 265 vom 3. August 1999 (legge 3 agosto 1999, n. 265) wurde geregelt, dass „die in Art. 13 des Gesetzes Nr. 349 vom 8. Juli 1986 genannten Umweltschutzverbände ... die zur Kompetenz der ordentlichen Gerichte gehörenden Schadensersatzklagen, die der Gemeinde und der Provinz wegen Umweltschäden zustehen, erheben" können. „Der gegebenenfalls zu leistende Schadensersatz wird an die vertretene Körperschaft ausbezahlt und die Prozesskosten werden zugunsten oder zu Lasten des klagenden Verbandes abgerechnet (Le associazioni di protezione ambientale di cui all'articolo 13 della legge 8 luglio 1986, n. 349, possono proporre le azioni risarcitorie di competenza del giudice ordinario che spettino al comune e alla provincia, conseguenti a danno ambientale. L'eventuale risarcimento è liquidato in favore dell'ente sostituito e le spese processuali sono liquidate in favore o a carico dell'associazione).

636 *Dell'Acqua*, in: danno ambientale e tutela giuridica, S. 24 spricht der Norm historische Tragweite zu, da sie in dem traditionellen Konflikt zwischen normativer Festlegung und richterlicher Entscheidung über den Schutz überindividueller Interessen endlich eindeutig Stellung beziehe.

637 Le associazioni di protezione ambientale a carattere nazionale e quelle presenti in almeno cinque regioni sono individuate con decreto del Ministro dell'ambiente sulla base delle finalità programmatiche e dell'ordinamento interno democratico previsti dallo statuto, nonché della continuità dell'azione e della sua rilevanza esterna, previo parere del Consiglio nazionale per l'ambiente da esprimere entro novanta giorni dalla richiesta.

hen in einem verwaltungsgerichtlichen Verfahren zu klären. Zu den vom Gesetzgeber zur Feststellung der Beteiligungsbefugnis verwendeten Maßstäben ist festzustellen, dass diese, was das Kriterium der ‚von den Statuten vorgesehenen programmatischen Zielsetzung und demokratischen Binnenstruktur' angeht, die gesetzliche Festschreibung richterlicher Rechtsfortbildung darstellen.[638] Die weiteren Kriterien der Kontinuität der Tätigkeit und die äußere Bedeutung lassen auf die Absicht des Gesetzgebers schließen, den Begriff der Repräsentativität begrifflich fassbar zu machen.[639] Allen Kriterien ist gleichsam zu eigen, dass sie in Formulierung und Tragweite wenig konkret und inhaltlich bestimmt sind. Die vom Ministerium zu treffende Entscheidung stellt sich aus diesem Grunde in weiten Teilen als Ermessensentscheidung[640] dar, die dem einzelnen Verband gegenüber in Form eines Verwaltungsaktes ergeht und gegen die er sich dementsprechend vor den Verwaltungsgerichten wehren kann.[641] Die Überprüfung, ob eine Institution als klagebefugte Einrichtung zu werten ist, wird auf Antrag beim Ministerium durchgeführt und nach Stellungnahme des Nationalen Umweltrates beschieden. Ist die Beteiligungsbefugnis eines Verbandes in diesem Sinne positiv festgestellt worden, muss sich das Gericht damit nicht mehr auseinander setzen.[642] Auf der Grundlage der von Artikel 13 festgelegten Kriterien hat der Umweltminister nach Zustimmung durch den Nationalen Umweltrat

---

[638] Dieses Kriterium entstammt offensichtlich der oben dargestellten (§ 3 C II.) Entscheidung Nr. 253 vom 9. März 1973 des Consiglio di Stato.
[639] In diesem Sinne auch *Tarzia*, riv. dir. proc. 1987, 774 ff. (800).
[640] *Tarzia*, riv. dir. proc. 1987, 774 ff. (800); *Dell'Acqua*, in: danno ambientale e tutela giuridica, S. 24 f.
[641] *Colagrande*, Le nuove leggi civili commentate 1998, 700 ff. (733, Fn. 110); *Tarzia*, riv. dir. proc. 1987, 774 ff. (800 f.).
[642] Die Rechtsprechung versteht die im verwaltungsgerichtlichen Verfahren festgestellte Klagebefugnis gleichwohl nicht als abschließend; vielmehr könne das Gericht – unabhängig von dem verwaltungsgerichtlichen Verfahren – über das Vorliegen der Klagebefugnis in jedem Einzelfall entscheiden, *Consiglio di Stato*, Sezione VI, decisione 7 febbraio 1996, n. 182, Il Foro italiano 1996, III, 496, vgl. dazu auch unten § 5 E.

erstmals mit Rechtsverordnung vom 20. Februar 1987[643] die im Sinne des Gesetzes beteiligungsbefugten Einrichtungen benannt.

4. Beteiligungsmöglichkeiten

a) Überblick

Der Wortlaut der Regelung sieht die Möglichkeit einer Anzeige umweltschädlichen Verhaltens und damit verbunden die Anmahnung eines entsprechenden Schadensersatzprozesses, einen Beitritt zu Rechtsstreitigkeiten wegen Umweltschäden, das Beschreiten des Verwaltungsrechtswegs sowie, seit der Gesetzesnovellierung im Jahre 1999, eine Klage auf Ersatz des Umweltschadens vor. Aus dieser Aufzählung ergibt sich die Möglichkeit eines Tätigwerdens der Verbände auf zwei Ebenen:[644] zum Einen das originäre Tätigwerden im Wege der selbsttätigen Einleitung von Verfahren. Zum Anderen eine Intervention[645], also ein Eingreifen im Sinne einer unterstützenden Teilnahme in von anderen initiierte Verfahren der ordentlichen Gerichtsbarkeit.

b) Originäre Verfahrenseinleitung

Im Hinblick auf eine originäre Verfahrenseinleitung haben die Verbände zum Einen die Möglichkeit, rechtswidrige Verwaltungsakte oder Verfügungen vor

[643] Decreto Ministeriale 20 febbraio 1987 – Individuazione delle associazioni di protezione ambientale ai sensi dell'art. 13 della legge 8 luglio 1986, n. 349. Zu den dort bestimmten Einrichtungen zählen Amici della terra, Associazione Kronos 1991, Club alpino italiano, Federnatura, Fondo ambiente italiano, Gruppi ricerca ecologica, Italia nostra, Lega ambiente, Lega italiana protezione uccelli, Mare vivo, Touring club italiano, World Wildlife Fund sowie Greenpeace. In der Folgezeit wurden auch Agriturist, Lega italiana per i diritti dell'animale, Associazione ambiente e lavoro und Associazione Terranostra aufgenommen. Das Anerkennungsverfahren hat nach wie vor Bedeutung; so wurde jüngst mit Verordnung vom 26. Februar 2003 der Verein „Fare Verde" als Einrichtung im Sinne von Art. 13 anerkannt.

[644] *Colagrande*, Le nuove leggi civili commentate 1998, 700 ff. (733, Fn. 110); *Tarzia*, riv. dir. proc. 1987, 774 ff. (802).

[645] Unter einer zivilrechtlichen Prozessintervention ist das unterstützende Tätigwerden in der Form und den Grenzen des „intervento adesivo" gemäß den Artikeln 105, 267 ff. c. p. c. zu verstehen (dem deutschen Rechtsinstitut der Streithilfe vergleichbar), *Tarzia*, riv. dir. proc. 1987, 774 ff. (802).

den Verwaltungsgerichten für nichtig erklären zu lassen, Art. 18 Abs. 5. Sehr viel weit reichender und auch unter dogmatischen Gesichtspunkten interessanter ist die den Verbänden eingeräumte Möglichkeit, eine zivilgerichtliche Klage auf Ersatz des verursachten Umweltschadens einzuleiten. Art. 18 Abs. 1 bestimmt, dass der Verursacher des umweltschädlichen Verhaltens dem Staat gegenüber zum Schadensersatz verpflichtet ist, der Staat selbst also Inhaber des geltend zu machenden Schadensersatzanspruches ist[646]. Ursprünglich war Inhalt der Regelung, dass der Staat diesen Anspruch gemäß Art. 18 Abs. 3 grundsätzlich auch selbst vor den insoweit zuständigen Zivilgerichten (Art. 18 Abs. 2) gerichtlich durchsetzt.[647] Mit der Novellierung der Regelung wurde die Anspruchsberechtigung des Staates insoweit modifiziert, als der Schadensersatzanspruch den durch die umweltschädigende Handlung betroffenen Gebietskörperschaften übertragen wurde und auch die Verbände zur Ausübung der Schadensersatzklage ermächtigt wurden.[648] Die Verbände sind also befugt, die jeweiligen Ansprüche der Gebietskörperschaften auf Ersatz des durch das umweltschädigende Verhalten entstandenen Schadens einzuklagen. Die Verbände klagen also auf Leistung an einen Dritten.[649] Im Falle eines Obsiegens wird der Beklagte zum Schadensersatz

---

646 *Punzi*, riv. dir. proc. 2002, 647 ff. (658); zur dogmatischen Konzeption des dem Staat zustehenden Anspruchs auf Ersatz des Umweltschadens *Luci*, in: I diritti dei consumatori e degli utenti, S. 253 ff. (263 f.).

647 Der Gesetzgeber gibt im Wege einer einschränkenden Legaldefinition der im Sinne des Gesetzes relevanten Begriffe des Umweltschadens und des durch diesen Schaden Geschädigten beiden Begriffen eine ausgesprochen begrenzte Reichweite. Er entzieht sich damit der schwierigen Frage, welchen Rechtsträgern das Interesse an der Erhaltung der Umwelt abstrakt zuzuordnen ist und gibt dem Gesetz auf diese Weise von vorneherein nur einen eingeschränkten Anwendungsbereich. Vgl. ausführlich zu dieser Problematik *Francario*, S. 65 f., 211 ff., der die Entscheidung des Gesetzgebers heftig kritisiert; *Tisci*, in: danno ambientale e tutela giuridica, S. 8; in diesem Sinne auch *Dell'Acqua*, in: danno ambientale e tutela giuridica, S. 16 ff., der dem Gesetzgeber einen logischen Bruch angesichts einer ausgesprochen weiten Definition der Umwelt in Art. 1 des Gesetzes und der damit nicht vereinbaren Zuordnung an den Staat als ausschließlichen Rechtsträger in Art. 18 Abs. 1 vorwirft; allgemein zum Umweltschaden *Luci*, in: I diritti dei consumatori e degli utenti, S. 253 ff. (265).

648 *Punzi*, riv. dir. proc. 2002, 647 ff. (659).

649 Angesichts der eindeutigen gesetzlichen Regelungen besteht Einigkeit darüber, dass dogmatisch ein Fall der Prozessstandschaft im Sinne von Art. 81 c. p. c. vorliegt, *Chinè*, in: I di-

zugunsten der betroffenen Gebietskörperschaft verurteilt. Dem Verband werden aufgrund ausdrücklicher gesetzlicher Anordnung in der Gesetzesnovelle die Prozesskosten ersetzt, eine Beteiligung an der zu leistenden Schadensersatzsumme erhält er nicht.

c) Unterstützende Teilnahme

Neben den Möglichkeiten der selbsttätigen Verfahrenseinleitung ist von der Regelung die unterstützende Teilnahme der Verbände an von anderen eingeleiteten Verfahren vorgesehen. Der Wortlaut der Norm spricht für den Bereich der ordentlichen Gerichtsbarkeit für eine Teilnahme an Rechtsstreitigkeiten wegen Umweltschäden. Stellt sich für den Bereich der Zivilgerichtsbarkeit eine solche Teilnahme in der Form der Intervention gemäß den Artikeln 105, 267 ff. c. p. c.[650] dar, ist im Übrigen fraglich, ob von der Norm auch eine Teilnahme an Verfahren der Strafgerichtsbarkeit umfasst wird.

Die einzige Möglichkeit einer Beteiligung am Strafverfahren ist die zivilrechtliche Nebenklage auf Schadensersatz. Voraussetzung einer zivilrechtlichen Nebenklage ist ein Anspruch auf Ersatz eines durch die Straftat erwachsenen Schadens. Da die Verbände auch nach der Gesetzesnovelle nicht selbst Inhaber des Anspruches auf Ersatz des Umweltschadens sind, sind die Voraussetzungen einer zivilrechtlichen Nebenklage im Strafverfahren allein auf der Grundlage der Regelungen des Gesetzes 349/86 nicht gegeben. Die höchstrichterliche Rechtsprechung hat gleichwohl eine Beteiligung der Verbände an strafgerichtlichen Verfahren allein auf der Grundlage des Gesetzes 349/86 zugelassen.[651] So hat

---

ritti dei consumatori e degli utenti, S. 33 ff. (37); vgl. zur dogmatischen Einordnung der Verbandsklage ausführlich unten C II.

650 entspricht dem deutschen Rechtsinstitut der Streithilfe.

651 Sollte einem Verband ein Umweltschaden in dem Sinne entstanden, dass der Verband selbst unmittelbar Beschädigter im Sinne von Art. 74 c. p. p. und den von der Rechtsprechung dazu entwickelten Fallgruppen ist, steht ihm die Möglichkeit einer zivilrechtlichen Nebenklage im Strafprozess, unabhängig von den Regelungen des Gesetzes Nr. 349/86, offen. Zur zivilrechtlichen Nebenklage im Strafprozess vgl. im Einzelnen oben § 3 C IV. 3. a).

der Kassationsgerichtshof in Strafsachen einer entsprechenden Entscheidung folgende Argumentation zugrunde gelegt: die Regelung sehe in Art. 18 Abs. 5 ausdrücklich die Möglichkeit der Teilnahme an Schadensersatzverfahren vor. Dieser Wortlaut sei angesichts der Textmodifikationen im Gesetzgebungsverfahren weit zu verstehen und umfasse aus diesem Grunde auch ausdrücklich die Teilnahme an strafrechtlichen Verfahren.[652] Die wichtigste Möglichkeit einer Teilnahme an einem strafrechtlichen Verfahren sei jedoch die zivilrechtliche Nebenklage im Strafprozess.[653] Deren Voraussetzungen im Sinne von Art. 74 c. p. p. seien angesichts eines fehlenden Schadens auf Seiten des Verbandes nicht gegeben, müssten jedoch auch nicht nachgeprüft werden; denn wo die Strafprozessordnung für eine zivilrechtliche Nebenklage grundsätzlich einen ersatzfähigen Schaden verlange, sei diese Anforderung durch die ausdrückliche Formulierung des Gesetzes Nr. 349/86 nicht zu berücksichtigen.[654] Der Verband könne daher an einem entsprechenden strafrechtlichen Verfahren ohne Nachweis eines eigenen Schadens teilnehmen.[655]

d) Stellungnahme

An der Rechtsprechung des obersten Strafgerichtshofes wird der entschiedene Wille, Interessenverbänden zunehmend Beteiligungsmöglichkeiten auf prozessualer Ebene zur Verfügung zu stellen, deutlich. Allein das dazu eingesetzte Mittel scheint unangebracht. Denn zum Einen ist das Institut einer zivilrechtlichen Nebenklage im Strafprozess in Voraussetzungen und Umfang vom Gesetzgeber in der Strafprozessordnung eindeutig festgelegt; zum Anderen gibt die

---

[652] *Corte di Cassazione Penale,* V Sezione, 26 febbraio 1992, Giurisprudenza italiana 1992, II, 465 ff. (467).

[653] *Corte di Cassazione Penale*, V Sezione, 26 febbraio 1992, Giurisprudenza italiana 1992, II, 465 ff. (467).

[654] *Corte di Cassazione Penale*, V Sezione, 26 febbraio 1992, Giurisprudenza italiana 1992, II, 465 ff. (467 f.); zustimmend *Luci*, in: I diritti dei consumatori e degli utenti, 253 ff. (268).

[655] *Corte di Cassazione Penale*, V Sezione, 26 febbraio 1992, Giurisprudenza italiana 1992, II, 465 ff. (467 f.)

Rechtsprechung keine Auskunft darüber, wie sie sich eine auf dieses Institut gegründete Teilnahme des Verbandes am Verfahren im Einzelnen vorstellt.[656] Scheidet ein auf Schadenersatz gerichtetes Tätigwerden aus, kann nur eine – den Formulierungen von Art. 18 Abs. 5 entsprechende - Prozessbeteiligung zur Unterstützung des Hauptgeschädigten in Betracht kommen.[657] Mag vor Inkrafttreten der durch die Neuregelung der Strafprozessordnung im Jahre 1989 geschaffenen weiten Beteiligungsmöglichkeiten für Verbände am Strafverfahren[658] die Absicht der Rechtsprechung nachvollziehbar und lobenswert gewesen sein, stellt sich eine solche Rechtsprechung angesichts der ergangenen strafprozessualen Neuregelungen als wenig hilfreich dar. Denn angesichts neuer umfassender, nicht als zivilrechtliche Nebenklage im Strafprozess zu qualifizierender, Beteiligungsmöglichkeiten, trägt diese Rechtsprechung unnötigerweise zu einer Verwässerung der klaren Strukturen prozessualer Institute bei.[659] Im Ergebnis ist daher die Zulässigkeit einer zivilrechtlichen Nebenklage im Strafprozess allein auf der Grundlage des Gesetzes Nr. 349/86 ohne eigenen Schadensnachweis abzulehnen.[660]

---

[656] Zuzugeben ist freilich, dass die Rechtsprechung des Strafgerichtshofes an anderer Stelle gesetzlich verankert ist: so wurde durch Gesetz Nr. 462 vom 7.8.1986 zur Einführung dringender Maßnahmen auf dem Gebiet der Prävention und Repression von Lebensmittelverfälschungen in die Verordnung des Präsidenten der Republik Nr. 162 vom 12.02.1965 – Regelungen zur Repression von Verfälschungen bei der Zubereitung und dem Handel mit Mosten, Weinen und Essigen – ein neuer Artikel 109-bis eingeführt, der den Beitritt als Nebenkläger zu entsprechenden strafrechtlichen Verfahren unabhängig vom Nachweis eines eigenen Schadens gestattet. Ausführlich zu der gesamten Problematik *Francario*, S. 253 ff., der im Ergebnis die von der Rechtsprechung vertretene Position unterstützt.

[657] *Aimonetto*, Giur. it. 1992, II, 465

[658] Vgl. dazu im Folgenden IV.

[659] *Aimonetto*, Giur. it. 1992, II, 465 ff. (466) mit zahlreichen Nachweisen aus der Literatur, wonach das von der Rechtsprechung auf dem Rücken der zivilrechtlichen Nebenklage gezeichnete Tätigwerden des Verbandes mit einem deliktischen Schadenersatzanspruch nichts gemein habe.

[660] Eine Teilnahme am Strafprozess ist seit der Novellierung der Strafprozessordnung im Jahre 1988 generell nur mit Zustimmung des durch die Straftat Verletzten zulässig; vgl. dazu sogleich IV. 4.

5. Bewertung

Das Gesetz Nr. 349/86 ist als Fortschritt auf dem langen Weg hin zu einer effektiven Prozessbeteiligung von Verbänden zu werten,[661] gleichwohl sich seine Bedeutung mehr in verfahrensrechtlichen denn in inhaltlichen Neuerungen erschöpft. So ist das vom Gesetzgeber vorgesehene außergerichtliche Feststellungsverfahren und die dazu entwickelten Kriterien im italienischen Recht innovativ und beide lassen eine erste begrüßenswerte Tendenz im Hinblick auf ein einheitliches Anerkennungsverfahren klagebefugter Institutionen erkennen. Mag dieses Vorgehen unter Praktikabilitätserwägungen begrüßenswert sein, ist gleichwohl nicht zu verkennen, dass die Entscheidung über das Vorliegen prozessualer Requisiten dem eigentlichen Prozessgeschehen und somit auch der richterlichen Entscheidung entzogen wird und in ein verwaltungsrechtliches Verfahren ausgelagert wird, das in seiner Entscheidungsfindung zudem von erheblichen Ermessenspielräumen geprägt ist.[662] Denn auch wenn die vom Gesetz zur Anwendung gebrachten Kriterien teilweise auf richterlicher Entwicklung beruhen,[663] so ist die Handhabung und Interpretation dieser Kriterien innerhalb der Rechtsprechung doch keinesfalls in ausreichendem Maße geklärt[664]. Der sich daraus ergebende Ermessensspielraum für die Verwaltung ist erheblich,[665] worüber auch die Möglichkeit einer Anfechtung des über die Klagebefugnis entscheidenden Bescheides in einem verwaltungsgerichtlichen Verfahren nicht hinweg täuschen kann. Durch die Anforderung des nationalen bzw. weiten regi-

---

[661] *Luci*, in: I diritti dei consumatori e degli utenti, S. 253 ff. (273) spricht von einem bedeutenden Wegstück, das zurück gelegt worden sei.

[662] Zur verfassungsrechtlichen Problematik der normativen Bestimmung bestimmter zur Interessenwahrnehmung befugter Verbände vgl. unten D I. 3. c).

[663] So das Kriterium der ‚von den Statuten vorgesehenen programmatischen Zielsetzung und demokratischen Binnenstruktur', das offensichtlich der oben dargestellten (§ 3 C II.) Entscheidung Nr. 253 vom 9. März 1973 des Staatsrates entstammt.

[664] Vgl. dazu die von der Position des Staatsrates abweichenden Stellungnahmen des Kassationsgerichtshofs Nr. 2207 vom 8. Mai 1978 (oben § 3 C III.) und des Staatsrates Nr. 24 vom 19. Oktober 1979 (oben § 3 C IV. 2.)

[665] *Dell'Acqua*, in: danno ambientale e tutela giuridica, S. 24 f.

onalen Tätigseins des Verbandes werden zudem Maßstäbe aufgestellt, die dem eigentlichen Anliegen des Gesetzes, effektiven Umweltschutz zu gewährleisten, nicht entsprechen. Umweltbeeinträchtigungen entstehen und wirken sich in der Regel auf lokaler Ebene aus, einer Ebene der Interessenwahrnehmung, der durch die hohen Anforderungen des Gesetzes, die lokale Verbände in aller Regel nicht erfüllen werden, nicht Rechnung getragen wird.[666]

Inhaltlich ist dem Gesetzgeber zudem vorzuwerfen, dass er sich allen Öffnungstendenzen der Rechtsprechung entzieht[667] und durch die ausschließliche Bestimmung des Staates bzw. der untergeordneten Gebietskörperschaften als Träger des superindividuellen Interesses an der Bewahrung der Umwelt ein Verharren an bestehenden prozessualen Strukturen propagiert[668] und sich gleichzeitig einer Auseinandersetzung mit den prozessualen Unebenheiten echter kollektiver Interessenwahrnehmung im Prozess entzieht[669]. Besonders deutlich ist dieses Vorgehen im Hinblick auf die den Verbänden eingeräumte Befugnis zur Schadensersatzklage zugunsten der Gebietskörperschaften. Die vermeintliche gesetzgeberische Innovation wird inhaltlich dadurch zurecht gestutzt, dass die Verbände vor Gericht keine eigene Rechtposition geltend machen dürfen und konsequenterweise auch nicht an den möglichen Früchten ihres Tätigwerdens beteiligt werden. Im Gegenteil, im Falle eines abweisenden Urteils haben sie nicht nur vergeblich großen Aufwand zur Durchsetzung eines fremden Rechts betrieben, sondern haben auch noch für sämtliche Prozesskosten einzustehen, ohne den Staat zumindest dafür in irgendeiner Form in Regress nehmen zu können. Vor diesem Hintergrund ist überaus fraglich, ob die Verbände die ihnen neu eröffne-

---

[666] *Francario*, S. 268 f.

[667] *Punzi*, riv. dir. proc. 2002, 647 ff. (657) spricht von einer völligen Umkehr der von der Rechtsprechung entwickelten Grundsätze durch den Gesetzgeber. Als Beispiel führt er die Entscheidungen des Kassationsgerichtshofes vom 9. März und 6. Oktober 1979 an (oben § 3 C IV. 1.), die mit der vom Gesetzgeber vorgenommenen Interessenzuordnung an den Staat nicht vereinbar wären.

[668] *Dell'Acqua*, in: danno ambientale e tutela giuridica, S. 26 f.

[669] *Tarzia*, riv. dir. proc. 1987, 774 ff. (803).

te gerichtliche Klagemöglichkeit engagiert nutzen werden. Vielmehr steht zu befürchten, dass die Verbände sich darauf beschränken werden, die vom Gesetz im Übrigen vorgesehenen Kontroll- und Korrektionsfunktionen auszuüben.[670]

IV. Art. 91 ff. Strafprozessordnung (Strafprozessrecht)

1. Einführung

Bereits angesprochen worden sind Novellierungen der Strafprozessordnung, die weit reichende strafprozessuale Beteiligungsmöglichkeiten für Verbände mit sich brachten. So ist mit der im Jahre 1989 in Kraft getretenen Neufassung der italienischen Strafprozessordnung vom 22.9.1988[671] in den Art. 91 ff. – unabhängig von der weiterhin bestehenden Möglichkeit der zivilrechtlichen Nebenklage im Strafprozess[672] - eine zusätzliche Beteiligungsmöglichkeit am Strafverfahren speziell für Interessenverbände geschaffen worden. In Zusammenhang mit der Einführung der neuen Vorschriften wurden alle bestehenden spezialgesetzlichen Regelungen einer zivilrechtlichen Nebenklage im Strafverfahren den in den novellierten Normen der Strafprozessordnung enthaltenen Anforderungen unterstellt[673].

2. Zugrunde liegende Bestimmungen

Nach Art. 91 Abs. 1 c. p. p. können „die Verbände und Vereine ohne Gewinnabsicht, denen vor Begehung der Tat, die Gegenstand des Prozesses ist, kraft Gesetzes die Zielsetzung des Schutzes der durch die strafbare Handlung verletzten Interessen zuerkannt worden ist, (...) in jeder Situation und zu jedem Zeitpunkt des Prozesses, die Rechte und Möglichkeiten, die der durch die strafbare Hand-

---

[670] *Tisci*, in: danno ambientale e tutela giuridica, S. 11.

[671] Decreto del Presidente della Repubblica 22 settembre 1988, n. 447 Approvazione del codice di procedura penale.

[672] Vgl. dazu oben § 3 C IV. 3. a).

[673] Art. 212 Abs. 1 der Rechtsverordnung Nr. 271 vom 28. Juli 1989 - Regelungen über die Ausführung, Koordination sowie Übergangsvorschriften der Strafprozessordnung (Decreto legge 28 luglio 1989, n. 271).

lung verletzten Person zustehen, ausüben"[674]. Die Regelung eröffnet den Verbänden demnach ausdrücklich die Möglichkeit einer Teilnahme an strafgerichtlichen Verfahren ohne eigene Betroffenheit.

3. Anforderungen an den Verband

Zur Interessenwahrnehmung berechtigt sind nach Art. 91 c. p. p. nur solche Verbände, die vor Begehung der Tat als Vertreter der in Frage stehenden Interessen kraft Gesetzes anerkannt worden sind. Eine solche Anerkennung bleibt nach dem Wortlaut der Norm grundsätzlich gesetzlichen Regelungen außerhalb des Strafverfahrens vorbehalten. Der Begriff der gesetzlichen Regelung in diesem Sinne ist weit zu verstehen; nicht nur Gesetze im förmlichen Sinne, sondern auch Rechtsverordnungen und Anordnungen der Verwaltung fallen darunter, soweit diese auf einer entsprechenden gesetzlichen Ermächtigungsgrundlage beruhen.[675] Als Regelung in diesem Sinne kann beispielhaft das oben unter III. dargestellte Gesetz Nr. 349 vom 8.7.1986 angeführt werden,[676] das bestimmten Interessenverbänden eindeutige Zielrichtungen zuspricht.[677] Die Überprüfung der von der Verwaltung im Hinblick auf die Beteiligungsbefugnis eines Verbandes getroffenen Entscheidung bleibt dem angerufenen Gericht dabei unbenommen.[678]

---

[674] Gli enti e le associazioni senza scopo di lucro ai quali, anteriormente alla commissione del fatto per cui si procede, sono state riconosciute, in forza di legge, finalità di tutela degli interessi lesi dal reato, possono esercitare, in ogni stato e grado del procedimento, i diritti e le facoltà attribuiti alla persona offesa del reato.

[675] *D'Ambrosio/Vigna*, Art. 91 c. p. p.

[676] *D'Ambrosio/Vigna*, Art. 91 c. p. p.

[677] Soweit durch die Straftat Verbraucherinteressen verletzt worden sind, ergibt sich eine gesetzliche Anerkennung nach Inkrafttreten des Gesetzes Nr. 281/98 auch durch die Aufnahme in die Liste der repräsentativen Verbraucherverbände, *Bilotta*, in: Tendenze evolutive nella tutela del consumatore, S. 43 ff. (73). Zum Gesetz Nr. 281/98 vgl. unten D.

[678] *D'Ambrosio/Vigna*, Art. 91 c. p. p.

4. Weitere Beteiligungsvoraussetzungen

a) Zustimmung des Verletzten

Weitere grundsätzlich unabdingbare Voraussetzung für die Beteiligung des Verbandes am Verfahren ist, dass der durch die Straftat Verletzte der Wahrnehmung seiner Interessen und Rechte durch den Verband gemäß Art. 92 c. p. p. zustimmt. Die Zustimmung ist vom Verletzten in gesetzlich vorgeschriebener Form - durch öffentliche Urkunde oder durch amtlich beglaubigte Privaturkunde – nicht mehr als einem Verband zu erteilen, Art. 92 Abs. 1 S. 1 c. p. p. Wird mehr als ein Verband zur Interessenwahrnehmung ermächtigt, so ist die erteilte Zustimmung unwirksam, Art. 92 Abs. 2 S. 2 c. p. p. Ein Widerruf der Ermächtigung ist jederzeit möglich. Wird einem Verband von dem durch die Straftat Verletzten die Wahrnehmung seiner Interessen im Prozess übertragen, so muss der Verband dem Gericht seine Intervention gemäß Art. 94 c. p. p. anzeigen.

b) Nicht zustimmungsfähiger Rechtsträger

Im Zuge der Novellierung der Strafprozessordnung haben sich, wie bereits angesprochen, auch die Anforderungen an die im Rahmen anderer Gesetze vorgesehenen Beteiligungsmöglichkeiten von Verbänden geändert. Denn „soweit Gesetze und Rechtsverordnungen den Beitritt als Nebenkläger und die Beteiligung am Strafprozess jenseits der in Art. 74 der Strafprozessordnung aufgestellten Voraussetzungen zulassen, ist die Beteiligung nur in den Grenzen und unter den von den Artikeln 91, 92, 93 und 94 der Strafprozessordnung aufgestellten Bedingungen zulässig“[679]. Eine Zustimmung des durch die Straftat Verletzten gemäß Art. 92 c. p. p. ist also auch in diesen Fällen erforderlich. Dieses Erfordernis bereitet dann Schwierigkeiten, wenn der durch die Straftat Verletzte nicht im

---

[679] Quando leggi o decreti consentono la costituzione di parte civile o l'intervento nel processo penale al di fuori delle ipotesi indicate nell'art. 74 del codice, è consentito solo l'intervento nei limiti e alle condizioni previste dagli articoli 91, 92, 93 e 94 del codice, Art. 212 Abs. 1 des Gesetzes Nr. 271 vom 28.7.1989 – Regelungen über die Ausführung, Koordination sowie Übergangsvorschriften der Strafprozessordnung.

engeren Sinne zustimmungsfähig ist. Dies wird am Beispiel des oben dargestellten Gesetzes Nr. 349/86 besonders deutlich, da hier als Rechtsträger und somit durch die Straftat Verletzter allein der Staat bzw. die untergeordneten Gebietskörperschaften bestimmt werden; diese sind als solche nicht zustimmungsfähig und es existiert auch kein in diesem Sinne Vertretungsberechtigter. Aus diesem Grunde wird die Auffassung vertreten, dass in derartigen Fällen das Vorliegen der zur Rechtsverfolgung erforderlichen Zustimmung unterstellt werden kann[680] bzw. nicht erforderlich ist.[681] Die Frage, welchem der in Betracht kommenden Verbände die Zustimmung als erteilt gilt – denn sie kann gemäß Art. 92 c. p. p. wiederum nur einem erteilt werden -, wird nach dem Kriterium des ‚Prior in tempore' gelöst[682]: als ermächtigt gilt derjenige, der sich zeitlich zuerst an der Interessenvertretung im Prozess interessiert gezeigt hat.

5. Interessenwahrnehmung durch den Verband

Nach Art. 91 Abs. 1 c. p. p. können die Verbände im Rahmen einer Intervention die Rechte und Möglichkeiten, die der durch die strafbare Handlung verletzten Person selbst zustehen, ausüben. Es handelt sich dabei um die allgemeinen Verletztenrechte im italienischen Strafprozess, wie beispielsweise das Stellen von Beweisanträgen und die Möglichkeit, durch bestimmte Anträge den Prozessbetrieb voranzutreiben und zu beschleunigen.[683] Darüber hinaus sieht die Strafprozessordnung spezielle Möglichkeiten für Verbände vor, die sich gemäß Art. 91 ff. c. p. p. am Strafverfahren beteiligen. Sie können gemäß Art. 505 Abs. 1 S. 1 c. p. p. den Vorsitzenden bitten, an die Zeugen, Sachverständigen, Gutachter und privatrechtlichen Parteien, die sich einer Befragung unterzogen haben, Fragen richten zu dürfen. Sie können darüber hinaus gemäß Art. 505 Abs. 1 S. 2

---

680 *Aimonetto*, Giur. it. 1992, II, 465 ff. (468) mit weiteren Nachweisen.
681 *Francario*, S. 267.
682 *Aimonetto*, Giur. it. 1992, II, 465 ff. (468).
683 *Aimonetto*, Giur. it. 1993, II, 419 ff. (420).

c. p. p. beim Gericht die Zulassung neuer Beweismittel beantragen, die zur Tatsachenfeststellung nützlich sind. Nach Art. 511 Abs. 6 c. p. p. können die Verbände in der Hauptverhandlung die Verlesung von Akten, Vernehmungsprotokollen und Sachverständigengutachten beantragen. Schließlich eröffnet ihnen Art. 572 Abs. 1 c. p. p. die Möglichkeit, den Staatsanwalt zu ersuchen, Rechtsmittel gegen jede strafrechtliche Entscheidung einzulegen.[684]

6. Bewertung

An der Vorgehensweise des Gesetzgebers bei der Neuschaffung spezifischer Beteiligungsmöglichkeiten für Verbände am Strafprozess wird zum ersten Mal die Bestrebung deutlich, eine Vereinheitlichung bereits bestehender spezieller Regelungen ähnlichen Inhalts zu schaffen. So erfolgt die Normierung der Beteiligungsmöglichkeiten der Verbände nicht im Wege einer spezialgesetzlichen Regelung sondern wird direkt in der Strafprozessordnung verankert. Gleichzeitig werden alle bestehenden spezialgesetzlichen Regelungen von Beteiligungsmöglichkeiten für Verbände in ihren Voraussetzungen den Anforderungen der strafprozessualen Regelungen unterstellt. Dieser begrüßenswerten Tendenz stehen erhebliche inhaltliche Defizite gegenüber. So beinhaltet die Novellierung einen Rückschritt im Hinblick auf die autonomen Beteiligungsbefugnisse der Verbände und eine Rückkehr zu traditionellen Strukturen. Dadurch, dass sie jede Verbandsbeteiligung von der Zustimmung des durch die Straftat Verletzten abhängig macht, besteht keine originäre, allein von der Entscheidung des Verbandes abhängige Möglichkeit der Verfahrensbeteiligung. Unter diesem Gesichtspunkt wird an den Neuregelungen der Strafprozessordnung deutlich, dass der Gesetzgeber hier – hinter der Maske des Innovativen – den Grundsatz festgeschrieben hat, nach dem das kollektive Interesse dem individuellen, unmittelbar

---

[684] *Conso/Grevi*, Art. 90-95 c. p. p. III. Rn. 12.

durch die Straftat verletzten Recht des Geschädigten untergeordnet ist.[685] Ein eigenständiges effizientes Mittel durch Durchsetzung kollektiver Interessen stellen die in der Strafprozessordnung neu geschaffenen Beteiligungsmöglichkeiten nicht dar. Vielmehr könnte man soweit gehen, die Regelungen mit initiatorischem und verfahrensbewegendem Inhalt[686] als „unterstützende private Anklage" zu bezeichnen.[687]

V. Art. 1469-sexies Zivilgesetzbuch (Verbraucherrecht)

1. Einführung

In der Mitte der 90er-Jahre gewinnt die Verpflichtung des italienischen Gesetzgebers zur Umsetzung europäischer Vorgaben zunehmend an Bedeutung. So sind durch Art. 25 des Gesetzes Nr. 52 vom 6. Februar 1996 – Regelungen zur Erfüllung von Pflichten, die sich aus der Zugehörigkeit Italiens zu den Europäischen Gemeinschaften ergeben[688] - die Artikel 1469-bis ff. in das italienische Zivilgesetzbuch neu eingefügt worden. Der von diesen Artikeln umschlossene Abschnitt ist überschrieben mit dem Titel „Verbraucherverträge", im vierten Buch des Zivilgesetzbuches, das von den Schuldverhältnissen handelt, und dort unter dem zweiten Abschnitt „allgemeine Verträge" angesiedelt.[689] Die gesetzgeberische Platzierung der neuen Vorschriften bekundet, dass der Verbraucher-

---

[685] *Capponi*, Foro it. 1994, IV, 439 ff. (452).
[686] *Aimonetto*, Giur. it. 1993, II, 419 ff. (420).
[687] Dieser treffende Begriff der „accusa privata sussidiaria" findet sich in der Literatur, *Aimonetto*, Giur. it. 1993, II, 419.
[688] Legge 6 febbraio 1996, n. 52 (disposizioni per l'adempimento di obblighi derivanti dall'appartenenza dell'Italia alle Comunità europee); durch dieses Gesetz ist die Richtlinie 93/13/EWG über missbräuchliche Klauseln in Verbraucherverträgen in italienisches Recht umgesetzt worden.
[689] Zustimmend zu dem Vorgehen der Einfügung der Neuregelungen in die allgemeinen zivilrechtlichen Vorschriften äußert sich *Alpa*, in: liber amicorum N. Reich, S. 557; zur Diskussion über den besten Weg der Umsetzung vgl. *Sepe*, in: Neues europäisches Vertragsrecht und Verbraucherschutz, S. 138 ff.

vertrag als eigenständige Vertragsart anerkannt worden ist.[690] Der neu eingefügte Abschnitt wurde von zahlreichen Stimmen in der italienischen Rechtswissenschaft als ein wichtiger Schritt auf dem Weg hin zu einer Rahmenregelung der Verbraucherrechte begrüßt.[691]

2. Verbandsklage

Während sich die Regelungen der Artikel 1469-bis bis 1469- quinquies c. c. vorwiegend mit Begrifflichkeiten und der inhaltlichen Beschaffenheit missbräuchlicher Klauseln und deren Auswirkung auf Verträge mit Verbrauchern auseinandersetzen,[692] ist in Art. 1469-sexies c. c. die Möglichkeit eines gerichtlichen Vorgehens auch für Verbände vorgesehen. So bestimmt Art. 1469-sexies Abs. 1 c. c.[693], dass „die repräsentativen Verbraucher- und Berufsverbände und die Kammern für Handel, Industrie, Handwerk und Landwirtschaft, (...) den Berufstätigen oder den Berufsverband, der allgemeine Geschäftsbedingungen verwendet, verklagen (können) und das zuständige Gericht bitten (können), die Unterlassung des Gebrauchs der Geschäftsbedingungen, deren Missbräuchlichkeit im Sinne des vorliegenden Kapitels feststeht, zu verfügen“[694].

---

[690] *Sepe*, in: Neues Europäisches Vertragsrecht und Verbraucherschutz, S. 138 ff. (140); *Micklitz/Brunetta d'Usseaux*, ZEuP 1998, 104 ff. (108).

[691] *Minervini*, I Contratti 1999, 938; zur rechtlichen Behandlung missbräuchlicher Vertragsklauseln vor der Umsetzung der Richtlinie 93/13/EWG vgl. *Herkenrath*, S. 67 ff.

[692] Eine überblicksartige Erläuterung der Regelungen findet sich bei *Micklitz/Brunetta d'Usseaux*, ZEuP 1998, 104 f.; Einzelheiten bei *Sepe*, in: Neues europäisches Vertragsrecht und Verbraucherschutz, S. 138 ff.

[693] Die Regelung ist in Voraussetzungen und Rechtsfolgen augenscheinlich an den Normierungen des deutschen AGB-Gesetzes a. F. orientiert, *Tommaseo*, in: Le clausole vessatorie nei contratti con i consumatori, S. 755 ff. (757).

[694] Le associazioni rappresentative dei consumatori e dei professionisti e le camere di commercio, industria, artigianato e agricoltura, possono convenire in giudizio il professionista o l'associazione di professionisti che utilizzano condizioni generali di contratto e richiedere al giudice competente che inibisca l'uso delle condizioni di cui sia accertata l'abusività ai sensi del presente capo.

a) Repräsentativer Verbraucherverband

Nach dem Wortlaut der Regelung – und dies mag angesichts der bisher festgestellten Zurückhaltung des italienischen Gesetzgebers im Umgang mit Verbandsklagebefugnissen durchaus erstaunen – ist einzige Voraussetzung einer entsprechenden Verbandsklage, dass es sich um einen Verbraucher- bzw. Berufsverband handelt, der das Kriterium der Repräsentativität[695] erfüllt.

Im Hinblick auf die in diesem Zusammenhang nahe liegende Frage, was das Gesetz unter einem Verband in diesem Sinne versteht, scheint mittlerweile geklärt, dass darunter jegliche – auch spontane - Form eines Zusammenschlusses im Interesse der Verbraucher zu verstehen ist,[696] ohne dass die Vereinigung ein wie auch immer geartetes Anerkennungsverfahren durchlaufen müsse. Auch die damit eng zusammenhängende Frage, wann ein solcher Verband Repräsentativität für sich beanspruchen kann, wird vom Gesetzgeber selbst nicht beantwortet. Angesichts dieser weiten Formulierung bestehen in Literatur und Rechtsprechung nach wie vor erhebliche Unsicherheiten im Umgang mit dieser Norm.[697]

aa) Einzelfallentscheidung durch das Gericht

So wird die Auffassung vertreten, dass allein das Gericht in jedem konkreten Einzelfall eine (Ermessens)Entscheidung darüber zu treffen habe, ob es die klagende Institution als repräsentativen Verbraucherverband und somit als klagebe-

---

[695] Nach Auffassung von *Ferri*, riv. dir. proc. 1996, 936 ff. (937) handelt es sich bei der Frage, ob ein Verband repräsentativ ist, nicht um eine Zulässigkeitsvoraussetzung der Klage, sondern vielmehr um ein Problem der Begründetheit der geltend gemachten Klage. Fehlende Repräsentativität des klagenden Verbandes sei daher entsprechend allgemeinen zivilprozessualen Grundsätzen vom Beklagten zu rügen; in diesem Sinne beziehen auch *Consolo/De Cristofaro*, corr. giur. 1997, 468 ff. (478 f.) und *Tarzia*, riv. dir. proc. 1997, 629 ff. (637) Stellung. Die Frage der dogmatischen Einordnung der Verbandsklage wird ausführlich unten unter C behandelt.

[696] *Corsini*, Giust. civ. 1998, I, 272 ff. (277).

[697] Zum Spezialproblem des Verhältnisses von Art. 1469-sexies und der wenig später ergangenen Regelungen des Gesetzes Nr. 281/1998 vgl. unten D II.

fugt im Sinne der Norm anerkennt.[698] Darüber, an welchen Kriterien eine entsprechende Entscheidung zu orientieren ist, besteht Uneinigkeit. So wird teilweise befürwortet, die Entscheidung an der durch den Verband faktisch ausgeübten Aktivität festzumachen.[699] Zur Beurteilung seien tatsächliche Gegebenheiten heranzuziehen[700], wie etwa die Anzahl der Verbandsmitglieder oder der Sympathisanten, die Kontinuität in der Tätigkeit des Verbandes, die Verbreitung seiner Verbandsstrukturen und die Zusammenarbeit mit anderen entsprechenden Organisationen etwa auf internationaler Ebene[701]. Dabei könnten in anderen Normen für entsprechende Entscheidungen verankerte Kriterien als Anhaltspunkte herangezogen werden, seien jedoch nicht zwingend.[702]

Anderer Auffassung nach soll bei der Entscheidung des Gerichts über die Repräsentativität allein der Rückgriff auf die Statuten des Verbandes ausschlaggebend sein.[703] Der Gesetzgeber habe gerade Abstand davon genommen, quantitative Kriterien zur Bestimmung ausreichender Repräsentativität vorzusehen; sei den Statuten der Verbandszweck des Schutzes der in Frage stehenden Interessen zu entnehmen, sei der Verband allein auf dieser Grundlage klagebefugt im Sinne von Art. 1469-sexies c. c.[704].

---

[698] *Mandrioli*, IV, S. 281; *Bellelli*, Le nuove leggi civili commentate 1997, 1260 ff. (1270); *Consolo/De Cristofaro*, corr. giur. 1997, 468 ff. (479 f.); *Conti*, S. 2; *Tarzia*, riv. dir. proc. 1997, 629 ff. (636); *Frenguelli*, Giust. civ. 1999, I, 269; *Palmieri*, Foro it. 1999, III, 74 ff. (75); *Tommaseo*, in: Le clausole abusive nei contratti con i consumatori, S. 755 ff. (775); *Tribunale di Roma*, Il Foro italiano 2000, I, 2045 ff. (2067); *Tribunale di Palermo*, Il Foro italiano 2000, I, 2052 ff. (2085).

[699] *Tommaseo*, in: Le clausole abusive nei contratti con i consumatori, S. 755 ff. (775); *Corte d'appello di Roma*, Il Foro italiano 2003, I, 332 ff. (348); *Tribunale di Roma*, Il Foro italiano 2000, I, 2045 ff. (2067); *Tribunale di Palermo*, Il Foro italiano 2000, I, 2052 ff. (2085).

[700] *Ferri*, riv. dir. proc. 1996, 936 ff. (937); *Corsini*, Giust. civ. 1998, I, 272 ff. (276).

[701] *Tommaseo*, in: Le clausole abusive nei contratti con i consumatori, S. 755 ff. (775).

[702] *Palmieri*, Foro it. 1999, III, 74 ff. (75); *Corsini*, Giust. civ. 1998, I, 272 ff. (276).

[703] *Corte d'appello di Roma*, Il Foro italiano 2002, I, 2823; *Tribunale di Roma*, Giustizia civile 1998, I, 269; *Tribunale di Palermo*, Il Foro italiano 1997, I, 2292 ff. (2299).

[704] *Corte d'appello di Roma*, Il Foro italiano 2002, I, 2823; *Tribunale di Roma*, Giustizia civile 1998, I, 269; *Tribunale di Palermo*, Il Foro italiano 1997, I, 2292 ff. (2299) haben als die Repräsentativität begründendes und somit die Klagebefugnis herleitendes Element allein die Verankerung des Schutzes der Interessen der Verbraucher unter den Verbandsstatuten ausrei-

bb) Orientierung an anderen Normen

Einer weiteren Auffassung nach ist keine an tatsächlichen Gegebenheiten orientierte Entscheidung des Gerichts geboten, sondern vielmehr der konkrete Rückgriff auf in anderen Normierungen enthaltene Wertungen, die das Gericht in seiner Entscheidung binden sollten.[705] Angesichts der ungenügenden Gesetzesformulierung sei der Rückgriff auf in anderen Normen enthaltene Wertungen des Gesetzgebers zwingend, um eine einheitliche Rechtsanwendung zu gewährleisten. Repräsentativ sei aus diesem Grunde nur ein Verband, der an anderer Stelle gesetzliche oder verwaltungsrechtliche Anerkennung gefunden habe.[706]

cc) Keine Differenzierung

Schließlich wird vereinzelt die Auffassung vertreten, dass das Fehlen spezieller vom Gesetzgeber festgelegter Kriterien impliziere, dass jeglicher Verbraucherverband als klagebefugt einzustufen sei, soweit dieser sich der Wahrnehmung der Verbraucherinteressen verschrieben habe und sich im Hinblick auf dieses Ziel nicht in einem Interessenkonflikt befinde.[707]

dd) Stellungnahme

Gegen die zuletzt genannte Ansicht spricht bereits der Wortlaut der Norm: der Gesetzgeber verlangt ausdrücklich Repräsentativität des klagenden Verbandes, was im Sinne einer einschränkenden Anforderung zu verstehen ist und somit einer undifferenzierten Beteiligungsmöglichkeit sämtlicher Verbraucherverbände entgegensteht. Es stellt sich aus diesem Grunde die Frage, auf welche Weise das Kriterium der Repräsentativität im vorliegenden Zusammenhang am besten

---

chen lassen. *Tommaseo*, in: Le clausole vessatorie nei contratti con i consumatori, S. 755 ff. (775) spricht sich gegen eine ausschließlich an den Verbandsstatuten orientierte Entscheidung mit dem Argument aus, dass es sich um eine effektive und nicht nur eine erklärte Repräsentativität handeln müsse.

705 *Armone*, in: La nuova disciplina delle clauole vessatorie nel codice civile, S. 221 ff. (242).

706 *Armone*, in: La nuova disciplina delle clauole vessatorie nel codice civile, S. 221 ff. (242).

707 *Giussani*, riv. dir. proc. 1997, 321 ff. (343).

gewährleistet werden kann. Gegen eine zwingende Orientierung an in anderen Normen enthaltenen Wertungen sprechen dabei schon allein erhebliche praktische Unsicherheiten: so stellt sich bereits die Frage, welche Norm – angesichts der nicht kleinen Zahl ergangener Einzelregelungen, von denen im Ergebnis jedoch nur das Gesetz Nr. 349/1986 konkrete Vorgaben macht - im Einzelfall als Entscheidungsgrundlage herangezogen werden sollte. Diese Frage ist umso dringender als die Spezialgesetze in ihrem Anwendungsbereich teilweise erheblich differieren und die in ihnen enthaltenen Wertungen nicht auf andere Zusammenhänge übertragbar sind. Allein eine am Einzelfall orientierte richterliche Ermessensentscheidung ist daher geeignet, die Repräsentativität des klagenden Verbandes im Einzelfall festzustellen.[708]

Bei der abschließenden Entscheidung, ob die Repräsentativität anhand von tatsächlichen Gegebenheiten oder unter Rückgriff auf die Verbandsstatuten zu beurteilen ist, mag Folgendes weiterhelfen: ein Rückgriff auf Statuten ist angesichts des weiten Verbandsbegriffes nicht immer möglich und wohl auch selten hilfreich. Denn der Begriff der Repräsentativität knüpft seinem logischen Gehalt nach an tatsächliche Umstände und nicht an zugrunde liegende rechtliche Wertungen an. Repräsentativität kann nicht durch Absichtserklärungen auf dem Papier entstehen, sondern sich nur in den tatsächlichen Aktivitäten des Verbandes und seinem Gebaren in der Öffentlichkeit widerspiegeln. Zur Feststellung von Repräsentativität können verschiedene – auch in anderen Gesetzen – enthaltene Gesichtspunkte herangezogen werden, letztlich jedoch ist eine auf pflichtgemäßem Ermessen des Gerichts aufbauende Wertungsentscheidung geboten.

---

[708] Anderer Ansicht ist *Tarzia*, riv. dir. proc. 1997, 629 ff. (636), der in der fehlenden Festlegung und rechtlichen Charakterisierung von Auswahlkriterien durch den Gesetzgeber eine Quelle von Unsicherheiten sieht, die sich negativ auf den Schutz durch die Unterlassungsklage auswirken würden; in diesem Sinne wohl auch *Micklitz/Brunetta d'Usseaux*, ZEuP 1998, 104 ff. (113).

b) Rechtsschutzziele

aa) Unterlassung

Die Klage der Verbände ist gemäß Art. 1469-sexies Abs. 1 c. c. auf eine Verfügung der Unterlassung des Gebrauchs missbräuchlicher Klauseln gerichtet.[709] Der entsprechende Urteilsausspruch hat inhaltlich zweierlei zum Gegenstand:[710] zum Einen wird die Missbräuchlichkeit der verwendeten Klauseln festgestellt;[711] zum Anderen der weitere Gebrauch dieser Klauseln untersagt. Ein gerichtliches Vorgehen der Verbände hat im Hinblick auf den dadurch bezweckten Verbraucherschutz somit notwendig stets präventive Funktion, indem es eine künftige weitere Verwendung missbräuchlicher Klauseln verhindern will;[712] ein repressives Vorgehen mit dem Ziel der Nichtigerklärung eines von missbräuchlichen Klauseln gekennzeichneten bereits geschlossenen Vertrages, ist den Verbänden nicht möglich und bleibt gemäß Art. 1469-quinquies c. c. dem einzelnen Betroffenen überlassen.

bb) Veröffentlichung

Darüber hinaus ist in Art. 1469-sexies Abs. 3 c. c. die Anordnung der Veröffentlichung des stattgebenden (vorläufigen und endgültigen) Urteils als möglicher Inhalt richterlicher Verfügung vorgesehen.[713] Die Veröffentlichung kann in einer

---

[709] Nach Auffassung von *Consolo/De Cristofaro*, corr. giur. 1997, 468 ff. (478) ermöglicht die weit gefasste Formulierung der Norm eine Klage in zeitlicher Hinsicht bereits dann, wenn zwar eine konkrete Verwendung einer missbräuchlichen Klausel noch nicht stattgefunden habe, die Klausel jedoch in einer Art und Weise zur Verfügung stehe, dass sie ohne Weiteres zum Gegenstand eines Vertrages gemacht werden könne; gegen die bloße Empfehlung der Verwendung kann dagegen wohl nicht vorgegangen werden, *Herkenrath*, S. 169, der darin ein Umsetzungsdefizit im Hinblick auf die Vorgaben der Richtlinie 93/13/EWG erblickt.

[710] *Bellelli*, Le nuove leggi civili commentate 1997, 1260 ff. (1273).

[711] Zu der Frage, welche weiteren Wirkungen die Feststellung der Missbräuchlichkeit einer Klausel hat, vgl. ausführlich *Marinucci*, riv. dir. proc. 2002, 216 ff. (217 ff.).

[712] *Punzi*, riv. dir. proc. 2002, 647 ff. (663 f.).

[713] Die Anordnung der Veröffentlichung der Entscheidung kann gemäß Art. 1469-sexies c. c. auch von Amts wegen und nicht nur auch Antrag der Partei erfolgen; *Giussani*, riv. dir. proc. 1997, 321 ff. (348) will die Veröffentlichung auch durch Radio bzw. Fernsehen ermöglichen, soweit dies im Einzelfall adäquate Mittel seien.

oder mehreren Zeitungen, von denen wenigstens eine nationale Verbreitung hat, angeordnet werden. Die Funktion einer solchen Anordnung dürfte sich in präventiven und informativen Gesichtspunkten im Hinblick auf eine Verhinderung weiteren Gebrauchs der als missbräuchlich beurteilten Klauseln erschöpfen.[714]

cc) Einstweiliger Rechtsschutz

Weiterhin eröffnet Art. 1469-sexies Abs. 2 c. c. die Möglichkeit einstweiligen Rechtsschutzes in Form einer vorläufigen Unterlassungsverfügung[715] gemäß den Artikeln 669-bis ff. c. p. c.[716] Angesichts der im europäischen Vergleich überdurchschnittlich langen Dauer von Zivilverfahren müsste diese Regelung in der italienischen Rechtspraxis von besonderer Bedeutung sein;[717] anfängliche Versuche von Verbraucherschutzverbänden, auf diesem Wege zu einer zügigen Entscheidung zu gelangen, wurden von der Rechtsprechung unterbunden,[718] indem an das Vorliegen der erforderlichen Dringlichkeitsmotive überhöhte und

---

[714] In diesem Sinne auch *Punzi*, riv. dir. proc. 2002, 647 ff. (669); anderer Ansicht *Frignani*, riv. dir. proc. 1997, 1019 ff. (1020), der dieser Maßnahme die Funktion eines indirekten oder auch spezifischen Schadenersatzes zuspricht. Auch *Marinucci*, riv. dir. proc. 2002, 216 ff. (243 ff.) misst der Veröffentlichungsmöglichkeit auch im Hinblick auf die „Abschreckung" der Unternehmer große Bedeutung bei.

[715] Nach Darstellung von *Patti*, ZSR 1999, 385 ff. (396 f.) bevorzugen die Verbände den Weg der vorbeugenden Unterlassungsklage; dieses Rechtsmittel erfahre jedoch aufgrund der von der Rechtsprechung eingeschlagenen restriktiven Zulassung keine durchgreifende Wirksamkeit.

[716] Nach Art. 1469-sexies Abs. 2 c. c. sind gerechtfertigte Dringlichkeitsmotive („giusti motivi d'urgenza") für eine entsprechendes Verfahren erforderlich; Art. 669-bis ff. c. c. verlangen drohenden und irreparablen Schaden („danno imminente e irreparabile"). Zur schwierigen Vereinbarkeit beider Begriffe im Zusammenhang mit Verfahren, die kollektive Interessen betreffen, und der dazu in Rechtsprechung und Rechtslehre geführten Diskussion, vgl. *Punzi*, riv. dir. proc. 2002, 647 ff. (667 ff.), *Bellelli*, Le nuove leggi civili commentate 1997, 1260 ff. (1275); *Tarzia*, riv. dir. proc. 1997, 629 ff. (644 ff.); allgemein zu der missglückten Regelung in Art. 1469-sexies c. c. auch *Ferri*, riv. dir. proc. 1996, 936 ff. (942 ff.) und *Consolo/De Cristofaro*, corr. giur. 1997, 468 ff. (480 f.); *Chinè*, in: I diritti dei consumatori e degli utenti, S. 33 ff. (45 ff.) mit zahlreichen Nachweisen aus der Rechtsprechung.

[717] *Sepe*, in: Neues europäisches Vertragsrecht und Verbraucherschutz, S. 138 ff. (147); *Micklitz/Brunetta d'Usseaux*, ZEuP 1998, 104 ff. (113).

[718] *Padovini*, ZfRV 1999, 9 ff. (11).

nicht sachgerechte Anforderungen gestellt wurden.[719] Vor diesem Hintergrund wurde der Norm die Zukunft einer „Geister-Vorschrift“ prophezeit.[720]

c) Fehlende Vollstreckbarkeit

Spürbare Wirksamkeit kann ein ergangenes Unterlassungsurteil nur dann erlangen, wenn im Falle seiner Nichtbefolgung Zwangsmassnahmen zur Durchsetzung zur Verfügung stehen;[721] nur dann kann von einem effizienten Rechtsschutzmittel gesprochen werden. Das zur Erlangung und Durchsetzung eines Unterlassungstitels im Sinne von Art. 1469-sexies c. c. vorgesehene Verfahren entspricht ohne spezialgesetzliche Modifikationen dem allgemeinen italienischen Prozessrecht.[722] Darin sind für die zwangsweise Durchsetzung eines Unterlassungsurteils – anders als im deutschen Recht - jedoch keine Mittel oder

---

[719] So wurde von der Rechtsprechung verlangt, dass im Hinblick auf die Gefahr, die bei Beschreiten des ordentlichen Rechtsweges drohe, auf die Qualität und nicht die Quantität der Beeinträchtigung der individuellen Verbraucher und die von der Beeinträchtigung betroffenen Rechtsgüter abgestellt werden müsse; eine Beeinträchtigung von nicht wesentlichen Lebensgütern, bzw. eine Beeinträchtigung ohne irreversible Beschädigung reiche für die Durchführung des Eilverfahrens nicht aus, *Tribunale di Torino* in mehreren Entscheidungen, allesamt veröffentlicht in Il Foro italiano 1997, I, 288 ff. (301): Gegenstand des Verfahrens waren von verschiedenen Autoherstellern verwendete Vertragsbedingungen; das Gericht kam zu dem Ergebnis, dass das Rechtsgut ‚Auto‘ kein essentielles sei und gewährte aus diesem Grund keinen einstweiligen Rechtsschutz. Sehr kritisch *Sepe*, in: Neues europäisches Vertragsrecht und Verbraucherschutz, S. 138 ff. (149 f.): die Gefahr einer Rechtsbeeinträchtigung könne schwerlich vom Vertragsgegenstand abhängig gemacht werden; ebenso *Armone*, Foro it. 1997, I, 290 ff. (294): in einem Verfahren zum Schutz kollektiver Interessen dürfe nicht auf eine individuelle Beeinträchtigung abgestellt werden. Das *Tribunale di Roma*, Danno e responsabilità 1998, 905 verlangt für die Gewährung einstweiligen Rechtsschutzes die Gefahr einer schweren Verletzung von Rechten, die zu denen der Person gehören, und von großer Bedeutung sind.

[720] *Sepe*, in: Neues europäisches Vertragsrecht und Verbraucherschutz, S. 138 ff. (151).

[721] *Tommaseo*, in: Le clausole vessatorie nei contratti con i consumatori, S. 755 ff. (778); *Danovi*, riv. dir. proc. 1996, 1046 ff. (1076 f.).

[722] *Tommaseo*, in: Le clausole vessatorie nei contratti con i consumatori, S. 755 ff. (778) bekundet zwar seine Zustimmung dazu, dass nicht auf dem Wege erneuter Spezialgesetzgebung versucht worden sei, Abhilfe zu schaffen, bemängelt jedoch zugleich, dass die Unterlassungsklage in der vorhandenen Form nicht effektiv sei.

Wege vorgesehen.[723] Es bestehen weder direkte noch indirekte Möglichkeiten zur Anordnung von Zwangsmassnahmen.[724] Weder Zwangsgelder noch andere Zwangsmaßnahmen stehen zur Verfügung. Dies hat zur Folge, dass die Durchsetzung eines entsprechenden Unterlassungsurteils und somit auch der Stellenwert des zu diesem Urteil führenden Rechtsschutzmittels allein von der freiwilligen Fügung des Verurteilten unter den Richterspruch abhängen.[725] Besteht auf Seiten des Verurteilten keine entsprechende Bereitschaft, sind sowohl dem Kläger als auch den staatlichen Behörden die Hände gebunden. In der italienischen Literatur findet sich in diesem Zusammenhang die Auffassung, die fehlende Möglichkeit zur zwangsweisen Durchsetzung einer Unterlassungsverfügung werde durch die Möglichkeit der richterlichen Anordnung zur Veröffentlichung der Entscheidung kompensiert; dies insbesondere insoweit, als auf der Basis einer nahe liegenden wirtschaftlichen Betrachtungsweise eine Veröffentlichung den Betroffenen unter erheblichen tatsächlichen Zwang setze.[726]

3. Bewertung

Bei der Regelung handelt es sich sowohl im Hinblick auf die Klagevoraussetzungen als auch auf das zur Anwendung kommende Verfahren und die Rechts-

---

[723] In Art. 388 des italienischen Strafgesetzbuches ist für den Fall der Nichtbefolgung gerichtlicher Anordnungen die Möglichkeit der Verhängung einer strafrechtlichen Sanktion vorgesehen. Voraussetzung einer solchen Strafe wäre die Durchführung eines entsprechenden strafrechtlichen Verfahrens. Eine Befolgung des Unterlassungsurteils wäre selbst bei Verhängung einer entsprechenden Strafe nicht gewährleistet. Vgl. dazu die Kritik von *Consolo/De Cristofaro*, corr. giur. 1997, 468 ff. (480); ob Art. 388 c. p. überhaupt anwendbar ist, ist umstritten, da es sich bei einem Unterlassungsurteil nicht um eine Handlungsverpflichtung handelt, vgl. im Einzelnen *Marinucci*, riv. dir. proc. 2002, 216 ff. (238 f.).

[724] *Bellelli*, Le nuove leggi civili commentate 1997, 1260 ff. (1273); *Ferri*, riv. dir. proc. 1996, 936 ff. (938 f.).

[725] *Tommaseo*, in: Le clausole vessatorie nei contratti con i consumatori, S. 755 ff. (779).

[726] *Tommaseo*, in: Le clausole vessatorie nei contratti con i consumatori, S. 755 ff. (779 f.), der in diesem Zusammenhang eine extensive Auslegung des Begriffs der Veröffentlichung befürwortet und darunter auch die Bekanntgabe im Wege der Radioübertragung verstehen möchte.

folgen um ausgesprochen rudimentäre Vorschriften.[727] Es drängt sich unweigerlich der Eindruck auf, dass der italienische Gesetzgeber unter europäischem Umsetzungsdruck stand und der Verpflichtung zum Tätigwerden dadurch Rechnung getragen hat, dass er Regelungen geschaffen hat, mit deren inhaltlicher Ausgestaltung und Tragweite er sich nicht näher auseinandersetzen wollte oder aus Zeitgründen nicht auseinandersetzen konnte.[728] Vielmehr hat er durch die Verwendung weiter Formulierungen und Begriffe die eigentlich ihm zufallende Aufgabe, für einen effektiven Rechtsschutz der Verbraucher zu sorgen, auf die Rechtsanwender übertragen.[729] Folge dieser wenig sorgfältigen Arbeit ist freilich, dass die weite Gesetzesformulierung den Rechtsanwendern erhebliche Interpretationsmöglichkeiten im Hinblick auf den Anwendungsbereich des Gesetzes und die festzusetzenden Rechtsfolgen eröffnet, und es nunmehr in ihrer Hand liegt, diese Möglichkeiten auszuschöpfen.

Selbst durch wohlwollende Interpretation kann jedoch eine inhaltliche Schwäche der Regelung nicht überbrückt werden. So ist die fehlende Möglichkeit der zwangsweisen Vollstreckung einer Unterlassungsverfügung der eigentliche und zugleich alles relativierende Schwachpunkt der italienischen Regelung.[730] Denn ein Urteil, das im Falle seiner Nichtbefolgung nicht zwangsweise durchgesetzt werden kann, ist in diesem Fall wertlos und alle zu seiner Erreichung aufge-

---

[727] *Bellelli*, Le nuove leggi civili commentate 1997, 1260 ff. (1262); *Tommaseo*, in: Le clausole vessatorie nei contratti con i consumatori, S. 755 ff. (770); *Tarzia*, riv. dir. proc. 1997, 629 ff. (637).

[728] In diesem Sinne auch *Cian*, Studium iuris 1996, S. 411; *Micklitz/Brunetta d'Usseaux*, ZEuP 1998, 104 ff. (111); zum nachlässigen Vorgehen des italienischen Gesetzgebers bei der Umsetzung der Richtlinie 93/13/EWG vgl. auch *Herkenrath*, S. 79, S. 126, S. 141, S. 156, S. 179 f. mit konkreten Beispielen.

[729] *Bellelli*, Le nuove leggi civili commentate 1997, 1260 ff. (1262).

[730] In diesem Sinne auch *Sepe*, in: Neues europäisches Vertragsrecht und Verbraucherschutz, S. 138 ff. (148 f.); *Alpa/Dassio*, rev. int. dr. comp. 1997, 629 f. nennen als wichtigste Mängel der Vorschriften fehlende Regelungen zum Umfang der Rechtskraft und zu einer effektiven Durchsetzung einer gerichtlichen Entscheidung.

wandten Kosten und Mühen sind vergebens.[731] Über diese Tatsache kann auch das in der italienischen Literatur vorgebrachte – wenig schlagkräftige - Argument, dass der durch das Unterlassungsurteil erzeugte gesellschaftliche und soziale Druck auf den Unternehmer nicht zu unterschätzen sei,[732] nicht hinweghelfen. Inhaltliche Wirksamkeit entfaltet das Urteil allerdings wohl insoweit, als die Missbräuchlichkeit der verwendeten Klauseln festgestellt wird. Folgt man mit einer teilweise vertretenen Meinung der Auffassung, die eine positive Rechtskrafterstreckung des stattgebenden Kollektivurteils auf den individuellen Verbraucher vertritt,[733] so kann sich dieser im Rahmen einer von ihm angestrengten Individualklage auf die zuvor ergangene Feststellung der Missbräuchlichkeit der prozessgegenständlichen Klauseln berufen.[734] Sollte die Neuregelung in Art. 1469-sexies c. c. ein wirksames verbandliches Rechtsschutzmittel zur Verfügung stellen, so hängt das Gelingen dieses Anspruches im Hinblick auf den Anwendungsbereich der Norm weitgehend von dem Bemühen der Rechtsanwender ab. Angesichts zusätzlicher erheblicher prozessualer Schwächen, die nicht durch den Rechtsanwender zu umgehen sind, bleibt die Normierung insgesamt hinter den an sie gestellten, und im Wege sorgfältiger Arbeit auch realisierbaren, Erwartungen zurück.[735] Das deutsche Recht ist an dieser Stelle insgesamt effizienter.

---

[731] Ebenso *Ferri*, riv. dir. proc. 1996, 936 ff. (939) der darauf hinweist, dass die fehlende Möglichkeit zur zwangsweisen Durchsetzung die gesamte Regelung in Frage stelle.

[732] *Bellelli*, Le nuove leggi civili commentate 1997, 1260 ff. (1273).

[733] Vgl. dazu im Einzelnen unten § 7 C III.

[734] Vgl. unten § 7 C III.

[735] A. A. *Tommaseo*, in: Le clausole vessatorie nei contratti con i consumatori, S. 755 ff. (781), der der Regelung trotz aller Unzulänglichkeiten einen großen, in erster Linie innovativen und die Position der Verbände stärkenden Stellenwert einräumt.

VI. Zwischenergebnis

1. Funktionen der Verbandsklage

Die Darstellung der in Italien zur Verbandsklage ergangenen Gesetzgebung vor Umsetzung der Richtlinie 98/27/EG führt zu der Feststellung, dass die einzelnen Regelungen im Hinblick auf ihre Funktion, ihre Voraussetzungen und ihren Regelungsbereich vollkommen uneinheitlich sind. Dies wird an der Funktion, die die Verbandsklage im jeweiligen Einzelfall wahrnimmt, besonders deutlich:[736] so wird zum Teil eine direkte Klagebefugnis zur Durchsetzung eigener Verbandsrechte anerkannt, die jedoch auf Berufsverbände beschränkt bleibt (Art. 2601 c. c.), während den Verbraucherverbänden lediglich ein inhaltlich eingeschränktes verwaltungsrechtliches Kontrollverfahren zur Verfügung gestellt wird (Verfahren vor der Behörde für die Kontrolle des Wettbewerbs und des Marktes). Zum Teil besteht eine Beteiligungsbefugnis, die sich prozessual lange in der Wahrnehmung fremder Interessen vor den Verwaltungsgerichten erschöpfte, und heute zusätzlich die Liquidierung von Schadensersatz zugunsten des Staates vorsieht (Art. 13 des Gesetzes Nr. 349/1986). Weiter bestehen Möglichkeiten der Einleitung von bzw. der Teilnahme an Verfahren, die in erster Linie individuelle Rechtspositionen stärken sollen (Art. 28 Arbeiterstatut; Art. 91 ff. c. p. p.). Macht der Verband hier eine vermeintlich eigene Rechtsposition geltend, so hat die von ihm verfolgte Klage inhaltlich angesichts der im Vordergrund stehenden Klage des einzelnen Betroffenen gleichwohl nur unterstützende Funktion (Art. 28 Arbeiterstatut). Diese ohnehin schon schwache Position wird im Fall der strafprozessualen Regelungen noch zusätzlich durch die, für die Prozessbeteiligung erforderliche, notwendige Zustimmung des durch die Straftat Verletzten beschränkt[737]. Eine auch inhaltlich wirklich neue Dimension kommt der Verbandsklage nur in dem Fall zu, in dem das Eingreifen des Verbandes ei-

---

[736] *Capponi*, Foro it. 1994, IV, 439 ff. (453).

[737] *Capponi*, Foro it. 1994, IV, 439 ff. (452 f.); *Colagrande*, Le nuove leggi civili commentate 1998, 700 ff. (732 f., Fn. 107, 108).

nen von anderen Interessen unabhängigen Schutz der vom Verband repräsentierten kollektiven Interessen bezweckt, so im Falle der Verbraucherverbandsklage nach Art. 1469-sexies c. c.

2. Klagebefugnis

Ebenso unterschiedlich wie die Funktion der einzelnen Regelungen einer Verbandsklage ist auch das Verfahren zur Feststellung der Klagebefugnis im jeweiligen Einzelfall. In vielen Fällen befindet sich die Entscheidung über die Zulassung des Verbandes zur Klage beim angerufenen Gericht, das für seine Entscheidung vom Gesetzgeber wenig konkrete Entscheidungsmaßstäbe zur Verfügung gestellt bekommt. Genau gegenteilig wird im Fall des Gesetzes Nr. 349/1986 verfahren, wo die Entscheidung über die Klagebefugnis nach der gesetzgeberischen Konzeption dem aktuellen Prozessgeschehen völlig entzogen und anhand wenig konkreter Leitlinien im Rahmen eines Anerkennungsverfahrens in das pflichtgemäße Ermessen der Verwaltung gestellt wird.

3. Fazit

Insgesamt hat die gesetzgeberische Tätigkeit verschiedenartige Möglichkeiten der verbandlichen Prozessbeteiligung geschaffen, von denen nach Auskunft eines klagefreudigen Verbraucherverbandes allerdings in erster Linie die Regelungen in Artikel 1469-sexies c. c. von praktischer Bedeutung sind. Die vom italienischen Recht vorgesehenen Möglichkeiten des gerichtlichen Tätigwerdens von Verbänden sind nach Voraussetzungen und Zielsetzungen so verschiedenartig, dass von einer zugrunde liegenden Systematik keine Rede sein kann. Die vorhandenen Regelungen führen vielmehr zu der Annahme, dass sich der Gesetzgeber an verschiedenen Stellen, sei es unter gesellschaftlichen Einflüssen oder aufgrund von europäischen Vorgaben, den an ihn gerichteten Erwartungen nicht verschließen konnte und sich zum Eingreifen genötigt sah. Dieses Eingreifen trägt freilich den Charakter eines Stückwerkes und es verbietet sich, auf der Grundlage der bisher dargestellten Regelungen von *der* Verbandsklage nach italienischem Recht zu sprechen.

C Der dogmatische Hintergrund der Verbandsklage

Trotz ihrer Vielgestaltigkeit erlauben die bisher dargestellten Regelungen eine erste Auseinandersetzung mit den dogmatischen Strukturen der Verbandsklage. Dabei hat eine Unterscheidung zwischen den im Wege richterlicher Interpretation eröffneten Fällen, in denen durch Zugrundelegung bestimmter Auswahlkriterien den Verbänden eine Klagemöglichkeit eröffnet wird, und den Fällen spezialgesetzlicher Regelung zu erfolgen.

I. Von der Rechtsprechung entwickelte Fallgruppen

Kennzeichen der von der Rechtsprechung entwickelten Fallgruppen ist, dass hier durch Herausarbeitung bestimmter Kriterien bei den Verbänden selbst eine der Klage zugrunde liegende Rechtsposition ausgemacht wird, die der Verband gerichtlich geltend macht. Die diesem Vorgehen entsprechende dogmatische Struktur fügt sich ohne weiteres in die herkömmlichen verfassungsrechtlichen und prozessualen Strukturen der persönlichen Geltendmachung einer eigenen Rechtsposition ein. Der Verbandsklage liegt eine eigene subjektive Rechtsposition des klagenden Verbandes zugrunde. In dogmatischer Hinsicht bestehen keine Besonderheiten, es liegen Fälle einer ordentlichen Klagebefugnis vor.

II. Spezialgesetzlich geregelte Fälle

In den Fällen spezialgesetzlich geregelter Verbandsklagen ist die dogmatische Verankerung der Strukturen der Verbandsklage – ebenso wie bis vor kurzem auch im deutschen Rechtskreis – heftig umstritten und weist zu der in Deutschland geführten Diskussion weite Parallelen auf. Die dogmatische Einordnung der Verbandsklage im italienischen Recht hängt maßgeblich von der inhaltlichen Klassifizierung der Kollektivinteressen ab. Zum besseren Verständnis des im Folgenden dargestellten Streitstandes sollen zunächst einige wesentliche Zwischenergebnisse obiger Überlegungen ins Gedächtnis gerufen werden: nach italienischem Verständnis machen die Verbände im Rahmen einer echten Verbandsklage Kollektivinteressen geltend; bei den Kollektivinteressen handelt es sich nach herrschender Meinung um Interessen, die auf zwei Ebenen angesiedelt sind und den rein individuellen Bezug überschreiten. Weiter ist für die folgenden Überlegungen wichtig, dass nach italienischem Prozessrecht eine gewillkürte Prozessstandschaft - anders als im deutschen Recht - nicht existiert. Vor diesem Hintergrund gestaltet sich der Streitstand zum dogmatischen Hintergrund der Verbandsklage wie folgt:

1. Gesetzliche Prozessstandschaft

Einigkeit besteht in der italienischen Rechtslehre darüber, dass im Hinblick auf das Tätigwerden der Verbände nach dem Gesetz Nr. 349/1986 (Verbandsklage auf Schadensersatz) und auf die Beteiligung am Strafverfahren nach Art. 91 ff. c. p. p. eine Geltendmachung einer verbandseigenen Rechtsposition nicht vorliegt. Hier würden die Verbände vielmehr unterstützend tätig in einem Prozess, der über die Rechte anderer geführt werde; die Möglichkeit des prozessualen Tätigwerdens folge ausschließlich aus der gesetzlichen Zuerkennung. Prozessual gesehen handelt es sich um eine außerordentliche Klagebefugnis (legittimazione ad agire straordinaria).[738]

Die gleiche Auffassung wird von einigen Autoren bezüglich der in Art. 2601 c. c. enthaltenen Regelung vertreten: es sei davon auszugehen, dass die Verbände im Prozess für die Interessen ihrer Mitglieder eintreten würden[739], ohne selbst Inhaber der prozessgegenständlichen Rechtspositionen zu sein. Materielle Rechtsinhaberschaft und Befugnis zur prozessualen Geltendmachung fielen im Falle der gesetzlich vorgesehenen Verbandsklage dementsprechend auseinander.

---

[738] *Capponi*, Foro it. 1994, IV, 439 ff. (449); *Tommaseo*, in: Le clausole vessatorie nei contratti con i consumatori, S. 755 ff. (764; 772); im Hinblick auf das Gesetz Nr. 349/86 wohl auch *Punzi*, riv. dir. proc. 2002, 647 ff. (658 f.).

[739] *Ghidini*, in: Il Codice Civile, S. 459.

Es liege vor diesem Hintergrund der Fall einer außerordentlichen Klagebefugnis vor.[740]

2. Rein prozessuale Klagebefugnis

Eine weitere Auffassung teilt im Hinblick auf die in Art. 1469-sexies c. c. enthaltene Regelung im Ausgangspunkt die so eben dargestellte Konzeption, wonach der Verband prozessual keine eigene Rechtsposition geltend mache.[741] Im Rahmen eines verbandlichen Vorgehens nach Art. 1469-sexies c. c. trete der Verband für die Kollektivinteressen der Verbraucher ein, ohne die Behauptung zum Prozessgegenstand zu machen, selbst Rechtsträger zu sein.[742] Prozessgegenstand seien die Interessen der Kollektivität der Verbraucher, nicht mit missbräuchlichen Klauseln konfrontiert zu werden.[743] Unter Zugrundelegung der zur Klassifizierung der Kollektivinteressen vertretenen Auffassung, dass es sich bei den Kollektivinteressen um Interessen handele, die keinem Rechtsträger zuzuordnen seien,[744] gelangt diese Auffassung zu der Konsequenz, dass dem Verband eine Klagebefugnis verliehen werde, ohne dass substantiell eine, einem individualisierbaren Rechtsträger zuzuordnende, Rechtsposition vorhanden sei. Der Verband klage im Wege einer im Allgemeininteresse zuerkannten rein prozessualen Klagebefugnis ohne zugrunde liegendes Recht.[745] Begrifflich liege eine außerordentliche Klagebefugnis vor.[746]

---

[740] *Grasso*, riv. dir. proc. 1983, 24 ff. (49 f.) begründet diese Auffassung in Bezug auf Art. 2601 c. c. damit, dass nach dieser Vorschrift grundsätzlich das Interesse der Unternehmer an der Lauterkeit des Wettbewerbs geschützt sei und dieses Interesse den Unternehmern als solchen zueigen sei.

[741] *Armone*, in: La nuova disciplina delle clausole vessatorie, S. 221 ff. (241 f.).

[742] *Tommaseo*, in: Le clausole vessatorie nei contratti con i consumatori, S. 755 ff. (772).

[743] *Armone*, in: La nuova disciplina delle clausole vessatorie, S. 221 ff. (241 f.; 249).

[744] Vgl. dazu oben § 2 B VI.

[745] *Corsini*, Giust. civ. 1998, I, 272 ff. (275) spricht von einer rein prozessualen Klagebefugnis sui generis; *Consolo/De Cristofaro*, corr. giur. 1997, 468 ff. (479) möchten die nach ihrer Auffassung nicht vorhandene Rechtsinhaberschaft mit folgendem Argument unterstützen: sei der Verband selbst Rechtsinhaber, so stünde ihm nach den allgemeinen Vorschriften im Falle der Verletzung seines Rechts Anspruch auf Schadenersatz zu. Ein solcher Anspruch auf

3. Ordentliche Klagebefugnis

Einer letzten Auffassung nach macht der Verband im Rahmen der dargestellten Verbandsklagen (auch) eigene Rechte geltend. So werde dem Verband durch die spezielle gesetzliche Normierung eine auch substantiell eigene Rechtsposition[747] zuerkannt, die er im Rahmen seiner Klage geltend mache.[748] Die dem Verband zugedachte Rechtsposition sei inhaltlich durch den kollektiven Bezug gekennzeichnet[749]. Die vom Verband wahrzunehmenden Rechtspositionen unterschieden sich aufgrund ihres kollektiven Bezugs qualitativ von denen des Einzelnen.[750] So hätten Individual- und Kollektivklage grundsätzlich unterschiedliche *causae petendi* und *petita.*[751] Inhaltlich gleiche Zielsetzung würden die unterschiedlichen Rechtsinstitute nur im Falle eines plurioffensiven Verhaltens finden.[752] Wo jedoch Interessen in ihrer kollektiven Dimension betroffen seien, sei der Verband zur Klage befugt; eine Klage, die dann auf einer eigenen substantiellen Rechtsposition gründe, was die Klagebefugnis als ordentliche (legittimazione ordinaria) charakterisiere[753].

Schadenersatz sei jedoch im Hinblick auf den Kollektivcharakter der geschützten Rechtspositionen nicht denkbar.

[746] *Tommaseo*, in: Le clausole vessatorie nei contratti con i consumatori, 755 ff. (771 f.).

[747] Nach Auffassung von *Giussani*, riv. dir. priv. 1997, 321 ff. (331 f.) verfügt die den Verbänden zuerkannte Rechtsposition nicht über alle dem subjektiven Recht sonst zu eigenen Charakteristiken; dies rechtfertige jedoch nicht, die Existenz der substantiellen Rechtsposition – in ihrer Eigenart - gänzlich zu leugnen.

[748] So im Hinblick auf Art. 2601 c. c. die ständige Rechtsprechung, vgl. *Corte di Cassazione Civile*, Sezione I, sentenza 15 novembre 1984, n. 5772, De Agostini Professionale – CODICI D'ITALIA – CD-ROM, Aggiornamento alla Gazzetta Ufficiale 02/01/2001; *Capponi*, Foro it. 1994, IV, 439 ff. (453 f.); *Grasso*, riv. dir. proc. 1983, 24 ff. (49) und *Corsini*, Giust. civ. 1998, I, 272 ff. (274), die diese Auffassung im Hinblick auf Art. 28 Arbeiterstatut vertreten; *Giussani*, riv. dir. priv. 1997, 321 ff. (331 f.) und *Bellelli*, Le nuove leggi civili commentate, 1997, 1260 ff. (1269), die diese Auffassung im Hinblick auf Art. 1469-sexies c. c. vertreten; allgemein *Colagrande*, Le nuove leggi civili commentate 1998, 700 ff. (731) und *Vigoriti*, Interessi collettivi e processo, S. 150, der von einer ordentlichen Klagebefugnis sui generis spricht.

[749] *Giussani*, riv. dir. priv. 1997, 321 ff. (327).

[750] *Bilotta*, in: Tendenze evolutive nella tutela del consumatore, S. 43 ff. (69).

[751] *Chinè*, in: i diritti dei consumatori e degli utenti, S. 33 ff. (37).

[752] *Chinè*, in: i diritti dei consumatori e degli utenti, S. 33 ff. (37).

[753] *Giussani*, riv. dir. priv. 1997, 321 ff. (332).

4. Stellungnahme

Die inhaltliche Struktur der Verbandsklage ist mit der von Teilen der Literatur vertretenen Einordnung der Verbandsklage als Fall der Prozessstandschaft nicht zu vereinbaren. Das Rechtsinstitut der Verbandsklage wäre überflüssig, wenn es sich in der prozessualen Geltendmachung fremder Rechtspositionen erschöpfen würde. Denn für die klageweise Geltendmachung nicht verbandseigener Rechtspositionen sieht das italienische Prozessrecht ausreichende Möglichkeiten vor. Stehen rein individuelle Rechtspositionen in Frage, bieten die gewöhnlichen Strukturen des Prozessrechts ausreichend Schutz; für die Durchsetzung nicht individuell zurechenbarer, allgemeiner öffentlicher Rechtspositionen sind der Staat und die ihm untergeordneten Institutionen zuständig. Allein Rechtspositionen, die den individuellen Bezug überschreiten, ohne ihn vollständig zu verlassen und zum öffentlichen Interesse zu werden, sind vor dem Hintergrund der bestehenden prozessrechtlichen Strukturen speziell schutzbedürftig. Denn innerhalb der bestehenden Strukturen finden mangels einer speziellen Verfahrensordnung nur Rechtspositionen Schutz, die sich in das vorgegebene Gefüge einpassen. Vor diesem Hintergrund kann der Schutz kollektiver Interessen nur dadurch erfolgen, dass die kollektiven Interessen über die Zuordnung an ein Rechtssubjekt zu einer innerhalb der prozessualen Strukturen formal verfolgbaren und durchsetzbaren Rechtsposition werden. Genau diese Zuordnung erfolgt durch den Gesetzgeber mittels spezialgesetzlicher Regelung. Der italienische, ebenso wie der deutsche, Gesetzgeber beschreitet im Wege der gesetzlichen Normierung den von der Rechtsprechung vorgezeichneten Weg: hatte diese versucht, im Einzelfall unter Zugrundelegung spezieller Kriterien eine subjektive Rechtsposition zu begründen, vollzieht der Gesetzgeber diesen Schritt durch normative Anerkennung. Dieses Vorgehen des italienischen Gesetzgebers führt dabei zweierlei vor Augen:[754] zum Einen scheint er nicht gewillt, sich von dem der

[754] *Capponi*, Foro it. 1994, IV, 439 ff. (454).

italienischen Prozesssituation traditionell zugrunde liegenden Prinzip der engen Verknüpfung der substantiellen Rechtsinhaberschaft und daraus folgender prozessualer Geltendmachung zu distanzieren. Gleichzeitig jedoch wird sein Bestreben deutlich, durch zahlreiche Einzelregelungen von Klagekriterien die Möglichkeit und die Voraussetzungen einer Verbandsklage dem konkreten Regelungszusammenhang genau anzupassen. Nur die Annahme der Zuerkennung einer eigenen auch substantiellen Rechtsposition an die Verbände wird dem Institut der Verbandsklage und einer effektiven, auch prozessualen Durchsetzung kollektiver Interessen gerecht.

D. Jüngste Regelungen

I. Gesetz Nr. 281 vom 30.7.1998 a. F. (Verbraucherschutzrecht)

1. Hintergrund und Ziele

Vor dem Hintergrund der dargestellten, in Voraussetzungen und Funktionen so unterschiedlichen, Regelungen mag es nicht verwundern, dass das Verlangen nach einer einheitlichen Rahmenregelung der Teilnahmemöglichkeiten von Verbänden an verwaltungsrechtlichen und gerichtlichen Verfahren stärker wurde. Nach der positiven Aufnahme der im Zivilgesetzbuch neu eingeführten „generellen“ Regelungen bestand der Wunsch nach einer weiteren Vereinheitlichung und Koordinierung der unterschiedlichen Regelungen, insbesondere auf dem Gebiet von Verbraucherschutz und Verbandsklage, fort. Konkret wurde die Vereinheitlichung und Eingliederung der zahlreichen Spezialnormierungen in das Zivilgesetzbuch gefordert und eine weitere Ausarbeitung des in den Art. 1469-bis ff. c. c. verankerten „allgemeinen Teils“.[755]

Der Gesetzgeber leistete diesen Wünschen jedoch nicht Folge,[756] sondern entschied sich vielmehr, den Weg der Spezialnormierung erneut zu beschreiten. So

---

[755] *Minervini*, I contratti 1999, 938.

[756] Zu den Einzelheiten des Gesetzgebungsverfahrens siehe *Bilotta*, in: Tendenze evolutive nella tutela del consumatore, S. 43 ff. (46 ff.).

ist die vor Umsetzung der Richtlinie 98/27/EG in italienisches Recht wohl umfassendste Regelung einer Verbandsklage im Gesetz Nr. 281 vom 30.7.1998[757] zur Regelung der Rechte der Verbraucher und Benutzer[758] enthalten. In diesem Gesetz ist im Rahmen einer angestrebten grundlegenden Regelung der Rechte der Verbraucher erstmals eine in weiten Gebieten des Verbraucherschutzes zur Anwendung kommende Möglichkeit einer Verbandsklage vorgesehen. Das Gesetz ist für die vorliegende Arbeit von besonderer Bedeutung, da durch eine Novellierung seiner Normen die Umsetzung der Richtlinie 98/27/EG in italienisches Recht erfolgt ist. Unter europäischem Blickwinkel bestand keine konkrete Notwendigkeit zum Erlass dieses Gesetzes, insbesondere gab es noch keine aktuelle Verpflichtung zur Umsetzung einer europäischen Richtlinie. Gleichwohl zeichnete sich am Horizont bereits deutlich die Richtlinie 98/27/EG ab, und die inhaltlichen Orientierungen des Gesetzes an den zu erwartenden Regelungen der Richtlinie sind offenkundig.[759] Viele der zu erwartenden europäischen Vorgaben wurden hier frühzeitig Gesetz.

Die Normierung ist darüber hinaus Ausdruck der Tatsache, dass sich der italienische Gesetzgeber dem zunehmenden gesellschaftlichen Druck im Hinblick auf

---

[757] Legge 30 luglio 1998, n. 281 „Disciplina dei diritti dei consumatori e degli utenti", veröffentlicht in der Gazzetta Ufficiale 14 agosto 1998, n. 189.

[758] Der im Deutschen umständlich anmutende Ausdruck der „Verbraucher und Benutzer" erklärt sich auf dem Hintergrund der in Art. 2 Abs. 1 des Gesetzes enthaltenen Begriffsbestimmungen, die für den Bereich des Konsums von Gütern den Begriff des Verbrauchers (consumatore), für den Bereich der Inanspruchnahme von Dienstleistungen hingegen den Begriff des Benutzers (utente) vorsehen. Da im deutschen Sprachgebrauch eine entsprechende Unterscheidung nicht geläufig ist, soll im Folgenden einheitlich der Begriff des Verbrauchers verwendet werden, es sei denn, eine differenzierende Betrachtungsweise ist im Einzelfall geboten. Gegen die seiner Meinung nach auch im Italienischen überflüssige Differenzierung und für eine einheitliche Verwendung des Begriffs des Verbrauchers spricht sich auch *Minervini*, I contratti 1999, 938 aus; anderer Ansicht ist *Alpa*, corr. giur. 1998, 997 ff. (998), der den Begriff des Benutzers nach italienischem Sprachgebrauch nicht vom Begriff des Verbrauchers umfasst sieht; auch *Bilotta*, in: Tendenze evolutive nella tutela del consumatore, S. 43 ff. (62 f.) erachtet die Zweigleisigkeit der Begriffe als wichtig.

[759] *Chinè*, in: i diritti dei consumatori e degli utenti, S. 33 ff. (35), der wiederholt auf die inhaltliche Orientierung des Gesetzes Nr. 281/98 an der – noch nicht erlassenen –Richtlinie hinweist; ebenso *Bilotta*, Tendenze evolutive nella tutela del consumatore, S. 43 ff. (72).

einen effektiven Verbraucherschutz gebeugt hat und sich zu einer erneuten umfassenden Regelung verbraucherpolitischer Fragen entschlossen hat.[760] Den Ausführungen des Gesetzes in Art. 1 Abs. 1 ist zu entnehmen, dass das Ziel des italienischen Gesetzgebers dabei war, in Übereinstimmung mit den Prinzipien der Grundlagenverträge der Europäischen Gemeinschaften, des Vertrages über die Europäische Union und des abgeleiteten Gemeinschaftsrechts, die Rechte und Individual- und Kollektivinteressen der Verbraucher anzuerkennen und zu gewährleisten und deren Schutz auf nationaler und lokaler Ebene, auch in kollektiver und Verbandsform, zu fördern.

Die – auf den ersten Blick – umfassenden und weit reichenden Regelungen auf dem Gebiet des Verbraucherschutzes und der Prozessbeteiligungsmöglichkeiten von Verbänden haben dazu geführt, dass das Gesetz von einigen Stimmen in der Literatur als das lang ersehnte Rahmengesetz der Verbraucherrechte (legge-quadro dei diritti dei consumatori) gelobt worden ist.[761] Gleichzeitig wurde in der Literatur jedoch bemängelt, dass der Gesetzgeber es unterlassen habe, Koordinierungsvorschriften im Hinblick auf das Zusammenspiel zwischen den bereits bestehenden Normen und der Neuregelung zu erlassen, so dass erhebliche Konkurrenzprobleme insbesondere im Verhältnis zu Art. 1469-sexies c. c. auftreten, die den Umgang mit der neuen Norm nicht erleichtert haben.[762]

2. Mittel und Methoden effektiven Verbraucherschutzes

Auf verschiedenen Ebenen wird im Rahmen der neuen Norm das Ziel, den Anforderungen eines effektiven Verbraucherschutzes gerecht zu werden, verfolgt: zum Einen durch die Festschreibung und Anerkennung eines Katalogs von sog. Verbrauchergrundrechten, zum Zweiten durch die Schaffung der Institution ei-

---

760 *Colagrande*, Le nuove leggi civili commentate 1998, 700.
761 Vgl. *Minervini*, I contratti 1999, 938; *Alpa*, corr. giur. 1998, 997 spricht vom lange erwarteten „bill of rights“ der Verbraucher.
762 *Minervini*, I contratti 1999, 938; zu den Konkurrenzproblemen vgl. im Einzelnen unten II.

nes nationalen Verbraucherrates und schließlich durch eine wesentliche Erweiterung der (Klage-)Befugnis von Verbraucherverbänden und damit in engem Zusammenhang mit der Begebung von Steuererleichterungen und anderen Begünstigungen für Verbraucherverbände.

a) Festschreibung von Verbrauchergrundrechten

In Art. 1 Abs. 2 des Gesetzes wird ein Katalog von sog. Verbrauchergrundrechten (diritti fondamentali) aufgestellt, dessen Schutz und Durchsetzung gemäß Abs. 1 auch in kollektiver Form gefördert werden soll. Bei der Aufzählung und Gewährleistung dieser Rechtspositionen handelt es sich im Grundsatz nicht um die Begründung neuer, bislang nicht bestehender Rechte; vielmehr sind die aufgeführten Rechtspositionen - in der überwiegenden Mehrzahl aufgrund europäischer Vorgaben – bereits an verschiedenen Standorten im italienischen Recht verankert und werden durch das Gesetz allenfalls vertieft oder erweitert.[763] In ihrer Gesamtheit umschreiben sie den Rechtsstatus des Verbrauchers nach italienischem Recht.[764] Neu ist an der Gesetzesformulierung allerdings, dass hier erstmalig vom Gesetzgeber der Begriff der Kollektivinteressen ausdrücklich verwendet wird; neu ist darüber hinaus auch, dass der Träger dieser Kollektivinteressen vom Gesetzgeber individualisiert wird; so werden die im Sinne des Gesetzes repräsentativen Verbraucherverbände als Träger der Kollektivinteressen benannt.[765]

---

[763] *Colagrande*, Le nuove leggi civili commentate 1998, 700 ff. (702, Fn. 11, 12; 708, Fn. 28), wo die Ableitung der einzelnen Rechtspositionen aus europäischen Vorgaben und ihre Verankerung in den verschiedenen italienischen Rechtsnormen dargestellt wird; *Alpa*, corr. giur. 1998, 997 ff. (999).
[764] *Colagrande*, Le nuove leggi civili commentate 1998, 700 ff. (710).
[765] *Punzi*, riv. dir. proc. 2002, 647 ff. (670).

aa) Verbrauchergrundrechte

Als Verbrauchergrundrechte werden vom Gesetz im Einzelnen aufgeführt:[766] das Recht auf Schutz der Gesundheit; das Recht auf Sicherheit und Qualität von Produkten und Dienstleistungen; das Recht auf angemessene Information und korrekte Werbung; das Recht auf Erziehung zum Konsum; das Recht auf Richtigkeit, Transparenz und Angemessenheit in vertraglichen Beziehungen, die Güter und Dienstleistungen betreffen; das Recht auf die Förderung und die Entwicklung des freien, freiwilligen und demokratischen Zusammenschlusses von Verbrauchern und Benutzern und das Recht auf die Versorgung mit öffentlichen Einrichtungen unter Einhaltung von Qualitäts- und Effizienzstandards. Neben diesen individuellen Rechtspositionen sind auch die ausdrücklich genannten Kollektivrechte der Verbraucher zu den Verbrauchergrundrechten zu zählen: so die Klagebefugnis der Verbraucherverbände und die Einrichtung des nationalen Verbraucherrates, dem ebenfalls die Funktion der Wahrnehmung kollektiver Verbraucherinteressen zukommt.[767]

bb) Struktur der Verbrauchergrundrechte

Den Verbrauchergrundrechten liegen inhaltlich drei Bereiche zugrunde, in denen der Schutz von Verbrauchern besondere Bedeutung erlangt:[768] zum Einen ein genereller sozialer Aspekt, weiterhin eine wirtschaftliche und schließlich eine informative Ausrichtung des Verbraucherschutzes; diesen Bereichen können die einzelnen Verbrauchergrundrechte nach ihrer Funktion zugeordnet werden. Der dreigliedrigen Struktur der Verbrauchergrundrechte soll durch ein Schutzsystem, das sich ebenfalls auf mehreren Ebenen artikuliert, Rechnung ge-

---

[766] Vgl. zur Herleitung und inhaltlichen Interpretation der einzelnen Positionen ausführlich *Colagrande*, Le nuove leggi civili commentate 1998, 700 ff. (710 ff.).

[767] *Alpa*, in: I diritti dei consumatori e degli utenti, S. 3 ff. (17).

[768] *Colagrande*, Le nuove leggi civili commentate 1998, 700 ff. (722).

tragen werden: vorgesehen ist informativer, vertraglicher und deliktischer Verbraucherschutz.[769]

b) Der nationale Verbraucherrat[770]

aa) Organisation

Eine im italienischen Rechtssystem bislang nicht existierende Institution stellt der in Art. 4 Abs. 1 des Gesetzes verankerte sog. nationale Verbraucherrat dar. Dieses Organ wurde offensichtlich in Anlehnung an aus anderen Ländern bekannte öffentlich-rechtlich organisierte Institutionen zur Förderung und Wahrnehmung der Rechte der Verbraucher[771] geschaffen. Der nationale Verbraucherrat ist dem Ministerium für das produzierende Gewerbe[772] unterstellt (Art. 4 Abs. 1)[773]. Der Rat setzt sich zusammen aus den Repräsentanten der klagebefugten Verbraucherverbände[774] und einem Vertreter der Regionen und autonomen Provinzen und steht unter dem Vorsitz des Ministers für das produzierende Gewerbe oder einem von diesem Beauftragten. Der Rat wird auf Vorschlag des

---

[769] *Colagrande*, Le nuove leggi civili commentate 1998, 700 ff. (722 f.), der in diesem Zusammenhang die jeweils einschlägigen gesetzlichen Schutznormen zitiert, die in der ganz überwiegenden Zahl auf europäische Impulse zurückzuführen sind.

[770] Consiglio nazionale dei consumatori e degli utenti; vgl. dazu ausführlich *Martinello*, in: I diritti dei consumatori e degli utenti, S. 59 ff.

[771] Vgl. dazu oben Kapitel 2 § 3 E; zahlreiche Nachweise über ähnliche Institutionen in anderen Mitgliedstaaten der EU liefert *Martinello*, in: I diritti dei consumatori e degli utenti, S. 59 ff. (63 ff.).

[772] Dieses ist das ehemalige Ministerium für Industrie, Handel und Handwerk. Entgegen dem unveränderten Gesetzeswortlaut wird im Folgenden die Bezeichnung „Ministerium für das produzierende Gewerbe (ministero delle attività produttive)" verwendet.

[773] Die Unterstellung und Eingliederung des nationalen Verbraucherrates in das Ministerium für das produzierende Gewerbe wird in der Literatur heftig kritisiert; handele es sich bei diesem Ministerium doch um den naturgemäßen Gegenspieler der vom Verbraucherrat zu vertretenden Interessen, *Frenguelli*, Giust. civ. 1999, I, 269 ff. (270, Fn. 4).

[774] *Bilotta*, in: Tendenze evolutive nella tutela del consumatore, S. 43 ff. (58) sieht in der drei Jahre dauernden Amtszeit des Rates und der jährlichen Nachprüfung der Eintragungsberechtigung der Verbände einen Widerspruch: so könne es passieren, dass ein nach Konstitution des Rates als klagebefugt anerkannter Verband über lange Zeit von der Mitarbeit im Rat ausgeschlossen sei.

Ministers vom Präsidenten des Ministerrates für die Dauer von drei Jahren ernannt (Art. 4 Abs. 2).

bb) Aufgaben

Der Verbraucherrat hat nach der gesetzlichen Konzeption beratende, vorschlagende, wissenschaftlich – initiierende, informative und kooperierende Funktionen im Hinblick auf Angelegenheiten, die die Verbraucher oder den Verbraucherschutz betreffen.[775] Anders als etwa für den schwedischen Konsumentenombudsmann oder für den Director General of Fair Trading in Großbritannien[776] ist für den nationalen Verbraucherrat eine Möglichkeit der Beteiligung an gerichtlichen Verfahren nicht vorgesehen. Trotz der wenig konkreten Aufgabenbeschreibung und nicht vorgesehener (verwaltungsrechtlicher oder gerichtlicher) Mittel zur Durchsetzung seines Standpunktes hat der nationale Verbraucherrat in der Praxis doch Bedeutung erlangt und ist in seiner Bedeutung nicht weit hinter ähnlichen – mit weit reichenderen Kompetenzen versehenen - Institutionen in anderen europäischen Mitgliedstaaten zurückgeblieben.[777]

---

[775] Als Aufgaben des Rates sieht das Gesetz in Art. 4 Abs. 3 im Einzelnen vor: die Stellungnahme zu Gesetz- und Verordnungsentwürfen mit Verbraucherbezug; die Formulierung von Vorschlägen auf dem Gebiet des Verbraucherschutzes; die Förderung der wissenschaftlichen Arbeit und Forschung auf dem Gebiet des Verbraucherschutzes und die Kontrolle von Produkten und Dienstleistungen; die effiziente Information der Verbraucher; die Förderung von Initiativen, die auf eine Erweiterung des Zugangs der Verbraucher zu juristischen Maßnahmen zur Beilegung von Streitigkeiten gerichtet sind; die Förderung der Koordination nationaler und regionaler Politik auf dem Gebiet des Verbraucherschutzes; die Pflege der Beziehungen zu entsprechenden öffentlichen oder privaten Einrichtungen in anderen Ländern der Europäischen Union; die Information über Schwierigkeiten bei der Umsetzung von Regelungen zur Verfahrens- und Dokumentationsvereinfachung in der öffentlichen Verwaltung.

[776] Vgl. zu beiden Institutionen oben Kapitel 2 § 3 E.

[777] *Martinello*, in: I diritti dei consumatori e degli utenti, S. 59 ff. mit zahlreichen Hinweisen auf die praktische Tätigkeit des Verbraucherrates.

3. Klagebefugnisse der Verbraucherverbände

a) Einführung

Neben den – im Hinblick auf die Verbrauchergrundrechte vorwiegend deklaratorischen, im Hinblick auf den Verbraucherrat mit fehlenden praktischen Durchsetzungsmöglichkeiten gesegneten – Festlegungen des Gesetzes, stellen sich die weit reichenden Regelungen zu den Klagebefugnissen von Verbänden als eigentlicher innovativer Schwerpunkt des Gesetzes dar.

b) Voraussetzungen

Die Zulassung eines Verbandes als klagebefugt und damit die Möglichkeit eines gerichtlichen Vorgehens erfolgt nach den Regelungen des Gesetzes in Art. 3 auf der Grundlage folgender zweier Kriterien, die auf einander aufbauen: bei der in Frage stehenden Einrichtung muss es sich zum Einen um einen Verbraucherverband im Sinne der in Art. 2 des Gesetzes enthaltenen Definition handeln; zum Anderen muss die Einrichtung in die gemäß Art. 5 des Gesetzes beim Ministerium für das produzierende Gewerbe zu führende Liste der auf nationaler Ebene repräsentativen Verbraucherverbände aufgenommen worden sein.[778]

aa) Verbraucherverband im Sinne von Art. 2

Unter Verbraucherverbänden versteht das Gesetz die sozialen Formationen, die gemäß ihrer Satzung als ausschließliches Ziel den Schutz der Rechte und der Interessen der Verbraucher oder der Benutzer verfolgen[779]. Ohne weitere Schwierigkeiten ist die Tragweite der in diesem Zusammenhang verwendeten Begriffe der „Verbraucher und Benutzer“ zu bestimmen, denn auch diese Beg-

[778] Die Aufnahme in die Liste der repräsentativen Verbraucherverbände eröffnet darüber hinaus die Möglichkeit einer Beteiligung im Sinne von Art. 91 c. p. p. an Strafverfahren, die Verbraucherinteressen beeinträchtigt haben, *Bilotta*, Tendenze evolutive nella tutela del consumatore, S. 43 ff. (73). Vgl. dazu oben B IV. 3.

[779] “Le formazioni sociali che abbiano per scopo statutario esclusivo la tutela dei diritti e degli interessi dei consumatori o degli utenti”.

riffe sind in Art. 2 des Gesetzes legal definiert[780]. Ungewöhnlich in seiner Verwendung und in seiner Tragweite auf den ersten Blick nicht zu erfassen ist hingegen der Begriff des Schutzes der Rechte und Interessen der Verbraucher als ausschließliches Satzungsziel des Verbandes. Verfolgen doch die allermeisten Verbände in der Regel mehrere Satzungsziele. Ausschließlichkeit ist in diesem Zusammenhang im strengen Wortsinn zu verstehen. Der Schutz der Rechte und Interessen der Verbraucher muss und darf einziges, in der Verbandssatzung verankertes, Ziel sein. Hintergrund dieser strengen Auswahl ist, dass Verbraucherschutzverbände im eigentlichen Sinne von anderen gesellschaftlichen Organisationen (etwa den Gewerkschaften, den Unternehmerverbänden und politischen Parteien), die allesamt den Verbraucherschutz unter ihre statutarischen Ziele einreihen, abgegrenzt werden sollten: nur den Verbraucherschutzverbänden im engen Sinne sollte das prozessuale Vorgehen ermöglicht und finanzielle Unterstützung[781] gewährt werden.[782]

bb) Listeneintragung

Die Eintragung[783] in die beim Ministerium geführte Liste ihrerseits ist abhängig von einigen formalen Kriterien und dem substantiellen Kriterium der Repräsen-

---

[780] Verbraucher und Benutzer sind: „die natürlichen Personen, die Güter erwerben oder Dienstleistungen in Anspruch nehmen zu Zwecken, die keinen Bezug zu einer eventuell ausgeübten unternehmerischen oder professionellen Tätigkeit haben (le persone fisiche che acquistino o utilizzino beni o servizi per scopi non riferibili all'attività imprenditoriale e professionale eventualmente svolta)" .

[781] Vgl dazu unten 4.

[782] *Alpa*, corr. giur. 1998, 997 ff. (998); *Minervini*, I contratti 1999, 938 ff. (941).

[783] Die Formalitäten des Eintragungsverfahrens sind in dem in Art. 5 Abs. 2 des Gesetzes vorgesehenen decreto ministeriale 19 gennaio 1999, n. 20 – regolamento recante norme per l'iscrizione nell'elenco delle associazioni dei consumatori e degli utenti rappresentative a livello nazionale (Ministerielle Verordnung zur Regelung der Normen betreffend die Eintragung in die Liste der auf nationaler Ebene repräsentativen Verbraucher- und Benutzerverbände) – geregelt; die Verordnung beschränkt sich im Wesentlichen darauf, den Gesetzestext zu wiederholen und stellt darüber hinaus Verfahrensvorschriften und einige Definitionen der vom Gesetz verwendeten Begriffe zu Verfügung, die den Nachweis bestimmter Eintragungskriterien inhaltlich erläutern sollen. Vgl. im Einzelnen *D'Alessandro*, in: I diritti dei consuma-

tativität bezogen auf die Gesamtbevölkerungszahl und die örtliche Verbreitung auf dem Staatsgebiet.[784]

Um die Verbände über den konkreten Inhalt und die Form der beim Ministerium einzureichenden Einschreibungsunterlagen zu unterrichten, wurde ein an die Verbraucher- und Benutzerverbände gerichteter Runderlass herausgegeben,[785] der die inhaltlichen Anforderungen einer Einschreibung konkretisiert und entsprechende Antragsformulare enthält. Der Verband hat in formeller Hinsicht nachzuweisen, dass er durch öffentliche Urkunde oder öffentlich beglaubigte Privaturkunde gegründet worden ist und seit mindestens drei Jahren besteht (Art. 5 Abs. 2)[786]; die Satzung des Verbandes hat demokratischen Maßstäben zu entsprechen und als ausschließliches Verbandsziel den Verbraucherschutz ohne Gewinnerzielungsabsicht festzuschreiben (Art. 5 Abs. 2 a)[787] ; der Verband hat weiterhin ein jährlich aktualisiertes Mitgliederverzeichnis zu unterhalten, das auch über die dem Verband zugewandten finanziellen Mittel zur Verfolgung der Satzungsziele Auskunft gibt (Art. 5 Abs. 2 b) und einen Jahresabschluss zu erstellen; schließlich darf der Verband keine kommerzielle oder in Verbindung mit Produktionstätigkeiten stehende Tätigkeit ausüben (Art. 5 Abs. 3). Im Hinblick auf das Kriterium der Repräsentativität wird verlangt, dass der Verband seine Tätigkeit wenigstens für einen Zeitraum von drei Jahren kontinuierlich

---

tori e degli utenti, S. 169 ff.; die ministerielle Verordnung ist komplett abgedruckt bei *Alpa/Levi*, I diritti dei consumatori e degli utenti, S. 594 ff.

784 *Punzi*, riv. dir. proc. 2002, 647 ff. (670).

785 Circolare 9 marzo 1999, n. 1251, Gazzetta Ufficiale n. 71 del 26.03.1999, Criteri e istruzioni operative per l'iscrizione nell'elenco delle associazioni dei consumatori e degli utenti rappresentative a livello nazionale (Kriterien und operative Anweisungen für die Einschreibung in das Verzeichnis der auf nationaler Ebene repräsentativen Verbraucher- und Benutzerverbände); Hintergrund dieses Runderlasses waren zahlreiche an das Ministerium gerichtete Anfragen von Verbraucherverbänden; der Runderlass samt zahlreichen Formularanhängen ist komplett abgedruckt bei *Alpa/Levi*, I diritti dei consumatori e degli utenti, S. 604 ff.

786 Hiervon erlaubt Art. 2 Abs. 2 des Dekrets eine Ausnahme: danach reicht auch ein anderer Nachweis eines dreijährigen Bestehens aus; kritisch insoweit *Toriello*, in: I diritti dei consumatori e degli utenti, S. 176 ff. (177).

787 Tatsächlich wurden die Statuten zahlreicher Verbände im Hinblick auf das Ziel der Aufnahme in die Liste den Anforderungen entsprechend modifiziert, *Levi*, in: I diritti dei consumatori e degli utenti, S. 126 ff. (153).

ausgeübt hat (Art. 5 Abs. 2 e)[788]; darüber hinaus muss die Zahl der Verbandsmitglieder mindestens 0,5 Promille der Bevölkerung umfassen (Art. 5 Abs. 2 c), was bei einer Gesamtbevölkerungszahl von ca. 57 Mio. gerundet etwa 30000 Personen entspricht[789]; der Verband muss darüber hinaus in mindestens fünf Regionen in qualifizierter Weise (d. h. wenigstens ein Verbandsmitglied je 5000 Einwohner) präsent sein. Schließlich muss, wie bereits erwähnt, der Verbraucherschutz ausschließliches Verbandsziel sein.

cc) Charakter der Listeneintragung

Die Entscheidung über die Eintragung in die bei Ministerium geführte Liste erfolgt auf der Grundlage der oben beschriebenen gesetzlich festgelegten Kriterien, deren Vorliegen anhand des in der ministeriellen Verordnung zur Regelung der Listeneintragung festgelegten Verfahrens festzustellen ist. Sie ergeht im Wege eines Ministerialerlasses.[790] Aus den gesetzlich festgelegten Voraussetzungen folgt, dass dem Ministerium im Rahmen seiner Entscheidung über die Eintragung in die Liste der klagebefugten Einrichtungen – anders als bei dem vom Gesetz Nr. 349/1986 konzipierten Verfahren - kein Ermessen zusteht.[791] Nach Art. 3 der ministeriellen Verordnung ist der ablehnende bzw. stattgebende Erlass dem Verband innerhalb von 15 Tagen nach Antragstellung zuzustellen.

---

[788] Das Fortdauern seiner Aktivität hat der Verband auch nach Einschreibung durch jährliche Einreichung eines Berichtes über seine Aktivitäten nachzuweisen (Art. 5 der ministeriellen Verordnung); bestehen die Eintragungsvoraussetzungen nicht fort, so wird der Verband gemäß Art. 6 der ministeriellen Verordnung aus der Liste gelöscht; zur Problematik der insoweit fehlenden ausdrücklichen gesetzlichen Grundlage im Gesetz Nr. 281/98 vgl. *D'Alessandro*, in: I diritti dei consumatori e degli utenti, S. 169 ff. (175).

[789] *Padovini*, ZfRV 1999, 9 ff. (12); dieses Kriterium dürfte das in der Praxis am Schwersten zu erfüllende sein, *Palmieri*, Foro it. 1999, III, 74 ff. (75); *Levi*, in: i diritti dei consumatori e degli utenti, S. 126 ff. (146) gibt den seiner Auffassung nach zu strengen Aufnahmekriterien die Schuld dafür, dass die ersten Listeneintragungen erst im Herbst 1999, als rund ein Jahr nach Inkrafttreten des Gesetzes, erfolgt sind.

[790] „Decreto ministeriale", *D'Alessandro*, in: I diritti dei consumatori e degli utenti, S. 169 ff. (174).

[791] *Minervini*, I Contratti 1999, 938 ff. (941); *Colagrande*, Le nuove leggi civili commentate, 700 ff. (733); *Bilotta*, in: Tendenze evolutive nella tutela del consumatore, S. 43 ff. (58).

Im Falle der Listeneintragung wird er in der Gazzetta Ufficiale veröffentlicht. Der ablehnende Erlass ist zu begründen und kann im verwaltungsrechtlichen bzw. gerichtlichen Verfahren angegriffen werden.[792] Da dem Ministerium kein Ermessen bei der Entscheidung über die Listenaufnahme zusteht, handelt es ich bei der Listeneintragung nach Auffassung des Staatsrates folgerichtig um ein „System der Eintragung in eine Liste, das auf der Basis einer Feststellung im in Art. 5 Abs. 2 geregelten Verfahren erfolgt und im Hinblick auf die Legitimation konstituierenden Charakter hat“[793].

c) Bewertung

Die Entscheidung über die Aufnahme in die beim Ministerium geführte Liste ist unter zwei unterschiedlichen Gesichtspunkten zu betrachten. Mag dieses Vorgehen unter Praktikabilitätserwägungen begrüßenswert sein, ist gleichwohl nicht zu verkennen, dass die Entscheidung über das Vorliegen prozessualer Requisiten dem eigentlichen Prozessgeschehen und somit auch der richterlichen Entscheidung entzogen wird und in ein verwaltungsrechtliches Verfahren ausgelagert wird[794]. Die Anlehnung dieses gesetzgeberischen Vorgehens an das Gesetz Nr. 349/1986 ist offenkundig. Gleichzeitig werden durch die im Auswahlverfahren angelegten – im Vergleich zum deutschen Recht sehr - strengen Kriterien zahlreiche kleine Verbände von der Möglichkeit eines gerichtlichen Vorgehens ausgeschlossen.[795] Dieses Vorgehen kann unter verfassungsrechtlichen Gesichtspunkten im Hinblick auf den Gleichbehandlungsgrundsatz problematisch sein,[796] ist jedoch solange nicht zu beanstanden, als die Rechtsprechung die zur entspre-

[792] *D'Alessandro*, in: I diritti dei consumatori e degli utenti, S. 169 ff. (174) mit weiteren Einzelheiten.

[793] *Consiglio di Stato*, ordinanza 15 dicembre 1998, n. 1884, Foro italiano 1999, III, 74 ff. (76).

[794] *Palmieri*, Foro it. 1999, III, 74 ff. (75).

[795] Sehr kritisch im Hinblick auf den Ausschluss sämtlicher kleiner Verbände und die dem zufolge gemäß Art. 6 auch nicht gewährte finanzielle Unterstützung äußert sich *Levi*, in: i diritti dei consumatori e degli utenti, S. 126 ff. (147 ff.).

[796] *Francario*, S. 269; *Vigoriti*, Interessi collettivi e processo, S. 166 f., S. 218 ff.

chenden Fragestellung beim Gesetz Nr. 349/86 vertretene Auffassung beibehält, wonach die gesetzliche Regelung nicht abschließend sei und das angerufene Gericht die Klage eines Verbandes auch auf der Grundlage anderer Gesichtspunkte zulassen könne.[797]

d) Verzeichnis der klagebefugten Einrichtungen

In die beim Ministerium geführte Liste waren Ende des Jahres 2003 folgende vierzehn Organisationen eingetragen: ACU, Adiconsum, ADOC, Centro Tutela Consumatori Utenti Onlus – Verbraucherzentrale Südtirol, Cittadinanzattiva, Codacons, Comitato Consumatori Altroconsumo, Confconsumatori, Federconsumatori, Lega Consumatori, Movimento Consumatori, Movimento Difesa del Cittadino, Unione Nazionale Consumatori, ADUSBEF.

4. Steuererleichterungen und Finanzierung

In den Artikeln 6 und 7 trifft das Gesetz im finanziellen Bereich Anordnungen, die den Schutz der Verbraucher auch unter diesem Gesichtspunkt fördern sollen. Es handelt sich dabei um Regelungen zur Finanzierung des nationalen Verbraucherrates und marginale finanzielle Erleichterungen bzw. Unterstützungen für die Verbände; von einer (Teil)Finanzierung der Verbandstätigkeit durch den Staat kann nicht gesprochen werden;[798] vielmehr finanzieren sich die Verbände über Mitgliedsbeiträge und die Herausgabe von Informationsbroschüren. Vor diesem Hintergrund bestimmt Art. 6 der Regelung, dass für die verlegerische Tätigkeit der gemäß Art. 5 anerkannten Verbände[799] näher spezifizierte Steuer-

---

[797] Vgl. dazu oben § 4 B III., 3.; *Mazzamuto/Plaia*, Europa e diritto privato 1999, 669 ff. (671) gehen davon aus, dass die Praxis diese Frage zu klären haben wird.

[798] *Dona*, in: I diritti dei consumatori e degli utenti, S. 157 ff. (158), nennt die Maßnahmen „wenig mehr als nur symbolisch".

[799] Begünstigte der finanziellen Vorteile sind ausschließlich die bereits in die Liste der repräsentativen Verbraucherverbände aufgenommen Institutionen. Jüngere, am Anfang ihrer Entwicklung stehende Verbände erfahren keine finanzielle Unterstützung. Diese Praxis steht mit dem in Art. 1 Abs. 1 des Gesetzes postulierten Ziel der Förderung des Schutzes der Verbrau-

erleichterungen und Unterstützungszahlungen[800] gewährt werden.[801] Mit dieser Maßnahme soll die Tätigkeit der Verbände auf diesem Gebiet unterstützt werden, da sie sich hierdurch finanzieren und sie gleichzeitig auch eine ihrer verantwortungsvollsten Aufgaben darstellt: die Herausgabe von (kostenpflichtigem) Informationsmaterial an Verbraucher.[802] Unter dem Begriff der verlegerischen Tätigkeit in diesem Sinne sind vom Verband initiierte und durchgeführte eigene Maßnahmen zur Erstellung und Verbreitung von Informationsmaterialien zu verstehen.[803] Als jährlichen Betrag, der für die Finanzierung der Tätigkeit des nationalen Verbraucherrates bereit zu stellen ist, sind zwei Milliarden Lire (entspricht ca. einer Millionen Euro) vorgesehen. Zur Förderung der verlegerischen Tätigkeit der Verbände sieht Art. 7 Abs. 1 die Summe von einer Milliarde Lire (entspricht ca. 500.000 Euro) vor[804] – ein Betrag der angesichts der Vielzahl der registrierten Verbände sehr bescheiden wirkt.[805]

---

cher auch in kollektiver Form nach Auffassung einiger Kommentatoren in Widerspruch und wird aus diesem Grunde kritisiert: gerade jüngere Institutionen seien auf finanzielle Hilfe angewiesen, vgl. *Bilotta*, in: Tendenze evolutive nella tutela del consumatore, S. 43 ff. (61).

800 Das Gesetz verweist bezüglich der Steuererleichterungen und Unterstützungszahlungen auf das Gesetz Nr. 416 vom 5. August 1981, das allgemein die Tätigkeit der Verlage unter finanziellen Gesichtspunkten privilegiert.

801 Vgl. dazu im Einzelnen *Dona*, in: I diritti dei consumatori e degli utenti, S. 157 ff. (159 ff.).

802 *Dona*, in: I diritti dei consumatori e degli utenti, S. 157 ff. (159).

803 *Dona*, in: I diritti dei consumatori e degli utenti, S. 157 ff. (163) mit weiteren Einzelheiten; die in Art. 6 vorgesehene Durchführungsverordnung (Decreto del Presidente del Consiglio dei Ministri del 15 marzo 1999, n. 218), die die Einzelheiten der finanziellen Privilegien regeln soll, beschreibt in Art. 1 die verlegerische Tätigkeit als die regelmäßige Herausgabe von Beiträgen, die mit den statutarischen Tätigkeiten in Zusammenhang stehen.

804 Nach Art. 2 der Durchführungsverordnung werden 25 % des Betrages anteilig an die Verbände ausgezahlt, 25 % werden entsprechend der Zahl der jährlichen Veröffentlichungen und 50 % entsprechend der jährlichen Auflagenzahl verteilt.

805 *Dona*, in: I diritti dei consumatori e degli utenti, S. 157 ff. (166).

5. Rechtsschutzziele

Vom Gesetz sind verschiedene Möglichkeiten des gerichtlichen Vorgehens vorgesehen, die selbständig oder unterstützend in einem von einem Verbraucher betriebenen individuellen Verfahren ausgeübt werden können.[806]

a) Abmahnung

Vom Gesetz ist zunächst in Art. 3 Abs. 5 vorgesehen, dass die Verbände darauf hin wirken können, das die Interessen der Verbraucher schädigende Verhalten außergerichtlich zu unterbinden. So können sie mittels eines eingeschriebenen Briefes mit Rückschein den Verursacher des verbraucherschädigenden Verhaltens anmahnen, dieses Verhalten zu unterlassen. Der Versuch, das verbraucherschädigende Verhalten auf diese Weise abzustellen, wird im Falle eines beabsichtigten gerichtlichen Vorgehens des Verbandes obligatorisch; so ist gemäß Art. 3 Abs. 5 eine entsprechende Klage nur nach Ablauf von 15 Tagen nach Erhalt des eingeschriebenen Briefes durch den Abgemahnten möglich.[807] Die Regelung macht die Befugnis zur Klage nach ihrem Wortlaut allein vom Ablauf von 15 Tagen nach Zugang der Abmahnung abhängig, ohne eine Aussage über ein erforderliches Fortdauern des verbraucherschädigenden Verhaltens zu treffen. Zumindest eine Unterlassungsklage, die trotz einer positiven Reaktion des Abgemahnten auf die Abmahnung erhoben wird, würde jedoch nach allgemeinen Grundsätzen wegen fehlenden Rechtsschutzbedürfnisses kostenpflichtig abgewiesen werden.[808] Die Norm verweist darüber hinaus in genereller Weise auf alle in Art. 3 Abs. 1 vorgesehenen Klageziele, ohne näher zu spezifizieren, für welche Arten des gerichtlichen Vorgehens die Abmahnung und der Ablauf von 15 Tagen zusätzliche Klagevoraussetzungen sind.

---

[806] *Alpa*, corr. giur. 1998, 997 ff. (1000); *Punzi*, riv. dir. proc. 2002, 647 ff. (673).

[807] Dieses Vorgehen ist augenscheinlich an dem aus dem deutschen Wettbewerbsrecht bekannten Institut der Abmahnung orientiert, *Giussani*, Danno e responsabilità 1998, 1061 ff. (1065).

[808] *Chinè*, in: i diritti dei consumatori e degli utenti, S. 33 ff. (49).

Nach einer Auffassung in der Literatur zwingt der Normzweck zu einer restriktiven Interpretation der Regelung dahin gehend, dass lediglich die Unterlassungsklage der vorherigen Abmahnung bedürfe, denn nur hier mache eine Abmahnung und das Verstreichen eine Zeitraumes von 15 Tagen für eine Reaktion des Abgemahnten Sinn.[809] Das Erfordernis einer Abmahnung verbunden mit dem Ablauf von 15 Tagen gelte dabei auch für Unterlassungsverfügungen im Wege des einstweiligen Rechtsschutzes, da hier im Wege der Abmahnung ein gerichtliches Vorgehen vermieden werden könne.[810]
Anderer Auffassung nach ist ein Abmahnungsverfahren grundsätzlich immer erforderlich, für den Fall, dass ein entsprechendes Abmahnungsverfahren nicht durchgeführt worden ist, sei angesichts fehlender ausdrücklicher Regelung des Gesetzes mit der Rechtsprechung des Verfassungsgerichtshofes zu bedingten Gerichtsverfahren[811] davon auszugehen, dass lediglich ein behebbares Prozesshindernis bestehe, das zu einer Aussetzung des Verfahrens führe, nicht aber zur Klageabweisung.[812] Praktische Relevanz hat diese Problematik, soweit ersichtlich, bisher nicht erfahren.

b) Versuch der außergerichtlichen Beilegung

Den Verbänden wird darüber hinaus in Art. 3 Abs. 2 die Möglichkeit eröffnet, ein Verfahren zur außergerichtlichen Streitbeilegung vor der jeweils örtlich zuständigen Handelskammer durchzuführen. Grundlage dieses Schiedsverfahrens ist Art. 2 Abs. 4 a) des Gesetzes zur Reform der Handelskammern[813]: danach

---

[809] *Chinè*, in: i diritti dei consumatori e degli utenti, S. 33 ff. (50).
[810] *Consiglio di Stato*, sezione VI, ordinanza 15 dicembre 1998, n. 1884, Il Foro italiano 1999, III, 74 ff. (76); *Chinè*, in: i diritti dei consumatori e degli utenti, S. 33 ff. (50).
[811] Giurisdizione condizionata: *Corte Costituzionale*, sentenza 4 marzo 1992, n. 82, Il Foro italiano 1992, I, 1023 ff. (1027); *Corte Costituzionale*, sentenza 26 luglio 1979, n. 93, Il Foro italiano 1979, I, 2539 ff. (2541); *Corte Costituzionale*, sentenza 29 marzo 1972, n. 57, Il Foro italiano 1972, I, 1172 ff. (1174).
[812] *Colagrande*, Le nuove leggi civili commentate 1998, 700 ff. (738, Fn. 129).
[813] Legge 29.12.1993, n. 580, Riordinamento delle camere di commercio, industria, artigianato e agricoltura.

sind die einzelnen Handelskammern ermächtigt, Schiedskommissionen zur außergerichtlichen Schlichtung von Streitigkeiten einzusetzen. Auf diese von den einzelnen Handelskammern einzurichtenden Schlichtungsverfahren verweist Art. 3 Abs. 2. Die Durchführung eines Schlichtungsverfahrens ist freiwillig und nicht notwendige Voraussetzung für die Möglichkeit, den Rechtsweg vor den ordentlichen Gerichten zu beschreiten. Als zeitlicher Rahmen für das Schlichtungsverfahren ist in Art. 3 Abs. 2 eine Höchstdauer von 60 Tagen festgelegt.[814] Im Zuge der Güteverhandlung wird ein Verhandlungsprotokoll erstellt, welches zur Bestätigung beim örtlichen Landgericht hinterlegt wird; dort wird es lediglich auf die Einhaltung der notwendigen Formalitäten hin überprüft und anschließend für vollstreckbar erklärt, Art. 3 Abs. 4.

c) Unterlassung

Weiteres Ziel des verbandlichen Vorgehens ist gemäß Art. 3 Abs. 1 a) die Verfügung der Unterlassung des verbraucherschädlichen Verhaltens im Wege richterlicher Anordnung.[815] Einzige Voraussetzung des Unterlassungsanspruches ist, dass das beanstandete Verhalten die Interessen der Verbraucher beeinträchtigt, Art. 3 Abs. 1 a). Art und Weise des beeinträchtigenden Verhaltens werden nicht näher definiert, so dass weitgehende Freiheit des angerufenen Gerichts in der Einschätzung des verbraucherschädlichen Verhaltens und damit in der Eröffnung des Rechtsschutzmittels der Unterlassungsklage besteht.[816] Nach allgemeinem Sprachgebrauch richtet sich die Verfügung einer Unterlassung in erster Li-

---

[814] Kritisch dazu *Chinè*, in: i diritti dei consumatori e degli utenti, S. 33 ff. (55): eine zeitliche Begrenzung der Verfahrensdauer mache, da es sich um ein fakultatives Verfahren handele, keinen Sinn; darüber hinaus äußere sich die Norm nicht zum Fristbeginn und den möglichen Konsequenzen bei Überschreitung des Zeitfensters.

[815] Die Verbraucher- und Benutzerverbände, die in der in Art. 5 genannten Liste eingeschrieben sind, sind befugt, zum Schutz der Kollektivinteressen Klage zu erheben und das zuständige Gericht zu ersuchen, a) die Unterlassung von Handlungen und Verhaltensweisen, die die Interessen der Verbraucher schädigen, anzuordnen (di inibire gli atti e i comportamenti lesivi degli interessi dei consumatori e degli utenti).

[816] *Chinè*, in: i diritti dei consumatori e degli utenti, S. 33 ff. (41).

nie auf die Einstellung eines positiven Tuns. Die jüngste italienische Rechtsprechung ist gleichwohl der Auffassung, dass Inhalt einer Unterlassungsverfügung nach Art. 3 Abs. 1 a) auch die Anordnung der Unterlassung eines Unterlassens sein könne, soweit sich das verbraucherschädliche Verhalten in einem Unterlassen geäußert hat.[817] Wie bereits erwähnt, kann die Unterlassungsklage nur erhoben werden, wenn zuvor eine Abmahnung stattgefunden hat und seit deren Zugang fünfzehn Tage vergangen sind[818].

d) Festsetzung von Ausgleichsmaßnahmen

Nach Art. 3 Abs. 1 b) kann das Gericht geeignete Maßnahmen anordnen, um schädliche Auswirkungen festgestellter Verletzungen auszugleichen oder zu beheben.[819] Welchen Inhalt Maßnahmen diese Art haben können, ist heftig um-

---

[817] *Tribunale di Torino*, Sezione IV, ordinanza 17 maggio 2002, Danno e responsabilità 2003, 75 ff.; dieser Fall wird kurz als Fall „Lancia Dedra" bezeichnet und ist die bisher wohl wichtigste gerichtliche Entscheidung zum Gesetz Nr. 281/98: Der Mailänder Verbraucherverband Altroconsumo hatte die Fiat Auto AG verklagt, da eine große Zahl von Fabrikaten der Marke „Lancia Dedra BZ" einen Fabrikationsfehler aufwies, der zur Folge hatte, dass gesundheitsschädliche Abgase in das Wageninnere geleitet wurden. Fiat hatte von diesem Defekt Kenntnis, informierte jedoch nicht die Öffentlichkeit und führte auch keine umfassende Rückrufaktion durch. Vielmehr wurde der entsprechende Mangel an den am Lager vorrätigen Fahrzeugen und auf Reklamation von Kunden im Rahmen von Inspektionsarbeiten behoben. Das Landgericht Turin verurteilte im Eilverfahren die Fiat Auto AG, eine umfassende Rückrufaktion durchzuführen und die Autoeigentümer mittels eingeschriebenen Briefen über die mögliche Fehlerhaftigkeit der Fahrzeuge und die Rückrufaktion zu informieren (Unterlassung eines Unterlassens). Zu einem Urteil in der Hauptsache ist es nicht gekommen, da sich die Parteien außergerichtlich geeinigt haben: die Fiat Auto AG hat sich Altroconsumo gegenüber verpflichtet, eine umfassende Informationskampagne und Rückrufaktion durchzuführen und die Presse entsprechend zu informieren, worauf hin die Parteien das bereits rechtshängige Hauptsacheverfahren vor dem Landgericht Turin einvernehmlich beendet haben.

[818] *Minervini*, I Contratti 1999, 938 ff. (945) sieht in dieser zusätzlichen Voraussetzung einen weiteren Beweis dafür, dass der Gesetzgeber mit allen erdenklichen „Filtern" versuche, die Verbände von den Gerichten fernzuhalten. Indiz dafür ist auch die bereits zitierte Auffassung des *Consiglio di Stato*, Sezione VI, ordinanza 15 dicembre 1998, n. 1884, Il Foro italiano 1999, III, 74 ff. (76), wonach das Abmahnungsverfahren auch Voraussetzung für die im Wege des einstweiligen Rechtsschutzes zu erzielenden Anordnungen sei.

[819] Die Verbraucher- und Benutzerverbände, die in der in Art. 5 genannten Liste eingeschrieben sind, sind befugt, zum Schutz der Kollektivinteressen Klage zu erheben und das zuständige Gericht zu ersuchen, b) geeignete Maßnahmen anzuordnen, um schädliche Wirkungen festgestellter Verletzungen auszugleichen oder zu beheben (di adottare le misure idonee a

stritten. Die Geister scheiden sich bereits an der Frage, ob die Ausgleichsmaßnahmen eigenständiges Rechtsschutzziel sein können oder lediglich als flankierende Maßnahme einzustufen sind. Überwiegend wird in Rechtsprechung und Literatur die Auffassung vertreten, dass unter Ausgleichsmaßnahmen untergeordnete, den Unterlassungsausspruch begleitende Maßnahmen zu verstehen seien.[820] Unterstützt wird diese Argumentation mit einem Hinweis auf die zu Art. 2599 c. c. vertretene Auffassung: auch hier würden unter entsprechenden Ausgleichsmaßnahmen lediglich das Klageziel der Unterlassung unterstützende Maßnahmen verstanden; von der Unterlassung eigenständige Anordnungen seien damit nicht gemeint.[821]

Anderer Auffassung nach darf der Inhalt möglicher Anordnungen im Rahmen der Festsetzung von Ausgleichsmaßnahmen nicht eingegrenzt werden. So sei nach dem Wortlaut und der systematischen Stellung der Norm in der Anordnung von Ausgleichsmaßnahmen ein eigenständiges, von den anderen inhaltlich abzugrenzendes, Rechtsschutzziel zu sehen.[822] Was konkreter Gegenstand und Inhalt der Ausgleichsmaßnahmen sei, werde vom Gesetz nicht vorgeschrieben. Aus diesem Grunde sei das zur Entscheidung berufene Gericht frei, die Maßnahmen zum Gegenstand der richterlichen Anordnung zu machen, die im konkreten Einzelfall am besten geeignet scheinen, „schädliche Auswirkungen auszugleichen oder zu beheben".[823] Ein entsprechender Ermessensspielraum werde dem Gericht vom Gesetz insoweit ausdrücklich zuerkannt.[824] Ausgehend von

---

correggere o eliminare gli effetti dannosi delle violazioni accertate). Diese Rechtsfolge weist Parallelen zum Recht des unlauteren Wettbewerbs auf: auch hier können gemäß Art. 2599 c. c. Maßnahmen zur Folgenbeseitigung von wettbewerbswidrigem Verhalten angeordnet werden, vgl. oben B I., 4. c).

[820] *Amadei*, Giust. civ. 2002, II, 385 ff. (387); *Alpa*, corr. giur. 1998, 997 ff. (1000); *Palmieri*, Foro it. 1999, III, 74 ff. (75); *Consiglio di Stato*, Sezione VI, ordinanza 15 dicembre 1998, n. 1884, Il Foro italiano 1999, III, 74 ff. (76).

[821] *Minervini*, I contratti 1999, 938 ff. (943); vgl. dazu oben B I., 4. c).

[822] *Chinè*, in: I diritti dei consumatori e degli utenti, S. 33 ff. (52).

[823] *Chinè*, in: I diritti dei consumatori e degli utenti, S. 33 ff. (52).

[824] *Chinè*, in: I diritti dei consumatori e degli utenti, S. 33 ff. (52).

dieser Grundlage könne auch die Anordnung von Schadensersatz zum Gegenstand der richterlichen Verfügung werden: soweit Schadensersatz ein geeignetes Mittel sei, erfolgte Verletzungshandlungen auszugleichen, sei dieser zum Gegenstand des verbandlichen Vorgehens und in der Folge zum Inhalt richterlicher Anordnung zu machen.[825]

Zuzugeben ist in dieser Auseinandersetzung, dass die Formulierung des Gesetzes sehr weit gefasst ist, so dass allein auf der Grundlage des Wortlauts auch der selbständige Ausspruch von Schadensersatz in Betracht kommen könnte. Gibt der Wortlaut keinen eindeutigen Hinweis, muss Ausgangspunkt der inhaltlichen Interpretation der Norm eine systematische Einordnung sein. Die Norm spricht allgemein von der Behebung oder dem Ausgleich der schädlichen Auswirkungen festgestellter Verletzungen. Auf der Basis einer solchen Formulierung ist die Verurteilung zum Schadensersatz nicht möglich. Die Norm gibt keine Auskunft darüber, wessen durch das verbraucherschädliche Verhalten entstandener Schaden zu ersetzen ist. Sämtlicher durch das verbraucherschädigende Verhalten entstandene Schaden kann nicht gemeint sein; da der Verband im Rahmen seiner Klage eine eigene Rechtsposition wahrnimmt, die mit dem überindividuellen Kollektivinteresse der Verbraucher korrespondiert, würde die auf Ersatz des individuellen Verbraucherschadens gerichtete Klage einer ausdrücklichen speziellen gesetzlichen Anordnung bedürfen. Dafür jedoch ist die im Gesetz Nr. 281/98 enthaltene Regelung bei Weitem zu unbestimmt. Dass auch der Ersatz des individuellen Verbandsschadens nicht gemeint sein kann, zeigt der Regelungszusammenhang, in dem die Norm steht: spricht Art. 3 Abs. 1 a) von der Anordnung der Unterlassung eines Verhaltens, das die Interessen der Verbraucher schädigt, schließt sich daran die Anordnung in Art. 3 Abs. 1 b) an, die Auswirkungen dieses, die Interessen der Verbraucher schädigenden, Verhaltens zu beseitigen. Auch die Beseitigungsanordnung steht somit in untrennbarem Zu-

[825] *Granieri*, Danno e responsabilità 1998, 917 ff. (920).

sammenhang mit einem Verhalten, das die Verbraucherinteressen als solche beeinträchtigt. Der Ersatz eines individuellen Verbandsschadens kann vor diesem Hintergrund ebenfalls nicht gemeint sein. Von der Beseitigungsanordnung umfasst können deswegen nur die Auswirkungen sein, die die Kollektivinteressen als solche beeinträchtigen und nicht bereits durch den Unterlassungsausspruch umfasst werden. Hätte der Gesetzgeber hier wirklich einen Ersatz des angerichteten Kollektivschadens konzipieren wollen, hätte er sich im Einzelnen mit den dogmatischen und praktischen Konsequenzen auseinandersetzen müssen. Dass dies nicht der Fall war, ist zum einen den Diskussionen während des Gesetzgebungsverfahrens zu entnehmen, wonach der Gesetzgeber von der Einführung von Schadensersatz als mögliches Klageziel ausdrücklich Abstand nehmen wollte.[826]

Zum Anderen zeigt es sich in aller Deutlichkeit daran, dass gegenwärtig eine Gesetzentwurf erarbeitet wird, der eine Ergänzung der Regelung in Art. 3 des Gesetzes um einen Abs. 1 a) – bis vorsieht, in dem das Klageziel des Schadensersatzes ausdrücklich verankert werden soll.[827] Entsprechend den gesetzlichen Regelungen zum Wettbewerbsrecht ist somit davon auszugehen, dass die isolierte Anordnung von Schadensersatz nicht beantragt und ausgeurteilt werden kann, sondern dass lediglich den Unterlassungsausspruch flankierende Maßnahmen verhängt werden können. Als Beispiel mag der bereits zitierte Fall „Lancia Dedra“ herangezogen werden, in dem das Landgericht Turin die Unterlassungsverfügung um die Anordnung der Durchführung einer Rückrufaktion ergänzt hat.[828]

---

[826] *Bilotta*, in: Tendenze evolutive nella tutela del consumatore, S. 43 ff. (71).
[827] Vgl. dazu unten § 6.
[828] Vgl. zum Fall Lancia Dedra oben, Fn. 817.

e) Veröffentlichung der Entscheidung

In Art. 3 Abs. 1 c) ist schließlich vorgesehen,[829] dass das Gericht die Veröffentlichung der von ihm erlassenen Verfügung in einer oder mehreren Tageszeitungen mit lokaler oder nationaler Verbreitung anordnen kann, wenn die Veröffentlichung zum Ausgleich angerichteter Schäden dienen kann. Anders als die Unterlassung ist die Veröffentlichung nach dem eindeutigen Gesetzeswortlaut, ebenso wie die Anordnung von Ausgleichsmaßnahmen nach herrschender Meinung, kein eigenständiges sondern lediglich akzessorisches Rechtsschutzmittel. Anders als im Rahmen der von Art. 1469-sexies c. c. vorgesehenen Rechtsfolgen, kann die Anordnung der Veröffentlichung nur auf Antrag der Parteien und nicht von Amts wegen angeordnet werden.[830] Ebenso wie bei Art. 1469-sexies c. c. ist auch im Rahmen des Gesetzes Nr. 281/98 umstritten, ob die Veröffentlichung der Entscheidung effizientes Rechts-schutzmittel ist, oder ob sich ihre Bedeutung in untergeordneten Informationsaspekten der Öffentlichkeit erschöpft.

f) Einstweiliger Rechtsschutz

Nach der ausdrücklichen Anordnung von Art. 3 Abs. 6 des Gesetzes kann Unterlassungsrechtsschutz auch im Wege einer einstweiligen Verfügung gemäß Art. 669-bis ff. c. c. erlangt werden, soweit ausreichende Dringlichkeitsmotive vorliegen. Die insoweit eindeutige Formulierung der Norm legt die Annahme nahe, dass nicht alle Rechtsbehelfe, sondern lediglich die Unterlassung des verbraucherschädlichen Verhaltens im Wege einstweiligen Rechtsschutzes verfolgt

---

[829] Die Verbraucher- und Benutzerverbände, die in der in Art. 5 genannten Liste eingeschrieben sind, sind befugt, zum Schutz der Kollektivinteressen Klage zu erheben und das zuständige Gericht zu ersuchen, c) die Veröffentlichung der Anordnung in einer oder mehreren Tageszeitungen mit nationaler oder lokaler Verbreitung anzuordnen, in den Fällen, in denen die Veröffentlichung der Anordnung dazu beitragen kann, die Wirkungen festgestellter Verletzungen zu beheben (di ordinare la pubblicazione del provvedimento su uno o più quotidiani a diffusione nazionale oppure locale nei casi in cui la pubblicità del provvedimento può contribuire a correggere o eliminare gli effetti delle violazioni accertate).

[830] *Minervini*, I contratti 1999, 938 ff. (944).

werden kann.[831] Die Rechtsprechung ist gleichwohl der Auffassung, dass die Norm in Anbetracht ihrer Aufgabe, umfassenden Verbraucherschutz auch in Übereinstimmung mit europäischen Richtlinien zu gewährleisten, teleologisch dahingehend ausgelegt werden müsse, dass auch im Rahmen des Eilverfahrens sämtliche Maßnahmen, die effektiven Verbraucherschutz gewährleisteten, zum Inhalt richterlicher Verfügung werden könnten.[832] Dies jedoch bedeute, dass im Rahmen des einstweiligen Rechtsschutzverfahrens alle Anordnungen ausgesprochen werden könnten, die auch Gegenstand des Hauptsacheverfahrens sein könnten.[833] Trotz der bereits im Rahmen der gleich lautenden Regelung von Art. 1469-sexies Abs. 2 c. c. geführten heftigen Diskussion um den Inhalt und die Bedeutung der „gerechtfertigten Dringlichkeitsmotive“[834], hat der Gesetzgeber sich nicht daran hindern lassen, die umstrittene Formulierung erneut zu verwenden, mit der Folge, dass die Voraussetzungen des einstweiligen Rechtsschutzes auch an dieser Stelle äußerst unklar sind.[835]

g) Fehlende Vollstreckbarkeit

Trotz der ebenfalls im Zusammenhang mit der Regelung von Art. 1469-sexies c. c. von der italienischen Rechtslehre heftig bemängelten fehlenden Möglichkeit, ein ergangenes Unterlassungsurteil zwangsweise durchzusetzen, hat sich

[831] *Minervini*, I contratti 1999, 938 ff. (944); *Chinè*, in: I diritti dei consumatori e degli utenti, S. 33 ff. (43).
[832] *Tribunale di Torino*, Sezione VI, Ordinanza 17 maggio 2002, Danno e responsabilità 2003, 75 ff. (77 f.).
[833] *Tribunale di Torino*, Sezione VI, Ordinanza 17 maggio 2002, Danno e responsabilità 2003, 75 ff. (77 f.).
[834] Vgl. dazu im Einzelnen oben B V., 2. b), cc).
[835] Vgl. dazu ausführlich *Chinè*, in: I diritti dei consumatori e degli utenti, S. 33 ff. (43 ff.), der sich dafür ausspricht, allein einen Verfügungsanspruch und gerechtfertigte Dringlichkeitsmotive für vorläufigen Rechtsschutz ausreichen zu lassen; *Tribunale di Torino*, Sezione VI, Ordinanza 17 maggio 2002, Danno e responsabilità 2003, 75 ff. (78) nimmt von der bisher zu Art. 1469-sexies c. c. vertretenen Auffassung der Rechtsprechung ausdrücklich Abstand und prüft das Vorliegen gerechtfertigter Dringlichkeitsmotive nach den Kriterien einer möglichen auch quantitativen Beeinträchtigung der kollektiven Dimension der involvierten Verbraucherinteressen und deren Stellenwert im Einzelfall.

der Gesetzgeber auch im Rahmen des Gesetzes Nr. 281/98 zunächst nicht veranlasst gesehen, Möglichkeiten der zwangsweisen Durchsetzung eines Unterlassungsurteils vorzusehen.[836]

6. Kollektiver und individueller Rechtsschutz

Das Gesetz trifft abschließend zur Regelung der Klagebefugnis der Verbände in Art. 3 Abs. 7 Aussagen über das Verhältnis von Kollektiv- und Individualklagen. So wird dort geregelt, dass, unbeschadet der Regelungen über die Rechtshängigkeit, ..., den Zusammenhang und die Verbindung von Verfahren, die Regelungen dieses Artikels das Recht zu Individualklagen der, von denselben Verletzungen geschädigten, Verbraucher[837] nicht ausschließen.

An der verwendeten Formulierung ist auffällig, dass nur auf solche Verbraucher Bezug genommen wird, die durch das beanstandete Verhalten geschädigt worden sind; dies könnte zu der Schlussfolgerung verleiten, dass der Gesetzgeber ein mögliches Konkurrenzverhältnis lediglich für den Fall der auf Schadensersatz gerichteten Individualklage und der auf Ausgleichsmaßnahmen gerichteten Kollektivklage als gegeben betrachten wollte,[838] und dementsprechend in allen anderen Fällen dem einzelnen Verbraucher ein gerichtliches Vorgehen verwehren wollte, ein Konkurrenzverhältnis also von vorneherein ausgeschlossen hätte.[839] Eine solche Lesart der Regelung stünde freilich mit dem Sinn und Zweck der Norm, die darauf ausgerichtet ist, den Verbraucherschutz auf individueller und kollektiver Ebene zu fördern in offensichtlichem Kontrast.[840] Würde diese

---

[836] *Chinè*, in: I diritti dei consumatori e degli utenti, S. 33 ff. (42).

[837] Auch wenn das Gesetz ausdrücklich nur die Verbraucher und, entgegen der sonst verwendeten Wortwahl nicht auch die Benutzer, zitiert, dürfte dies lediglich auf ein redaktionelles Versehen des Gesetzgebers zurückzuführen sein und inhaltlich keine Unterscheidung rechtfertigen, vgl. *Chinè*, in: I diritti dei consumatori e degli utenti, S. 33 ff. (57).

[838] In diesem Sinne *Mazzamuto/Plaia*, Europa e diritto privato, 669 ff. (678 f.).

[839] Dieser Ansicht ist *Colagrande*, Le nuove leggi civili commentate 1998, 700 ff. (728), der daraus zugleich die Schlussfolgerung zieht, dass die Verbandsklage insoweit den Individualrechtsschutz ersetzt.

[840] *Chinè*, in: I diritti dei consumatori e degli utenti, S. 33 ff. (57).

Interpretation im Ergebnis doch bedeuten, dass der Gesetzgeber zwar zahlreiche individuelle Verbrauchergrundrechte anerkennt, deren Schutz er *auch* in kollektiver Form fördern will, die gerichtliche Einforderung dieser Rechte durch die Hintertür dann jedoch im Wege fast ausschließlicher Kompetenz allein den Verbraucherverbänden anvertraut. Dies würde keine Erweiterung und Komplettierung des Verbraucherschutzes bedeuten, sondern vielmehr eine Verlagerung. Der Gesetzgeber will jedoch mit seiner ausdrücklichen Vorgabe zu verstehen geben, dass nach seiner Auffassung Kollektiv- und Individualklage grundsätzlich von einander zu trennende Rechtsinstitute sind und aus diesem Grunde ein Konkurrenzverhältnis zwischen beiden – theoretisch - möglich ist. Richtigerweise ist der von der Norm verwendete Begriff der Beschädigung daher nicht im strengen Wortsinn zu verstehen, sondern vielmehr als Beeinträchtigung, so dass ein Konkurrenzverhältnis zwischen individueller und kollektiver Klage immer dann gegeben sein kann, wenn ein plurioffensives Verhalten des Schädigers vorliegt. Inhaltlich bringt die Norm darüber hinaus nichts Neues, sondern erschöpft sich in dem klarstellenden Hinweis auf allgemeine prozessuale Grundsätze. Sollte ein plurioffensives Schädigerverhalten gegeben sein und sich Individual- und Kollektivklage vor diesem Hintergrund im Hinblick auf *causa petendi* und *petitum* ausnahmsweise inhaltlich entsprechen, ist der Beklagte nach allgemeinen zivilprozessrechtlichen Grundsätzen geschützt.[841]

7. Änderung der dogmatischen Einordnung

An der vom Gesetzgeber sowohl bei der Gesetzestitulierung (Disciplina dei *diritti* dei consumatori e degli utenti) als auch bei der Festschreibung der Verbrauchergrundrechte in Art. 1 Abs. 2 verwendeten Terminologie (*diritti* fondamentali) fällt die unbekümmerte Verwendung des Begriffs der *Rechte (diritti)* ins Auge. Angesichts der oben ausführlich dargestellten dogmatischen Diskussionen

[841] Zur prozessualen Behandlung konkurrierender Verfahren vgl. im Einzelnen unten § 7 B.

im Hinblick auf die mögliche Qualifizierung der im Rahmen der Kollektivklage wahrgenommenen Rechtspositionen und der dogmatischen Einordnung der Klage selbst, drängt sich die Frage auf, ob der Gesetzgeber durch bewusste Einstufung der in Frage stehenden Rechtspositionen als „Rechte" und deren eindeutige Zuweisung an die Verbraucher und Verbände als Rechtsträger allen dogmatischen Diskussionen – ähnlich wie der deutsche Gesetzgeber - ein klärendes Ende bereiten wollte[842].

Die italienischen Kommentatoren sind sich in der Beantwortung dieser Frage, soweit ersichtlich, einig. Für eine endgültige juristische Qualifizierung der in Frage stehenden Rechtspositionen reiche die bloße Verwendung des Begriffs der Rechte in diesem Zusammenhang nicht aus, da substantiell keine weitergehende Entscheidung oder Stellungnahme des Gesetzgebers vorliege.[843] Bei den im Einzelnen benannten Verbrauchergrundrechten handele es sich rechtlich um völlig heterogene Rechtspositionen.[844] Die einheitliche Verwendung des Begriffs der „Rechte" stelle keine juristisch-inhaltliche Stellungnahme des Gesetzgebers dar, sondern sei in der Absicht erfolgt, in Übereinstimmung mit dem auf europäischer Ebene verwendeten Sprachgebrauch,[845] zum besseren Verständnis einheitliche Begrifflichkeiten zu schaffen[846].

Hätte der Gesetzgeber durch die Verwendung des Begriffs der „Rechte" eine juristische Qualifizierung der in Frage stehenden Rechtspositionen vornehmen wollen, hätte er dies auch inhaltlich in irgendeiner Form zum Ausdruck bringen müssen. Eine solche inhaltliche Stellungnahme ist der Regelung in keiner Weise zu entnehmen. Auch im Hinblick auf die Frage, wer Träger der im Klageverfahren geltend zu machenden Kollektivinteressen ist, bezieht der Gesetzgeber keine

---

842 *Colagrande*, Le nuove leggi civili commentate 1998, 700 ff. (707).

843 *Colagrande*, Le nuove leggi civili commentate 1998, 700 ff. (708 f.); *Alpa*, corr. giur. 1998, 997 ff. (999).

844 *Minervini*, I Contratti 1999, 938 ff. (939) mit weiteren Nachweisen; *Alpa*, corr. giur. 1998, 997 ff. (999).

845 *Colagrande*, Le nuove leggi civili commentate 1998, 700 ff. (708).

846 *Colagrande*, Le nuove leggi civili commentate 1998, 700 ff. (708).

Stellung. Zwar wird durch die Gesetzesformulierung erstmals ausdrücklich die Existenz kollektiver Verbraucherinteressen normativ anerkannt;[847] wer Inhaber dieser Rechte ist, versäumt der Gesetzgeber jedoch zu klären. Im Hinblick auf die Verbände regelt das Gesetz lediglich, dass diese zur Interessenwahrnehmung befugt sind; es äußert sich nicht dazu, ob die Verbände auch Inhaber der von ihnen geltend gemachten Rechtspositionen sind. Im Ergebnis ist somit davon auszugehen, dass durch die gesetzliche Regelung keine Klärung der dogmatischen Unsicherheiten im Hinblick auf die Qualifizierung der in Frage stehenden Rechtspositionen und ihrer Träger stattgefunden hat. Die dazu vertretenen verschiedenen Ansichten werden vor diesem Hintergrund auch weiterhin fortbestehen.

8. Bewertung

Dem Gesetz Nr. 281/98 kommt im Hinblick auf die Weiterentwicklung des Instituts der Verbandsklage erhebliche Bedeutung zu: so wird hier auf dem Gebiet des Verbraucherschutzes erstmals generell die Möglichkeit der Wahrnehmung und Durchsetzung kollektiver Interessen durch eine Verbandsklage geschaffen. Die Möglichkeit des verbandlichen Einschreitens ist nicht auf eine enumerative Aufzählung bestimmter Verstöße gegen Verbraucherrechte beschränkt,[848] sondern die weit gefasste Gesetzesformulierung erlaubt ein Einschreiten in vielen unterschiedlichen Bereichen, wobei die genauen Grenzen im Wege der Interpretation durch die Rechtsanwender zu ziehen sein werden.[849] Trotz dieses zunächst uneingeschränkt positiven Eindrucks ist gleichzeitig festzustellen, dass der Gesetzgeber ungeachtet aller kritischer Anmerkungen in Literatur und Rechtsprechung alte Fehler wiederholt: ebenso wie bei der vielfach kritisierten Regelung des Art. 1469-sexies c. c. hat er es auch beim Gesetz Nr. 281/98 unterlassen, die

---

[847] *Alpa*, in: I diritti dei consumatori e degli utenti, S. 3 ff. (20).
[848] *Chinè*, in: I diritti dei consumatori e degli utenti, S. 33 ff. (43).
[849] *Mazzamuto/Plaia*, Europa e diritto privato 1999, 669 ff. (673).

Voraussetzungen einstweiligen Rechtsschutzes eindeutig zu fassen und Maßnahmen zur zwangsweisen Durchsetzung eines Unterlassungsurteils vorzusehen. Beides Mängel, die bereits bei der Regelung von Art. 1469-sexies c. c. als so gravierend eingestuft wurden, dass sie nach Auffassung einiger Literaturstimmen die gesamte Regelung in Frage gestellt haben. Darüber hinaus hat der Gesetzgeber – bewusst oder unbewusst – die Entscheidung getroffen, die dogmatische Einordnung der Verbandsklage auch weiterhin Rechtsprechung und Lehre zu überlassen, ohne selbst eindeutig Stellung zu beziehen.[850] Der Ansicht folgend, dass sich die individuellen und kollektiven Interessen der Verbraucher inhaltlich grundsätzlich unterscheiden und die Verbände vor den Gerichten auf der Grundlage einer eigenen subjektiven Rechtsposition vorgehen, lässt sich inhaltlich feststellen, dass der Schutz der Verbraucher nach der Konzeption des Gesetzes Nr. 281/98 auf zwei unterschiedlichen Ebenen angesiedelt ist: der individuellen und der kollektiven Ebene, die beide ausdrücklich Anerkennung finden, jedoch nicht untereinander austauschbar sind.[851] Dies bedeutet, dass die Klage der Verbände im Hinblick auf die Individualklagen einzelner Verbraucher unterstützende nicht jedoch ersetzende Funktion hat.[852] Insgesamt lässt sich das Gesetz Nr. 281/98 trotz vorhandener inhaltlicher Schwächen als bislang wichtigsten Fortschritt in der Entwicklung der Verbandsklage bezeichnen – allein eine durchdachte vereinheitlichende Abstimmung mit bereits bestehenden Normen fehlt völlig.

---

850 *Chinè*, in: I diritti dei consumatori e degli utenti, S. 33 ff. (34 f.).
851 *Chinè*, in: I diritti dei consumatori e degli utenti, S. 33 ff. (37).
852 *Punzi*, riv. dir. proc. 2002, 647 ff. (671); *Chinè*, in: I diritti dei consumatori e degli utenti, S. 33 ff. (37 f.; 56).

II. Verhältnis von Art. 1469-sexies c. c. und Gesetz Nr. 281/98

1. Konkurrenzverhältnis

Wie an dem Vorhaben des Gesetzgebers, neben den Artikeln 1469-bis ff. c. c. erneut eine allgemeine Regelung zu den Rechten der Verbraucher und damit in engem Zusammenhang zur Klagebefugnis von Verbänden zu schaffen, deutlich wird, bewegen sich beide Gesetze im Hinblick auf ihren Anwendungsbereich auf den ersten Blick in ähnlichen, wenn nicht gleichen Gefilden. Trotzdem stellen sie im Hinblick auf die verbandliche Klagebefugnis erheblich unterschiedliche Anforderungen auf. So spricht etwa Art. 1469-sexies Abs. 1 c. c. von repräsentativen Verbraucherverbänden, ohne ein Verfahren zur Feststellung dieser Repräsentativität oder aber vom Richter bei der Feststellung anzuwendende Kriterien vorzugeben. Die Entscheidung über die Repräsentativität wird vielmehr vollständig in das Ermessen des angerufenen Gerichts gestellt.

Das Gesetz Nr. 281/98 hingegen gibt in den Artikeln 3 Abs. 1, Abs. 5 ein strenges Anerkennungsverfahren vor, das auf der Grundlage eindeutig festgelegter Kriterien zu erfolgen hat, keinerlei Ermessensspielräume belässt und dem konkreten Prozessgeschehen vollständig entzogen ist. Beide Gesetze treffen also Aussagen über die Klagebefugnis von Verbraucherverbänden, nur eines legt jedoch konkrete Kriterien zu deren Feststellung fest. Der Gesetzgeber selbst hat zu der Frage, in welchem Verhältnis beide Normen zueinander stehen, nicht Stellung bezogen.[853]

2. Lösungsansätze

Die Rechtswissenschaft ist sich in der Behandlung dieses Konkurrenzverhältnisses nicht einig; zwar ist zwischenzeitlich eine Stellungnahme der untergerichtlichen Rechtsprechung ergangen, die im Umgang mit der Norm klare Leitlinien vorgibt. Eine obergerichtliche Äußerung ist nach wie vor noch nicht erfolgt.

---

[853] *Minervini*, I Contratti 1999, 938 ff. (941).

a) Heranziehung anderer Normen

Der wohl weitestgehenden Ansicht nach kann der in der Formulierung von Art. 1469-sexies c. c. enthaltene Begriff der ‚Repräsentativität' keine eigenständige Bedeutung beanspruchen. Vielmehr müsse das Vorliegen von Repräsentativität unter Heranziehung anderer positivgesetzlicher Regelungen festgestellt werden.[854] So müssten etwa die in Art. 5 des Gesetzes Nr. 281/98 festgeschriebenen Kriterien auch bei der Anwendung von Art. 1469-sexies Abs. 1 c. c. zur Beantwortung der Frage, ob der entsprechende Verband repräsentativ und somit klagebefugt sei, herangezogen werden.[855]

b) Lösung über den Spezialitätsgrundsatz

Eine weitere Ansicht will das Konkurrenzverhältnis zwischen beiden Normen über die Anwendung des Spezialitätsgrundsatzes lösen. Die im Zivilgesetzbuch geregelte Unterlassungsklage sei im Verhältnis zu der im Gesetz Nr. 281/98 vorgesehenen Unterlassungsklage spezieller;[856] die Erste betreffe ausschließlich missbräuchliche allgemeine Geschäftsbedingungen, während die Zweite jegliches im Hinblick auf die Interessen der Verbraucher schädliche Verhalten zum Gegenstand habe.[857] Aus diesem Grunde müsse der allgemeine Rechtsgrundsatz ‚lex posterior generalis non derogat priori speciali' im Verhältnis der beiden Normen zur Anwendung kommen.[858] Die Anforderungen an die Klagebefugnis seien in beiden Gesetzen vom Gesetzgeber wissentlich differenziert geregelt

---

[854] *Armone*, in: La nuova disciplina delle clausole vessatorie nel codice civile, S. 221 ff. (242).

[855] *Minervini*, I Contratti 1999, 938 ff. (942); dieser Auffassung nicht abgeneigt, jedoch ohne abschließende Stellungnahme, da das Gesetz Nr. 281/98 zum Entscheidungszeitpunkt noch nicht in Kraft war: *Tribunale di Roma*, ordinanza 27 luglio 1998, Il Foro italiano 1998, I, 3332 ff. (3353).

[856] *Frenguelli*, Giust. civ. 1999, I, 269 ff. (270); *Tribunale di Roma*, sentenza 21 gennaio 2000, Il Foro italiano 2000, I, 2045 – in der Begründung über den Spezialitätsgrundsatz in der Berufungsinstanz heftig kritisiert von der *Corte d'appello di Roma*, sentenza 24 settembre 2002, Il Foro italiano 2003, I, 332 ff. (347).

[857] *Frenguelli*, Giust. civ. 1999, I, 269 ff. (270).

[858] *Frenguelli*, Giust. civ. 1999, I, 269 ff. (270).

worden; dem sei auch in der Gesetzesanwendung Rechnung zu tragen.[859] Das Gericht müsse bei der Anwendung von Art. 1469-sexies c. c. ausschließlich unter Zugrundelegung der tatsächlichen Verhältnisse eine Entscheidung darüber treffen, ob nach seiner Überzeugung Repräsentativität im Sinne der Norm vorliegt.[860]

c) Inhaltliche Abgrenzung beider Normen

Im Ergebnis mit der zuvor dargestellten Ansicht stimmt die Auffassung überein, die beide Normen voneinander abgrenzt ohne dabei jedoch den Spezialitätsgrundsatz zur Anwendung zu bringen.

Ihren Ausgangspunkt nimmt diese Auffassung bei der Feststellung, dass eine Abgrenzung nach dem Gedanken der Spezialität nicht in Frage komme, da es nicht denkbar sei, dass die in allgemeinen Normen verankerte Regelung des Art. 1469-sexies c. c. den Charakter einer „lex specialis" im Verhältnis zur im Spezialgesetz Nr. 281/98 enthaltenen „lex generalis" trage.[861] Es sei vielmehr die inhaltliche Unterscheidung beider Regelungsbereiche, die zu der oben dargestellten Konsequenz führe; nur auf den ersten Blick überdeckten sich beide Regelungen in ihren Anwendungsbereichen. Inhaltlich sei jedoch festzustellen, dass es ein Konkurrenzverhältnis von Art. 1469-sexies c. c. mit dem weiten Schutzbereich des Gesetzes Nr. 281/98[862] nur in einem einzigen Punkt, nämlich dem Recht der Verbraucher auf Korrektheit, Transparenz und Angemessenheit in vertraglichen Beziehungen, die Güter und Dienstleistungen betreffen, Art. 1 Abs. 2 e) Gesetz Nr. 281/98, geben könne.[863] Darüber hinaus sei dem Umstand Rechnung zu tragen, dass das Gesetz Nr. 281/98 auch in prozessualer Hinsicht

[859] *Frenguelli*, Giust. civ. 1999, I, 269 ff. (270).
[860] *Tommaseo*, in: Le clausole vessatorie nei contratti con i consumatori, S. 755 ff. (775).
[861] *Corte d'appello di Roma*, Il Foro italiano 2003, I, 332 ff. (347).
[862] Vgl. zum Schutzbereich des Gesetzes Nr. 281/ 98 den Katalog der Verbrauchergrundrechte oben unter I., 2. a) aa).
[863] *Corte d'appello di Roma*, Il Foro italiano 2003, I, 332 ff. (347).

erhebliche Neuerungen bringe, die mit den in Art. 1469-sexies c. c. enthaltenen nicht zu vergleichen seien.[864] Von einem Verhältnis der Spezialität beider Regelungen könne angesichts dieser erheblichen inhaltlichen Unterschiede keine Rede sein.

Wichtigstes Argument dieser Auffassung ist jedoch, dass es weder einen allgemeinen Grundsatz gebe, noch das Gesetz Nr. 281/98 konkrete Hinweise enthalte, dass sich sein Anwendungsbereich auch auf bereits bestehende Regelungen erstrecken solle.[865] Es müsse aus diesem Grunde bei einem (unabhängigen) Nebeneinander beider Regelungen bleiben. Bei der Beurteilung der Repräsentativität eines Verbandes gemäß Art. 1469-sexies c. c. könnten im Einzelfall vom entscheidenden Gericht im Rahmen der Ermessensentscheidung auch Kriterien aus dem Gesetz Nr. 281/98 herangezogen werden[866], dies sei jedoch nicht verpflichtend.

d) Bewertung und Stellungnahme

Bei der Beantwortung der Frage, in welchem Verhältnis beide Gesetze zueinander stehen, muss der im Gesetzeswortlaut verankerten unterschiedlichen Regelungsmodalität der Normen Rechung getragen werden. Während das Gesetz Nr. 281/98 die Klagebefugnis eines Verbandes gleichsam an ein „staatliches Anerkennungsverfahren“ außerhalb des konkreten Prozessgeschehens knüpft, findet die Entscheidung im Rahmen von Art. 1469-sexies c. c. innerhalb des Prozesses aufgrund der Würdigung rein tatsächlicher Verhältnisse statt. Dass für diese Würdigung in anderen Gesetzen verankerte Kriterien Anwendung finden können, ist offensichtlich.[867] Entscheidend ist jedoch, dass die für ein spezielles Anerkennungsverfahren entwickelten strengen Kriterien des Gesetzes Nr. 281/98

---

[864] *Corte d'appello di Roma*, Il Foro italiano 2003, I, 332 ff. (347).
[865] *Corte d'appello di Roma*, Il Foro italiano 2003, I, 332 ff. (348).
[866] *Corte d'appello di Roma*, Il Foro italiano 2003, I, 332 ff. (347).
[867] *Corsini*, Giust. civ. 1998, I, 269 ff. (276).

nicht grundsätzlich zur Anwendung kommen müssen, da sie extrem hohe Maßstäbe enthalten und die zugrunde liegenden Sachverhalte nicht in ausreichendem Maße übereinstimmen. So hat die aus der Bejahung der Kriterien im Rahmen des Gesetzes Nr. 281/98 folgende Listeneintragung nicht nur die Klagebefugnis, sondern auch die Beteiligung am nationalen Verbraucherrat und finanzielle Vergünstigungen zur Folge. Ob man die inhaltliche Verschiedenheit beider Normen auf den Grundsatz der Spezialität stützen sollte, mag offen bleiben. Die Frage einer Abgrenzung beider Normen wird in der Praxis nur in dem oben angesprochenen kleinen direkten Konkurrenzfeld beider Regelungen von Bedeutung sein. In diesem Fall sollte sie danach gelöst werden, ob es sich um einen eingetragenen Verband handelt – mit der Folge der Möglichkeit eines Vorgehens nach dem Gesetz Nr. 281/98 – oder ob bei fehlender Eintragung eine Bewertung nach Art. 1469-sexies c. c. zu erfolgen hat. Beide Regelungen haben vor dem dargestellten Hintergrund grundsätzlich eigene Anwendungsbereiche und sind inhaltlich zu trennen.

E Zusammenfassung

Die Darstellung der einzelnen zur Verbandsklage ergangenen Normierungen lässt Zweierlei erkennen: positiv ist zu vermerken, dass der italienische Gesetzgeber gewillt ist, der Rechtsfigur der Verbandsklage zunehmend Raum zu verschaffen und ihren Anwendungsbereich nachhaltig zu vergrößern.[868] Diese Entwicklung lässt sich besonders an der bei der Gesetzesformulierung zur Anwendung kommenden Terminologie und Sprache aufzeigen: so ist der Gesetzgeber in der jüngsten Regelung immerhin soweit gegangen, den Begriff der kollektiven Verbraucherinteressen im Gesetzeswortlaut zu verwenden und ihren Schutz explizit auch kollektiven Rechtsschutzformen anzuvertrauen. Gleichzeitig wird jedoch auch deutlich, dass der Gesetzgeber die inhaltliche und im Hinblick auf

---

[868] *Punzi*, riv. dir. proc. 2002, 647 ff. (674 f.).

notwendige prozessuale Reformen auch schwierige und unangenehme Auseinandersetzung mit der Verbandsklage scheut. So hat er in keiner der neueren Regelungen zur dogmatischen Einordnung der Verbandsklage eindeutig Stellung bezogen. Ebenso wenig hat er prozessuale Reformen in die Wege geleitet, die die schwierige Einfügung und Effektivität der kollektiven Interessenwahrnehmung in den auf das Individualverfahren zugeschnittenen Zivilprozess hätten erleichtern können. Erst die Richtlinie 98/27/EG musste ihn hier zwingen, wenigstens in kleinen Bereichen tätig zu werden.

§ 5 Umsetzung der Richtlinie in Italien

A Umsetzungsmodus

Die Richtlinie 98/27/EG über Unterlassungsklagen zum Verbraucherschutz wurde in Italien in zwei zeitlich getrennten Akten umgesetzt. Zunächst wurde in einem ersten Schritt durch die Gesetzesverordnung Nr. 224 vom 23. April 2001[869] durch Modifikation der Regelungen des Gesetzes Nr. 281/98 die wesentliche Umsetzungsarbeit geleistet. In einem zweiten Schritt wurde durch das Gesetz Nr. 39 vom 1. März 2002[870] eine zusätzliche Ergänzung des Gesetzes Nr. 281/98 vorgenommen, die die bisher im italienischen Recht fehlende Möglichkeit einer zumindest indirekten zwangsweisen Durchsetzung eines Unterlassungsurteils ermöglichen sollte. Insgesamt erforderte die Verankerung der Richtlinie im italienischen Recht kein umständliches Umsetzungsverfahren, sondern konnte, aufgrund der bereits in weiten Teilen in Form des Gesetzes Nr. 281/98 bestehenden Regelungen, durch kleinere Modifikationen dieser Normen bewerkstelligt werden. Dementsprechend wenig Aufmerksamkeit – im Vergleich zur umfangreichen Kommentierung der zuvor ergangenen Regelungen

---

[869] Decreto legislativo 23 aprile 2001, n. 224 – attuazione della direttiva 98/27/CE relativa a provvedimenti inibitori a tutela degli interessi dei consumatori.

[870] Legge 1 marzo 2002, n. 39 – disposizioni per l'adempimento di obblighi derivanti dall'appartenenza dell'Italia alle Comunità europee – Legge comunitaria 2001.

des Art. 1469-sexies c. c. bzw. des Gesetzes Nr. 281/98 in seiner Grundfassung – hat die Umsetzung der Richtlinie in italienisches Recht erfahren. Trotz der in weiten Teilen bereits bestehenden rechtlichen Grundlagen hat der italienische Gesetzgeber dennoch die am 31.12.2000 abgelaufene Frist zur Umsetzung nicht eingehalten.

B Modifikationen des Gesetzes Nr. 281/98

I. Erweiterter Anwendungsbereich

In Orientierung an den Vorgaben der Richtlinie hat der italienische Gesetzgeber sich zunächst entschlossen, den Anwendungsbereich des Gesetzes Nr. 281/98 zu modifizieren. Die Richtlinie verlangt die Möglichkeit der Unterlassungsklage bei allen Verstößen gegen die in ihrem Anhang im Einzelnen aufgezählten verbraucherschützenden Richtlinien. Der italienische Gesetzgeber ist dieser Anforderung dadurch gerecht geworden, dass er den bisherigen Anwendungsbereich des Gesetzes Nr. 281/98 durch Schaffung eines neuen Art. 1 Abs. 2-bis erweitert hat, durch den er den Anwendungsbereich des Gesetzes auf die in einem neuen Anhang I aufgezählten verbraucherschützenden Richtlinien erweitert hat; dieser Anhang ist entsprechend europäischen Verpflichtungen vom zuständigen Ministerium zu aktualisieren.[871] Der in das Gesetz eingefügte Anhang I entspricht dem die verbraucherschützenden Richtlinien enthaltenden Anhang der Richtlinie 98/27/EG und wurde zwischenzeitlich bereits einmal, durch Aufnahme der Richtlinie 99/44/EG über Verbrauchsgüter, aktualisiert. Angesichts des ohnehin sehr weiten, nicht auf einzelne Richtlinienverstöße begrenzten Anwen-

---

[871] So sieht Art. 1 Abs. 1 der Gesetzesverordnung Nr. 224 vom 23. April 2001 vor: "All'articolo 1 della legge 30 luglio 1998, n. 281, è aggiunto, in fine, il seguente comma: '2-bis. Oltre a quanto disposto ai commi 1 e 2, la presente legge si applica nelle ipotesi di violazione degli interessi collettivi dei consumatori contemplati nelle direttive europee di cui all'allegato I alla presente legge. Il Ministro dell'industria, del commercio e dell'artigianato, di concerto con il Ministro della giustizia, aggiorna l'elenco delle direttive comunitarie di cui a tale allegato con decreto, in attuazione degli obblighi derivanti da norme comunitarie.' "

dungsbereichs des Gesetzes Nr. 281/98[872] ist die Aufnahme des Richtlinienkatalogs zur korrekten Umsetzung wohl nicht zwingend erforderlich gewesen; sie dient jedoch in jedem Fall der Klarstellung und ist aus diesem Grund zu begrüßen.

II. Klagebefugte Einrichtungen

Weiterhin wurde der Kreis der nach dem Gesetz klagebefugten Einrichtungen den europäischen Vorgaben entsprechend erweitert. Durch Art. 2 Abs. 1 der Rechtsverordnung Nr. 224 vom 23. April 2001 wurde ein neuer Art. 3 Abs. 1-bis in das Gesetz Nr. 281/98 aufgenommen, wonach „die unabhängigen öffentlichen Einrichtungen und die Organisationen, die in einem anderen Staat der Europäischen Union anerkannt und in das Verzeichnis der zur Erhebung von Unterlassungsklagen zum Schutz der Kollektivinteressen der Verbraucher berechtigten Institutionen, veröffentlicht in dem Gesetzesblatt der Europäischen Gemeinschaften, eingetragen sind, (...) gemäß Abs. 1 gegen Handlungen oder Verhaltensweisen, die den Verbrauchern des eigenen Landes schaden und zum Teil oder ganz auf dem Staatsgebiet zum Tragen kommen, vorgehen (können)“[873]. Das Vorgehen ausländischer Einrichtungen ist nach dem Wortlaut des Gesetzes auf grenzüberschreitende Verstöße beschränkt. Rein nationale verbraucherschädigende Verhaltensweisen können ausländische klagebefugte Einrichtungen nicht beanstanden. Darüber hinaus wurde durch Art. 2 Abs. 2 der Rechtsverordnung auch Art. 3 Abs. 2 um die Aufnahme der ausländischen kla-

---

[872] Vgl. dazu auch *Chinè*, in: I diritti dei consumatori e degli utenti, S. 33 ff. (41).

[873] “Gli organismi pubblici indipendenti e le organizzazioni riconosciuti in altro Stato dell’unione europea ed inseriti nell’elenco degli enti legittimati a proporre azioni inibitorie a tutela degli interessi collettivi dei consumatori, pubblicato nella Gazzetta Ufficiale delle Comunità europee, possono agire ai sensi del comma 1 nei confronti di atti o comportamenti lesivi per i consumatori del proprio paese, posti in essere in tutto o in parte sul territorio dello Stato.”

gebefugten Einrichtungen ergänzt, so dass nunmehr auch diese das Schiedsverfahren vor den Handelskammern einleiten können.[874]

III. Weiterleitung des Verzeichnisses der klagebefugten Einrichtungen an die Kommission

Schließlich sieht Art. 3 der Gesetzesverordnung Nr. 224 vom 23. April 2001 die Ergänzung von Art. 5 des Gesetzes Nr. 281/98 um einen neuen Absatz 5-bis vor: Danach teilt der Minister für das produzierende Gewerbe[875] der Europäischen Kommission die Liste der national klagebefugten Einrichtungen und deren Veränderungen zur Aufnahme in das auf europäischer Ebene geführte Verzeichnis mit.[876]

IV. Regelungen zur Vollstreckung

Bei seiner ersten Umsetzungsinitiative hat der italienische Gesetzgeber die Richtlinienforderung nach nationalen Vorschriften zur wirksamen Durchsetzung eines Unterlassungstitels vollkommen unbeachtet gelassen.[877] Zur vollständigen Umsetzung der Richtlinie war vor diesem Hintergrund ein zweiter Schritt unabdingbar. Dafür ließ sich der italienische Gesetzgeber rund ein weiteres Jahr Zeit. So wurde die Umsetzung der Richtlinie erst durch Art. 11 des Gesetzes Nr. 39 vom 1. März 2002 komplettiert. Dieser sieht eine Ergänzung von Art. 3 des Gesetzes Nr. 281/98 um einen neuen Abs. 5-bis vor, wonach bei Nichtbefolgung

---

[874] Art. 3 Abs. 2 lautet in der geänderten Fassung: "Le associazioni di cui al comma 1 e gli organismi e le organizzazioni di cui al comma 1-bis possono attivare, prima del ricorso al giudice, la procedura di conciliazione dinanzi alla camera di commercio, industria, artigianato e agricoltura competente per territorio a norma dell'art. 2, comma 4, lettera a), della legge 29 dicembre 1993, n. 580. La procedura è in ogni caso definita entro sessanta giorni."

[875] Ehemals der Minister für Industrie-, Handel und Handwerk.

[876] Art. 5 Abs. 5-bis lautet: " Il Ministro dell'industria, del commercio e dell'artigianato comunica alla Commissione europea l'elenco di cui al presente articolo e le successive variazioni, al fine dell'iscrizione nell'elenco degli enti legittimati a proporre azioni inibitorie a tutela degli interessi collettivi dei consumatori."

[877] *Amadei*, Giust. civ. 2002, II, 385 ff. (386).

der im gerichtlichen oder Schiedsverfahren ergangenen Anordnung, ein Strafgeld in Höhe von 516 Euro bis zu 1.032 Euro für jeden Tag der Zuwiderhandlung verhängt werden kann.[878] Dem nach italienischem Recht heftig kritisierten Fehlen von Vorschriften zur zwangsweisen Durchsetzung von Unterlassungstiteln, wurde auf diese Weise Abhilfe geschaffen.[879] Die neue Regelung eröffnet die Möglichkeit einer indirekten Zwangsvollstreckung.[880]

1. Anwendungsbereich

Der neue Abs. 5-bis verweist seinem Wortlaut nach auf die Verpflichtungen aus den Anordnungen, die Gegenstand der richterlichen Verfügung oder des für vollstreckbar erklärten Protokolls des Schiedsverfahrens sein können. Daraus folgt, dass nicht nur die nicht befolgte Unterlassungsanordnung, sondern auch die fehlende Beachtung flankierender Maßnahmen zur Anordnung des Zwangsgeldes führen kann.[881] Die Möglichkeit der zwangsweisen Durchsetzung bleibt nach dem Wortlaut der Norm auf die Fälle des Gesetzes Nr. 281/98 beschränkt. Ob eine analoge Anwendung auf im Verfahren nach Art. 1469-sexies c. c. erge-

[878] "Im Fall der Nichterfüllung der durch das gerichtliche Urteil im Sinne von Abs. 1 festgelegten oder durch das Protokoll der Schiedsverhandlung im Sinne von Abs. 4 aufgestellten Verpflichtungen, verhängt das Gericht, auch auf Antrag des Verbandes, der das Verfahren betrieben hat, die Zahlung eines Geldbetrages in Höhe von 516 Euro bis 1.032 Euro, abhängig von der Schwere der Tat, für jeden Tag der Verspätung. Diese Summe wird zugunsten des Staates ausbezahlt, um später mittels Verordnung des Ministers für Wirtschaft und Finanzen dem Fonds .... zur Finanzierung von Initiativen zugunsten der Verbraucher zugewiesen zu werden (In caso di inadempimento degli obblighi stabiliti dal provvedimento reso nel giudizio di cui al comma 1, ovvero previsti dal verbale di conciliazione di cui al comma 4, il giudice, anche su domanda dell'associazione che ha agito in giudizio, dispone il pagamento di una somma di denaro da 516 euro a 1.032 euro, per ogni giorno di ritardo rapportato alla gravità del fatto. Tale somma è versata all'entrata del bilancio dello Stato per essere riassegnata con decreto del Ministro dell'economia e delle finanze al Fondo ... per finanziare iniziative a vantaggio dei consumatori)."

[879] *Palmieri*, Foro it. 2003, I, 337 spricht von einer nun möglichen Effektivität des Schutzes.

[880] *Amadei*, Giust. civ. 2002, II, 385.

[881] *Amadei*, Giust. civ. 2002, II, 385 ff. (387).

hende Verfügungen möglich ist, ist umstritten.[882] Eine Stellungnahme der Rechtsprechung liegt bislang nicht vor.

2. Regelungsinhalt

Die Regelung beinhaltet die Drohung der möglichen Verurteilung zu einem Geldbetrag für den Fall der nicht rechtzeitigen und/oder nicht vollständigen Befolgung der Anordnung. Inhaltliche Schwierigkeiten bereitet der Passus der Norm, der vorsieht, dass die Verhängung des Strafgeldes „auch" auf Antrag von dem das Verfahren betreibenden Verband verhängt werden kann. Die Befugnis zur Beantragung von Zwangsmaßnahmen zur Urteilsdurchsetzung ergibt sich für den klagenden Verband im Hinblick auf das obsiegende Urteil aus allgemeinen Grundsätzen.[883] Die Norm kann vor diesem Hintergrund nur so verstanden werden, dass das Gericht das Strafgeld nicht nur auf Antrag der obsiegenden Partei, sondern auch von Amts wegen verhängen kann.[884]

3. Bewertung

Ist die Einführung eines indirekten Zwangsmittels zur effektiven Durchsetzung einer ergangenen (Unterlassungs-)Anordnung grundsätzlich zu begrüßen, weist die in dieser Form für das italienische Recht völlig neue Regelung[885] inhaltlich große Schwächen auf, die den Umgang mit und die praktische Anwendung der Norm unnötig erschweren. So ist zum Einen zu bemängeln, dass die Verhängung eines Strafgeldes nach dem Konzept der Regelung erst dann möglich ist, wenn eine Zuwiderhandlung gegen die ergangene Anordnung feststeht, der Fall

---

[882] Vgl. *Amadei*, Giust. civ. 2002, II, 385 ff. (387 f.); vgl. dazu auch *Giussani*, Danno e responsabilità 2003, 81 ff. (82 f.).
[883] *Amadei*, Giust. civ. 2002, II, 385 ff. (389).
[884] *Amadei*, Giust. civ. 2002, II, 385 ff. (390) mit Hinweisen auf die praktischen und dogmatischen Schwierigkeiten dieser, gleichwohl einzig möglichen, Interpretation.
[885] *Amadei*, Giust. civ. 2002, II, 385 ff. (394).

der Nichtbefolgung also eingetreten ist.[886] Unter psychologischen Gesichtspunkten weit effektiver wäre gewesen, die Verhängung eines Strafgeldes bereits im stattgebenden Urteil für den Fall der Nichtbefolgung der richterlichen Anordnung präventiv zu verhängen. Diese weitaus wirkungsvollere Möglichkeit hat der Gesetzgeber ungenutzt verstreichen lassen. Darüber hinaus wäre wünschenswert gewesen, dass der Gesetzgeber die Möglichkeit der zwangsweisen Durchsetzung auch für die anderen, spezialgesetzlich geregelten Fälle der Unterlassungsklage ausdrücklich angeordnet hätte. Mangels einer entsprechenden Klarstellung ergeben sich hier unnötige Auslegungsschwierigkeiten. Schließlich ist nur schwer nachzuvollziehen, wie die Verhängung des Strafgeldes von Amts wegen erfolgen soll, wenn sie eine tatsächliche Zuwiderhandlung und damit ein abgeschlossenes Erkenntnisverfahren voraussetzt.

C Erhebliches Umsetzungsdefizit

Dem italienischen Gesetzgeber ist bei der Umsetzung der Richtlinie ein erhebliches Umsetzungsdefizit unterlaufen: Die Richtlinie 98/27/EG beschreibt als ihr ausdrückliches Ziel in Art. 1 Abs. 1 die Angleichung der Rechts- und Verwaltungsvorschriften über Unterlassungsklagen zum Schutz der Kollektivinteressen der Verbraucher, was auf nationaler Ebene eine Anpassung bereits bestehender Vorschriften an die Maßstäbe der neuen Richtlinie erforderlich macht.[887] Dieser Anforderung ist der italienische Gesetzgeber nicht gerecht geworden. So hat er insbesondere das schwierige Konkurrenzverhältnis zwischen der älteren Regelung von Art. 1469-sexies c. c. und dem neueren Gesetz Nr. 281/98 ungeklärt gelassen. Dies hat zur Folge, dass Regelungen, die nach europäischen Vorgaben gleichen Maßstäben unterstehen, nach bestehendem italienischem Recht im

[886] Dafür, den Wortlaut der Norm aus diesem Grunde unbeachtet zu lassen, und die Strafgeldfestsetzung auch rein präventiv bereits im das Erkenntnisverfahren beendenden Urteil zu verhängen, spricht sich aus diesem Grunde *Amadei*, Giust. civ. 2002, II, 385 ff. (391) aus.
[887] Vgl. dazu oben Kapitel 2 § 4 E.

Hinblick auf Voraussetzungen und Rechtsfolgen weiterhin an vollkommen unterschiedliche Gesichtspunkte anknüpfen. Auch die Rechtsprechung trägt hier zur Vereinheitlichung nicht bei.

D Zusammenfassung und Bewertung

Abschließend ist zusammenzufassen, dass der italienische Gesetzgeber die Richtlinie 98/27/EG, wenn auch in zwei Schritten, so doch formell fast vollständig in nationales Recht umgesetzt hat. Zugute zu halten ist ihm dabei, dass er den Anwendungsbereich des Gesetzes Nr. 281/98 so weit gefasst hat, dass, ebenso wie im deutschen Recht, bei entsprechender Interpretation durch den Rechtsanwender umfassender, auch kollektiver Verbraucherschutz möglich ist, der über den von der Richtlinie vorgegebenen Anwendungsbereich hinausgeht.[888] Im Hinblick auf die Weite ihres Anwendungsgebietes stimmen das italienische und das deutsche Recht somit weitgehend überein.

Inhaltlich ist für das italienische Recht in erster Linie die Einführung der Möglichkeit einer zwangsweisen Durchsetzung eines Unterlassungstitels von Bedeutung, die im deutschen Recht seit jeher existiert. Der italienische Gesetzgeber hat es im Zuge der Neukonzeption unterlassen, das vorgegebene Regelungspotential durch eine klare Wortwahl und durchdachte Struktur der neuen Zwangsmaßnahme vollständig auszuschöpfen. Auch dem von der Richtlinie vorgegebenen grenzüberschreitenden Charakter der Verbandsklage ist er nicht im vollen, möglichen Umfang gerecht geworden. So hat er die im Sinne des Gesetzes Nr. 281/98 klagebefugten Einrichtungen so bestimmt, dass nur grenzüberschreitende Verstöße von ausländischen Einrichtungen gerügt werden können, keine rein nationalen, allein den italienischen Markt betreffenden.[889] Hier ist das deutsche Recht fortschrittlicher.

---

[888] *Mazzamuto/Plaia*, Europa e diritto privato 1999, 669 ff. (682); *Chinè*, in: I diritti dei consumatori e degli utenti, S. 33 ff. (41).

[889] *Amadei*, Giust. civ. 2002, II, 385 ff. (386).

Auch an dieser Stelle wäre eine eindeutige, mutige italienische Regelung im Hinblick auf umfassenden Verbraucherschutz wünschenswert gewesen. Inhaltlich sorgfältigere Arbeit hätte die Verbandsklage nach italienischem Recht zu einem wirklich fortschrittlichen und auch in der Durchsetzung effektiven Rechtsinstitut werden lassen können. Die fehlende Stringenz des italienischen Gesetzgebers hat dazu geführt, dass vorhandene Potentiale nicht vollständig ausgeschöpft worden sind, der italienische Gesetzgeber vielmehr auf „halbem Wege" Halt gemacht hat.

E Verhältnis der verschiedenen Verbandsklagebefugnisse

Aus der bisherigen Darstellung folgt, dass die Möglichkeit zur Verbandsklage nach italienischem Recht auf zwei Ebenen besteht: so hat zum Einen die Rechtsprechung in der Vergangenheit in Einzelfällen Klagen von Verbänden auch ohne ausdrückliche gesetzliche Grundlage zugelassen. Zum Anderen sind in erster Linie in der jüngeren Vergangenheit gesetzliche Regelungen entstanden, die die Befugnis der Verbände zur Klage ausdrücklich vorsehen.

Vor diesem Hintergrund stellt sich die Frage, ob die positivgesetzlichen Regelungen der Verbandsklage nunmehr insofern abschließend sind, als die Verbände nur unter den dort genannten Voraussetzungen zur Klage befugt sind, oder ob neben den ausdrücklichen Regelungen dem Gericht auch weiterhin die konkrete Prüfung des Einzelfalles offen steht. Auch die jüngste spezialgesetzliche Regelung äußert sich zu dieser Problematik nicht.

Die Rechtsprechung hat in diesem Zusammenhang für sich in Anspruch genommen, dass die Existenz spezieller Vorschriften nicht die Kompetenz des Gerichts, jeden Einzelfall auf das Vorliegen einer Klagebefugnis zu überprüfen, einschränke; selbst, wo im Wege eines außergerichtlichen Verfahrens die klagebefugten Institutionen individualisiert würden, bestünde weiterhin eine konkurrierende Kompetenz des Gerichts, das Vorliegen der Klagebefugnis, auch außerhalb gesetzlicher Normen, in jedem Einzelfall festzustellen. Spezialgesetzliche und richterlich festgestellte Klagebefugnisse bestehen nach dieser Auffassung also nebeneinander.[890] Auch die Literatur schließt sich diesem Verständnis an: die Festlegung prozessualer Vorgehensmöglichkeiten im Wege spezialgesetzlicher Regelung sei nicht abschließend, sondern vielmehr als integrativer Teil der Möglichkeiten gerichtlicher Beteiligung von Verbänden zu verstehen.[891] Sie bedeute nicht, dass dadurch die im Wege der richterlichen Rechtsfortbildung geschaffenen Prozessbeteiligungsmöglichkeiten zur Bedeutungslosigkeit verdammt würden. In der Praxis ist gleichwohl festzustellen, dass neben den, die wichtigsten Bereiche verbandlicher Tätigkeit abdeckenden spezialgesetzlichen Regelungen, die allein durch das Gericht eröffnete Möglichkeit zur Verbandsklage erheblich an Bedeutung eingebüßt hat.[892]

§ 6 Verbandsklage auf Schadensersatz

A Hintergrund

Das Inkrafttreten des Gesetzes Nr. 281/98 und die zeitnahe Umsetzung der Richtlinie 98/27/EG in italienisches Recht haben die Auseinandersetzungen der italienischen Rechtswissenschaft mit dem Institut der Verbandsklage nicht verstummen lassen, sondern ihr vielmehr neue Impulse gegeben. Anders als die ausführlichen dogmatisch-theoretischen Auseinandersetzungen in der Vergan-

---

[890] *Consiglio di Stato*, Sezione VI, decisione 7 febbraio 1996, n. 182, Il Foro italiano 1996, III, 496 ff. (500) zum Gesetz Nr. 349/86; *Tribunale di Roma*, Il Foro italiano 2000, I, 2045 ff. (2067).

[891] *Alpa*, corr. giur. 1998, 997 ff. (1000), der gleichwohl zugesteht, dass die Möglichkeiten gerichtlicher Beteiligung von Verbänden jenseits spezialgesetzlicher Regelungen angesichts der restriktiven Haltung der Rechtsprechung ausgesprochen gering sind. Im Sinne einer eigenständigen gerichtlichen Prüfungskompetenz auch *Giussani*, Danno e responsabilità 1998, 1061 ff. (1064) und *De Palma*, Giust. it., 31.07.2003, der darauf hinweist, dass nur auf diese Weise den verfassungsrechtlichen Anforderungen Rechnung getragen werden könne, da andernfalls Kompetenzen der Judikative auf die Exekutive übertragen würden.

[892] So die Auskunft von Avvocato Paolo Martinello, Präsident des Mailänder Verbraucherschutzverbandes Altroconsumo, am 12.02.2004, der sich dahin gehend geäußert hat, dass Grundlage des verbandlichen Vorgehens in der Praxis fast ausschließlich die spezialgesetzlichen Regelungen seien.

genheit hätten vermuten lassen, ist gegenwärtig ein durchaus praktischer Aspekt in das Zentrum der Aufmerksamkeit gerückt: die Frage einer Verbandsklage auf Schadensersatz. Angesichts der ganz herrschenden Meinung, wonach im Rahmen der vom Gesetz Nr. 281/98 bislang vorgesehenen Rechtsschutzziele Schadensersatz nicht eingefordert werden kann,[893] stellt sich die Frage, ob auf der Grundlage des geltenden Rechts eine Verbandsklage auf Schadensersatz statthaft ist. Ist durch das beanstandete Verhalten ein spezifischer, dem Verband als solchem zurechenbarer Schaden entstanden, ist dieser nach allgemeinen Grundsätzen zu ersetzen, ohne dass das Rechtsinstitut der Verbandsklage bemüht werden müsste. Der überindividuellen Struktur der im Rahmen der Verbandsklage geltend gemachten kollektiven Interessen entspricht vielmehr die Überlegung, die Gegenstand der aktuellen Diskussionen ist, ob im Rahmen einer Verbandsklage der Schaden, der den einzelnen durch das verbraucherschädliche Verhalten betroffenen Konsumenten bzw. der Gesamtheit der Verbraucher entstanden ist, ersetzt verlangt werden kann.

Diskutiert wird in diesem Zusammenhang ein zweistufiges Klagemodell, das die Züge einer class action trägt. Grundlage dieses Modells ist die oben beschriebene, gemäß Art. 278 c. p. c. bestehende Möglichkeit der Verurteilung zum Schadensersatz dem Grunde nach.[894] Während vereinzelt in der italienischen Literatur die Auffassung vertreten wird, dass eine entsprechende Verbandsklage auf Schadensersatz keiner neuen gesetzlichen Grundlage bedürfe, sondern auf einer erweiternden Auslegung der Vorschriften in Art. 3 b) des Gesetzes Nr. 281/98 und Art. 28 Abs. 4 Arbeiterstatut in Verbindung mit einer grundsätzlichen Verurteilung zum Schadensersatz gemäß Art. 278 c. p. c. gründen könne,[895] ist man ganz überwiegend der Auffassung, dass ein mit den herkömmlichen Prozess-

[893] Vgl. dazu oben § 4 D I. 5. d).
[894] Vgl. dazu oben § 4 B I. 4. d) bb).
[895] *Acciari*, Diritto & Diritti, 30.07.2003.

strukturen so wenig vereinbares Institut wie die Verbandsklage auf Schadensersatz einer ausdrücklichen gesetzlichen Grundlage bedarf.

B Aktueller Gesetzentwurf[896]

I. Inhalt

Vor diesem Hintergrund wird seit Beginn des Jahres 2004 im italienischen Parlament darüber diskutiert, ob die normative Verankerung einer entsprechenden Verbandsklage auf Schadensersatz wünschenswert ist und wie diese bewerkstelligt werden könnte. Gegenstand der Erörterungen ist dabei eine beabsichtigte Modifizierung von Art. 3 (Rechtsschutzziele) des Gesetzes Nr. 281/98. So soll nach dem bisherigen Art. 3 a) folgender neuer Art. 3 a-bis) eingefügt werden: (Die Verbraucher- und Benutzerverbände, die in die in Art. 5 genannte Liste aufgenommen sind, sind befugt, zum Schutz der Kollektivinteressen Klage zu erheben und das zuständige Gericht zu ersuchen) a-bis: „die Verletzung von individuellen Rechten und Interessen einer Mehrzahl von Verbrauchern oder Benutzern, die aus derselben Tatsache folgt oder aus mehreren Tatsachen, die einen gemeinsamen Ursprung haben, festzustellen und die Verurteilung zur Zahlung, auch unter dem Gesichtspunkt des Ersatzes der erlittenen Schäden, dem Grunde nach auszusprechen. Mit der Verurteilung dem Grunde nach kann das Gericht den Betrag festsetzen, der jedem einzelnen Verbraucher oder Benutzer geschuldet wird oder aber die Kriterien, anhand derer die Höhe des einzelnen Betrages zu bemessen ist, der zugunsten der einzelnen Verbraucher oder Benutzer zu bezahlen ist“[897]. Vervollständigt werden soll diese Regelung durch die

---

[896] Diskutiert werden verschiedene Gesetzentwürfe mit teilweise entsprechenden Inhalten. Den folgenden Erörterungen wird der von der italienischen Regierung in Zusammenarbeit mit dem Mailänder Verbraucherverband Altroconsumo konzipierte Entwurf zugrunde gelegt, der von Avvocato Paolo Martinello, dem Präsidenten von Altroconsumo, freundlicherweise zur Verfügung gestellt worden ist.

[897] “di accertare la lesione di diritti e interessi individuali di una pluralità di consumatori o di utenti conseguente a uno stesso fatto o a più fatti aventi un'origine comune e di pronunciare condanna generica al pagamento di quanto dovuto, anche a titolo di risarcimento dei danni

Einfügung eines neuen Artikels 7-bis in das Gesetz Nr. 281/98:[898] „... Ist das Urteil rechtskräftig geworden oder das Protokoll der einvernehmlichen Einigung für vollstreckbar erklärt worden, kann der einzelne Verbraucher oder Benutzer sich an das zuständige Gericht wenden, um die Zahlung des ihm, auch unter dem Gesichtspunkt des Schadensersatzes, geschuldeten Betrages zu verlangen. Die Handlung, mit der der Verbraucher- und Benutzerverband das ... genannte Verfahren einleitet, hat die in Art. 2945 c. c. geregelten Wirkungen, auch im Hinblick auf die Rechte der einzelnen Verbraucher und Benutzer, die aus derselben Verletzung resultieren[899]".

II. Bewertung

Überschrieben ist der dargestellte Gesetzentwurf mit „Regelungen bezüglich der Einführung einer „class action" zum Schutz der Rechte der Verbraucher und Benutzer in die Rechtsordnung.[900] Diese Bezeichnung ist zumindest irreführend: denn anders als bei einer class action im herkömmlichen Sinne,[901] bei der aus einer Gruppe vieler gleichartig Betroffener nur ein Einzelner Klage erhebt, wird nach dem vorliegenden Entwurf die Klage gerade nicht von einem einzelnen betroffenen Verbraucher, sondern vielmehr von einem außen stehenden Subjekt, dem Verband, erhoben. Die vom Verband im Rahmen eines gerichtlichen Vor-

---

subiti. Con la sentenza di condanna generica il giudice può stabilire l'importo dovuto a ciascun consumatore o utente ovvero i criteri in base ai quali dovrà essere determinata la misura dell'importo da liquidare in favore di singoli consumatori o utenti".

[898] "... A seguito del passaggio in giudicato della sentenza ovvero della dichiarazione di esecutività del verbale di conciliazione, il singolo consumatore o utente può adire il giudice competente per ottenere il pagamento di quanto dovutogli, anche a titolo di risarcimento del danno. L'atto con il quale l'associazione dei consumatori e utenti introduce il giudizio ..., produce gli effetti disciplinati dall'articolo 2945 del codice civile, anche con riferimento ai diritti dei singoli consumatori o utenti conseguenti alla medesima lesione".

[899] Art. 2945 c. c. ist Teil der Regelungen zur Verjährung von Ansprüchen. Er ordnet an, dass während der gerichtlichen Geltendmachung von Ansprüchen deren Verjährung unterbrochen ist.

[900] Disposizioni relative all'introduzione nell'ordinamento giuridico dell' "azione di classe" a tutela dei diritti dei consumatori e degli utenti.

[901] Vgl. dazu oben Kapitel 2 § 3 B.

gehens geltend gemachten Kollektivinteressen sind mit den Interessen der einzelnen Verbraucher im Regelfall nicht inhaltsgleich. Der Verband soll nach der konzipierten Neuregelung nicht auch den ihm durch das verbraucherschädliche Verhalten entstandenen Schaden vor Gericht geltend machen; seine Klage ist vielmehr ausschließlich auf Ersatz der individuellen Verbraucherschäden gerichtet. Damit jedoch ist der Verband gerade nicht Teil der Gruppe, zu deren Gunsten Schadensersatz geltend gemacht wird. Darüber hinaus ist die Bezeichnung „class action" auch unter einem weiteren Gesichtspunkt irreführend: der Gesetzentwurf geht für den Regelfall von einem zweiphasigen Rechtsschutzinstrumentarium aus: zunächst wird im Rahmen der Verbandsklage das „Ob" des Schadensersatzes geklärt, während die Festsetzung des konkret zu ersetzenden Schadensbetrages dem individuell durchzuführenden Verfahren vorbehalten bleibt. Im Rahmen der Kollektivklage findet also in aller Regel kein konkreter, dem Betrag nach festgelegter Schadensersatzausspruch statt. Auch insofern liegt das traditionelle Konzept einer „class action" nicht vor.

Über die irreführenden Begrifflichkeiten hinaus, zeigt das Regelungskonzept auch erhebliche inhaltliche Schwächen: die Zweiphasigkeit des Rechtsschutzes verpflichtet den einzelnen Verbraucher, ein individuelles Verfahren zur höhenmäßigen Festsetzung des ihm im konkreten Fall geschuldeten Schadensersatzbetrages einzuleiten. Dies bedeutet, dass die Last des Prozesses, der erst zu einer spürbaren Verurteilung des Schädigers führt, wieder auf den einzelnen Verbraucher abgewälzt wird. Vor diesem Hintergrund wäre ein Konzept sinnvoll, bei dem bereits im Rahmen der Kollektivklage nicht nur die Verurteilung zum Schadensersatz, sondern auch dessen höhenmäßige Bezifferung im Einzelfall ausgesprochen wird.

In ihrer jetzigen Form legt die Konzeption der Neuregelung die Befürchtung nahe, dass die dem einzelnen Verbraucher wenig Entlastung bietende Zweistufigkeit des Rechtsschutzes kaum praktischen Nutzen haben wird. Um effektiven

Verbraucherschutz zu schaffen, sollte der italienische Gesetzgeber sein Augenmerk darauf richten, entweder eine wirkliche class action zur Verfügung zu stellen, oder aber eine wirkliche Verbandsklage auf Schadensersatz; d. h. eine Klage, mit der der Verband den gesamten Verbraucherschaden liquidiert und später an die einzelnen Geschädigten ausschüttet. Die jetzige Konzeption eines „Grundurteils in Prozessstandschaft" kann dies nicht leisten.
Der italienische Gesetzgeber ist für seine Initiative zu loben, sollte sich jedoch mit dem bisher vorliegenden Konzept nicht begnügen und Mut zu einer inhaltlich stringenten Regelung zeigen. Trotz der dargestellten Schwächen bestehen einige Anzeichen dafür, dass der Entwurf Chancen hat, Gesetz zu werden, auch wenn die mächtige Lobby der Banken und Versicherungskonzerne sich bereits zu regen beginnt.[902]

§ 7 Prozessuales

Hat sich die Darstellung der Verbandsklage im italienischen Recht bislang überwiegend an materiell-rechtlichen Fragestellungen orientiert, ist abschließend zu untersuchen, welche prozessrechtlichen Besonderheiten sich für die Kollektivklage ergeben. Das Augenmerk ist hierbei auf die jüngeren zur Verbandsklage ergangenen Regelungen gerichtet, da diese zuvörderst von praktischer Bedeutung sind.[903] So wird die gerichtliche Aktivität von Verbänden insbesondere dann aktuell, wenn Verbraucherinteressen betroffen sind: die die verbandliche Klage in der Praxis stützenden Rechtsvorschriften sind in erster Linie Art. 1469-

---

[902] So die Auskunft von Avvocato Paolo Martinello, dem Präsidenten des Mailänder Verbraucherverbandes Altroconsumo vom 12.02.2004, der dem Gesetzentwurf zwar keine guten, aber doch realistische Chancen, Gesetz zu werden, einräumt; vgl. auch La Repubblica, 30.11.2003, S. 14.

[903] Unter prozessrechtlichen Gesichtspunkten interessante Besonderheiten älterer Normen wurden bereits im Zusammenhang mit der Darstellung der betreffenden Regelung erörtert.

sexies c. c. und das Gesetz Nr. 281/98; daneben, untergeordnet, auch das Gesetz Nr. 349/86.[904]

A Gerichtsstand

I. Grundsatz

Erhebliche praktische Erleichterung würde die Klagetätigkeit der Verbände erfahren, wenn sie unter einen privilegierten Gerichtsstand fallen würde, wenn beispielsweise der Verband sämtliche Klagen an seinem Sitz erheben könnte. Die Regelungen zum Gerichtsstand finden sich in den Artikeln 18 ff. der italienischen Zivilprozessordnung; sie sehen einen speziellen Gerichtsstand weder für Verbraucherrechtsstreitigkeiten noch für die Verbandsklage vor. Ebenso wie im deutschen Recht bestimmt sich der Gerichtsstand vielmehr grundsätzlich nach dem Wohn- (natürliche Personen) bzw. Geschäftssitz (juristische Personen) des Beklagten (Art. 18 bzw. 19 c. p. c.). Bei Rechtsstreitigkeiten, die Schuldverhältnisse zum Gegenstand haben, besteht gemäß Art. 20 c. p. c. darüber hinaus die Möglichkeit, die Klage an dem Ort, an dem das Schuldverhältnis entstanden ist oder erfüllt werden soll, zu erheben.[905] Während diese zusätzliche Möglichkeit bis zur Einführung eines ausschließlichen Verbrauchergerichtsstandes durch die Rechtsprechung im Jahre 2003 (dazu sogleich unter II.) für den individuellen Verbraucher, der zugleich Partei eines Schuldverhältnisses war, bestand, können die Verbände auf diese Möglichkeit nicht zurückgreifen. Denn einzelne, zwischen Unternehmern und Verbrauchern bestehende Schuldverhältnisse sind nicht Gegenstand des verbandlichen Unterlassungsklageverfahrens. Aus diesem Grunde kommt als Gerichtsstand für die Verbandsklage auf der Grundlage des

[904] So die Auskunft von Avvocato Paolo Martinello, dem Präsidenten des Mailänder Verbraucherverbandes Altroconsumo vom 12.02.2004. Die Beteiligung an Strafverfahren sei in der Praxis ausgesprochen selten und beschränke sich auf öffentlichkeitswirksame Einzelfälle.

[905] Dem Kläger steht insoweit die Wahl offen; er braucht seine Entscheidung für den einen oder anderen Gerichtsstand nicht zu begründen, *Battaglini, Petitti, Novelli, Novelli*, Art. 18 c. p. c., 5.

geltenden Rechts nur der Ort des Geschäftssitzes des Beklagten in Betracht.[906] Nach Abschaffung der Amtsgerichte durch die jüngste Zivilprozessrechtsreform zuständig für die kollektive Unterlassungsklage ist in der ersten Instanz regelmäßig der Einzelrichter am Landgericht.[907]

II. Exklusiver Verbrauchergerichtsstand für Individualklagen

Die von der Zivilprozessordnung vorgegebenen Regelungen haben im Jahre 2003 durch die Rechtsprechung eine für den individuellen Verbraucher wichtige Modifikation erfahren: mit Beschluss vom 1.10.2003[908] sind die Vereinigten Zivilsenate des Kassationsgerichtshofs in einer Fragestellung zu den Regelungen von Art. 1469-bis ff. c. c. der Auffassung gefolgt, dass Art. 1469-bis Abs. 3 Nr. 19 c. c. für den von einem Rechtsstreit betroffenen Verbraucher einen ausschließlichen, die allgemeinen zivilprozessualen Regelungen verdrängenden Gerichtsstand festschreibe, der vertraglich nur unter hohen Voraussetzungen geändert werden könne.[909]

Entgegen dem Wortlaut der Regelung, der lediglich von einer Vermutung im Hinblick auf die Missbräuchlichkeit einer den Gerichtsstand am Wohnsitz bzw. Aufenthaltsort des Verbrauchers verdrängenden Klausel spricht, ist der Kassationsgerichtshof der Auffassung, dass die Norm vor dem Hintergrund eines beabsichtigten effektiven Verbraucherschutzes eine restriktive Interpretation erfahren müsse und einen ausschließlichen Gerichtsstand zugunsten der Verbraucher fest-

---

[906] *Montesano*, riv. dir. proc. 1997, 1 ff. (3).

[907] Art. 48 Ordinamento Giudiziario (das Ordinamento Giudiziario regelt den Verfahrensablauf vor den italienischen Gerichten); *Consolo/De Cristofaro*, corr. giur. 1997, 468 ff. (479).

[908] *Corte di Cassazione Civile*, Sezioni Unite, Ordinanza 1 ottobre 2003, n. 14669, Il Foro italiano 2003, I, 3298 ff.

[909] Die in Art. 1469-bis Abs. 3 Nr. 19 c. c. enthaltene Regelung sieht insoweit vor, dass die Missbräuchlichkeit von Klauseln, die darauf abzielen, „als Sitz des zuständigen Gerichts eine andere Örtlichkeit als die des gewöhnlichen Aufenthalts oder Wohnsitzes des Verbrauchers festzulegen“, bis zum Beweis des Gegenteils vermutet wird.

lege,[910] von dem nur unter der Bedingung vertraglich abgewichen werden könne, dass das Vertragsgleichgewicht insgesamt dadurch nicht gestört werde; dass dies durch die Gerichtsstandsabrede nicht der Fall sei, sei vom Unternehmer im jeweiligen Einzelfall konkret zu beweisen.[911] Diese Auffassung hat zur Folge, dass die von der Zivilprozessordnung vorgesehene Wahlmöglichkeit des Gerichtsstandes bei Rechtsstreitigkeiten, die Schuldverhältnisse betreffen, soweit Verbraucher im Rahmen der Regelungen der Art. 1469-bis c. c. betroffen sind, grundsätzlich nicht besteht.

III. Analoge Anwendung auf die Verbandsklage

Die Entscheidung des Kassationsgerichtshofs bezieht sich sachlich auf Fälle der Art. 1469-bis ff. c. c. Das Gericht äußert sich zu einer entsprechenden Anwendbarkeit der von ihm entwickelten Grundsätze auf andere Fälle von Individualverbraucherklagen oder Fälle von Verbandsklagen im Verbraucherinteresse nicht. Mag eine entsprechende Anwendung dieser Rechtsprechung auf alle Fälle von Individualverbraucherklagen mit dem auch vom Kassationsgerichtshof vorgebrachten Argument der generellen besonderen Schutzbedürftigkeit des einzelnen Verbrauchers gestützt werden, stellt sich die Frage, ob dieser Gesichtspunkt in gleicher Weise auch für die Verbandsklage vorgebracht werden kann. Kennzeichen der jüngeren Verbandsklagen ist, dass hier das kollektive Rechtsinstitut unterstützend neben den individuellen Rechtsschutz tritt bzw. diesen in Teilen sogar ersetzt. Allen Regelungen, die die Möglichkeit des verbandlichen Vorgehens vorsehen, ist das Ziel gemeinsam, dass sie effektiven Verbraucherschutz bewirken wollen; nur unter diesem Gesichtspunkt wurde die Möglichkeit der Verbandsklage überhaupt eröffnet. Sind die Verbände aufgrund ihrer institutio-

---

[910] *Corte di Cassazione Civile*, Sezioni Unite, Ordinanza 1 ottobre 2003, n. 14669, Il Foro italiano 2003, I, 3298 ff. (3311).

[911] *Corte di Cassazione Civile*, Sezioni Unite, Ordinanza 1 ottobre 2003, n. 14669, Il Foro italiano 2003, I, 3298 ff. (3311); kritisch hierzu *Palmieri*, Foro it. 2003, I, 3301 ff. (3304 f.).

nellen Organisation nicht in gleichem Maße schutzbedürftig wie der individuelle Verbraucher, bedeutet die Klage vor einem nicht heimatlichen Gericht jedoch immer einen erheblichen Mehraufwand an Zeit und Kosten. Ein Gesichtspunkt, der regelmäßig die Entscheidung, ob Klage erhoben wird, beeinflussen wird.[912] Diese Problematik wird zusätzlich dadurch verschärft, dass die Verbände auch von der nach Art. 20 c. p. c. bestehenden Möglichkeit der Klage am Ort des Entstehens oder der Erfüllung des Schuldverhältnisses ausgeschlossen sind. Vor diesem Hintergrund wäre eine analoge Anwendung der von der Rechtsprechung entwickelten Grundsätze auch auf die Verbandsklage wünschenswert. Sie ist jedoch vor dem Hintergrund, dass die Verbände im Rahmen des gerichtlichen Vorgehens nicht in gleichem Maße wie der einzelne Verbraucher schutzwürdig sind, nicht zu erwarten.

B Konkurrierende Verfahren

Auf der Grundlage der verschiedenen dargestellten Regelungen besteht die Möglichkeit, dass mehrere Verbände zunächst unabhängig voneinander Klagen anstrengen, die dasselbe Klagebegehren zum Gegenstand haben.[913] Diese Möglichkeit besteht immer dann, wenn mehrere Kläger die Voraussetzungen der jeweiligen Klagebefugnis erfüllen. Es stellt sich somit die Frage, wie derartige konkurrierende Klagen prozessrechtlich zu behandeln sind.

Ohne weiteres besteht die Möglichkeit, dass sich die klagebefugten Verbände, sei es von vorneherein, sei es im Wege späterer Intervention, auf Klägerseite

---

[912] Nach Auskunft von Avvocato Paolo Martinello, dem Präsidenten des Mailänder Verbraucherverbandes Altroconsumo vom 12.02.2004, ist die Frage der Finanzierung der Klagetätigkeit, angesichts fehlender staatlicher Unterstützung, nach wie vor sehr schwierig. Für kleine Verbände dürften fehlende finanzielle Mittel oft der Grund sein, von der Einleitung eines Verfahrens Abstand zu nehmen.

[913] *Tarzia*, riv. dir. proc. 1997, 629 ff. (638) spricht im Hinblick auf die inhaltlich identische Klage verschiedener Verbände von Einheitlichkeit bezüglich *petitum* und *causa petendi*.

zusammenschließen.[914] Ein solcher Zusammenschluss trägt die Form eines streitgenössischen Prozessbeitritts, nach dem jeder Intervenient, der auch allein klagebefugt wäre, alle Möglichkeiten einer Partei hat, darin eingeschlossen das Recht, Rechtsmittel gegen die ergangene Entscheidung einzulegen.[915]

Hat bereits ein Klagebefugter Klage erhoben, stellt sich darüber hinaus die Frage, ob einer weiteren Klage eines anderen Klagebefugten Rechtshängigkeit entgegensteht. Äußern sich die älteren Regelungen von Verbandsklagebefugnissen zu dieser Problematik nicht, so trifft das Gesetz Nr. 281/98 in Art. 3 Abs. 7 insoweit scheinbar Regelungen: die Vorschriften über die Rechtshängigkeit sollen im Verhältnis von Individual- und Kollektivklage von den Regelungen des Gesetzes unberührt bleiben[916]; diese Anordnung bedeutet bei genauer Betrachtung jedoch nur, dass, soweit die erforderlichen Voraussetzungen erfüllt sind, die entsprechenden allgemeinen prozessualen Grundsätze auch im Anwendungsbereich des Gesetzes Nr. 281/98 zur Anwendung kommen sollen. Die Regelung ist insofern lediglich deklaratorisch. Mit anderen Worten: unter der Voraussetzung der Identität der objektiven Klageelemente - von *petitum* und *causa petendi* - steht einer parallelen Klage die Rechtshängigkeit der ersten entgegen.[917]

Umstritten ist in diesem Zusammenhang in der italienischen Literatur die weitere Frage, ob eine Prozessbeteiligung konkurrierend klagebefugter Verbände

---

[914] Diese Möglichkeit ist nach der Regelung von Art. 105 Abs. 1 c. p. c. gegeben, der besagt, dass sich „jeder … an einem Verfahren zwischen anderen Personen beteiligen (kann), um ein Recht, das mit dem Gegenstand des Prozesses in Zusammenhang steht …, gegenüber allen oder einer der Parteien geltend zu machen" ; *Punzi*, riv. dir. proc. 2002, 647 ff. (664 f.).

[915] "Intervento litisconsortile" gemäß Art. 105 Abs. 1 c. p. c.; *Punzi*, riv. dir. proc. 2002, 647 ff. (665); *Montesano*, riv. dir. proc. 1997, 1 ff. (7).

[916] „Fatte salve le norme sulla litispendenza … le disposizioni di cui al presente articolo non precludono il diritto ad azioni individuali dei consumatori che siano danneggiati dalle medesime violazioni".

[917] Art. 7 des Gesetzes Nr. 281/98 regelt seinem Wortlaut nach das Konkurrenzverhältnis zwischen individueller und kollektiver Klage, vgl. oben Kapitel 4 D I., 6.
Die im dargestellten Zusammenhang erforderliche inhaltliche Identität von individueller und kollektiver Klage wird insoweit lediglich in den äußerst seltenen Fällen plurioffensiven Verhaltens gegeben sein, wenn also Individual- und Kollektivinteressen gleichermaßen verletzt sind.

auch auf Verlangen des das Klageverfahren betreibenden Verbandes oder auf richterliche Anordnung erfolgen kann. Einer vereinzelten Auffassung nach sind an einem von einem Verband eingeleiteten Unterlassungsklageverfahren zwingend alle konkurrierend klagebefugten Einrichtungen auf Anordnung einer der Parteien oder des Gerichts im Wege notwendiger Streitgenossenschaft gemäß Art. 106 c. p. c.[918] bzw. Art. 107 c. p. c.[919] am Verfahren zu beteiligen.[920] Grund für diese Beteiligung sei die Identität von *causa petendi* und *petitum* im Hinblick auf die beteiligten Rechtsträger.[921] Finde eine derartige Verfahrensbeteiligung nicht statt, so habe der nicht am Verfahren beteiligte Verband die Möglichkeit eines Vorgehens nach Art. 404 Abs. 1 c. p. c.; also die Möglichkeit, gegen das ergangene Urteil Rechtsmittel einzulegen.[922]

Zu dieser Auffassung ist anzumerken, dass die in jedem Fall zwingende Prozessbeteiligung aller konkurrierend klagebefugten Verbände, mit allgemeinen prozessrechtlichen Prinzipien nicht zu vereinbaren ist. Geht man mit der herrschenden Meinung davon aus, dass die Verbände vor Gericht eine eigene Rechtsposition wahrnehmen, so muss nach allgemeinen Grundsätzen jeder Rechtsinhaber in der Entscheidung über die Ausübung und gerichtliche Durchsetzung der ihm zuerkannten Rechtsposition frei sein. Die dargestellte Auffassung würde einen in jedem Fall bestehenden Zwang zur Rechtsverteidigung be-

---

[918] Art. 106 c. p. c. sieht vor: "Jede Partei kann einen Dritten am Prozess beteiligen, von dem sie der Meinung ist, dass der Rechtsstreit ihn betreffe ..."

[919] Art. 107 c. p. c. bestimmt: „Das Gericht ordnet, wenn es der Auffassung ist, dass es günstig ist, dass der Prozess auch im Verhältnis zu einem Dritten durchgeführt wird, den der Rechtsstreit betrifft, dessen Beteiligung an."

[920] *Montesano*, riv. dir. proc. 1997, 1 ff. (7 f.).

[921] *Montesano*, riv. dir. proc. 1997, 1 ff. (8); ablehnend *Giussani*, riv. dir. priv. 1997, 321 ff. (334 f.), der darauf hinweist, dass es an dem für die notwendige Streitgenossenschaft erforderlichen substantiellen einheitlichen Rechtsverhältnis zwischen den einzelnen klagebefugten Institutionen fehle.

[922] *Montesano*, riv. dir. proc. 1997, 1 ff. (8), der dem nicht beteiligten Dritten darüber hinaus die Möglichkeit zuerkennt, in jedem weiteren Verfahren, in dem die in einem anderen Verfahren ergangene Entscheidung ihm gegenüber geltend gemacht wird, die Unrichtigkeit dieser Entscheidung nachzuweisen.

deuten,[923] ohne dass im Einzelfall nachgeprüft würde, ob für die notwendige Beteiligung sachgerechte Gründe bestehen. Die Entscheidung, ob eine Prozessbeteiligung konkurrierend klagebefugter Institutionen im Einzelfall Sinn macht, muss dem jeweiligen Verfahren überlassen bleiben.

C Reichweite der Rechtskraft der getroffenen Entscheidung

I. Grundsatz

Vor dem dargestellten Hintergrund der Möglichkeit konkurrierender Verfahren, stellt sich die Frage - ist es zu einem Verfahren mit rechtskräftigem Urteil gekommen - wie sich ein solches Urteil auf andere Verfahren gleichen Inhalts oder am Verfahren nicht beteiligte Rechtsträger auswirkt. Anders als in Deutschland hat der italienische Gesetzgeber sich mit der Frage der Rechtskraft der in einem Verbandsklageverfahren ergangenen Entscheidung nicht auseinandergesetzt: so ist allen bisher dargestellten Regelungen zur Verbandsklage nach italienischem Recht gemeinsam, dass sie zur Frage der Rechtskraft der ergangenen Entscheidung keine Aussage treffen.

Die Rechtskraftwirkung der Entscheidungen italienischer Gerichte ist im Grundsatz in Art. 2909 c. c. festgelegt. Danach sind von der Rechtskraft einer Entscheidung die Parteien, ihre Erben oder Rechtsnachfolger betroffen.[924] Ebenso wie in Deutschland besteht auch in Italien weitgehend Einigkeit darüber, dass durch eine strikte Anwendung dieser Norm der kollektiven Schutzdimension der Verbands(unterlassungs-)klage nicht Rechnung getragen werden kann, und die auf die Verfahrensparteien begrenzte Rechtskraftwirkung die kollektive Unter-

---

[923] *Tarzia*, riv. dir. proc. 1997, 629 ff. (638).

[924] Art. 2909 c. c. besagt: "L'accertamento contenuto nella sentenza passata in giudicato fa stato a ogni effetto alle parti, ai loro eredi o aventi causa (der im Urteil enthaltene und in Rechtskraft erwachsene Ausspruch hat Wirkung zwischen den Parteien, ihren Erben oder Rechtsnachfolgern)".

lassungsklage im Hinblick auf ihre Effektivität und den mit ihr verfolgten Zweck erheblich einschränken würde.[925]

Die ohnehin schwierige Frage der Reichweite der Rechtskraft eines Urteils gewinnt im italienischen Recht zudem dadurch an Brisanz, als hier mangels eindeutiger Regelung in weiten Bereichen keine Möglichkeit einer zwangsweisen Durchsetzung eines Unterlassungsurteils zur Verfügung steht.[926] Beide Problemkreise werden unter dem Gesichtspunkt der Effektivität eines kollektiven Unterlassungsurteils in der italienischen Literatur daher gerne im Zusammenhang erörtert. Welche Gestalt eine der Wahrnehmung kollektiver Interessen im Prozess angemessene Rechtskraftwirkung zu tragen hat und wie diese dogmatisch zu begründen ist, ist in der italienischen Literatur ebenso umstritten wie in Deutschland. Sachlich ist zu unterscheiden zwischen den Wirkungen eines rechtskräftigen Urteils auf konkurrierende Klagen anderer Verbände und den Wirkungen auf mögliche Klagen einzelner Betroffener. Wird der Frage der Rechtskraft gegenüber konkurrierend aktivlegitimierten Verbänden wegen fehlender praktischer Relevanz wenig Beachtung geschenkt, ist die Diskussion im Hinblick auf die Rechtskraftwirkungen gegenüber Individualklagen ausgeprägt. Im Einzelnen werden folgende Ansichten vertreten:

II. Konkurrierende Verbandsklagen

1. Abweisendes Urteil

a) Begrenzte Rechtskraft

Eine Auffassung ist der Ansicht, dass jedes die Klage auf Unterlassung abschließende Urteil rein tatsächliche Auswirkungen auch auf nicht am Verfahren

---

[925] Statt aller *Bellelli*, Le nuove leggi civili commentate 1997, 1260 ff. (1270) unter Bezugnahme auf die in Art. 1469-sexies c. c. enthaltene Regelung.

[926] Lediglich Art. 3 Abs. 5-bis des Gesetzes Nr. 281/98 sieht seit der Neufassung die Möglichkeit indirekter Zwangsmassnahmen vor. Ob eine analoge Anwendung dieser Norm in anderen Regelungszusammenhängen in Betracht kommt, ist ungeklärt.

Beteiligte haben werde;[927] gleichwohl ist man sich des Umstandes bewusst, dass eine effektive Durchsetzung kollektiver Interessen auf der Basis des geltenden Prozessrechts ohne prozessrechtliche Modifikationen im Hinblick auf die Rechtskraftwirkungen des ergangenen Urteils nicht gewährleistet ist.[928] Eine wie auch immer geartete Rechtskrafterstreckung auf am Verfahren unmittelbar nicht beteiligte Dritte bedürfe jedoch in jedem Fall einer entsprechenden gesetzlichen Grundlage.[929] In Ermangelung einer solchen könne weder einem stattgebenden noch einem abweisenden Urteil, eine über die faktischen Wirkungen des konkreten Prozessgeschehens hinausgehende Rechtskraft zuerkannt werden.[930] In Anwendung allgemeiner Grundsätze habe deswegen ein abweisendes Urteil Wirkung nur zwischen den am Verfahren beteiligten Parteien.[931] Ein ebenfalls klagebefugter Verband könne ohne weiteres seinerseits eine entsprechende Klage einreichen.[932]

b) Rechtskrafterstreckung

Der Auffassung nach, die im Falle einer Verbandsklage auch die anderen aktivlegitimierten Institutionen zwingend am Verfahren beteiligen will, werden alle konkurrierenden Institutionen von sämtlichen Rechtskraftwirkungen des Urteils erfasst. Auch die Rechtskraft eines abweisenden Urteils erfasse demnach alle

---

[927] *Moretti*, riv. dir. proc. 1997, 883 ff. (887); *Ferri*, riv. dir. proc. 1996, 936 ff. (941); in diesem Sinne auch *Tommaseo*, in: Le clausole vessatorie nei contratti con i consumatori, S. 755 ff. (786 f.), der jedoch trotzdem eine positive Rechtskrafterstreckung als unabdingbar betrachtet.

[928] *Moretti*, riv. dir. proc. 1997, 883 ff. (886).

[929] *Moretti*, riv. dir. proc. 1997, 883 ff. (889 f.; 893); *Ferri*, riv. dir. proc. 1996, 936 ff. (942); *Consolo/De Cristofaro*, corr. Giur. 1997, 468 ff. (482 f.).

[930] *Moretti*, riv. dir. proc. 1997, 883 ff. (889 f.).

[931] *Corte di Cassazione*, Sentenza 17 giugno 1985, n. 3652, Il Foro italiano 1986, I, 2857 ff. (2862 f.); *Consolo/De Cristofaro*, corr. giur. 1997, 468 ff. (482); *Giussani*, riv. dir. proc. 1997, 321 ff. (334); *Liebman*, 89.

[932] *Giussani*, riv. dir. proc. 1997, 321 ff. (336).

konkurrierend Klagebefugten.[933] Begründet wird diese Auffassung zum einen mit dem Hinweis auf die in Art. 2377 c. c. enthaltene Regelung,[934] die insoweit als Anhaltspunkt dienen könne.[935] Zum anderen damit, dass auch der von der Unterlassungsklage betroffene Unternehmer im Hinblick auf eine funktionierende Marktwirtschaft und sein schutzwürdiges Interesse am Bestand seines Unternehmens nicht schutzlos einer unbegrenzten Anzahl gleichgerichteter Klagen ausgeliefert sein dürfe.[936] Sowohl ein abweisendes wie auch ein stattgebendes Urteil habe aus diesen Gründen Wirkung gegenüber allen anderen Aktivlegitimierten.[937]

2. Stattgebendes Urteil

a) Rechtskrafterstreckung

Führt die von einem Verband angestrengte Klage hingegen zu einem stattgebenden Unterlassungsurteil, so ergibt sich auf der Grundlage der soeben dargestellten Auffassung aufgrund der Einheitlichkeit des von den verschiedenen Klage-

---

[933] *Montesano*, riv. dir. proc. 1997, 1 ff. (7 ff.) vertritt diese Auffassung, ist sich jedoch bewusst, dass durch die notwendige Beteiligung konkurrierend klagebefugter Institutionen am Verfahren gleichsam ein verfassungsrechtlich problematischer Zwang zur Rechtsausübung aufgestellt wird. Noch weiter geht *Carpi*, S. 219 ff., der eine Rechtskrafterstreckung bereits dann befürwortet, wenn eine repräsentative und effektive Wahrnehmung der Interessen im Prozess gewährleistet sei, ohne dass alle konkurrierend Klagebefugten am Verfahren zu beteiligen seien; in diesem Sinne auch *Trocker*, in: La tutela degli interessi diffusi nel diritto comparato, S. 485; *Cappelletti*, riv. dir. proc. 1975, 361 ff. (399).

[934] Art. 2377 c. c. ist Teil der gesetzlichen Regelungen über das Recht der Aktiengesellschaft. Er sieht vor, dass die gerichtliche Entscheidung über die Anfechtung von Beschlüssen der Gesellschafterversammlung im Falle der Nichtigerklärung Wirkung gegenüber allen Gesellschaftern hat.

[935] *Tarzia*, riv. dir. proc. 1997, 629 ff. (639 ff.) mit dem Hinweis, dass es sich in beiden Fällen um Situationen handele, in denen mehrere Aktivlegitimierte nebeneinander vorhanden seien, das Ziel des jeweiligen gerichtlichen Vorgehens jedoch identisch sei.

[936] *Tarzia*, riv. dir. proc. 1997, 629 ff. (640); *Giussani*, riv. dir. proc. 1997, 321 ff. (336 f.) verneint die praktische Relevanz dieses Problems: welcher Verband würde angesichts eines bereits ergangenen abweisenden Urteils bereit sein, mit dem gleichen Anliegen erneut den Rechtsweg zu beschreiten?

[937] *Tarzia*, riv. dir. proc. 1997, 629 ff. (641 f.) unter Hinweis auf die inhaltliche Identität der von den konkurrierenden Institutionen vorgebrachten Klage, die eine Unterscheidung zwischen abweisendem und stattgebendem Urteil nicht rechtfertige.

befugten vorzubringenden Klagezieles, dass auch ein stattgebendes Urteil Rechtskraft gegenüber allen konkurrierend Klagebefugten hat.[938]

Zu demselben Ergebnis, jedoch auf anderem Wege gelangt eine Ansicht, die davon ausgeht, dass eine von einem anderen klagebefugten Verband eingereichte Klage gleichen Inhalts grundsätzlich zu keiner weitergehenden gerichtlichen Verfügung führen könne, als sie bereits durch das erste stattgebende Urteil erzielt worden ist. Eine weitere Klage könnte angesichts der bereits ausgesprochenen Unterlassungsverfügung die (Rechts)Position des klagenden Verbandes nicht (positiv) verändern.[939] Aus dieser Feststellung folge, dass für die Klage eines weiteren Verbandes ein Rechtsschutzinteresse nicht bestehe,[940] und der Schutz des (wiederholt) beklagten Unternehmers vorgehe[941]. Eine positive Rechtskrafterstreckung wird dabei vereinzelt auch im Hinblick auf die über das stattgebende Unterlassungsurteil hinaus vom Gericht zu verfügenden Maßnahmen im Sinne des Art. 3 Abs. 1 des Gesetzes Nr. 281/98 gefordert, da diese Maßnahmen ähnlich wie das stattgebende Unterlassungsurteil dem Kollektivinteresse der Verbraucher in gleicher Weise zugute kämen.[942]

---

[938] *Tarzia*, riv. dir. proc. 1997, 629 ff. (641 f.).

[939] *Liebman*, 89. *Punzi*, riv. dir. proc. 2002, 647 ff. (667) will den Begriff der Rechtskrafterstreckung vermeiden und legt aus diesem Grund die Betonung auf die Feststellung, dass mit dem stattgebenden Urteil das allen Klagebefugten gemeinsame, dem Verfahren zugrunde liegende Interesse befriedigt ist; *Giussani*, riv. dir. proc. 1997, 321 ff. (335 f.) spricht von einer "Klagekonsumierung".

[940] *Mazzamuto/Plaia*, Europa e diritto privato 1999, 669 ff. (674 f.); *Montesano*, riv. dir. proc. 1997, 1 ff. (7); *Consolo/De Cristofaro*, corr. Giur. 1997, 468 ff. (481), die diese Aussage im Hinblick auf die in Art. 1469-sexies c. c. vorgesehenen Rechtsfolgen folgender Einschränkung unterwerfen: ist die Anordnung der Veröffentlichung nicht Gegenstand des stattgebenden Urteils, so besteht an der richterlichen Verfügung der Veröffentlichung trotz des bereits ergangenen stattgebenden Urteils ein berechtigtes Interesse anderer klagebefugter Einrichtungen, diese Anordnung im Klagewege durchzusetzen; für eine generelle Rechtskrafterstreckung sowohl stattgebender als auch abweisender Urteile auf andere aktivlegitimierte Institutionen spricht sich *Danovi*, riv. dir. proc. 1996, 1046 ff. (1073 ff.) aus, mit der Begründung, dass bei der Klage zur Wahrnehmung von Kollektivinteressen nicht der Klagende sondern die Durchsetzung der kollektiven Rechtsposition im Vordergrund stehe.

[941] *Mazzamuto/Plaia*, Europa e diritto privato 1999, 669 ff. (674 f.).

[942] *Punzi*, riv. dir. proc. 2002, 647 ff. (674), der in diesem Zusammenhang allerdings ausdrücklich nur von einer Rechtskrafterstreckung auf konkurrierend klagebefugte Institutionen

b) Begrenzte Rechtskraft

Schließlich wird die Auffassung vertreten, dass ebenso wie im Falle eines abweisenden Urteils auch im Falle eines stattgebenden Urteils auf der Grundlage der allgemeinen Regelungen eine Rechtskrafterstreckung auf nicht am Verfahren beteiligte Rechtsträger nicht stattfindet.[943]

III. Individualklagen

Voraussetzung einer Rechtskrafterstreckung im Hinblick auf Individualklagebefugte ist zunächst, dass ein Konkurrenzverhältnis zwischen Verbandsklage und Individualklage überhaupt insoweit besteht, als das mit der jeweiligen Klage verfolgte Ziel (teil)identisch ist. Unter Zugrundelegung der oben zur dogmatischen Begründung der Verbandsklage vertretenen Auffassung, wonach sich Verbands- und Individualklage im Hinblick auf die wahrgenommenen Rechtspositionen unterscheiden, ist dies nur im Fall eines plurioffensiven Verhaltens der Fall; eines Verhaltens, durch das zugleich die individuelle und die kollektive Rechtsposition beeinträchtigt wird,[944] und bei dem zudem die zugrunde liegenden Beurteilungsmassstäbe im Hinblick auf das Schädigungspotential identisch sind.[945]

---

ausgeht und die Rechtskrafterstreckung auf Individualklagen einzelner Verbraucher ausschließen will; denn einzelne Verbraucher könnten durch ein verbraucherschädliches Verhalten im Verhältnis zu den Kollektivinteressen der Verbraucher in besonderem Maße geschädigt worden sein, mit der Folge, dass eine „Wiederherstellung" des Kollektivinteresses nicht zur Rehabilitation auch des individuellen Interesses ausreiche und aus diesem Grunde die Möglichkeit zur Klage weiterhin bestehen müsse.

[943] Vgl. Zitate zu II. 1. a).

[944] *Chinè*, in: I diritti dei consumatori e degli utenti, S. 33 ff. (37).

[945] Dies ist etwa im Falle einer Verbandsklage nach Art 1469-sexies c. c. und der individuellen Vertragsanfechtungsklage nicht ohne Weiteres der Fall: ist die Verbandsklage auf die Unterlassung der Verwendung der missbräuchlichen Klauseln gerichtet, so hat die Individualklage die Vertragsaufhebung zum Gegenstand. Zwar werden in beiden Fällen Aussagen über die Missbräuchlichkeit der beanstandeten Klauseln getroffen, die Bewertung erfolgt jedoch auf der Grundlage unterschiedlicher Wertungen und mündet in einem unterschiedlichen Urteilsausspruch, *Punzi*, riv. dir. proc. 2002, 647 ff. (664); *Tarzia*, riv. dir. proc. 1997, 629 ff. (643 f.). Ausführlich zu der Frage, inwieweit kollektives Unterlassungsurteil und individuelle

1. Begrenzte Rechtskraft

Auch für den Fall der mit der Verbandsklage konkurrierenden Individualklage wird die bereits dargestellte Auffassung vertreten, dass in Ermangelung entsprechender spezieller Regelungen weder einem stattgebenden noch einem abweisenden Urteil eine über die faktischen Wirkungen des konkreten Prozessgeschehens hinausgehende Rechtskraft zuerkannt werden könne,[946] da zwischen Verband und einzelnem Verbraucher keinerlei rechtliche Verbindung bestehe, die eine Ausdehnung der Rechtskraft rechtfertigen könne.[947]

2. Unbegrenzte Rechtskraft

Anderer Auffassung nach hat sowohl ein stattgebendes wie auch ein abweisendes Urteil grundsätzlich allen in gleicher Weise Klagebefugten gegenüber unmittelbare Wirkung.[948] Begründet wird diese Auffassung mit dem Argument, dass, soweit in einem Verfahren über ein rechtliches Verhältnis entschieden werde, diese Entscheidung alle am substantiellen Rechtsverhältnis Beteiligten in gleicher Weise betreffe, unabhängig vom konkreten Urteilsinhalt.[949] Ein derartiges Betroffensein von den Urteilswirkungen müsse in jedem Fall Auswirkungen auf inhaltlich entsprechende zeitlich nachfolgende Verfahren haben.[950] Diese

---

Vertragsaufhebungsklage identische Feststellungen zum Gegenstand haben *Marinucci*, riv. dir. proc. 2002, 216 ff.

[946] *Giussani*, Danno e responsabilità 2003, 81 ff. (82); *Punzi*, riv. dir. proc. 2002, 647 ff. (664); *Moretti*, riv. dir. proc. 1997, 883 ff. (889 f.); *Giussani*, riv. dir. proc. 1997, 321 ff. (337); *Armone*, in: La nuova disciplina delle clauole vessatorie nel codice civile, S. 221 ff. (248 f.); *Cian*, Studium iuris 1996, 411 ff. (418); vgl. Literatur zu II. 1. a).

[947] *Giussani*, riv. dir. proc. 1997, 321 ff. (337); *Danovi*, riv. dir. proc. 1996, 1046 ff. (1072) mit der Begründung, dass die beiden Rechtspositionen inhaltlich voneinander unabhängig seien.

[948] *Marinucci*, riv. dir. proc. 2002, 216 ff. (221); *Mandrioli*, IV, S. 140 ff. (145); *Carpi*, S. 232 ff.

[949] Ordnet man die Verbandsklage auf dogmatischer Ebene als einen Fall der Prozessstandschaft gemäß Art. 81 c. p. c. ein, ergibt sich die unmittelbare Wirkung des Prozessergebnisses im Verhältnis zu den einzelnen Verbrauchern aus allgemeinen Grundsätzen, *Armone*, in: La nuova disciplina delle clausole vessatorie nel codice civile, S. 221 ff. (248 f.); vgl. dazu auch oben § 4 C II.

[950] *Marinucci*, riv. dir. proc. 2002, 216 ff. (224).

Auffassung bringt vor, dass Einheitlichkeit und Identität der Klage eine Unterscheidung im Hinblick auf ein stattgebendes oder abweisendes Urteil nicht rechtfertigten, sondern vielmehr in beiden Fällen eine Erstreckung der Rechtskraft auf alle Klagebefugten geböten.[951] Eine Einschränkung erfahre die grundsätzlich unbeschränkte Rechtskraftwirkung jedoch insoweit, als dem Dritten die Möglichkeit eines Vorgehens nach Art. 404 c. p. c. offen stehe; dies bedeute, dass sich der von den Urteilswirkungen eines kollektiven Verfahrens betroffene Verbraucher wehren könne und die Urteilswirkungen anfechten könne.

3. Positive Rechtskrafterstreckung[952]

Eine letzte Auffassung nimmt ihren Ausgangspunkt bei der Annahme, dass es mit der Zuerkennung von unabhängigen Klagebefugnissen an verschiedene Subjekte grundsätzlich nicht zu vereinbaren sei, die Wirkungen eines Prozesses auf an diesem Verfahren nicht beteiligte Parteien auszudehnen.[953] Eine Ausweitung der Urteilswirkungen sei nur insoweit möglich, als dadurch die Rechtsposition des am Verfahren unmittelbar nicht Beteiligten bestärkt und nicht eingeschränkt werde.[954] Dies sei in den Fällen eines der Unterlassungsklage stattgebenden Urteils gegeben: die im stattgebenden Urteil erfolgende Unterlassungsanordnung bewirke effektiven Schutz auch der inhaltsgleichen individuellen Rechtsposition. Die Rechtskrafterstreckung eines stattgebenden Urteils bewirke eine Zunahme des Schutzes auch der individuellen Rechtsposition und rechtfertige aus diesem Grund eine Erstreckung der Urteilswirkungen auch auf nicht am Verfahren beteiligte individuelle Klagebefugte.[955] Darüber hinaus seien Fälle einer

---

[951] *Tarzia*, riv. dir. proc. 1997, 629 ff. (642).

[952] Die allein positive Rechtskrafterstreckung wird in der italienischen Rechtslehre mit dem lateinischen Schlagwort giudicato „secundum eventum litis“ umschrieben, vgl. *Bellelli*, Le nuove leggi civili commentate, 1997, 1260 ff. (1272).

[953] *Punzi*, riv. dir. proc. 2002, 647 ff. (667).

[954] *Tommaseo*, in: Le clausole vessatorie nei contratti con i consumatori, S. 755 ff. (784).

[955] *Punzi*, riv. dir. proc. 2002, 647 ff. (667; 674), der nicht von einer Rechtskrafterstreckung auf am Verfahren nicht Beteiligte und auch nicht von einer Rechtskrafterstreckung je nach

Rechtskrafterstreckung „secundum eventum litis" dem italienischen Recht nicht unbekannt. So würden die Artikel 1306 c. c. und 1317 c. c. in den Fällen von Gesamtschuld bzw. unteilbaren Verbindlichkeiten eine solche lediglich positive Rechtskrafterstreckung vorsehen. Der in diesen Normen verankerte Gedanke sei auf Verfahren zum Schutz kollektiver Interessen zu übertragen.[956]

Zu dem gleichen Ergebnis, allerdings auf anderem Wege, gelangt eine Auffassung, die die Urteilswirkungen entsprechend dem Charakter der geltend gemachten Interessen konzipieren möchte.[957] Soweit in einem Verfahren überindividuelle, kollektive Interessen geltend gemacht würden, würde es die Identität der geltend gemachten Kollektiv- mit den entsprechenden Individualinteressen mit sich bringen, dass sich die positiven Urteilswirkungen auf alle Interessenträger direkt erstreckten, unabhängig von einer formalen Parteistellung.[958] Begrifflich handele es sich um eine Anwendung der Urteilswirkungen auf alle Träger des in Frage stehenden Interesses. Diese für das stattgebende Urteil aus der Struktur der kollektiven Interessen sich ergebende Folge scheitere im Hinblick auf ein abweisendes Urteil an der fehlenden Parteistellung der am Verfahren nicht beteiligten Interessenträger und der anderenfalls stattfindenden Verletzung des verfassungsrechtlich in Art. 24 Cost. gewährleisteten Rechts auf Verteidigung.[959] Dieses verfassungsrechtlich gewährleistete Prinzip stelle die absolute

---

Verfahrensausgang sprechen will, sondern diese Schlussfolgerung allein aus der Struktur und dem Wesen der Unterlassungsklage herleiten will.

[956] *Costantino*, in: Le azioni a tutela di interessi collettivi, S. 234 ff.; *Proto Pisani*, in: Le azioni a tutela di interessi collettivi, S. 285 f.

[957] Ausgangspunkt dieser Auffassung ist die Annahme, dass die im Rahmen der Verbandsklage geltend gemachten Kollektivinteressen die entsprechenden Individualinteressen der Verbraucher inhaltlich umfassen.

[958] *Bellelli*, Le nuove leggi civili commentate 1997, 1260 ff. (1271) spricht von einer Erstreckung der Urteilswirkungen ultra partes auf die direkt interessierten Träger der gleichen substantiellen zugrunde liegenden Rechtsposition ("applicazione degli effetti della pronuncia *ultra partes* verso i diretti interessati titolari della stessa situazione giuridica sostanziale oggetto del giudizio").

[959] *Bellelli*, Le nuove leggi civili commentate, 1997, 1260 ff. (1271).

Grenze der Reduzierung von Rechten am Verfahren nicht Beteiligter dar.[960] Von den negativen Urteilswirkungen dürfe nur betroffen werden, wer zuvor Gelegenheit hatte, rechtlich an der Entstehung des betreffenden Urteils mitzuwirken.[961]

Dies würde bedeuten, dass sich der einzelne Verbraucher im Rahmen einer individuellen Schutzklage auf die zuvor in einem „kollektiven" Verfahren festgestellte Missbräuchlichkeit des beanstandeten Verhaltens berufen könne, während er hingegen von einem zuvor ergangenen abweisenden Urteil in seiner individuellen Rechtsposition und Verfahrensführung nicht beeinträchtigt sei.[962]

Seien hingegen nicht kollektive, sondern rein individuelle Rechtspositionen Verfahrensgegenstand, bestünde für eine derartige Ausdehnung der Urteilswirkungen keine Notwendigkeit und auch keine Rechtfertigung.[963]

IV. Stellungnahme

Im Hinblick auf die Rechtskraftwirkungen eines Urteils im Verhältnis zu anderen konkurrierend klagebefugten Institutionen beantwortet ein Blick auf die Praxis die sich hier stellenden Fragen am besten: hat die Klage des Verbandes Erfolg, ist damit allen konkurrierend klagebefugten Institutionen in gleicher Weise geholfen; eine erneute Klage kann keinen weitergehenden Erfolg haben. Bereits durch das erste stattgebende Urteil sind die Rechtspositionen aller Klagebefugten faktisch umfassend geschützt. Vor diesem Hintergrund kann und wird ein Interesse einer konkurrierend klagebefugten Institution an einer erneuten Klage nicht bestehen. Einer erneuten Klage wird vielmehr in aller Regel das erforderli-

---

[960] *Tommaseo*, in: Le clausole vessatorie nei contratti con i consumatori, S. 755 ff. (788).

[961] *Tommaseo*, in: Le clausole vessatorie nei contratti con i consumatori, S. 755 ff. (788).

[962] *Tommaseo*, in: Le clausole vessatorie nei contratti con i consumatori, S. 755 ff. (789); *Moretti*, riv. dir. proc. 1997, 883 ff. (895), die einer Rechtskrafterstreckung ohne gesetzliche Grundlage ablehnend gegenüber steht, gibt unter Hinweis auf die in § 19 AGBG a. F. enthaltene Regelung zu bedenken, dass auch eine positive Rechtskrafterstreckung in jedem Fall zeitlichen Grenzen unterliegen müsse.

[963] *Bellelli*, Le nuove leggi civili commentate 1997, 1260 ff. (1270 f.).

che Rechtsschutzinteresse fehlen. Ein Rückgriff auf eine positive Rechtskrafterstreckung ohne ausdrückliche gesetzliche Grundlage ist nicht erforderlich, da diese faktisch durch die Anwendung allgemeiner prozessualer Grundsätze bewirkt wird.

Anders verhält es sich in den Fällen eines abweisenden Urteils. Die Ausdehnung der Wirkungen eines solchen Urteils ist mit der Zuerkennung der voneinander unabhängigen Rechtspositionen an die verschiedenen Klagebefugten nicht zu vereinbaren und ergibt sich auch nicht aus allgemeinen prozessualen Grundsätzen. Jeder konkurrierend Klagebefugte verfügt über eine eigene, ihm substantiell zuerkannte Rechtsposition, die er nach eigenem Ermessen vor Gericht verteidigen können muss. Die Einräumung dieser unabhängigen Rechtspositionen würde im Wege der negativen Rechtskrafterstreckung rückwirkend wieder beseitigt werden, da den einzelnen Klagebefugten die Möglichkeit zur gerichtlichen Geltendmachung im Nachhinein wieder abgesprochen werden würde. Diese wäre mit der verfassungsrechtlich verankerten Rechtsschutzgarantie nicht zu vereinbaren und bedürfte in jedem Fall einer gesetzlichen Grundlage.

Im Hinblick auf die Rechtskraftwirkungen den individuell Klagebefugten gegenüber müssen die Überlegungen ihren Ausgangspunkt bei der Frage nach dem Charakter der geltend gemachten Rechtspositionen nehmen. Misst man den geltend gemachten Kollektivinteressen eine die individuellen Verbraucherinteressen überschreitende Dimension bei, folgt daraus, dass die individuellen Verbraucherinteressen in aller Regel nicht Gegenstand des Verbandsklageverfahrens sind. Gründet und rechtfertigt sich eine faktische Ausdehnung der (positiven) Urteilswirkungen im Rahmen konkurrierender Verbandsklagen auf die inhaltliche Entsprechung der eingeforderten Interessen, so fehlt es in Bezug auf die individuelle Klage an diesem Merkmal. Kollektives und individuelles Verfahren verfügen inhaltlich nicht über eine ausreichende Entsprechung, die als solche eine Ausdehnung der Urteilswirkungen rechtfertigen könnte.

Nur in den ganz seltenen Fällen, in denen Kollektiv- und Individualklage inhaltlich übereinstimmen, wäre an eine Ausdehnung der (positiven) Urteilswirkungen zu denken. Diese Möglichkeit hat auch der italienische Gesetzgeber im Rahmen der Regelung von Art. 3 Abs. 7 des Gesetzes Nr. 281/98 in Erwägung gezogen, wenn es dort heißt, dass, unbeschadet der Regelungen über die Rechtshängigkeit ..., die Regelungen über die Klagebefugnis der Verbände das Recht zu Individualklagen der Verbraucher nicht ausschließen.[964] Diese Norm ist freilich keine eigenständige Rechtsgrundlage sondern lediglich ein Verweis auf allgemeine prozessuale Grundsätze. Sie kann demzufolge nur dann zur Anwendung kommen, wenn im Einzelfall tatsächlich eine ausreichende inhaltliche Identität von individueller und kollektiver Klage gegeben ist. Dies wird im Regelfall aufgrund der unterschiedlichen inhaltlichen Struktur von individuellen und kollektiven Interessen nicht der Fall sein. Für den Regelfall bedürfte eine Rechtskrafterstreckung deswegen, wie der deutsche Gesetzgeber gezeigt hat, auch nach italienischem Recht einer ausdrücklichen gesetzlichen Grundlage. Denn auch eine Erstreckung rein positiver Urteilswirkungen bedeutet im Ergebnis eine Einschränkung der Rechtsposition des individuell Betroffenen, der sein Recht nicht mehr persönlich und in der von ihm gewünschten Form durchsetzen kann. Die verfassungsrechtlich gewährleistete Garantie effektiven Rechtsschutzes würde durch eine solche Maßnahme verkürzt; ohne gesetzliche Grundlage wäre dies nicht zulässig.

Abschließend lässt sich somit zusammenfassen: in den Fällen konkurrierender Verbandsklagen kann sich faktisch eine positive Rechtskrafterstreckung aufgrund eines fehlenden Rechtsschutzbedürfnisses ergeben. Im Konkurrenzverhältnis von Individual- und Verbandsklage fehlt für eine Rechtskrafterstreckung die erforderliche gesetzliche Grundlage.

---

[964] Vgl. dazu oben B.

Kapitel 5 Zusammenfassung

Die Ausführungen haben gezeigt, dass es ein allgemeines Rechtsinstitut der Verbandsklage nach italienischem, ebenso wie nach deutschem Recht nicht gibt. Aufzufinden sind vielmehr zahlreiche, über weite Teilgebiete des italienischen Rechts verstreute Einzelregelungen, die in ihren Voraussetzungen und ihren Zielen erhebliche Unterschiede beinhalten. Die dargestellten gesetzlichen Regelungen bringen zum Ausdruck, dass der italienische Gesetzgeber aus der Not des Augenblicks speziellen dringlichen Einzelfällen gerecht werden wollte und daher im Rahmen der Regelungsinitiative in erster Linie den spezifischen Einzelfall betrachtet hat, anstatt für eine Kohärenz des Rechtssystems zu sorgen.
Konzentrieren sich die Regelungen zur Verbandsklage sowohl nach italienischem als auch nach deutschem Recht auf die Gebiete des Wettbewerbs- und des Verbraucherschutzrechts, so bietet das deutsche Recht im Hinblick auf einheitliche Voraussetzungen und Verfahrensabläufe ein geschlosseneres Bild als das italienische. Wurde in Deutschland die Verpflichtung der Richtlinie 98/27/EG zur Vereinheitlichung bestehender Normierungen ernst genommen, so hat der italienische Gesetzgeber diese Pflicht vollständig vernachlässigt, mit der Folge, dass das Verhältnis der einzelnen zur Verbandsklage bestehenden Regelungen an vielen Stellen vollkommen ungeklärt ist.
Im Übrigen ist die Umsetzung der Richtlinie 98/27/EG in beiden Rechtssystemen in ähnlicher Weise erfolgt. Sowohl der deutsche als auch der italienische Gesetzgeber konnten an auf dem Gebiet des Verbraucherschutzes bestehende Regelungen anknüpfen und die Richtlinie durch Modifikation dieser Normierungen in nationales Recht transponieren. Im Hinblick auf den Anwendungsbereich der Verbandsklage sind beide durch Verwendung weiter Formulierungen über die Anforderungen der Richtlinie hinausgegangen.

Das von der Richtlinie im Rahmen der gegenseitigen Anerkennung klagebefugter Einrichtungen vorgesehene Listenverfahren haben beide Gesetzgeber auch für die Bestimmung der klagebefugten Verbände in rein nationalen Verfahren übernommen.

War die Effektivität eines verbandlichen Unterlassungstitels nach deutschem Prozessrecht von Anfang an gewährleistet, so fehlte nach italienischem Recht lange Zeit die Möglichkeit einer zwangsweisen Durchsetzung eines ergangenen Urteils. Erst im Zuge der Umsetzung der Richtlinie wurde hier ausdrücklich Abhilfe geschaffen. Eine Abhilfe, die gleichwohl nicht alle Regelungen der Verbandsklage zum Verbraucherschutz erfasst, sondern auf Teilbereiche beschränkt bleibt und auch inhaltlich die Effektivität der deutschen Regelungen nicht erreicht.

Eine Verbandsklage auf Schadensersatz existiert nach beiden Rechtsordnungen bislang nicht. Gleichwohl zeigen die in beiden Ländern gegenwärtig vorangetriebenen Gesetzesinitiativen, dass der Schwerpunkt der Diskussion um die Verbandsklage sich in Zukunft auf dieses Problemfeld konzentrieren wird. Wie die beiden Gesetzgeber die auf sie zu kommenden Fragestellungen lösen werden, bleibt abzuwarten.

Dogmatisch wird die Verbandsklage in beiden Ländern nach herrschender Meinung als die Wahrnehmung und Durchsetzung eines eigenen subjektiven Verbandsrechts verstanden. Prozessual wird daraus in beiden Ländern die Konsequenz gezogen, dass die allgemeinen Prozessmaximen auch im Zusammenhang mit Verbandsklagen ihre Gültigkeit behalten. Allein der deutsche Gesetzgeber hat für Teilbereiche der Verbandsklage aus Gründen der Effektivität des Rechtsschutzes eine fakultative positive Rechtskrafterstreckung gesetzlich vorgesehen. Sonstige wesentliche prozessuale Erleichterungen für Verbandsklagen bestehen nach beiden Rechtsordnungen nicht.

Abschließend lässt sich feststellen, dass die nach italienischem Recht vorgesehenen Möglichkeiten einer verbandlichen Prozessbeteiligung weiter gefächert sind als die vom deutschen Recht konzipierten. Gleichwohl ist die tatsächliche Prozessbeteiligung von Verbänden in Italien geringer als in Deutschland. Dies dürfte auf die mangelhafte finanzielle staatliche Unterstützung der italienischen Institutionen zurückzuführen sein. Sollte dem italienischen Gesetzgeber deswegen an einer aktiven Klagetätigkeit der Verbände gelegen sein, so wäre die ihm an erster Stelle obliegende Verpflichtung, im Rahmen einer eindeutigen Entscheidung für dieses Rechtsinstitut auch für eine ausreichende entsprechende finanzielle Basis zu sorgen.

Denn die Einräumung einer Möglichkeit zur Verbandsklage ist in erster Linie eine rechtspolitische Entscheidung des Gesetzgebers und nur an zweiter Stelle ein technisches Problem.[965]

---

[965] *Vigoriti*, Interessi collettivi e processo, S. 66.

Anhang

RICHTLINIE 98/27/EG DES EUROPÄISCHEN PARLAMENTS UND DES RATES

vom 19. Mai 1998

über Unterlassungsklagen zum Schutz der Verbraucherinteressen

DAS EUROPÄISCHE PARLAMENT UND DER RAT DER EUROPÄISCHEN UNION —

gestützt auf den Vertrag zur Gründung der Europäischen Gemeinschaft, insbesondere auf Artikel 100a,

auf Vorschlag der Kommission ([1]),

nach Stellungnahme des Wirtschafts- und Sozialausschusses ([2]),

gemäß dem Verfahren des Artikels 189b des Vertrags ([3]),

in Erwägung nachstehender Gründe:

(1) In einigen, im Anhang aufgeführten Richtlinien werden Vorschriften zum Schutz der Interessen der Verbraucher festgelegt.

(2) Die zur Zeit sowohl auf einzelstaatlicher als auch auf Gemeinschaftsebene bestehenden Mechanismen zur Gewährleistung der Einhaltung dieser Richtlinien ermöglichen es nicht immer, Verstöße, durch die die Kollektivinteressen der Verbraucher beeinträchtigt werden, rechtzeitig abzustellen. Unter Kollektivinteressen sind die Interessen zu verstehen, bei denen es sich nicht um eine Kumulierung von Interessen durch einen Verstoß geschädigter Personen handelt. Dies gilt unbeschadet von Individualklagen der durch einen Verstoß geschädigten Personen.

(3) Im Hinblick auf den Zweck, Verhaltensweisen zu unterbinden, die im Widerspruch zum geltenden innerstaatlichen Recht stehen, können einzelstaatliche Maßnahmen zur Umsetzung der obengenannten Richtlinien in ihrer Wirksamkeit beeinträchtigt werden, wenn diese Verhaltensweisen sich in einem anderen Mitgliedstaat auswirken als dem, in dem sie ihren Ursprung haben; dies gilt auch für Schutzmaßnahmen, die über die in diesen Richtlinien vorgesehenen Schutzmaßnahmen hinausgehen, jedoch mit dem Vertrag vereinbar und nach diesen Richtlinien zulässig sind.

(4) Diese Schwierigkeiten können dem reibungslosen Funktionieren des Binnenmarkts abträglich sein; denn man brauchte nur den Ausgangspunkt einer unerlaubten Verhaltensweise in einen anderen Staat zu verlegen, um vor jeglicher Durchsetzungsmaßnahme geschützt zu sein. Dies aber stellt eine Wettbewerbsverzerrung dar.

(5) Die genannten Schwierigkeiten sind dazu angetan, das Vertrauen der Verbraucher in den Binnenmarkt zu beeinträchtigen, und können den Handlungsrahmen für die Verbraucherorganisationen oder die unabhängigen öffentlichen Stellen einschränken, die für den Schutz der durch eine gemeinschaftsrechtswidrige Verhaltensweise beeinträchtigten Kollektivinteressen der Verbraucher zuständig sind.

(6) Die besagten Verhaltensweisen gehen oftmals über die Grenzen zwischen den Mitgliedstaaten hinaus. Es ist dringend notwendig, die einzelstaatlichen Vorschriften über die Unterbindung der genannten unerlaubten Verhaltensweisen unabhängig davon, in welchem Land sich diese ausgewirkt haben, in gewissem Umfang einander anzunähern. Hiervon unberührt bleiben hinsichtlich der gerichtlichen Zuständigkeit die Vorschriften des Internationalen Privatrechts und des Internationalen Zivilprozeßrechts sowie der zwischen den Mitgliedstaaten geltenden Übereinkünfte, wobei die allgemeinen Verpflichtungen der Mitgliedstaaten aus dem Vertrag, insbesondere die Verpflichtungen im Zusammenhang mit dem reibungslosen Funktionieren des Binnenmarkts, einzuhalten sind.

(7) Das Ziel der geplanten Maßnahme kann nur durch die Gemeinschaft erreicht werden; infolgedessen obliegt es dieser, tätig zu werden.

(8) Nach Artikel 3b Unterabsatz 3 des Vertrags darf die Gemeinschaft nicht über das für die Erreichung der Ziele des Vertrags erforderliche Maß hinausgehen. Aufgrund des Artikels 3b sind die Besonderheiten der nationalen Rechtsordnungen weitestmöglich zu berücksichtigen, indem den Mitgliedstaaten die Möglichkeit eingeräumt wird, zwischen verschiedenen Optionen gleicher Wirkung zu wählen. Die Gerichte oder Verwaltungsbehörden im Sinne des Artikels 2 dieser Richtlinie, die für die Entscheidung über die Rechtsbehelfe zuständig sind, sollten berechtigt sein, die Auswirkungen früherer Entscheidungen zu überprüfen.

(9) Eine Option sollte darin bestehen vorzusehen, daß eine oder mehrere unabhängige öffentliche Stellen, die speziell für den Schutz der Kollektivinteressen der Verbraucher zuständig sind, die in dieser

([1]) ABl. C 107 vom 13. 4. 1996, S. 3, und ABl. C 80 vom 13. 3. 1997, S. 10.
([2]) ABl. C 30 vom 30. 1. 1997, S. 112.
([3]) Stellungnahme des Europäischen Parlaments vom 14. November 1996 (ABl. C 362 vom 2. 12. 1996, S. 236), Gemeinsamer Standpunkt des Rates vom 30. Oktober 1997 (ABl. C 389 vom 22. 12. 1997, S. 51) und Beschluß des Europäischen Parlaments vom 12. März 1998 (ABl. C 104 vom 6. 4. 1998). Beschluß des Rates vom 23. April 1998.

Richtlinie vorgesehenen Handlungsbefugnisse ausüben. Eine andere Option sollte vorsehen, daß diese Befugnisse entsprechend den in den einzelstaatlichen Rechtsvorschriften festgelegten Kriterien durch Organisationen ausgeübt werden, deren Zweck im Schutz der Kollektivinteressen der Verbraucher besteht.

(10) Den Mitgliedstaaten sollte es möglich sein, sich für eine dieser beiden oder für beide Optionen gleichzeitig zu entscheiden und entsprechend die auf einzelstaatlicher Ebene für die Zwecke dieser Richtlinie qualifizierten Stellen und/oder Organisationen zu bestimmen.

(11) Im Hinblick auf grenzüberschreitende Verstöße innerhalb der Gemeinschaft sollte für diese Stellen und/oder Organisationen der Grundsatz der gegenseitigen Anerkennung gelten. Die Mitgliedstaaten sollten gemäß den Bestimmungen dieser Richtlinie auf Antrag ihrer nationalen Einrichtungen der Kommission Namen und Zweck ihrer nationalen Einrichtungen mitteilen, die in ihrem Land zur Klageerhebung berechtigt sind.

(12) Es obliegt der Kommission, ein Verzeichnis dieser qualifizierten Einrichtungen im *Amtsblatt der Europäischen Gemeinschaften* zu veröffentlichen. Solange nicht eine gegenteilige Erklärung veröffentlicht wird, gilt eine qualifizierte Einrichtung als zur Klageerhebung berechtigt, wenn ihr Name in dem Verzeichnis aufgeführt ist.

(13) Die Mitgliedstaaten sollten vorsehen können, daß die Partei, die eine Unterlassungsklage zu erheben beabsichtigt, eine vorherige Konsultation durchführen muß, um es der beklagten Partei zu ermöglichen, den beanstandeten Verstoß abzustellen. Die Mitgliedstaaten sollten vorsehen können, daß in diese vorherige Konsultation eine von ihnen benannte unabhängige öffentliche Stelle einzubeziehen ist.

(14) Wenn die Mitgliedstaaten eine vorherige Konsultation vorsehen, ist eine Frist von zwei Wochen, gerechnet ab dem Eingang des Antrags auf Konsultation, festzusetzen; wird die Unterlassung des Verstoßes nicht innerhalb dieser Frist erreicht, so ist die klagende Partei berechtigt, die zuständigen Gerichte oder Verwaltungsbehörden ohne weiteren Aufschub mit der Klage zu befassen.

(15) Es ist angezeigt, daß die Kommission einen Bericht über das Funktionieren dieser Richtlinie und insbesondere über deren Anwendungsbereich und die Durchführung der vorherigen Konsultation vorlegt.

(16) Die Anwendung dieser Richtlinie sollte die Anwendung der gemeinschaftlichen Wettbewerbsregeln unberührt lassen —

HABEN FOLGENDE RICHTLINIE ERLASSEN:

Artikel 1

Anwendungsbereich

(1) Ziel dieser Richtlinie ist die Angleichung der Rechts- und Verwaltungsvorschriften der Mitgliedstaaten über Unterlassungsklagen im Sinne des Artikels 2 zum Schutz der Kollektivinteressen der Verbraucher, die unter die im Anhang aufgeführten Richtlinien fallen, um so das reibungslose Funktionieren des Binnenmarkts zu gewährleisten.

(2) Ein Verstoß im Sinne dieser Richtlinie ist jede Handlung, die den im Anhang aufgeführten Richtlinien in der in die innerstaatliche Rechtsordnung der Mitgliedstaaten umgesetzten Form zuwiderläuft und die Kollektivinteressen der Verbraucher gemäß Absatz 1 beeinträchtigt.

Artikel 2

Unterlassungsklagen

(1) Die Mitgliedstaaten bestimmen die zuständigen Gerichte oder Verwaltungsbehörden für die Entscheidung über die von qualifizierten Einrichtungen im Sinne des Artikels 3 eingelegten Rechtsbehelfe, die auf folgendes abzielen können:

a) eine mit aller gebotenen Eile und gegebenenfalls im Rahmen eines Dringlichkeitsverfahrens ergehende Anordnung der Einstellung oder des Verbots eines Verstoßes;

b) gegebenenfalls Maßnahmen wie die Veröffentlichung der Entscheidung im vollen Wortlaut oder in Auszügen in der für angemessen erachteten Form und/oder die Veröffentlichung einer Richtigstellung, um die fortdauernde Wirkung des Verstoßes abzustellen;

c) sofern dies nach dem Recht des Mitgliedstaats zulässig ist, eine Anordnung dahingehend, daß die unterlegene beklagte Partei im Fall der Nichtbeachtung der Entscheidung innerhalb einer von den Gerichten oder Verwaltungsbehörden festgesetzten Frist in eine öffentliche Kasse oder an einen anderen im Rahmen einzelstaatlicher Rechtsvorschriften bezeichneten Begünstigten einen bestimmten Betrag für jeden Tag der Nichtbeachtung oder jede andere Summe zahlen muß, welche die einzelstaatlichen Rechtsvorschriften vorsehen, um die Beachtung der Entscheidungen zu gewährleisten.

(2) Diese Richtlinie läßt die Vorschriften des Internationalen Privatrechts und des Internationalen Zivilprozeßrechts hinsichtlich des anzuwendenden Rechts unberührt, so daß normalerweise entweder das Recht des Mitgliedstaats, in dem der Verstoß seinen Ursprung hat, oder das Recht des Mitgliedstaats, in dem sich der Verstoß auswirkt, angewendet wird.

Artikel 3

Klagebefugte Einrichtungen

Im Sinne dieser Richtlinie bezeichnet der Ausdruck „qualifizierte Einrichtung" jede Stelle oder Organisation, die nach dem Recht eines Mitgliedstaats ordnungsgemäß errichtet wurde und ein berechtigtes Interesse daran hat, die Einhaltung der in Artikel 1 genannten Bestimmungen sicherzustellen; er bezeichnet insbesondere

a) in Mitgliedstaaten, in denen solche Stellen bestehen, eine oder mehrere unabhängige öffentliche Stellen, die speziell für den Schutz der in Artikel 1 genannten Interessen zuständig sind, und/oder

b) Organisationen, deren Zweck im Schutz der in Artikel 1 genannten Interessen besteht, entsprechend den im Rahmen der nationalen Rechtsvorschriften festgelegten Kriterien.

Artikel 4

Grenzüberschreitende Verstöße innerhalb der Gemeinschaft

(1) Jeder Mitgliedstaat trifft die erforderlichen Maßnahmen, damit im Fall eines Verstoßes, dessen Ursprung in seinem Hoheitsgebiet liegt, jede qualifizierte Einrichtung eines anderen Mitgliedstaats, in dem die von dieser qualifizierten Einrichtung geschützten Interessen durch den Verstoß beeinträchtigt werden, nach Vorlage des in Absatz 3 vorgesehenen Verzeichnisses das nach Artikel 2 zuständige Gericht oder die nach Artikel 2 zuständige Verwaltungsbehörde anrufen kann. Die Gerichte oder Verwaltungsbehörden akzeptieren dieses Verzeichnis als Nachweis der Berechtigung der qualifizierten Einrichtung zur Klageerhebung unbeschadet ihres Rechts zu prüfen, ob der Zweck der qualifizierten Einrichtung deren Klageerhebung in einem speziellen Fall rechtfertigt.

(2) Im Hinblick auf grenzüberschreitende Verstöße innerhalb der Gemeinschaft und unbeschadet der Rechte, die anderen Stellen gemäß den einzelstaatlichen Rechtsvorschriften zustehen, teilen die Mitgliedstaaten auf Antrag ihrer qualifizierten Einrichtungen der Kommission mit, daß diese Einrichtungen berechtigt sind, eine in Artikel 2 vorgesehene Klage zu erheben. Die Mitgliedstaaten teilen der Kommission Namen und Zweck dieser qualifizierten Einrichtungen mit.

(3) Die Kommission erstellt ein Verzeichnis der in Absatz 2 bezeichneten qualifizierten Einrichtungen und gibt darin deren Zweck an. Dieses Verzeichnis wird im *Amtsblatt der Europäischen Gemeinschaften* veröffentlicht; Änderungen an diesem Verzeichnis werden unverzüglich veröffentlicht; die aktualisierte Liste wird alle sechs Monate veröffentlicht.

Artikel 5

Vorherige Konsultation

(1) Die Mitgliedstaaten können Vorschriften einführen oder beibehalten, wonach die Partei, die eine Unterlassungsklage zu erheben beabsichtigt, dieses Verfahren erst einleiten kann, nachdem sie versucht hat, die Einstellung des Verstoßes entweder in Konsultationen mit der beklagten Partei oder mit der beklagten Partei und einer der in Artikel 3 Buchstabe a) bezeichneten qualifizierten Einrichtungen des Mitgliedstaats, in dem die Unterlassungsklage erhoben wird, zu erreichen. Es ist Sache des Mitgliedstaats, zu entscheiden, ob die Partei, die eine Unterlassungsklage erheben will, die qualifizierte Einrichtung konsultieren muß. Wird die Einstellung des Verstoßes nicht innerhalb von zwei Wochen nach Eingang des Antrags auf Konsultation erreicht, so kann die betroffene Partei ohne weiteren Aufschub eine Unterlassungsklage erheben.

(2) Die von den Mitgliedstaaten festgelegten Einzelheiten der vorherigen Konsultation werden der Kommission mitgeteilt und im *Amtsblatt der Europäischen Gemeinschaften* veröffentlicht.

Artikel 6

Berichte

(1) Die Kommission legt dem Europäischen Parlament und dem Rat alle drei Jahre und erstmals spätestens fünf Jahre nach Inkrafttreten dieser Richtlinie einen Bericht über deren Anwendung vor.

(2) In ihrem ersten Bericht prüft die Kommission insbesondere:

— den Anwendungsbereich dieser Richtlinie in bezug auf den Schutz der Kollektivinteressen von Personen, die im Handel, in der Industrie, im Handwerk oder in freien Berufen tätig sind;

— den Anwendungsbereich dieser Richtlinie, wie er durch die im Anhang aufgeführten Richtlinien bestimmt wird;

— ob die vorherige Konsultation gemäß Artikel 5 zum wirksamen Schutz der Verbraucher beigetragen hat.

Gegebenenfalls sind dem Bericht Vorschläge zur Änderung dieser Richtlinie beizufügen.

Artikel 7

Weitergehende Handlungsbefugnisse der Mitgliedstaaten

Diese Richtlinie hindert die Mitgliedstaaten nicht daran, Bestimmungen zu erlassen oder beizubehalten, die den qualifizierten Einrichtungen sowie sonstigen betroffenen Personen auf nationaler Ebene weitergehende Rechte zur Klageerhebung einräumen.

Artikel 8

Umsetzung

(1) Die Mitgliedstaaten setzen die erforderlichen Rechts- und Verwaltungsvorschriften in Kraft, um dieser Richtlinie spätestens 30 Monate nach ihrem Inkrafttreten nachzukommen. Sie unterrichten die Kommission unverzüglich davon.

Wenn die Mitgliedstaaten diese Vorschriften erlassen, nehmen sie in den Vorschriften selbst oder bei deren amtlicher Veröffentlichung auf diese Richtlinie Bezug. Sie regeln die Einzelheiten dieser Bezugnahme.

(2) Die Mitgliedstaaten teilen der Kommission den Wortlaut der innerstaatlichen Rechtsvorschriften mit, die sie auf dem unter diese Richtlinie fallenden Gebiet erlassen.

Artikel 9

Inkrafttreten

Diese Richtlinie tritt am zwanzigsten Tag nach ihrer Veröffentlichung im *Amtsblatt der Europäischen Gemeinschaften* in Kraft.

Artikel 10

Adressaten

Diese Richtlinie ist an die Mitgliedstaaten gerichtet.

Geschehen zu Brüssel am 19. Mai 1998.

Im Namen des Europäischen Parlaments	*Im Namen des Rates*
Der Präsident	*Der Präsident*
J.M. GIL-ROBLES	G. BROWN

ANHANG

LISTE DER RICHTLINIEN NACH ARTIKEL 1 (*)

1. Richtlinie 84/450/EWG des Rates vom 10. September 1984 zur Angleichung der Rechts- und Verwaltungsvorschriften der Mitgliedstaaten über irreführende Werbung (ABl. L 250 vom 19. 9. 1984, S. 17).

2. Richtlinie 85/577/EWG des Rates vom 20. Dezember 1985 betreffend den Verbraucherschutz im Fall von außerhalb von Geschäftsräumen geschlossenen Verträgen (ABl. L 372 vom 31. 12. 1985, S. 31).

3. Richtlinie 87/102/EWG des Rates vom 22. Dezember 1986 zur Angleichung der Rechts- und Verwaltungsvorschriften der Mitgliedstaaten über den Verbraucherkredit (ABl. L 42 vom 12. 2. 1987, S. 48), zuletzt geändert durch die Richtlinie 98/7/EG (ABl. L 101 vom 1. 4. 1998, S. 17).

4. Richtlinie 89/552/EWG des Rates vom 3. Oktober 1989 zur Koordinierung bestimmter Rechts- und Verwaltungsvorschriften der Mitgliedstaaten über die Ausübung der Fernsehtätigkeit: Artikel 10 bis 21 (ABl. L 298 vom 17. 10. 1989, S. 23), geändert durch die Richtlinie 97/36/EG (ABl. L 202 vom 30. 7. 1997, S. 60).

5. Richtlinie 90/314/EWG des Rates vom 13. Juni 1990 über Pauschalreisen (ABl. L 158 vom 23. 6. 1990, S. 59).

6. Richtlinie 92/28/EWG des Rates vom 31. März 1992 über die Werbung für Humanarzneimittel (ABl. L 113 vom 30. 4. 1992, S. 13).

7. Richtlinie 93/13/EWG des Rates vom 5. April 1993 über mißbräuchliche Klauseln in Verbraucherverträgen (ABl. L 95 vom 21. 4. 1993, S. 29).

8. Richtlinie 94/47/EG des Europäischen Parlaments und des Rates vom 26. Oktober 1994 zum Schutz der Erwerber im Hinblick auf bestimmte Aspekte von Verträgen über den Erwerb von Teilzeitnutzungsrechten an Immobilien (ABl. L 280 vom 29. 10. 1994, S. 83).

9. Richtlinie 97/7/EG des Europäischen Parlaments und des Rates vom 20. Mai 1997 über den Verbraucherschutz bei Vertragsabschlüssen im Fernabsatz (ABl. L 144 vom 4. 6. 1997, S. 19).

(*) Die unter den Nummern 1, 6, 7 und 9 aufgeführten Richtlinien enthalten spezifische Bestimmungen über Unterlassungsklagen.

Legge 30 luglio 1998, n. 281

"Disciplina dei diritti dei consumatori e degli utenti" - Auszüge

Art. 1.

Finalità ed oggetto della legge

1. In conformità ai principi contenuti nei trattati istitutivi delle Comunità europee e nel trattato sull'Unione europea nonché nella normativa comunitaria derivata, sono riconosciuti e garantiti i diritti e gli interessi individuali e collettivi dei consumatori e degli utenti, ne è promossa la tutela in sede nazionale e locale, anche in forma collettiva e associativa, sono favorite le iniziative rivolte a perseguire tali finalità, anche attraverso la disciplina dei rapporti tra le associazioni dei consumatori e degli utenti e le pubbliche amministrazioni.

2. Ai consumatori ed agli utenti sono riconosciuti come fondamentali i diritti:

a) alla tutela della salute;
b) alla sicurezza e alla qualità dei prodotti e dei servizi;
c) ad una adeguata informazione e ad una corretta pubblicità;
d) all'educazione al consumo;
e) alla correttezza, trasparenza ed equità' nei rapporti contrattuali concernenti beni e servizi;
f) alla promozione e allo sviluppo dell'associazionismo libero, volontario e democratico tra i consumatori e gli utenti;
g) all'erogazione di servizi pubblici secondo standard di qualità e di efficienza.

2. bis Oltre a quanto disposto ai commi 1 e 2, la presente legge si applica nelle ipotesi di violazione degli interessi collettivi dei consumatori contemplati nelle direttive europee di cui all'allegato I alla presente legge. Il Ministro dell'industria, del commercio e dell'artigianato, di concerto con il Ministro della giustizia, aggiorna l'elenco delle direttive comunitarie di cui a tale allegato con decreto, in attuazione degli obblighi derivanti da norme comunitarie.

Art. 2.

Definizioni

Ai fini della presente legge si intendono per:

a) "consumatori e utenti": le persone fisiche che acquistino o utilizzino beni o servizi per scopi non riferibili all'attività imprenditoriale e professionale eventualmente svolta;

b) "associazioni dei consumatori e degli utenti": le formazioni sociali che abbiano per scopo statutario esclusivo la tutela dei diritti e degli interessi dei consumatori o degli utenti.

Art. 3.

Legittimazione ad agire

1. Le associazioni dei consumatori e degli utenti inserite nell'elenco di cui all'articolo 5 sono legittimate ad agire a tutela degli interessi collettivi, richiedendo al giudice competente:

a) di inibire gli atti e i comportamenti lesivi degli interessi dei consumatori e degli utenti;

b) di adottare le misure idonee a correggere o eliminare gli effetti dannosi delle violazioni accertate;

c) di ordinare la pubblicazione del provvedimento su uno o più quotidiani a diffusione nazionale oppure locale nei casi in cui la pubblicità del provvedimento può contribuire a correggere o eliminare gli effetti delle violazioni accertate.

1. bis Gli organismi pubblici indipendenti, e le organizzazioni riconosciuti in altro Stato dell'Unione europea ed inseriti nell'elenco degli enti legittimati a proporre azioni inibitorie a tutela degli interessi collettivi dei consumatori, pubblicato nella Gazzetta Ufficiale delle Comunità europee, possono agire ai sensi del comma 1 nei confronti di atti o comportamenti lesivi per i consumatori del proprio Paese, posti in essere in tutto o in parte sul territorio dello Stato.

2. Le associazioni di cui al comma 1 e gli organismi e le organizzazioni di cui al comma 1-bis possono attivare, prima del ricorso al giudice, la procedura di conciliazione dinanzi alla camera di commercio, industria, artigianato e agricoltura competente per territorio a norma dell'articolo 2, comma 4, lettera a), della legge 29 dicembre 1993, n. 580. La procedura è, in ogni caso, definita entro sessanta giorni.

3. Il processo verbale di conciliazione, sottoscritto dalle parti e dal rappresentante della camera di commercio, industria, artigianato e agricoltura, è depositato per l'omologazione nella cancelleria della pretura del luogo nel quale si è svolto il procedimento di conciliazione.

4. Il pretore, accertata la regolarità formale del processo verbale, lo dichiara esecutivo con decreto. Il verbale di conciliazione omologato costituisce titolo esecutivo.

5. In ogni caso l'azione di cui al comma 1 può essere proposta solo dopo che siano decorsi quindici giorni dalla data in cui le associazioni abbiano richiesto al soggetto da esse ritenuto responsabile, a mezzo lettera raccomandata con avviso di ricevimento, la cessazione del comportamento lesivo degli interessi dei consumatori e degli utenti.

5. bis In caso di inadempimento degli obblighi stabiliti dal provvedimento reso nel giudizio di cui al comma 1, ovvero previsti dal verbale di conciliazione di cui al comma 4, il giudice anche su domanda dell'associazione che ha agito in giudizio, dispone il pagamento di una somma di denaro da 516 euro a 1.032 euro, per ogni giorni di ritardo rapportato alla gravità del fatto. Tale somma è versata all'entrata del bilancio dello Stato per essere riassegnata con decreto del Ministro dell'economia e delle finanze al Fondo da istituire nell'ambito di apposita unità previsionale di base dello stato di previsione del Ministero delle attività produttive, per finanziare iniziative a vantaggio dei consumatori.

6. Nei casi in cui ricorrano giusti motivi di urgenza, l'azione inibitoria si svolge a norma degli articoli 669-bis e seguenti del codice di procedura civile.

7. Fatte salve le norme sulla litispendenza, sulla continenza, sulla connessione e sulla riunione dei procedimenti, le disposizioni di cui al presente articolo non precludono il diritto ad azioni individuali dei consumatori che siano danneggiati dalle medesime violazioni.

Art. 4.

Consiglio nazionale dei consumatori e degli utenti

1. E' istituito presso il Ministero dell'industria, del commercio e dell'artigianato, il Consiglio nazionale dei consumatori e degli utenti, di seguito denominato "Consiglio".

2. Il Consiglio, che si avvale, per le proprie iniziative, della struttura e del personale del Ministero dell'industria, del commercio e dell'artigianato, è composto dai rappresentanti delle associazioni dei consumatori e degli utenti inserite nell'elenco di cui all'articolo 5 e da un rappresentante delle regioni e delle province autonome designato dalla conferenza dei presidenti delle regioni, e delle province autonome, ed è presieduto dal Ministro dell'industria, del commercio e dell'artigianato o da un suo delegato. Il Consiglio è nominato con decreto del Presidente del Consiglio dei Ministri, su proposta del Ministro dell'industria, del commercio e dell'artigianato, e dura in carica tre anni.

3. Il Consiglio invita alle proprie riunioni rappresentanti delle associazioni di tutela ambientale riconosciute e delle associazioni nazionali delle cooperative dei consumatori. Possono altresì essere invitati i rappresentanti di enti ed organismi che svolgono funzioni di regolamentazione o di normazione del mercato, delle categorie economiche e sociali interessate, delle pubbliche amministrazioni competenti, nonché esperti delle materie trattate.

4. E' compito del Consiglio:

a) esprimere pareri, ove richiesto, sugli schemi di disegni di legge del Governo, nonché sui disegni di legge di iniziativa parlamentare e sugli schemi di regolamenti che riguardino i diritti e gli interessi dei consumatori e degli utenti;

b) formulare proposte in materia di tutela dei consumatori e degli utenti, anche in riferimento ai programmi e alle politiche comunitarie;

c) promuovere studi, ricerche e conferenze sui problemi del consumo e sui diritti dei consumatori e degli utenti, ed il controllo della qualità' e della sicurezza dei prodotti e dei servizi;

d) elaborare programmi per la diffusione delle informazioni presso i consumatori e gli utenti;

e) favorire iniziative volte a promuovere il potenziamento dell'accesso dei consumatori e degli utenti ai mezzi di giustizia previsti per la soluzione delle controversie;

f) favorire ogni forma di raccordo e coordinamento tra le politiche nazionali e regionali in materia di tutela dei consumatori e degli utenti, assumendo anche iniziative dirette a promuovere la più' ampia rappresentanza degli interessi dei consumatori e degli utenti nell'ambito delle autonomie locali. A tal fine il presidente convoca una volta all'anno una sessione a carattere programmatico cui partecipano di diritto i presidenti degli organismi rappresentativi dei consumatori e degli utenti previsti dagli ordinamenti regionali e delle province autonome di Trento e di Bolzano;

g) stabilire rapporti con analoghi organismi pubblici o privati di altri Paesi e dell'Unione europea.

Art. 5.

Elenco delle associazioni dei consumatori e degli utenti rappresentative a livello nazionale

1. Presso il Ministero dell'industria, del commercio e dell'artigianato è istituito l'elenco delle associazioni dei consumatori e degli utenti rappresentative a livello nazionale.

2. L'iscrizione nell'elenco è subordinata al possesso, da comprovare con la presentazione di documentazione conforme alle prescrizioni e alle procedure stabilite con decreto del Ministro dell'industria, del commercio e dell'artigianato, da emanare entro sessanta giorni dalla data di entrata in vigore della presente legge, dei seguenti requisiti:

a) avvenuta costituzione, per atto pubblico o per scrittura privata autenticata, da almeno tre anni e possesso di uno statuto che sancisca un ordinamento a base democratica e preveda come scopo esclusivo la tutela dei consumatori e degli utenti, senza fine di lucro;

b) tenuta di un elenco degli iscritti, aggiornato annualmente con l'indicazione delle quote versate direttamente all'associazione per gli scopi statutari;

c) numero di iscritti non inferiore allo 0,5 per mille della popolazione nazionale e presenza sul territorio di almeno cinque regioni o province autonome, con un numero di iscritti non inferiore allo 0,2 per mille degli abitanti di ciascuna di esse, da certificare con dichiarazione sostitutiva dell'atto di notorietà resa dal legale rappresentante dell'associazione con le modalità di cui all'articolo 4 della legge 4 gennaio 1968, n. 15;

d) elaborazione di un bilancio annuale delle entrate e delle uscite con indicazione delle quote versate dagli associati e tenuta dei libri contabili, conformemente alle norme vigenti in materia di contabilità delle associazioni non riconosciute;

e) svolgimento di un'attività continuativa nei tre anni precedenti;

f) non avere i suoi rappresentanti legali subito alcuna condanna, passata in giudicato, in relazione all'attività' dell'associazione medesima, e non rivestire i medesimi rappresentanti la qualifica di imprenditori o di amministratori di imprese di produzione e servizi in qualsiasi forma costituite, per gli stessi settori in cui opera l'associazione.

3. Alle associazioni dei consumatori e degli utenti è preclusa ogni attività di promozione o pubblicità commerciale avente per oggetto beni o servizi prodotti da terzi ed ogni connessione di interessi con imprese di produzione o di distribuzione.

4. Il Ministro dell'industria, del commercio e dell'artigianato provvede annualmente all'aggiornamento dell'elenco.

5. All'elenco di cui al presente articolo possono iscriversi anche le associazioni dei consumatori e degli utenti operanti esclusivamente nei territori ove risiedono minoranze linguistiche costituzionalmente riconosciute, in possesso dei requisiti di cui al comma 2, lettere a), b), d), e) e f), nonché con un numero di iscritti non inferiore allo 0,5 per mille degli abitanti della regione o provincia autonoma di riferimento, da certificare con dichiarazione sostitutiva dell'atto di notorietà resa dal legale rappresentante dell'associazione con le modalità di cui all'articolo 4 della legge 4 gennaio 1968, n. 15.

Art. 6.

Agevolazioni e contributi

Le agevolazioni e i contributi previsti dalla legge 5 agosto 1981, n. 416, in materia di disciplina delle imprese editrici e provvidenze per l'editoria, sono estesi, con le modalità ed i criteri di graduazione definiti con apposito decreto del Presidente del Consiglio dei Ministri da emanare entro novanta giorni dalla data di entrata in vigore della presente legge, alle attività editoriali delle associazioni iscritte nell'elenco di cui all'articolo 5 della presente legge.

Art. 7.

Copertura finanziaria

1. Per le finalità della presente legge è autorizzata la spesa massima di 3 miliardi di lire annue a decorrere dal 1998, da destinare, rispettivamente, nella misura di lire 2 miliardi annue allo svolgimento delle attività promozionali del Consiglio di cui all'articolo 4 e di lire 1 miliardo alle agevolazioni e ai contributi di cui all'articolo 6.

2. Alla copertura degli oneri di cui al comma 1 si provvede mediante corrispondente riduzione dello stanziamento iscritto, ai fini del bilancio triennale 1998-2000, nell'ambito dell'unità previsionale di base di parte corrente "Fondo speciale" dello stato di previsione del Ministero del tesoro, del bilancio e della programmazione economica per l'anno finanziario 1998, allo scopo parzialmente utilizzando l'accantonamento relativo alla Presidenza del Consiglio dei Ministri.

3. Il Ministro del tesoro, del bilancio e della programmazione economica è autorizzato ad apportare, con propri decreti, le occorrenti variazioni di bilancio.

Art. 8.

Norma transitoria

1. Fino al 31 dicembre 1999, il Consiglio di cui all'articolo 4 è composto dai membri della Consulta dei consumatori e degli utenti istituita con decreto del Ministro dell'industria, del commercio e dell'artigianato 11 novembre 1994, e successive modificazioni, ed è integrato dai rappresentanti delle associazioni iscritte nell'elenco di cui all'articolo 5, ove non già rappresentate nella Consulta.

2. Fino alla data di cui al comma 1, il Ministro dell'industria, del commercio e dell'artigianato, sentito il parere del Consiglio di cui all'articolo 4, può iscrivere in via provvisoria nell'elenco di cui all'articolo 5 associazioni che non siano in possesso del requisito di cui alla lettera c) del comma 2 del medesimo articolo 5, fermi i restanti requisiti. Tale iscrizione ha effetto fino alla data di cui al comma 1.

La presente legge, munita del sigillo dello Stato, Sara' inserita nella Raccolta ufficiale degli atti normativi della Repubblica italiana. E' fatto obbligo a chiunque spetti di osservarla e di farla osservare come legge dello Stato.

(...)

Gesetz Nr. 281 vom 30. Juli 1998

"Regelung der Rechte der Verbraucher und Benutzer" - Auszüge

Art. 1.

Zielsetzung und Gegenstand des Gesetzes

1. (...)

2. Den Verbrauchern und Benutzern werden die folgenden Grundrechte zuerkannt:

a) das Recht auf Gesundheit,

b) das Recht auf Sicherheit und Qualität von Produkten und Dienstleistungen,

c) das Recht auf angemessene Information und korrekte Werbung,

d) das Recht auf Erziehung zum Konsum,

e) das Recht auf Richtigkeit, Transparenz und Ausgeglichenheit in vertraglichen Beziehungen, die Güter und Dienstleistungen betreffen,

f) das Recht auf die Förderung und die Entwicklung des freien, freiwilligen und demokratischen Zusammenschlusses von Verbrauchern und Benutzern

g) das Recht auf die Versorgung mit öffentlichen Einrichtungen unter Einhaltung von Qualitäts- und Effizienzstandards.

2.bis

Über das in den Abs. 1 und 2 Geregelte hinaus, findet das vorliegende Gesetz Anwendung auch in den Fällen der Verletzung der Kollektivinteressen der Verbraucher, die Gegenstand der im Anhang I zu diesem Gesetz enthaltenen Richtlinien sind. (...)

Art. 2

Definitionen

(...)

Art. 3

Klagebefugnis

1. Die Verbraucher- und Benutzerverbände, die in der in Art. 5 genannten Liste eingeschrieben sind, sind befugt, zum Schutz der Kollektivinteressen Klage zu erheben und das zuständige Gericht zu ersuchen:

a) die Unterlassung von Handlungen und Verhaltensweisen, die die Interessen der Verbraucher schädigen, anzuordnen;

b) geeignete Maßnahmen anzuordnen, um schädliche Auswirkungen festgestellter Verletzungen auszugleichen oder zu beheben;

c) die Veröffentlichung der Anordnung in einer oder mehreren Tageszeitungen mit nationaler oder lokaler Verbreitung anzuordnen, in den Fällen, in denen die Veröffentlichung der Anordnung dazu beitragen kann, die Wirkungen festgestellter Verletzungen zu beheben.

1. bis Die unabhängigen öffentlichen Einrichtungen und die Organisationen, die in einem anderen Staat der Europäischen Union anerkannt und in das Verzeichnis der zur Erhebung von Unterlassungsklagen zum Schutz der Verbraucher berechtigten Institutionen, veröffentlicht in dem Gesetzblatt der Europäischen Gemeinschaften, eingetragen sind, können gemäß Abs. 1 gegen Handlungen oder Verhaltensweisen, die den Verbrauchern des eigenen Landes schaden und zum Teil oder ganz auf dem Staatsgebiet zum Tragen kommen, vorgehen.

2. Die Verbände im Sinne von Abs. 1 und die Organisationen und Institutionen im Sinne von Abs. 1.bis können, bevor sie sich an das Gericht wenden, das Schlichtungsverfahren vor den Handelskammern (...) einleiten. Das Verfahren ist, in jedem Fall, innerhalb von 60 Tagen abzuschließen.

3. Das von den Parteien und dem Vertreter der Handelskammer (...) unterschriebene Protokoll der Güteverhandlung wird zur Bestätigung bei dem Landgericht, in dessen Bezirk das Güteverfahren abgehalten wurde, hinterlegt.

4. Das Landgericht erklärt das Protokoll mit Beschluß für vollstreckbar, sobald es die Einhaltung der notwendigen Formalitäten überprüft hat. Das bestätigte Protokoll ist Vollstreckungstitel.

5. In jedem Fall kann die Klage im Sinne von Abs. 1 erst nach Ablauf von 15 Tagen von dem Zeitpunkt an erfolgen, zu dem die Verbände von dem ihrer Auffassung nach Verantwortlichen, mittels eingeschriebenen Briefs mit Rückschein, die Einstellung des die Interessen der Verbraucher und Benutzer schädigenden Verhaltens gefordert haben.

5.bis Im Fall der Nichterfüllung der durch das gerichtliche Urteil im Sinne von Abs. 1 festgelegten oder durch das Protokoll der Schiedsverhandlung im Sinne von Abs. 4 aufgestellten Verpflichtungen, verhängt das Gericht, auch auf Antrag des Verbandes, der das Verfahren betrieben hat, die Zahlung eines Geldbetrages in Höhe von 516 Euro bis 1.032 Euro, abhängig von der Schwere der Tat, für jeden Tag der Verspätung. Die Summe wird zugunsten des Staates ausbezahlt, um später mittels Verordnung des Ministers für Wirtschaft und Finanzen dem

Fonds (...) zur Finanzierung von Initiativen zugunsten der Verbraucher zugewiesen zu werden.

6. Soweit ausreichende Dringlichkeitsmotive vorliegen, wird die Unterlassungsklage im Verfahren nach den Art. 669-bis ff. Zivilprozessordnung durchgeführt.

7. Unbeschadet der Regelungen über die Rechtshängigkeit, (...), den Zusammenhang und die Verbindung von Verfahren, schließen die Regelungen des vorliegenden Artikels das Recht zu Individualklagen der Verbraucher, die von denselben Verstößen beeinträchtigt werden, nicht aus.

Art. 4

Nationaler Verbraucher- und Benutzerrat

(...)

Art. 5

Liste der auf nationaler Ebene repräsentativen Verbraucher- und Benutzerverbände

1. Bei dem Ministerium für Industrie-, Handel- und Handwerk wird eine Liste der auf nationaler Ebene repräsentativen Verbraucher- und Benutzerverbände geführt.

2. Die Einschreibung erfolgt unter Nachweis (...) der folgenden Voraussetzungen:

a) einer Gründung durch öffentliche Urkunde oder öffentlich beglaubigte Privaturkunde seit mindestens drei Jahren, und Besitz einer Satzung, die eine Regelung auf demokratischer Basis verankert und als ausschließliches Ziel den Schutz der Benutzer und Verbraucher ohne Gewinnerzielungsabsicht vorsieht;

b) das Führen eines Mitgliederverzeichnisses, das jährlich aktualisiert wird und über die dem Verband zur Verfolgung der Satzungsziele direkt zugewandten finanziellen Mittel Auskunft gibt;

c) eine Mitgliederzahl, die mindestens 0,5 Promille der Bevölkerung umfasst und eine Präsenz auf dem Gebiet von wenigstens fünf Regionen oder autonomen Provinzen, wobei die Zahl der Mitglieder nicht weniger als 0,2 Promille der Einwohner der betreffenden Region oder Provinz betragen darf, (...);

d) die Aufstellung einer jährlichen Bilanz der Einnahmen und Ausgaben (...);

e) die Ausübung einer kontinuierlichen Tätigkeit in den drei vorvergangenen Jahren;

f) (...).

3. Den Verbraucher- und Benutzerverbänden ist jede werbende oder veröffentlichende Tätigkeit, die Produkte oder Dienstleistungen Dritter zum Gegenstand hat, und jede Verbindung mit gewerblichen oder die Produktionstätigkeit betreffenden Interessen verboten.

4. Das Ministerium für Industrie, Handel und Handwerk sorgt für eine jährliche Aktualisierung der Liste.

5. (...)

6. (...)

Art. 6

Erleichterungen und Beiträge

(...)

Art. 7

Finanzierung

1. Für die Zwecke des vorliegenden Gesetzes wird die Summe von jährlich höchsten 3 Milliarden Lire vom Jahre 1998 an bereitgestellt, die im Verhältnis von jährlich 2 Milliarden Lire für die Entwicklung der aufklärenden Tätigkeit des in Art. 4 genannten Rates und von jährlich 1 Milliarde Lire für die Vergünstigungen im Sinne von Art. 6 bestimmt sind.

2. (...)

3. (...)

Art. 8

Übergangsvorschriften

(...)

Kolibri 360 GmbH
Ferdinand-Jühlke-Straße 7
99095 Erfurt, Deutschland
produktsicherheit@kolibri360.de

Druck:
CPI Druckdienstleistungen GmbH
im Auftrag der
Kolibri 360 GmbH
Ferdinand-Jühlke-Str. 7
99095 Erfurt